21世纪高等学校教材

普通高等教育“十二五”汽车类专业（方向）规划教材

汽车养护与美容

主　编　夏怀成　许金花

副主编　缪凤军　周淑辉　杨玉林

参　编　陈丽文　程雨梅　李保珍　曲　荣

主　审　高　峰

机械工业出版社

本书较系统地阐述了现代汽车常规养护、免拆养护与美容的内容和方法，共分为八章。第一章介绍了汽车养护与美容的概念，第二章和第三章介绍了汽车常规养护的知识，第四章介绍了汽车免拆养护的知识，第五章至第八章介绍了汽车美容方面的知识。

本书可作为高等院校汽车服务工程专业教材，也可作为高职高专汽车工程类专业教材，并可供汽车售后服务部门、汽车维修行业以及从事汽车美容与养护作业的工程技术人员和实际操作人员参考。

图书在版编目（CIP）数据

汽车养护与美容/夏怀成，许金花主编．—北京：机械工业出版社，2010.10

21世纪高等学校教材　普通高等教育“十二五”汽车类专业（方向）规划教材

ISBN 978-7-111-32247-4

Ⅰ.①汽…　Ⅱ.①夏…　②许…　Ⅲ.①汽车－车辆保养－高等学校－教材　Ⅳ.①U472

中国版本图书馆CIP数据核字（2010）第201678号

机械工业出版社（北京市百万庄大街22号　邮政编码100037）
策划编辑：赵爱宁　冯春生　责任编辑：洪丽江
版式设计：张世琴　责任校对：张　媛
封面设计：王伟光　责任印制：乔　宇
北京机工印刷厂印刷（兴文装订厂装订）
2011年1月第1版第1次印刷
184mm×260mm·16.5印张·407千字
标准书号：ISBN 978-7-111-32247-4
定价：30.00元

凡购本书，如有缺页、倒页、脱页，由本社发行部调换

电话服务
社服务中心：（010）88361066
销 售 一 部：（010）68326294
销 售 二 部：（010）88379649
读者服务部：（010）68993821

网络服务
门户网：http://www.cmpbook.com
教材网：http://www.cmpedu.com

前　言

随着我国汽车售后市场的迅猛发展、新车保有量的剧增以及汽车制造品质的不断提高，汽车养护与美容已成为汽车售后服务的重要组成部分。在新的形势下，培养具备汽车养护与美容方面知识的人才是高等院校汽车服务工程专业的迫切任务。本书正是根据这一需要编写的。本书既可作为汽车服务工程专业“汽车养护与美容”课程教材，也可供汽车售后服务企业、汽车维护企业的技术人员、管理人员参考。

本书包括两部分：汽车养护和汽车美容。主要介绍汽车养护与美容的内容与方法，特别是对近年来兴起的汽车免拆养护给予了介绍。

本书由燕山大学夏怀成副教授、河北农业大学许金花教授任主编，秦皇岛龙腾汽车综合性能检测有限公司缪凤军工程师、河北农业大学周淑辉副教授、长春大学杨玉林教授任副主编。其中，第一、八章由长春大学杨玉林教授编写，第二章由河北农业大学许金花教授、李保珍讲师编写，第三章由河北农业大学许金花教授、曲荣副教授编写，第四章由秦皇岛龙腾汽车综合性能检测有限公司缪凤军工程师编写，第五章由河北农业大学陈丽文讲师编写，第六章由长春大学程雨梅教授编写，第七章由河北农业大学周淑辉副教授编写。燕山大学夏怀成副教授制定了教材的编写大纲并进行了最终统稿。

本书初稿完成后，承蒙北京航空航天大学高峰教授审阅了书稿，并提出许多宝贵建议，在此表示感谢。

由于编者水平有限，恳请使用本教材的师生及广大读者提出批评指正。

编　者

目　录

第一章　汽车养护与美容概述

第一节　汽车养护与美容的必要性及其内容

一、汽车养护与美容的必要性

21世纪的今天，随着我国国民经济的持续高速发展，作为国民经济支柱产业的汽车工业，已进入一个飞速发展时期。近两年来，我国汽车产量逐年攀升，随着市场的急剧升温，汽车产业投资力度空前加大，与之相应地，创造出巨大的就业机会。有关专家预测，今后5年，我国将急需50万人以上的汽车行业人才。汽车养护与美容是20世纪90年代中后期才发展起来的一种全新的服务模式，它具有严格的系统性、规范性和专业性。在不到10年时间里，汽车美容行业在全国各地发展十分迅速。国内外专家对我国汽车需求量进行了大量的分析预测，结果表明，随着我国国民经济的持续发展和人民生活水平的提高，到2010年，我国汽车保有量将达到（7100~8000）万辆，年需求量为（700~1000）万辆。巨大的汽车保有量，为汽车养护与美容提供了广阔的市场空间。

最新统计表明，我国私人汽车的保有量已经突破了3500万辆，其中轿车已超过1520万辆。汽车正在日益发展成为一种大众消费品。与此同时，人们对自己的爱车也愈加呵护，“三分修七分养”的观念落实到一种实实在在的消费行为上，汽车养护美容业已成为一个新兴阳光产业。

市场调查表明，目前我国60%以上的私人高档汽车车主有给汽车做外部美容养护的习惯；30%以上的私人低档车车主也开始形成了给汽车做美容养护的观念；30%以上的公用高档汽车也定时进行外部美容养护；50%以上的私车车主愿意在掌握基本技术的情况下自己进行汽车美容和养护。不难看出，汽车养护美容业在我国有着巨大的市场发展空间。

根据一项不完全统计，对于一辆10多万元的车，按10年使用期限、每年3万km行程计算，每年需用于车辆清洁、保养和维护的费用在3000元以上，对于中高档车其各项护理费用还将超过以上数字。因此，对于一个拥有1万辆小车的中小城市而言，这就意味着汽车养护美容业有3000万元以上的市场。

根据欧美国家统计，在一个完全成熟的国际化汽车市场中，汽车的销售利润在整个汽车业的利润构成中仅占20%，零部件供应的利润占20%，而50%~60%的利润是从汽车服务业中产生的。美国汽车服务业的营业额已经超过汽车整车的销售额，其中，单单一个汽车美容业年产值就已超过3500亿美元。

随着我国汽车工业的迅速发展和汽车的社会保有量的不断增加，一个新兴的行业——汽车养护美容业悄然兴起，并且已遍及全国。美国人口总数不过两亿多，可轿车保有量却高达1.3亿辆，平均每1.3人拥有一辆。而我国拥有约13亿人口，目前轿车保有量才超过1520万辆，平均每一百人才拥有一辆，差距是如此之大！就算与亚洲其他国家相比，我国的人均汽车拥有量也较低。

根据汽车行业专家们的预测，随着我国经济的持续高速发展和人们消费观念的改变，中国将成为世界轿车的最大消费国之一，即我国轿车保有量在未来的一二十年里将会有飞速提高。在不久的将来，开车将会是人们普遍掌握的生活技能，轿车也不再是特权人士的标志，而将是人们出门的代步工具。那么当人们拥有一辆自己的爱车时，无疑会加倍爱护。汽车的平时清洁护理和定期美容保养，必然成为人们日常的消费内容。

另一方面，我国各大中城市虽然发展很快，但配套建设不足，缺乏停车场所，使大量汽车只能露天栖息，饱受风吹、雨淋、日晒的无奈，致使汽车日渐老化。这就使汽车养护美容业的存在和发展更具备了条件。

二、汽车养护与美容的定义和内容

（一）汽车养护与美容的定义

汽车养护是指汽车的维护与保养。根据汽车的技术状况和使用条件及时进行不同内容的作业，包括汽车美容护理。采用这些措施使车辆技术状况保持良好，保证安全，充分发挥车辆效能和降低运行消耗，让旧车全面地彻底翻新，并长久保持艳丽的光彩，确保车辆使用中的良性循环，延长车辆使用寿命。

汽车美容源于西方发达国家，英文名称为“Car Beauty”或“Car Care”。西方国家的汽车美容业随着整个汽车产业的发展，已经达到较完善的程度。这个行业又被形象地称为“汽车保姆”（Car Care Center)。所谓“保姆”，顾名思义，它是对涵盖了汽车生产、销售、维修、养护全过程的照料和服务而言的。“汽车美容”的概念最初是1994年在我国出现，如今这个概念已被公众普遍接受，而且汽车美容中心已遍及全国各地。

现代汽车美容是在继承传统汽车美容的基础上，完善和发展起来的高技术汽车护理。现代科技已经在新材料、新技术等领域为汽车美容提供了崭新的工艺和丰富的内容。

（二）汽车养护与美容的内容

汽车养护亦称车辆维护。我国交通部门规定，车辆维护应贯彻预防为主、强制维护的原则；保持车容整洁，及时发现和消除故障，防止车辆早期损坏。车辆维护作业，包括清洁、检查、补给、润滑、紧固、调整等。除主要总成发生故障必须解体外，其他情况下不得对车辆进行解体。

车辆维护分为日常维护、一级维护、二级维护等。维护的主要作业内容如下：

(1) 日常维护　日常维护是日常性作业，由驾驶员负责执行。其作业内容是清洁、补给和安全检视。

(2) 一级维护　一级维护由专业维修工负责执行。其作业内容为除日常维护作业外，以清洁、润滑、紧固为主，并检查有关制动、操纵等安全部件。

(3) 二级维护　二级维护由专业维修工负责执行。其作业中除一级维护的内容外，以检查、调整为主，并拆检轮胎，进行轮胎换位。

此外，还有季节性维护和走合期维护。季节性维护可结合定期维护进行，走合期维护要按汽车说明书的规定进行。

国外对汽车美容的界定分为三个层面。最基本的一层是自理性保养：国外车主对汽车的熟悉程度普遍较高，车辆最简单的保养基本都是由自己完成的。第二层次是浅性服务：诸如太阳膜、犀牛皮等的张贴，大包围、防盗装置等的安装以及内饰品（包括真皮座椅、桃木内饰等）的改装、使用和划痕处理、抛光翻新等，这些主要的汽车美容项目则需要依赖快修店。这种快修店一般只进行车辆内外的装备设施保养，而不涉及发动机等车辆中心结构的护理工作。第三层次是专业服务：这是技术含量较高的服务种类，属于美容施工深度处理，也是对整个汽车最深入的美容养护。

国外汽车美容业发展至今已有近百年的历史。由于我国汽车普及率较发达国家低得多，汽车美容的起步相对较晚，故许多消费者对汽车美容这个充满科技含量和人文意蕴的舶来品缺乏认识，国内所谓的“汽车美容中心”大多数仍停留在洗车—打蜡—交车这样一个低水平的层次上。汽车美容被简单地理解为：洗车—打蜡—交车。首先，洗车时所用清洁剂多数是洗衣粉、肥皂和洗涤灵等通用型的而非专用型的产品。此类产品的 pH 值一般在 10.3 ~ 10.9 之间，而汽车油漆耐酸、碱的承受力为 pH 值 8.0 以下，故长期使用 pH 值 8.0 以上的清洁剂，虽洗去了车表面的灰尘，却对漆面造成了损害，轻者失去光泽，重者严重腐蚀。其次，打蜡时所用的蜡一般为硬质蜡，车体在打蜡 20 多小时后才能进行抛光，在这 20 多小时内，蜡膜会吸附大量的灰尘与沙粒，抛光时它们会划伤漆面，产生大量划痕，严重影响光泽度。由此可见，一般的洗车，名为护车，实则毁车；对于漆面的静电吸附、氧化发黑与丝痕累累，一般的洗车打蜡作业更是束手无策，也更谈不上对汽车其他部位的彻底清洁与养护了。即便是在某些看似正规的汽车专业美容店里，“良莠难辨”的困惑也足以让消费者“花钱毁面子”。更有些美容店为了敷衍客人，用过硬的抛磨轮和含金刚砂的粗蜡进行打磨，虽然车身马上有了亮的感觉，但实际上，由于工具和粗蜡的切削力强，很容易将车漆打薄，如再用力就会打穿车漆，露出底色。

因此，汽车美容是一个全新的概念，不只是简单的汽车打蜡、除渍、除臭、吸尘及车内外的清洁服务等常规美容护理，还包括利用专业美容系列产品和高科技设备，采用特殊的工艺和方法，对漆面增光、打蜡、镀膜及深浅划痕处理，全车漆面美容，底盘防腐涂胶处理和发动机表面翻新等一系列养车技术。专业汽车美容与众不同之处，在于它自身的系统性、规范性和专业性。所谓系统性就是着眼于汽车的自身特点，由表及里地进行全面而细致的保养；所谓规范性就是每一道工序都有标准而规范的技术要求；所谓专业性就是严格按照工序要求采用专业工具、专业产品和专业手段进行操作。汽车美容应使用专业优质的养护产品，针对汽车各部位材质进行有针对性的保养、美容和翻新，使汽车经过专业美容后外观洁亮如新，漆面亮光保持长久，以达到“旧车变新，新车保值，延寿增益”。

专业汽车美容与一般洗车打蜡汽车美容完全不同。专业汽车美容不仅仅包括汽车清洗、打蜡，而且还包括了汽车护理用品的选择与使用、汽车油漆护理（包括各类漆面缺陷的美容、汽车划痕修复等）、汽车整容及装饰等内容，是一个复杂的系统工程。一般来说，专业汽车美容是通过先进的设备和数百种用品，经过几十道工序，从车身、车室（地毯、皮革、丝绒、仪表、音响、顶棚、冷热风口、排挡区等进行高压洗尘、吸尘、上光）、发动机（免拆清洗）、钢圈轮胎、底盘、保险杠、油电路等作整车处理，使旧车变成新车并保持长久，且对较深划痕可进行特殊快速修复。

（三）汽车装饰

汽车装饰是通过给汽车增加一些附属的物品，以提高汽车表面和内室的美观性。所增加的附属物品，叫做装饰品。根据汽车被装饰的部位可分为汽车外部装饰和汽车内室装饰。

1. 汽车外部装饰

汽车外部装饰主要是对汽车顶盖、车窗、车身周围及车轮等部位进行装饰。汽车外部装饰的主要项目有：

1）汽车漆面的特种喷涂装饰。

2）彩条及保护膜装饰。

3）前阻风板和后翼板装饰。

4）车顶天窗装饰。

5）汽车风窗装饰。

6）车身大包围装饰。

7）车身局部装饰。

8）车轮装饰。

9）底盘喷塑保护装饰等。

2. 汽车内室装饰

汽车内室装饰简称汽车内饰，主要是对汽车驾驶室和乘客室进行装饰，其主要项目有：

1）汽车顶棚内衬装饰。

2）侧围内护板和门内护板的装饰。

3）仪表板的装饰。

4）座椅的装饰。

5）地板的装饰。

6）内室精品装饰。

第二节 汽车美容作业选择和实施的原则

一、汽车美容作业的选择

（一）汽车美容的审美功能

1. 保持车体的健康、亮丽

汽车美容护理集清洁、打蜡、除尘、翻新及漆面处理为一身，可以由表及里地让汽车焕然一新。汽车美容是对车辆美的缔造，及时清除车表尘土、酸雨、沥青等污染物，保持车表清洁，防止漆面及车身其他部件受到腐蚀和损害。汽车打蜡不但能给车身以光彩亮丽的视觉效果，而且它的防紫外线、防酸雨、抗高温及防静电功能，能对汽车的车表带来保护。车室美容在除尘、清洁的同时，还施以特殊的工艺，进行必要的上光保护、翻新修补、杀菌及空气净化。

2. 为车主增添自信

汽车与人是一个密不可分的整体，人的视觉是美的“伯乐”，凡同汽车接触的人，其视点大多集中在车辆美学角度上。

汽车美容也是车主形象的映照，如同现代对个人的包装。人需要以整洁、得体、不同档次的服饰来表征个人的某些内在的意识、个性气质乃至生活观念和生活态度。而汽车与其拥有和使用者——车主朝夕相伴，无疑它早已成为车主形象表征的重要组成部分，汽车美容可协助车主塑造一个全新的自我。

3. 增添城市道路的现代风采

随着我国国民经济的不断发展和科学技术的不断进步，以及人们生活水平的不断提高，道路上行驶的各种汽车也越来越多。五颜六色的汽车装扮着城市的各条道路，形成一条条美丽的风景线，对城市和道路环境起着美化作用，给人们以美的享受。这些成果的得来与我国的汽车美容业的兴起是分不开的。如果没有汽车美容，道路上行驶的汽车车身灰尘污垢堆积，漆面色彩单调、色泽暗淡，甚至锈迹斑斑，这样将会形成与美丽的城市建筑极不协调的景象。因此，汽车美容有利于美化城市的环境。

（二）汽车美容的分类

1. 根据汽车的服务部位分

根据汽车的服务部位可分为车身美容、内饰美容和漆面美容。

（1）车身美容　车身美容服务项目包括高压洗车，去除沥青、焦油等污物，上蜡增艳与镜面处理，新车开蜡，钢圈、轮胎、保险杠翻新与底盘防腐涂胶处理等；还包括车身的外部装饰，如对汽车顶盖、车窗、车身周围及车轮等部位进行装饰。

（2）内饰美容　内饰美容服务项目可分为车室美容、发动机美容及行李箱清洁等项目。其中，车室美容包括仪表台、顶棚、地毯、脚垫、座椅、座套、车门内饰的吸尘清洁保护，以及蒸汽杀菌、冷暖风口除臭、室内空气净化等项目。发动机美容包括发动机冲洗清洁、喷上光保护剂、做翻新处理及三滤散热器、蓄电池等清洁、检查、维护项目，还包括对汽车驾驶室和乘客室进行装饰。

（3）漆面美容　漆面美容可分为氧化膜、飞漆、酸雨处理，漆面深浅划痕处理，漆面部分板面破损处理及整车喷漆等。

2. 根据汽车的实际美容程度分

根据汽车的实际美容程度可分为一般美容、修复美容和专业美容。

（1）一般美容　一般美容就是人们通常所说的汽车美容，包括洗车和打蜡，即将汽车表面上的污物、尘土洗去，然后打蜡，增加车身表面的光亮度，起到了粗浅的“美容”作用。

（2）修复美容　汽车修复美容是对车身漆膜有损伤的部位，先进行漆膜修复，然后再进行美容。这种美容的工艺过程为：砂子划痕——涂快干原子灰——研磨——涂快干底漆——涂底色漆——涂罩光漆——清除接口。汽车修复美容必须在比较正规的汽车美容中心进行，它需要必要的设备和工具，必须有一定的修复美容工艺，才能满足汽车美容的基本要求。但是，这种美容并非很完善，对整车而言，只是对车身的漆膜部分进行了保养护理。

（3）专业美容　专业汽车美容，不仅仅包括对汽车的清洗、打蜡，更主要的是根据汽车实际需要进行维护。它包括对汽车护理用品的正确选择与使用、汽车漆膜的护理（例如对各类漆膜缺陷的处理、划痕的修复美容等）、汽车装饰、汽车防护及精品的选装等内容。其中，汽车防护服务项目有贴防爆太阳膜，安装防盗器、静电放电器、汽车语音报警装置等；汽车精品服务是汽车美容服务的延伸项目，能满足驾驶员及乘员对汽车内部附属装饰、便捷服务的需求，如车用香水、蜡掸、剃须刀、护目镜、脚垫、座套、把套等的配置，能使汽车美容服务更加贴身贴心，体现人性化的服务。

一般认为，专业汽车美容是通过先进的设备和数百种用品，经过几十道工序，从车身、内室、发动机、钢圈、轮胎、底盘、保险杠、油路、电路、空调系统、冷却系统、进排气系统等各部位进行彻底的清洗、保养和维护，使旧车变新并保持长久，使整车焕然一新，这样的汽车美容才是真正的专业汽车美容。

1）专业汽车美容包含的主要项目和内容：①整车细部全面彻底清洗；②油污、飞漆、污物的清洗处理；③尘粒、桔皮等漆膜缺陷的砂平处理；④漆膜粗研磨处理；⑤漆膜细磨抛光处理；⑥漆膜增艳处理；⑦漆膜抗氧化保护处理；⑧持久保护层处理；⑨漆膜镜面处理；⑩钢圈、轮胎、保险杠、底盘等保养护理；⑪室内各部位及主要配置的保养护理；⑫发动机系统的美容养护等。

2）专业汽车美容的基本条件：①应有最起码的美容操作工作室，工作室应与外界隔离，设有漆膜维修处理工作室、干燥室、清洗室、美容养护室，且最好相互不干扰，但又有一定的联系，露天操作是不能进行汽车美容的；②各工作室应有相应的设备、工具及能源，可供施工所用；③所有的施工人员，必须经过专业技术培训，取得上岗证书者才可进行施工操作；④汽车美容用品及有关材料必须是正规厂家生产的合格品；⑤有完善的售后服务，售后服务是对专业美容的补充，当出现一些质量问题时可进行补救处理，既可保证汽车美容企业的良好服务形象，也是对消费者权益的保证。

3）专业汽车美容的效果：①车身漆膜应达到艳丽的新车效果，并能长久保持。应具有防静电、防酸雨、防紫外线等“三防”功能。②发动机的清洗翻新，可使发动机表面形成光亮的保护膜并能长久保持。发动机系统经过免拆卸清洗后，可提高整个系统的性能，并延长使用寿命。③风窗玻璃的修复抛光，使开裂发乌的玻璃变得清晰明亮，完好如初。④轮毂、轮胎经美容护理后，具有艳丽光泽并能延长使用寿命。⑤室内、后备箱内经美容处理后，应更显洁净华贵。⑥金属裸露部分经除锈、防锈处理后，应具有金属光泽，不再生锈，延长其使用寿命。

二、汽车美容作业实施的原则

（一）汽车美容行业存在的问题

“汽车美容”的概念在我国一经引入，众多的洗车摊点、汽配店、加油站很快就注意了这个新兴行业。由于我国的汽车美容行业管理制度尚不健全，市场上“无专业正规培训”、“无专业品牌产品”、“无专业机械设备”、“无服务质量保证”的“四无”汽车美容场所层出不穷。

作为新兴行业，由于没有明确的主管部门，并缺乏有关的技术标准和法律规范，使汽车美容养护业存在着诸多问题。

1. 从业人员素质低

汽车修理人员有上岗证，分为初级、中级、高级，而美容养护工绝大多数是在汽车修理厂的徒工，他们只掌握了一些基本汽车机电原理，随后就转向汽车美容养护行业。养护和美容产品的使用基本上是按说明书操作，养护工较少研究其工作原理。由于缺乏专业培训，汽车美容养护技术的传授和更新速度极慢，只能靠老技师的传、帮、带，不能适应市场上对养护工的需求。另外，汽车工业的新技术应用越来越广泛，计算机系统、电子技术在这一行业的应用也在逐渐升级，非专业养护工根本无法完成养护任务。

2. 美容产品真假难辨

由于从业人员对汽车美容养护产品知识欠缺，无法辨别参差不齐的汽车美容养护产品。在市场上，有些是假冒伪劣产品，甚至有些是国外的垃圾产品、淘汰产品。

3. 美容质量难以保证

由于对汽车美容知识欠缺，车主对汽车养护知道不多，对汽车美容养护业的暴利现象无法识别，也给不良商家带来可乘之机。有些挂着美容养护中心招牌，其主要任务却是为了推销某种品牌汽车养护用品；还有些美容养护中心为了赚钱，养护用品常“以次充好”；更有些美容中心因缺乏技术工人，技术力量薄弱，导致对客户的汽车养护质量差。因此，汽车美容养护业的规范、汽车美容知识的普及和对人才的培养势在必行。

汽车在家庭中越普及，汽车文化的外延也越拓展，作为汽车文化的重要组成部分，汽车美容的设计也越流行。事实上，只有一个国家的汽车业达到相当成熟的水平，对汽车美容的重视才会自然深入大众。这一新兴市场将进一步向专业化、规范化方向发展。

（二）汽车美容的实施原则

汽车美容实施应根据车型、车况、使用环境及使用条件等因素，有针对性地、合理地安排美容作业的时机及项目。

1. 因“车型”而异

由于汽车美容项目、内容及使用的用品不同，其价位也不一样。对汽车进行美容不仅要考虑到效果，同时也要考虑费用问题。因此，不同档次的汽车所采取的美容作业及使用的美容用品应有所不同。对于高档轿车应主要考虑美容效果，而对于一般汽车只要进行常规的美容作业就可以了。

2. 因“车况”而异

汽车美容作业应根据汽车漆膜及其他物面状况有针对性地进行。车主或驾驶员应经常对汽车表面进行检查，发现异变现象要及时处理。如车漆表面出现划痕，尤其是较深的划痕，若处理不及时，导致金属锈蚀，这就增大了处理的难度。

3. 因“环境”而异

汽车行驶的地域和道路不同，对汽车进行美容作业的时机和项目也不同。若汽车经常在污染较重的工业区使用，应缩短汽车清洗周期，经常检查漆面有无污染、色素沉着，并采取积极预防措施；若汽车在沿海地区使用，由于当地空气潮湿，且大气中含盐分较多，一旦漆面出现划痕应立即采取治理措施，否则会很快造成内部金属锈蚀；若汽车在西北地区使用，由于当地风沙较大，漆面易失去光泽，应缩短抛光、打蜡的周期。

4. 因“季节”而异

不同的季节、气温和气候，对汽车表面及内室部件具有不同的影响。如汽车在夏季使用时，由于高温漆膜易老化，在冬季使用时，由于严寒漆膜易冻裂，应进行必要的预防护理作业。另外，冬夏两季车内经常使用空调，车窗紧闭，车内容易出现异味，应定期进行杀菌和除臭作业。

思考题

1-1 汽车养护与美容的定义是什么？

1-2 汽车养护分哪几类？其作业内容各是什么？

1-3 汽车美容的内容是什么？

1-4 汽车美容是如何分类的？

1-5 汽车美容作业的实施原则是什么？

1-6 专业汽车美容包含的主要项目和内容有哪些？

第二章 汽车运行材料

汽车使用的燃料、润滑材料、工作液和轮胎等统称为汽车运行材料。

第一节 燃料及其选用

燃料通常是指能够将自身储存的化学能通过化学反应（燃烧）转变为热能的物质。汽车燃料主要有汽油和柴油。此外，还有一些已开发或正在开发中的代用燃料，如液化石油气、天然气等。本节主要讲述汽油、柴油和天然气。

一、汽油的性能指标、规格及其选用

（一）汽油的性能指标

通常将馏程在30~220℃范围内，可以含有适当添加剂的精制石油馏分称为汽油。根据其用途和品质的不同，汽油可分为车用汽油、航空汽油、工业汽油和溶剂汽油。习惯上将车用汽油简称为汽油。

评定车用汽油的主要性能指标有：蒸发性、抗爆性、化学安定性、防腐性、清洁性和无害性等。

1. 汽油的蒸发性及其评定指标

蒸发性是指液态物质汽化的难易程度。

汽油的蒸发性即指汽油由液态转变为气态的难易程度。汽油的蒸发性越好，就越容易汽化，与空气混合就越均匀。可燃混合气燃烧速度快，且燃烧充分，因而不仅使发动机容易起动、加速及时，而且能减少机械磨损，降低汽油消耗。所以，汽油发动机要求汽油必须具有良好的蒸发性。但汽油的蒸发性也不能太好，蒸发性太好的汽油在炎热的夏季以及在大气压力较低的高原和高山地区使用时，会使发动机燃油供油系中容易形成气泡，产生“气阻”或导致供油中断。

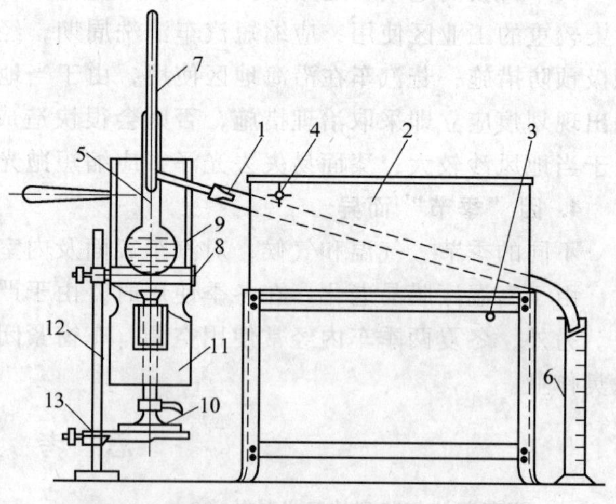

图2-1 汽油馏程测定仪

1—冷凝管 2—冷凝器 3—进水支管 4—排水支管 5—蒸馏烧瓶 6—量筒 7—温度计 8—石棉垫 9—上罩 10—喷灯 11—下罩 12—支架 13—托架

汽油蒸发性的评定指标有：馏程与饱和蒸气压。

（1）馏程 馏程是指油品在规定条件下蒸馏所得到的，以初馏点和终馏点表示其蒸发特征的温度范围。

馏程的测定是按GB/T 6536—1997《石油产品蒸馏测定法》的详细规程进行的，它是将

100mL 试样按规定条件进行蒸馏，系统观察温度计读数和冷凝液体积，并根据这些数据计算和报告结果。如图 2-1 所示，试验时将 100mL 汽油试样加入蒸馏烧瓶中，按要求调节加热温度，汽油受热蒸发成蒸气进入冷凝管，经冷凝器冷却后又变为液体汽油流入量筒中。从冷凝器下端滴下第一滴冷凝液所观察到的温度叫做初馏点；量筒回收到 10mL、50mL、90mL 冷凝液时，所同时观察到的温度分别称为 10%、50%、90% 馏出温度；当全部液体从蒸馏烧瓶底部蒸发后的温度称为终馏点或干点，烧瓶中最后剩下的少量不蒸发物称为残留物。

馏程是汽油的重要质量指标，根据汽油的馏程可以大致判断出汽油中所含轻质馏分和重质馏分的比例，同时根据各馏出温度，还可以判断汽油在发动机各种工况下的使用情况。

1）初馏点表示汽油中是否含有在低温起动时所需的轻质馏分，是汽油的最低馏出温度，影响发动机低温起动性。汽油的初馏点一般约在 35～45℃。

2）10% 馏出温度表示汽油中含轻质馏分的量，与汽油机冬季起动的难易程度和夏季是否发生“气阻”有很大关系。该温度越低，发动机越易起动，并且起动时间越短，燃料消耗量越少。国家有关标准规定：各牌号汽油的 10% 馏出温度不高于 70℃；但也不宜过低，过低时，在夏季会导致发动机油路产生“气阻”，甚至供油中断。因此一般认为，10% 馏出温度不宜低于 60～65℃。

3）50% 馏出温度表示汽油的平均蒸发性。该温度低，可改善发动机的加速性、工作稳定性和起动后暖机升温性能。所以，国家有关标准规定：各牌号汽油 50% 馏出温度不高于 120℃。

4）90% 馏出温度和终馏点，都是表示汽油中重质馏分的含量。该温度越低，表明汽油中重质馏分含量越少，越有利于可燃混合气均匀分配到各缸，使燃烧更完全。重质馏分汽油不易挥发，特别在冬季时，来不及蒸发的重质馏分流到曲轴箱中会稀释润滑油，使润滑油性能变差，从而导致气缸、活塞等零件以及其他配合副机械磨损加剧。同时也造成混合气燃烧不完全，尾气排放污染增加，耗油量增加，汽油机工作不稳定等。因此国家有关标准规定：各牌号汽油 90% 馏出温度不高于 190℃，终馏点不高于 205℃。

汽油蒸发后仍有一些残留物，它表示汽油中重质馏分和储存中氧化生成的胶质含量。这些物质会结胶或沉积在进气门、化油器量孔或电喷发动机的喷嘴上，影响混合气的配制精度及发动机正常工作，故在使用中应严格控制。

（2）饱和蒸气压　饱和蒸气压是指在一定的温度下，油品在适当的试验仪器中液气两相达到平衡状态时液面蒸气所显示的最大压力，用 kPa 表示。饱和蒸气压用来判断汽油发生气阻倾向的大小。汽油的饱和蒸气压过高，会使汽车在夏季工作时，特别是在高原地区易发生“气阻”，影响发动机正常工作，同时增大汽油储存与使用中的蒸发损失。为减少汽油的蒸发损失，现代汽车普遍安装了蒸发汽油吸收装置。

饱和蒸气压的测定按 GB/T 8017—1987《石油产品蒸气压测定法（雷德法）》或 GB/T 257—1964《发动机燃料饱和蒸气压测定法（雷德法）》的规定进行。我国标准 GB 17930—1999 规定汽油蒸气压从 9 月 1 日至次年 2 月 29 日不大于 88kPa，从 3 月 1 日至 8 月 31 日不大于 74kPa。

2. 汽油的抗爆性及评定指标

汽油的抗爆性是指汽油在发动机的气缸内燃烧时抵抗爆燃的能力。

汽油抗爆性的评定指标有：辛烷值和抗爆指数。

（1）辛烷值 辛烷值是表征点燃式发动机燃料抗爆性的一个约定数值。汽油的辛烷值越高，抗爆性就越好；反之，抗爆性越差。

汽油的辛烷值在实验室通常用和标准燃料进行对比的方法测定。在一台专用可变压缩比的单缸试验发动机上，先用被测汽油作为燃料，使发动机在一定的条件下运转，试验中逐步提高发动机的压缩比，直到试验发动机产生标准强度的爆燃为止；然后，在该压缩比下换用由一定比例的异辛烷（一种抗爆燃烧能力很强的碳氢化合物，规定其辛烷值为100）和正庚烷（一种抗爆燃烧能力很弱的碳氢化合物，规定其辛烷值为0）混合而成的标准燃料，使发动机在相同的条件下运转，改变标准燃料中异辛烷和正庚烷的比例，直到单缸机上产生上述标准强度的爆燃为止。此时标准燃料中异辛烷含量的百分数就是被测汽油的辛烷值。

辛烷值的测定方法有研究法辛烷值（Research Octane Number，简称 RON）和马达法辛烷值（Motor Octane Number，简称 MON）两种。

研究法辛烷值是以较低的混合气温度（一般不加热）和较低的发动机转速（一般在600r/min）的中等苛刻条件为其特征的实验室标准发动机测得的辛烷值。它主要反映汽油用于城市运行汽车经常加速、低速行驶时的抗爆性能力。

马达法辛烷值是以较高的混合气温度（一般加热至149℃）和较高的发动机转速（一般在900r/min）的苛刻条件为其特征的实验室标准发动机测得的辛烷值。它能较好地反映汽油用于汽车在长途高速行驶、超车或上坡时的抗爆性能力。由于测定方法不同，同一种汽油用两种方法测定的结果差别很大。

我国车用汽油目前是采用研究法辛烷值划分牌号的。例如，93 号汽油即表明该汽油研究法辛烷值为93。

（2）抗爆指数 因为马达法辛烷值测定条件比研究法辛烷值苛刻，所得辛烷值低于研究法辛烷值，两者差别一般为6~10个单位。这一差值叫做汽油的灵敏度，可用来反映汽油抗爆性随运转工况激烈程度的增加而降低的情况。对汽油发动机来说，灵敏度越小越好。由于研究法辛烷值和马达法辛烷值都不能全面反映车辆运行中燃料的抗爆性能，一些国家引用抗爆指数作为汽油抗爆性的指标，它是同一种汽油的研究法辛烷值与马达法辛烷值的平均数，即

$$抗爆指数\ AKI = \frac{RON + MON}{2}$$

抗爆指数也叫平均辛烷值或实际辛烷值，它可以较为真实地反映汽油在汽车实际使用中的抗爆性。

（3）提高汽油辛烷值的方法 由于汽油的抗爆性对车用发动机工作影响很大，人们一直在研究如何提高汽油辛烷值，目前常用的方法有两种：

1）采用先进的汽油炼制工艺。炼制工艺不同，所获得汽油组分的辛烷值也不同。目前在汽油炼制的诸多生产工艺中，催化裂化、催化重整和加氢裂化是较先进的加工方法，炼出的汽油辛烷值达70~85以上。

2）加入抗爆添加剂。过去常用的抗爆剂是四乙基铅 $Pb(C_2H_5)_4$，在直馏汽油中加入0.13%的四乙基铅后，辛烷值能提高20~30个单位，也称为含铅汽油。汽油中加入四乙基铅能提高抗爆性，是因为四乙基铅在200℃以上分解与未燃混合气中产生的过氧化物反应，生成活性不强的有机氧化物和氧化铅，使过氧化物达不到自燃所需的浓度，从而消除了汽油

发动机因混合气自燃而产生的爆燃现象。加入四乙基铅的汽油在燃烧时会生成高熔点氧化铅颗粒，不易随废气排出而沉积在燃烧室内，影响发动机正常工作，加剧机件磨损。为此，必须在汽油中加入四乙基铅的同时，要加入一定量的导出剂。但含铅化合物随废气排出后对环境会造成很大的危害，所以各国都在严格控制抗爆剂的使用范围和用量。我国已于 2000 年 7 月 1 日起禁止销售使用含铅汽油，由无铅汽油所取代。

目前使用的抗爆剂主要有：甲基叔丁醚（MTBE）和叔丁醇（TBA）等。它们具有相当高的无铅辛烷值和调合辛烷值，不仅抗爆性好，而且含氧高、燃烧性好，使汽车在有较高辛烷值的同时，还可以减少排放。

3. 汽油的化学安定性及其评定指标

汽油的化学安定性是指汽油在正常的储存和使用条件下保持其性质不发生永久变化的能力。化学安定性好的汽油长期储存不会变质，而化学安定性不好的汽油在使用过程中，受到空气中的氧、环境温度和光等的作用，会发生氧化生成胶质，使汽油颜色变黄并产生粘稠沉淀。使用这种汽油，易堵塞电喷发动机的喷嘴，气门粘结关闭不严，积炭增加，气缸散热不良，火花塞积炭导致点火不良等。此外随着胶质的增多，会使汽油的辛烷值下降，酸度增加。

评定汽油化学安定性的指标主要有：实际胶质和诱导期。

（1）实际胶质　指在规定条件下测得的发动机燃料的蒸发物，以 mg/100mL 表示。它可用来判断汽油在使用中生成胶质的倾向，从而决定汽油能否使用和能否继续储存。国家标准对于实际胶质的规定是出厂时不大于 5mg/100mL；出厂后 4 个月检查封样时不大于 10mg/100mL；油库交付给使用单位时，允许不大于 25mg/mL。

（2）诱导期　指在规定的加速氧化条件下，油品处于稳定状态下所经历的时间周期，以 min 表示。可评定汽油在储存期间产生氧化和形成胶质的倾向。诱导期越长，汽油越不易被氧化，生成胶质的倾向越小，其化学安定性越好，适宜长期储存。一般国产汽油出厂时诱导期在 600 ~ 800min，在普通条件下储存 21 个月后，诱导期仍在 400 ~ 500min。

4. 汽油的防腐性及其评定指标

汽油的防腐性是指汽油阻止其相接触的金属被腐蚀的能力。

评定汽油防腐性的指标主要有：硫含量、铜片腐蚀试验、水溶性酸或碱、酸度、硫醇硫含量和博士试验。

（1）硫含量　指存在于油品中硫及其衍生物的含量，以质量百分数表示。汽油中的硫燃烧后生成 SO_2 和 SO_3，遇到冷凝水或水汽时，会生成亚硫酸和硫酸，对金属有强烈的腐蚀作用，所以应严格控制硫含量。国家标准规定：车用汽油的硫含量不大于 0.15%。

（2）铜片腐蚀试验　指在规定条件下，测定油品对于铜的腐蚀倾向。测定是按 GB 5096—1985《石油产品铜片腐蚀试验法》进行，即把一块已磨光的铜片浸没在一定量的试样中，并按要求维持（50 ± 1）℃的温度，保持（180 ± 5）min，待试验周期结束时取出铜片，经洗涤后与腐蚀标准色进行比较，如铜片只有轻度变色为 1 级，中度变色为 2 级，深度变色为 3 级，4 级为腐蚀。

（3）水溶性酸或碱　水溶性酸是指无机酸和低分子有机酸。水溶性碱是指氢氧化钠和氢氧化钾等。它们是在石油炼制过程中残留下来的，对金属有强烈的腐蚀作用，汽油中不允许存在。

（4）酸度　指中和100mL油品中的酸性物质所需要的氢氧化钾毫克数，以mgKOH/100mL表示。国家标准规定：车用汽油的酸度不大于3mgKOH/100mL。

（5）硫醇硫含量和博士试验　石油中还有一些含硫化合物，其中硫化氢（H_2S）和低分子硫醇（RSH），跟元素硫（S）一样，都能腐蚀金属，称为活性硫化物，汽油中不允许存在。测定时需按SH/T 0714《芳烃和轻质石油产品硫醇定性试验法（博士试验法）》。1993年使用汽油的国家标准还增加了对硫醇硫含量进行定量试验的要求。试验时按GB/T 1792—1988《馏分燃料中硫醇硫测定法（电位滴定法）》，要求硫醇硫含量不大于0.001%。

5. 汽油的清洁性及其评定指标

汽油的清洁性是指汽油中是否含有机械杂质和水分。炼油厂炼制出的成品油中是不含机械杂质和水分的，但在储运及使用过程中，汽油不可避免地受到外界污染，使得机械杂质及水分进入汽油中。机械杂质和水分会造成油路堵塞、磨损加剧等严重后果。

评定汽油清洁性的指标是机械杂质和水分，国外标准中还引入喷嘴清洁度、气门清洁度来表示汽油的清洁性。汽油清洁性最简单的检查方法是将100mL汽油注入玻璃量筒中沉淀12～18h，然后观察量筒，如果透明、清洁，无机械杂质和水分沉淀即为合格。精确测定机械杂质和水分，按GB/T 511—1988《石油产品和添加剂机械杂质测定法（重量法）》和GB/T 260—1977《石油产品水分测定法》进行。

6. 汽油的无害性

汽油的无害性是指汽油中不应含有对车辆排放污染控制装置和环境有害的物质。它是对汽油质量提出的一个更高要求。1999年6月1日，我国国家环境保护总局（现国家环境保护部）发布了GWKB 1—1999《车用汽油有害物质控制标准》，规定了苯、烯烃、芳烃、锰、铁、铜、铅、磷、硫含量的控制限值。

（二）汽油的规格

汽油的质量标准称为汽油的规格，其规格大小是根据汽油辛烷值划分的。例如，90号汽油表示辛烷值不低于90；93号汽油表示辛烷值不低于93，依此类推。不同牌号的汽油供不同压缩比的发动机使用。汽油的牌号越高，其抗爆性越好，适合于高压缩比的发动机使用。

2006年12月6日前，我国车用汽油规格执行的是GB 17930—1999《车用无铅汽油》，生产的车用汽油有90、93和95三个牌号。车用无铅汽油的技术要求见表2-1。

表2-1　车用无铅汽油的技术要求（GB 17930—1999）

项　目		质量指标			试验方法
		90号	93号	95号	
抗爆性：					
研究法辛烷值（RON）	不小于	90	93	95	GB/T 5487—1995
抗爆指数［（RON＋MON）/2］	不小于	85	88	90	GB/T 503—1995、GB/T 5487—1995
铅含量/（g/L）	不大于		0.005		GB/T 8020—1987
馏程：					
10%馏出温度/℃	不高于		70		GB/T 6536—1997
50%馏出温度/℃	不高于		120		
90%馏出温度/℃	不高于		190		
终馏点/℃	不高于		205		
残留量（%）（体积分数）	不大于		2		

（续）

项　目		质量指标			试验方法
		90号	93号	95号	
蒸气压/kPa 从9月16日至3月15日 从3月16日至9月15日	 不大于 不大于	 88 74			 GB/T 8017—1987
实际胶质[①]/（mg/100mL）	不大于	5			GB/T 8019—2008
诱导期[②]/min	不小于	480			GB 8018—1988
硫含量[③]（%）（质量分数）	不大于	0.10[④]			GB/T 380—1977
硫醇（需满足下列要求之一）： 博士试验 硫醇硫含量（%）（质量分数）	 不大于	 通过 0.001			 SH/T 0174—2000 GB/T 1792—1988
铜片腐蚀（50℃，3h）/级	不大于	1			GB 5096—1985
水溶性酸或碱		无			GB 259—1988
机械杂质及水分		无			目测[⑤]
苯含量（%）（体积分数）	不大于	2.5			附录A
芳烃含量（%）（体积分数）	不大于	40			GB/T 11132—2008
烯烃含量（%）（体积分数）	不大于	35			GB/T 11132—2008

①　实际胶质允许用GB/T 509—1988方法测定，仲裁试验以GB/T 8019—2008方法测定结果为准。

②　诱导期允许用GB/T 256—1964方法测定，仲裁试验以GB/T 8018—1988方法测定结果为准。

③　硫含量允许用GB/T 17040—2008方法测定，仲裁试验以GB/T 380—1977方法测定结果为准。

④　为适应大城市环保的需要，本标准规定从2000年7月1日起，在北京、上海和广州执行硫含量不大于0.08%（质量分数）；从2003年1月1日起，在全国范围内执行硫含量不大于0.08%（质量分数）。

⑤　将试样注入100mL玻璃量筒中观察，试样应当透明，没有悬浮和沉降的机械杂质及水分。在有异议时，以GB/T 511—1988和GB/T 260—1977方法测定结果为准。

考虑到已经实施和将要实施的更严格的机动车排放法规要求，2006年12月6日，中华人民共和国国家质量监督检验检疫总局、中国国家标准化管理委员会发布了GB 17930—2006《车用汽油》，并于当日实施，代替了GB 17930—1999《车用无铅汽油》。该标准规定了由液体烃类和由液体烃类及改善使用性能的添加剂组成的车用汽油的要求和试验方法、取样及标志、包装、运输和储存。车用汽油按研究法辛烷值分为90、93和97三个牌号。研究法辛烷值97号汽油是一种抗爆性更好的优质汽油，可满足少数爆燃倾向严重的发动机使用要求。GB 17930—2006《车用汽油》见表2-2和表2-3。符合表2-2技术要求的车用汽油能够满足GB 18352.2—2001《轻型汽车污染物排放限值及测量方法（Ⅱ）》的要求；符合表2-3技术要求的车用汽油能够满足GB 18352.3—2005《轻型汽车污染物排放限值及测量方法（中国Ⅲ、Ⅳ阶段）》的要求。表2-3规定的技术要求过渡期到2009年12月31日。

乙醇汽油是一种由粮食及各种植物纤维加工成的燃料乙醇和普通汽油按一定比例混配形成的新型替代能源。它可以有效地改善油品的性能和质量，降低一氧化碳、碳氢化合物等主要污染物的排放，且不影响汽车的行驶性能。乙醇汽油作为一种新型清洁燃料，是目前世界上可再生能源的发展重点，符合中国能源替代战略和可再生能源发展方向的要求，技术上成熟、安全、可靠，在中国完全适用，具有较好的经济效益和社会效益，成为普通汽油与柴油的补充品。

表 2-2 车用汽油（Ⅱ）的技术要求和试验方法（GB 17930—2006）

项目		质量指标			试验方法
		90 号	93 号	97 号	
抗爆性：					
研究法辛烷值（RON）	不小于	90	93	97	GB/T 5487—1995
抗爆指数（RON + MON）/2	不小于	85	88	报告	GB/T 503—1995、GB/T 5487—1995
铅含量[①]/（g/L）	不大于	0.005			GB/T 8020—1987
馏程：					GB/T 6536—1997
10% 馏出温度/℃	不高于	70			
50% 馏出温度/℃	不高于	120			
90% 馏出温度/℃	不高于	190			
终馏点/℃	不高于	205			
残留量（%）（体积分数）	不大于	2			
蒸气压/kPa					GB/T 8017—1987
11 月 1 日至 4 月 30 日	不大于	88			
5 月 1 日至 10 月 31 日	不大于	74			
实际胶质/（mg/100mL）	不大于	5			GB/T 8019—2008
诱导期/min	不小于	480			GB 8018—1988
硫含量[②]（%）（质量分数）	不大于	0.05			GB/T 380—1977、GB/T 11140—2008、GB/T 17040—2008、SH/T 0253—1992、SH/T 0689—2000、SH/T 0742—2004
硫醇（需满足下列要求之一）：					
博士试验		通过			SH/T 0174—2000
硫醇硫含量（%）（质量分数）	不大于	0.001			GB/T 1792—1988
铜片腐蚀（50℃，3h）/级	不大于	1			GB/T 5096—1985
水溶性酸或碱		无			GB/T 259—1988
机械杂质及水分		无			目测[③]
苯含量[④]（%）（体积分数）	不大于	2.5			SH/T 0693—2000、SH/T 0713—2002
芳烃含量[⑤]（%）（体积分数）	不大于	40			GB/T 11132—2008、SH/T 0741—2004
烯烃含量[⑤]（%）（体积分数）	不大于	35			GB/T 11132—2008、SH/T 0741—2004
氧含量（%）（体积分数）	不大于	2.7			SH/T 0663—1998
甲醇含量（%）（体积分数）	不大于	0.3			SH/T 0663—1998
锰含量[⑥]/（g/L）	不大于	0.018			SH/T 0711—2002
铁含量/（g/L）	不大于	0.01			SH/T 0712—2002

① 车用汽油中，不得人为地加入甲醇以及含铅或铁的添加剂。

② 有异议时，以 GB/T 380—1977 方法测定结果为准。

③ 将试样注入 100mL 玻璃量筒中观察，试样应当透明，没有悬浮和沉降的机械杂质及水分。在有异议时，以 GB/T 511—1988 和 GB/T 260—1977 方法测定结果为准。

④ 有异议时，以 SH/T 0731—2004 方法测定结果为准。

⑤ 对于 97 号汽油，在烯烃、芳烃总含量控制不变的前提下，可允许芳烃的最大值为 42%（体积分数），在含量测定有异议时，以 GB/T 11132—2008 方法测定结果为准。

⑥ 锰含量是指汽油中以甲基环戊二烯三羰基锰形式存在的总锰含量，不得加入其他类型的含锰添加剂。

表 2-3　车用汽油（Ⅲ、Ⅳ）的技术要求和试验方法（GB 17930—2006）

项目		质量指标			试验方法
		90 号	93 号	97 号	
抗爆性：					
研究法辛烷值（RON）	不小于	90	93	97	GB/T 5487—1995
抗爆指数（RON + MON）/2	不小于	85	88	报告	GB/T 503—1995、GB/T 5487—1995
铅含量[①]/（g/L）	不大于	0.005			GB/T 8020—1987
馏程：					GB/T 6536—1997
10% 馏出温度/℃	不高于	70			
50% 馏出温度/℃	不高于	120			
90% 馏出温度/℃	不高于	190			
终馏点/℃	不高于	205			
残留量（%）（体积分数）	不大于	2			
蒸气压/kPa					GB/T 8017—1987
11 月 1 日至 4 月 30 日	不大于	88			
5 月 1 日至 10 月 31 日	不大于	72			
实际胶质/（mg/100mL）	不大于	5			GB/T 8019—2008
诱导期/min	不小于	480			GB 8018—1988
硫含量[②]（%）（质量分数）	不大于	0.015			GB/T 380—1977、GB/T 11140—2008、GB/T 17040—2008、SH/T 0253—1992、SH/T 0689—2000、SH/T 0742—2004
硫醇（需满足下列要求之一）：					
博士试验		通过			SH/T 0174—2000
硫醇硫含量（%）（质量分数）	不大于	0.001			GB/T 1792—1988
铜片腐蚀（50℃，3h）/级	不大于	1			GB/T 5096—1985
水溶性酸或碱		无			GB/T 259—1988
机械杂质及水分		无			目测[③]
苯含量[④]（%）（体积分数）	不大于	1.0			SH/T 0693—2000、SH/T 0713—2002
芳烃含量[⑤]（%）（体积分数）	不大于	40			GB/T 11132—2008、SH/T 0741—2004
烯烃含量[⑤]（%）（体积分数）	不大于	30			GB/T 11132—2008、SH/T 0741—2004
氧含量（%）（体积分数）	不大于	2.7			SH/T 0663—1998
甲醇含量（%）（体积分数）	不大于	0.3			SH/T 0663—1998
锰含量[⑥]/（g/L）	不大于	0.016			SH/T 0711—2002
铁含量/（g/L）	不大于	0.01			SH/T 0712—2002

① 车用汽油中，不得人为地加入甲醇以及含铅或铁的添加剂。

② 有异议时，以 SH/T 0689—2000 方法测定结果为准。

③ 将试样注入 100mL 玻璃量筒中观察，试样应当透明，没有悬浮和沉降的机械杂质及水分。在有异议时，以 GB/T 511—1988 和 GB/T 260—1977 方法测定结果为准。

④ 有异议时，以 SH/T 0731—2004 方法测定结果为准。

⑤ 对于 97 号汽油，在烯烃、芳烃总含量控制不变的前提下，可允许芳烃的最大值为 42%（体积分数），在含量测定有异议时，以 GB/T 11132—2008 方法测定结果为准。

⑥ 锰含量是指汽油中以甲基环戊二烯三羰基锰形式存在的总锰含量，不得加入其他类型的含锰添加剂。

乙醇汽油的国家标准为：GB 18351—2004《车用乙醇汽油》，2005 年 10 月 30 日起实施，从 2006 年起在部分省市开始推广使用。鉴于目前世界面临的粮食紧缺趋势，我国的乙醇汽油生产和推广不可避免地受到一定程度的影响。

（三）汽油的正确选用与使用注意事项

1. 汽油的正确选用

使用汽油时，除根据汽车使用说明书推荐的汽油牌号选用外，还可根据汽油机的压缩比来选择牌号。一般应从以下几方面来选择：

1）根据汽车使用说明书的要求选择。以在正常情况下不发生爆燃为原则，选用适当辛烷值牌号的车用汽油。

2）根据汽车发动机压缩比选择。压缩比高的汽油机应选用牌号（辛烷值）较高的汽油，压缩比低的汽油机应选用牌号较低的汽油。压缩比在 7.0 以下的发动机，应选用 90 号汽油；压缩比在 7.8～8.0 之间的发动机，应选用 90 号、93 号汽油；压缩比大于 8.0 的发动机，应选用 93 号汽油；压缩比大于 9.5 的轿车应选用 97 号汽油。目前国产轿车的压缩比一般都在 9.0 以上，最好使用 93 号或 97 号汽油。高压缩比的发动机如果选用低牌号汽油，会使气缸温度剧升，汽油燃烧不完全，机器产生强烈振动，从而使输出功率下降，机件受损。低压缩比的发动机如果硬要用高牌号汽油，就会出现“滞燃”，一样会出现燃烧不完全现象，对发动机也没什么好处。

2. 汽油使用注意事项

1）发动机使用时间较长后，由于燃烧室积炭、水套积垢等会使发动机压力增加，此时，再使用原牌号汽油时发动机会产生爆燃。因此，这类汽车在维护后应该燃用高一级的汽油。

2）汽油、柴油不能混用。汽油机与柴油机的性能和燃烧机理不同。汽油机对汽油提了抗爆性的要求，而柴油机就不要求柴油具有抗爆性，而且柴油中的胶质和硫化物会使汽油的抗爆性降低，所以在汽油中掺入柴油使用，普遍会出现起动困难，排气冒黑烟，上坡和加速动力不足，还会出现爆燃现象，使用不久后发动机将出现机油压力下降，燃烧室和排气系统产生大量胶质或积炭，发动机功率大为下降等现象。

3）原用低牌号汽油改用高牌号汽油时，可把点火提前角适当提前，以发挥高牌号汽油的优良性能；反之，点火提前角应适当迟后，以免发生爆燃。

4）在炎热夏季和高原地区，由于气温高，气压低，易发生气阻，所以应加强发动机散热，使油管和汽油泵隔热，或者换用饱和蒸气压较低的汽油。

5）汽车从平原驶到高原地区后，可换用较低辛烷值汽油，或适当提前点火提前角。

6）不要使用长期存放或变质的汽油，否则结胶、积炭严重，这对电喷发动机工作的影响更大。同时，尽可能加满油箱，以避免蒸发损失。

7）汽油易燃、易爆、易产生静电，使用中要注意安全。

二、柴油的性能指标、规格及其选用

（一）柴油的性能指标

我国生产的柴油分为轻柴油、重柴油和农用柴油三类。高、中速柴油发动机使用的燃料是轻柴油，即汽车、拖拉机、柴油机上使用的燃料，习惯上称为柴油。

评定车用柴油的主要性能指标有：燃烧性、低温流动性、蒸发性、防腐性、化学安定性、清洁性和无害性等。

1. 燃烧性及其评定指标

柴油的燃烧性是指其自燃能力。由于柴油机为压燃式发动机，为了使柴油机能正常燃烧，要求柴油具有良好的燃烧性能。

柴油燃烧性的评定指标用十六烷值表示。它是在标准四冲程可变压缩比的单缸试验柴油机上，用标准燃料对比测定的。与汽油辛烷值类似，它也是用两种发火性能差异很大的烃作为基准物对比得出的数值。一种是自燃点低，发火性能好的正十六烷，将其十六烷值定为100；另一种是自燃点高，发火性能差的α—甲基萘，将其十六烷值定为0。两种化合物按不同的体积混合在一起，可获得十六烷值0～100的标准燃料。然后将被试燃料与标准燃料进行同压缩比发火对比试验，若被试燃料与某标准燃料在相同条件下同期发火，则标准燃料的正十六烷体积百分数即为被试燃料的十六烷值。这种测定方法即GB/T 386—1991《柴油着火性质测定法（十六烷值法）》。

柴油的十六烷值对柴油机的使用性能影响较大，柴油的十六烷值高，其自燃点低，着火延迟期短，燃烧平稳，柴油机工作柔和，且低温起动性好。但柴油十六烷值并不是越高越好，过高会使柴油的凝点升高，蒸发性变差，以致不能完全燃烧，使发动机功率下降和油耗增加；而十六烷值过低，则会使着火延迟期增长；容易出现工作粗暴和低温起动困难等现象。因此，柴油的十六烷值应与柴油机的结构相适应。

选择柴油的十六烷值的主要依据是柴油机的转速。转速越高，燃料在气缸中燃烧的时间越短，对十六烷值的要求也越高。一般柴油机转速在1000r/min以下时，应使用十六烷值为35～40的柴油；柴油机转速在1000～1500r/min时，使用40～45的柴油；柴油机转速在1500r/min以上时，最好是使用十六烷值范围为45～60的柴油。

2. 低温流动性及其评定指标

柴油的低温流动性是指柴油在低温下不致因凝固而失去流动能力的性能。由于柴油的密度和粘度都要比汽油大，低温下柴油的流动性是能否保证柴油机正常供油的关键。低温流动性差的柴油，在低温状态会因柴油中析出石蜡而结晶或凝固，阻碍柴油在油管和过滤器中顺利通过，使供油量减少甚至中断，影响柴油机的正常工作。因此柴油应具有较好的低温流动性。

评定柴油低温流动性的指标有：凝点、浊点和冷滤点等。

（1）凝点　指油料在规定条件下冷却至失去流动性时的最高温度。柴油的凝点与其蜡含量有关，油中的蜡含量越高，其凝点也越高，低温时容易堵塞过滤器和输油管，使供油不畅，甚至中断供油。在低温下长期静置的柴油，如果温度降至凝点以下，便无法向车辆的油箱加油。发动机使用凝点过高的柴油，停车后再起动将非常困难。因此，为保证柴油机的正常工作，应使用凝点低于周围气温5～7℃的燃料。

凝点是柴油的重要指标之一，由于柴油的低温性能与使用较为密切，所以轻柴油的牌号是按凝点来划分的，如10号、0号、－10号轻柴油的凝点分别不高于10℃、0℃、－10℃。

凝点的测定标准是GB 510—1983《石油产品凝点测定法》。

（2）浊点　指柴油在冷却过程中开始析出石蜡时的温度。柴油达到浊点后虽未失去流动性，但在燃料供给系中容易造成油路堵塞，使供油量减少以致逐步中断供油。因此为保证柴油在发动机处于低温下的正常供应、输送，柴油的使用温度一般应高于浊点3～5℃。

浊点的测定标准是GB/T 6986—1986《石油浊点测定法》。

（3）冷滤点　指在规定条件下，柴油试油开始堵塞发动机滤网的最高温度。柴油冷滤点的测定标准是 SH/T 0248—2006《柴油和民用取暖油冷滤点测定法》。

冷滤点是柴油低温流动性的主要依据，因为冷滤点的测定条件是模拟发动机实际工作情况确定的，故能较好地判断柴油使用的最低温度。因为冷滤点比浊点、凝点更具有实用性，所以国外评价柴油的低温流动性已广泛采用冷滤点，我国也已正式采用。

3. 蒸发性及其评定指标

柴油的蒸发性是指柴油由液态转变为气态的难易程度。柴油的蒸发性对柴油机工作有重要的影响。柴油从喷油器喷出要经过蒸发、与空气混合才能燃烧，由于其经历的时间很短，柴油的蒸发性就直接影响到燃料蒸发以及形成混合气的速度。蒸发性好，柴油机起动性能就好，燃烧完全，不易稀释润滑油，油耗较低，积炭少，排烟较少；但是蒸发性太高，会影响储运及使用安全性，且发动机工作容易粗暴。

评定柴油蒸发性的指标有：馏程和闪点等。

（1）馏程　柴油馏程的测定方法与汽油馏程的测定方法基本相同，但其馏出温度分别为50%、90%和95%。

50%馏出温度表示柴油的平均蒸发性。该温度低，说明柴油中的轻质馏分多，蒸发性就好，有利于形成良好的混合气，使柴油机易于起动。柴油 50%馏出温度与起动性能的关系见表 2-4。但 50%馏出温度也不宜过低，过低会因轻质馏分过多而易使柴油机产生工作粗暴现象。国家标准规定：柴油 50%馏出温度不高于 300℃。

表 2-4　柴油 50%馏出温度与起动性能的关系

柴油 50%馏出温度/℃	200	225	250	275	285
发动机的起动时间/s	8	10	27	60	90

90%和 95%馏出温度表示柴油重质馏分的含量。其温度越低，柴油的重质馏分越少，混合气燃烧完全，不仅可提高柴油机的动力性，减少机械磨损，还可以避免柴油机过热，降低油耗。反之，则重质馏分越多，蒸发性差，会使燃烧不完全，造成发动机排气冒黑烟，功率下降，气缸磨损和油耗增加。试验表明，柴油的 90%馏出温度由 300℃增加到 335℃时，其燃料消耗增加 4%以上。国家标准规定：柴油的 90%馏出温度不得高于 355℃。

虽然柴油的馏分轻一些对柴油机工作有许多好处，但绝不能认为柴油的馏分越轻越好，因为馏分过轻的柴油，其十六烷值也低，滞燃期长，而且容易蒸发，使在滞燃期喷入气缸的柴油全部参加燃烧，造成气缸内压力迅速增高，使柴油机工作不稳定，易于产生工作粗暴。同时，柴油馏分轻，粘度必然小，这不仅会增大喷油泵的磨损，而且降低了雾化质量，使燃烧过程恶化。由此可知，柴油的馏分要适当，过轻或过重都是不适宜的。

总的来说，与汽油相比，一般的柴油机工作性能受蒸发性的影响较小，可以使用馏分较宽的轻柴油，但现代直喷柴油机要求使用的馏分较窄（200～300℃）。

柴油馏程的测定标准是 GB/T 6536—1997《石油产品蒸馏测定法》。

（2）闪点　指在规定的试验条件下，加热油品所产生的蒸气和周围空气形成的混合物与火焰接触时发出瞬间闪火的最低温度。

柴油的闪点既是控制柴油蒸发性的指标，也是保证柴油安全性的指标。柴油闪点低，则轻质馏分多，蒸发性好；但过低时，会因蒸发太快，造成气缸压力突然上升，而产生工作粗暴。闪点还对柴油储运和使用的安全有影响，闪点低的柴油不仅会使蒸发损失加大，而且其产生的大量柴油蒸气也会造成失火隐患。因此，为控制柴油蒸发性不致过强，国标采用"不低于"指标加以控制。

柴油闪点的控制标准是 GB/T 261—2008《闪点的测定　宾斯基—马丁闭口杯法》。

4. 防腐性及其评定指标

柴油中的腐蚀性物质有硫、硫化物、水溶性酸碱等。

柴油的防腐性是用硫含量、硫醇硫含量、酸度、铜片腐蚀、水溶性酸或碱等指标评定。其试验方法和要求与车用汽油大致相同，但柴油中的硫和硫醇硫含量，对柴油机使用影响更大。元素硫和硫醇硫在燃烧后都生成氧化物，不仅对零件有很强的腐蚀作用，而且会使积炭变得更加坚硬，而且很难清除，容易擦伤气缸壁，加剧机件的磨损。一旦流入曲轴箱，还会加速润滑油老化变质，所以对柴油中的硫和硫醇硫含量应严格控制。国家标准规定各号轻柴油的优级品、一级品和合格品中硫含量分别为 $\omega \leqslant 0.2\%$、0.5%、1.0%，硫醇硫含量 $\omega \leqslant 0.01\%$。

5. 化学安定性及其评定指标

化学安定性是指柴油的储存安定性和热安定性。

储存安定性是指柴油在储存、运输过程中保持其外观颜色、组成和性能不变的能力。安定性好的柴油在储存过程中颜色和实际胶质变化不大，基本上不生成不可溶的胶质和沉渣。国内采用实际胶质作为柴油储存安定性的指标。目前我国商品柴油规格中规定：实际胶质不大于 70mg/100mL。

热安定性或称热氧化安定性是指柴油在高温条件溶解氧的作用下，柴油发生变质的倾向。夏季油箱中的温度很高，柴油进入供油系统受柴油机温度影响，温度会进一步提高。另外，在汽车行驶时，油箱中的柴油不断地振荡，加剧了柴油与空气的混合，使柴油溶解的氧气达到饱和程度。在这种条件下，柴油中的不安定组分就会在金属的催化作用下急剧氧化，生成氧化缩合物。这些生成物在喷油器上、燃烧室壁、气门和活塞环处生成积炭，将使柴油机磨损加剧。同时还会在喷油器针阀上生成漆状沉积物，造成针阀粘滞，并形成积炭，使喷雾恶化，甚至中断供油。

评定柴油化学安定性的指标主要有：实际胶质和 10% 蒸余物残炭。

（1）实际胶质　指柴油在规定的试验条件下，油中的烃类经热空气流蒸发、氧化、聚合和缩合所生成的深棕色、黄色或黑色残留物，以 mg/100mL 表示。柴油中不安定组分越多，实际胶质越大，油的储存安定性就越差。

（2）10% 蒸余物残炭　指柴油的 10% 蒸余物经强烈加热一定时间即进行裂化和焦化反应。在规定加热时间结束后，称重计算残炭值，以原试样质量的百分数表示。

柴油 10% 蒸余物残炭值测定按 GB 268—1987《石油产品残炭测定法（康氏法）》进行。

6. 清洁性及其评定指标

柴油的清洁性用灰分、水分和机械杂质等指标评定。

柴油中的灰分是指溶于柴油中无机酸盐类和有机酸盐类以及不能燃烧的机械杂质经过煅烧后所剩余的不燃物质。所以，灰分就间接表示了上述物质的含量。灰分是造成气缸壁与活塞环以及喷油泵柱塞套筒偶件磨损的重要原因之一。

柴油灰分的测定按 GB 508—1985《石油产品灰分测定法》进行。

（二）柴油的规格

根据国家对治理汽车尾气排放的时间表，2000 年全国实现达到欧洲Ⅰ号的排放标准，而从 2004 年 7 月 1 日开始，国家对汽车尾气按照欧洲Ⅱ号标准进行限制。为了满足这个要求，车用柴油从轻柴油中分离出来了，制定单独的标准，即 GB/T 19147—2003《车用柴油标准》，该标准已于2003 年 10 月 1 日开始执行。车用柴油按凝点分也分为10、5、0、－10、－20、－35 和－50 七种牌号，详细规格见表 2-5。

表 2-5 车用柴油标准（GB/T 19147—2003）

项目		10 号	5 号	0 号	－10 号	－20 号	－35 号	－50 号	试验方法
氧化安定性总不溶物[①]/（mg/100mL）	不大于	2.5							SH/T 0175—2004
硫含量[②]（%）	不大于	0.2							GB/T 380—1977
10%蒸余物残炭[③]（%）	不大于	0.3							GB 268—1987
灰分（%）	不大于	0.01							GB 508—1985
铜片腐蚀（50℃，3h）/级	不大于	1							GB 5096—1985
水分（%）	不大于	痕迹							GB/T 260—1977
机械杂质[④]		无							GB/T 511—1988
润滑性：磨痕直径（60℃）[⑤]/μm	不大于	460							
运动粘度（20℃）/（mm²/s）		3.0～8.0				2.5～8.0	1.8～7.0		GB 265—1988
凝点/℃	不高于	10	5	0	－10	－20	－35	－50	GB 510—1983
冷滤点/℃	不高于	12	8	4	－5	－14	－29	－44	SH/T 0248—2006
闪点（闭口）/℃	不低于	55				50	45		GB/T 261—2008
着火性（需满足下列要求之一）：									
十六烷值	不小于	49				46	45		GB/T 386—1991
或十六烷指数	不小于	46				46	43		SH/T 0694—2000
馏程：									GB/T 6536—1997
50%馏出温度/℃	不高于	300							
90%馏出温度/℃	不高于	355							
95%馏出温度/℃	不高于	365							
密度（20℃）/（kg/m³）		820～860					800～840		GB/T 1884—2000 GB/T 1885—1998

① 为保证出厂项目，每月应检测一次。在原油性质变化、加工工艺条件改变、调和比例变化及检修开工后等情况下及时检验。对特殊要求的用户，按双方合同要求进行检验。

② 可用 GB/T 11140—2008、GB/T 12700—1990、GB/T 17040—2008 和 SH/T 0689—2000 方法测定。结果有争议时，以 GB/T 380—1977 方法为准。

③ 若柴油中含有硝酸酯型十六烷值改进剂，则 10%蒸余物残炭的测定必须用不加硝酸酯的基础燃料进行。柴油中是否含有硝酸酯型十六烷值改进剂的检验方法见附录 A，可用 GB/T 17144—1997 方法测定。结果有争议时，以 GB 268—1987 方法为准。

④ 可用目测法，即将试样注入 100 mL 玻璃量筒中，在室温（20±5）℃下观察，试样应当透明，没有悬浮和沉降的水分及机械杂质。结果有争议时，按 GB/T 260—1977 或 GB/T 511—1988 测定。

⑤ 为保证出厂项目，对特殊要求的用户，按双方合同要求进行检验。

（三）柴油的正确选用与使用注意事项

1. 柴油的正确选用

选用车用柴油的主要依据是气温，应根据不同地区和季节选用不同牌号的柴油。由于凝点低与实际使用温度之间有良好的对应关系，所以柴油一般按各号柴油冷滤点对照当地月风险率为10%的最低气温进行选择。而柴油的牌号是按凝点划分的，若根据凝点选择，凝点要比当地月风险率为10%的最低气温低4~6℃（因为凝点比冷滤点低4~6℃），以不影响柴油机的正常使用。

一般可按照以下情况选择各种牌号的柴油：

1）10号轻柴油适合于有预热设备的高速柴油机或夏季使用。

2）5号轻柴油适合于风险率为10%、最低气温在8℃以上的地区使用，0号轻柴油适合于风险率为10%、最低气温在4℃以上的地区使用，如全国各地区4~9月份及长江以南地区冬季均可使用5号和0号轻柴油。

3）-10号轻柴油适合于风险率为10%、最低气温在-5℃以上的地区使用，如长城以南地区冬季和长江以南地区严冬使用。

4）-20号轻柴油适合于风险率为10%、最低气温在-14~-5℃的地区使用，如长城以北地区冬季和长城以南、黄河以北地区严冬使用。

5）-35号轻柴油适合于风险率为10%、最低气温在-29~-14℃的地区使用。

6）-50号轻柴油适合于风险率为10%、最低气温在-44~-29℃的地区使用，如东北、华北、西北严寒地区严冬使用。

某月风险率为10%的最低气温，表示该月最低气温低于该值的概率为0.1，或者说该月中最低气温低于该温度的可能性不超过1/10。

我国部分地区风险率为10%的最低气温见表2-6。

表2-6 我国部分地区风险率为10%的最低气温表 （单位:℃）

地区＼月份	一月	二月	三月	四月	五月	六月	七月	八月	九月	十月	十一月	十二月
河北省	-14	-13	-5	1	8	14	19	17	9	1	-6	-12
山西省	-17	-16	-8	-1	5	11	15	13	6	-2	-9	-16
内蒙古自治区	-43	-42	-35	-21	-7	-1	1	1	-8	-19	-32	-41
黑龙江省	-44	-42	-35	-20	-6	1	7	4	-6	-20	-35	-43
吉林省	-29	-27	-17	-6	1	8	14	12	2	-6	-17	-26
辽宁省	-23	-21	-12	-1	6	12	18	15	6	-2	-12	-20
山东省	-12	-12	-5	2	8	14	19	18	11	4	-4	-10
江苏省	-10	-9	-3	3	11	15	20	20	12	5	-2	-8
安徽省	-7	-7	-1	5	12	18	20	20	14	7	0	-6
浙江省	-4	-3	1	6	13	17	22	21	15	8	2	-3
江西省	-2	-2	3	9	15	20	23	23	18	12	4	0
福建省	-4	-2	3	8	14	18	21	20	15	8	1	-3
台湾省	3	0	2	8	10	16	19	19	13	10	1	2

（续）

地区＼月份	一月	二月	三月	四月	五月	六月	七月	八月	九月	十月	十一月	十二月
广东省	1	2	7	12	18	21	23	23	20	13	7	2
广西壮族自治区	3	3	8	12	18	21	23	23	19	15	9	4
湖南省	-2	-2	3	9	14	18	22	21	16	10	4	-1
湖北省	-6	-4	0	6	12	17	21	20	14	8	1	-4
河南省	-10	-9	-2	4	10	15	20	18	11	4	-3	-8
四川省	-21	-17	-11	-7	-2	1	2	1	0	-7	-14	-19
贵州省	-6	-6	-1	3	7	9	12	11	8	4	-1	-4
西藏自治区	-29	-25	-21	-15	-9	-3	-1	0	-6	-14	-22	-29
新疆维吾尔自治区	-40	-38	-28	-12	-5	-2	0	-2	-6	-14	-25	-34
青海省	-33	-30	-25	-18	-10	-6	-3	-4	-6	-16	-28	-33
甘肃省	-23	-23	-16	-9	-1	3	5	5	0	-8	-16	-22
陕西省	-17	-15	-6	-1	5	10	15	12	6	-1	-9	-15
宁夏回族自治区	-21	-20	-10	-4	2	6	9	8	3	-4	-12	-19

2. 柴油使用注意事项

1）柴油加入油箱前，一定要充分沉淀（不少于48h），过滤除去杂质，切实做好柴油的净化工作，以保证柴油机燃料供给系统的精密零件不出故障和延长使用寿命。

2）不同牌号的柴油可以掺合使用，以降低高凝点柴油的凝点。即可根据当地气温情况酌情适当调整，以充分利用资源。例如：某地区最低气温为0℃，不宜使用0号柴油，但全使用-10号柴油又浪费，这时可将0号柴油和-10号柴油按一定比例掺合，使其凝点在-10～-5℃之间即可使用。掺兑后应注意搅拌均匀。

3）柴油不能与汽油混合使用，因为汽油的自燃点高，若柴油中掺汽油，着火性差，导致起动困难，甚至无法起动。

4）冬天使用桶装高凝点柴油时，不得用明火加热，以免爆炸。

三、天然气的性能指标

车用天然气（CNG）的主要成分为甲烷（CH_4，质量分数一般在90%以上），还含有少量的烃类和CO_2等。天然气和液化石油气（主要成分为丙烷、丁烷）一样都可作为汽车的代用燃料。表2-7列出了这两种代用燃料及汽油的理化参数。

表2-7 几种代用燃料及汽油的理化参数

理化性质	甲烷	丙烷	汽油
主要成分	CH_4	C_3H_8	C_8H_{18}
液相密度/（kg/L）	0.424	0.582	0.70～0.78
气相密度/（kg/m^3）	0.7174	2.020	—
气液体积比（15℃）（%）	624	273	—
沸点/℃	-161.5	-42.1	30～200

（续）

理化性质	甲烷	丙烷	汽油
汽化质量热/（kJ/kg）	510	426	310
液体质量热容/［kJ/（kg·K）］	3.87	2.48	2.27
高质量热值/（MJ/kg）	55.54	50.38	46.6
低质量热值/（MJ/kg）	50.05	46.39	43.5
理论混合气低质量热值/（MJ/kg）	2.75	2.79	2.99
理论质量空燃比	17.24	15.31	14.2～15.1
理论体积空燃比	9.52	23.86	—
辛烷值 RON/MON	130/100	112/96	100/90
着火极限（空气中的体积分数）	5～15	2.37～9.50	1.4～7.6
空气中火焰温度/K	21.48	—	2470
常温常压下最大燃烧速度/（cm/s）	39	—	3347

从表中数据可以看出，天然气的理论混合气低热值及火焰温度等参数都接近汽油，其研究法辛烷值很高，达130，说明其抗爆性能优于汽油，而且，天然气与空气所形成的可燃混合气比汽油与空气所形成的可燃混合气更均匀，燃烧更完全。

天然气是汽车的清洁燃料，对环境污染少，根据取样分析，汽车烧天然气比烧汽油对环境的污染低得多。如 w（HC）减少62%、w（CO）减少97%、w（NO_x）减少39%、w（CO_2）减少24%、w（SO_2）减少90%、噪声降低40%、没有铅、苯和芳香烃等致癌物对人体的危害。其尾气排放物比较见表2-8。

表2-8　汽车尾气排放污染物比较

燃料 / 尾气排放物（质量分数）	液化石油气	压缩天然气
一氧化碳	下降70%～80%	下降80%～90%
碳氢化合物	下降40%左右	下降80%～90%
氮氧化合物	下降10%～20%	下降40%左右

所以，天然气是一种优质车用燃料，受到越来越多国家的重视。但天然气不宜液化，车上压缩天然气（CNG）携带少，行驶里程短，故需要建立许多加气站。我国已成立了“全国天然气汽车协调领导小组”，计划在未来大力发展天然气汽车。

第二节　润滑材料及其选用

汽车在正常行驶过程中，许多零部件间产生相对运动，加之受载荷和温度的作用，会引起零部件磨损。磨损是车辆发生故障和损坏的主要原因之一。为减缓零部件的磨损，减少故障，延长车辆的使用寿命，最大限度地发挥车辆的使用性能，必须正确使用润滑材料。

汽车的润滑材料主要包括发动机润滑油、汽车齿轮油和汽车润滑脂等。

一、发动机润滑油

汽车发动机润滑油是车用润滑油中用量最大、性能要求较高、品种规格繁多、工作条件异常苛刻的一种油品。随着汽车工业的发展，汽车的使用范围扩大和档次的提高，要求汽车发动机润滑油不仅质量要高，而且要有多种功能。在汽车使用中，要根据发动机的性能、结构，并结合使用条件来正确使用润滑油。

（一）发动机润滑油的作用

发动机润滑油也称为机油，其主要作用是润滑曲轴、连杆、活塞、气缸壁、凸轮轴、气门等摩擦部件，除此之外，性能优良的发动机润滑油还具有冷却、密封、清洗和防锈抗腐蚀作用。

（二）发动机润滑油的主要性能指标

发动机润滑油的工作条件十分苛刻，常与发动机的高温、高压零件接触，另外还要遭受水汽、酸性物质、灰尘微粒和金属杂质的侵扰。因此，为保证发动机在工作中得到正常润滑，对发动机润滑油的使用性能提出了很高的要求。

对发动机润滑油性能的具体要求：具备良好的粘度、粘温性、抗氧化安定性、抗腐蚀性和清净分散性等指标。

1. 粘度

液体在外力作用下移动时，液体分子间产生的内摩擦力，称为粘度。

粘度是润滑油的主要性能指标，它是润滑油分类和使用的主要依据，且粘度过大或过小对发动机的工作都有很大的影响。粘度过小，在高温高压下不能在摩擦面上形成足够厚度的油膜，使摩擦和磨损加剧；密封作用差，气缸漏气，功率下降，机油易受到稀释和污染；粘度小的润滑油蒸发性大，加上机油易窜入燃烧室，不仅增大机油消耗量，而且造成发动机工作不良。但是粘度过大时，油的内摩擦力增大，消耗在润滑油之间的摩擦功率较多，造成发动机低温起动困难以及发动机有效功率低，油的泵送性能差，此时容易出现干摩擦或半干摩擦。试验表明，气缸、活塞环和轴承等零件的磨损量有三分之二是起动时造成的，这是发动机磨损的主要原因；阻力增加，致使功率损失和燃料消耗增加。因此，为保证发动机正常工作，在使用时要求润滑油的粘度适宜。

粘度的表示方法主要有动力粘度、运动粘度和条件粘度。我国润滑油规格主要采用动力粘度和运动粘度表示。

（1）动力粘度　表示液体在一定的切应力下流动时内摩擦力的大小，其单位名称为帕斯卡秒，用 Pa·s 表示。动力粘度在润滑油规格中主要用于评定油的低温粘度，常用千分之帕斯卡秒（mPa·s）表示。

（2）运动粘度　表示液体在重力作用下流动时内摩擦力的大小，其值为相同温度下，液体动力粘度与其密度的比值，单位为二次方米每秒，用 m^2/s 表示。划分润滑油粘度等级通常是采用 100℃时的运动粘度。

为保证润滑油的粘度“适宜”，选择润滑油的粘度时应考虑以下方面：在保证活塞环密封、机件磨损正常的条件下，选用粘度小一点的润滑油；当机件磨损严重、间隙较大时，选用粘度大的润滑油；润滑油不论粘度大小，都应具有良好的粘温性能。

2. 粘温性

粘温性是指润滑油的粘度随温度变化而变化的性能。它是发动机润滑油的一项重要指标。粘温性差的润滑油，粘度随温度变化的幅度大；反之，粘温性好的润滑油，粘度随温度变化的幅度就小。

润滑油在不同发动机润滑部位的工作温度差别非常大，比如，活塞环处温度约为205～300℃，活塞裙部温度大约在110～115℃，主轴承处温度为85～95℃；在寒冷的冬季，如果将车停在室外，曲轴箱里的机油温度会降至与大气温度一样低。由此可知，发动机要求润滑油在高温部件上工作时能保持一定的粘度，形成一定厚度的油膜，起到良好的润滑作用；在低温时，粘度不要变化太大，以免造成发动机冬季起动困难。因此，为保证润滑油在高温和低温时都有适宜的粘度，要求润滑油必须具有良好的粘温性。

润滑油粘温性的指标常用粘度指数（*VI*）来表示，粘度指数越大，表示粘度受温度的影响越小，粘温性越好。一般溶剂精制的石油润滑油的粘度指数较小，使用这种润滑油，若适应了高温时的粘度要求，低温时往往粘度过大，若适应了低温时的粘度要求，高温时粘度又过小，这就是为什么要在不同季节换用不同粘度机油的原因。一般把这种能适应很窄温度范围的润滑油称为单级油，属于季节用油。

为提高润滑油的粘温性，通常是在低粘度的油中加粘度指数改进剂（增稠剂），使之能适应在较宽温度范围的使用要求，该油称为多级油，能四季使用。

3. 抗氧化安定性与热氧化安定性

氧化安定性是指油品抵抗大气（氧气）的作用而保持其性质不发生永久变化的能力。润滑油在使用过程中，一旦与空气接触，在适当条件下，便会发生化学反应，引起润滑油变质，尤其是在高温时，氧化速度明显加快。氧化物集聚在润滑油中会使其颜色变暗、粘度增加、酸性增大，引起零件磨损，破坏发动机正常工作，还会加速润滑油氧化变质。因此，要求润滑油具有良好的抗氧化能力，特别是在高温下。为减缓润滑油氧化变质，延长使用寿命，通常在充分精炼的润滑油中要加入各种性能良好的抗氧添加剂，可以进一步改善润滑油的抗氧化安定性。

4. 防腐性

润滑油在使用过程中不可避免地被氧化而生成各种有机酸，在高温、高压和有水存在的条件下，将对金属起腐蚀作用。特别是高速柴油机使用的铜铅、镉银和镉镍轴承，抗腐蚀性很差，在润滑油中即使只有微量的酸性物质也会引起严重的腐蚀，使轴承表面出现斑点、麻坑，甚至整块剥落。所以发动机润滑油，特别是柴油机润滑油，对防腐性指标要求更严格。

提高润滑油防腐性的措施：加深润滑油的精制程度以减小酸值；加入适量防腐添加剂，常用的防腐添加剂多是硫磷化的有机盐，它能在轴承表面形成防腐蚀保护膜，同时减少油料在使用中老化生成的氧化物，从而保护轴承不受腐蚀，在高级润滑油里添加量达1%～2%。

5. 清净分散性

润滑油的清净分散性是指润滑油把沉积在机件上的沉积物清洗下来，并把这些物质悬浮在油中的能力。润滑油在使用过程中，因受到废气、燃气、高温和金属催化作用，会生成各种氧化物。清净分散性良好的润滑油能使这些氧化物悬浮在油中，通过机油过滤器将其过滤掉，从而减少发动机气缸壁、活塞及活塞环等部件上的沉积物，防止由于零件过热烧坏活塞环而引起气缸密封不严、发动机功率下降、油耗增加的故障。

润滑油的清净分散性通常是通过在油中添加清净分散剂来提高的。目前常用的有金属型清净分散剂和无灰型清净分散剂，它们不仅具有良好的清净分散效果，同时还有良好的抗氧化性能。

除此之外，发动机润滑油还应具有良好的防锈性以及良好的抗泡性等。

(三) 发动机润滑油的分类、牌号及选用

1. 分类

(1) 国外发动机润滑油的分类 国际上广泛采用美国汽车工程学会SAE粘度等级分类，见表2-9。

美国石油工程学会API使用性能分类法：汽油机润滑油包括SD、SE、SF、SG、SH、SJ、SL七个等级，柴油机润滑油包括CC、CD、CE、CF、CF—4、CG—4、CH—4、CL—4八个等级，它们已被国际标准化组织（ISO）确认。

表2-9 美国SAE粘度等级分类

SAE粘度等级	低温动力粘度/mPa·s	100℃运动粘度/mm^2/s	
	最大	最小	最大
0W	3250	3.8	—
5W	3500	3.8	—
10W	3500	4.1	—
15W	3500	5.6	—
20W	4500	5.6	—
25W	6000	9.3	—
20	—	5.6	<9.3
30	—	9.3	<12.5
40	—	12.5	<16.3
50	—	16.3	<21.9
60	—	21.9	<26.1

(2) 我国发动机润滑油的分类

1) 按使用性能（质量级别）分类。我国国家标准GB/T 7631.3—1995，参照国际通用的API使用性能分类法，将发动机润滑油分为汽油机系列（S系列）和柴油机系列（C系列）两类。每一系列按油品特性和使用场合不同，又分为若干等级。汽油机润滑油系列常用的有SD、SE、SF、SG、SH五个等级，从SD至SH油品的质量和性能逐渐提高；柴油机润滑油系列有CC、CD、CD—Ⅱ、CE、CF—4五个等级，从CC至CF油品的质量和性能逐渐提高。其中SA、SB、SC、CA、CB级别已被淘汰。我国润滑油的品种代号、特性和应用车型见表2-10。

表2-10 我国润滑油的品种代号、特性和应用车型（GB/T 7631.3—1995）

应用范围	品种代号	特性	应用车型
汽油机润滑油	SD	可控制高低温沉积物、磨损、锈蚀和腐蚀	货车、客车，如CA1092、EQ1092及NJ1061（汽油机）系列等
	SE	具有抗氧化性能及可控制高温沉积物、锈蚀和腐蚀的性能优于SD，并可代替SD	轿车和某些货车，如TJ7130/7131、CH6350A、HFJ6351、BJ2020S等
	SF	抗氧化和抗磨损性能优于SE，还具有控制沉积物、锈蚀和腐蚀的性能，并可代替SE或SD	轿车和某些货车，如一汽奥迪、捷达、红旗、CA6440轻客、带JV型发动机的桑塔纳、切诺基、标致、富康、EQ491等
	SG	包括CC（或CD）的使用性能，具有可控制沉积物、磨损和油的氧化性能，以及抗锈蚀和腐蚀的性能，并可代替SF或SF/CD、SE/CC	高档轿车和新型电喷车，如带AFE型发动机的桑塔纳、红旗CA7220AE等

（续）

应用范围	品种代号	特　性	应用车型
汽油机润滑油	SH	在汽油机磨损、锈蚀、腐蚀及沉淀物的控制和油的氧化方面优于 SG，并可代替 SG	新进口轿车
柴油机润滑油	CC	对于柴油机具有控制高温沉积物和轴承腐蚀的性能；对于汽油机具有控制锈蚀、腐蚀和高温沉积物的性能	在中负荷及重负荷下运行的非增压、低增压式柴油机，还包括一些重负荷的汽油机，如玉柴，扬柴，朝柴 4102、4105、6102，锡柴，大柴 6110，日野 ZM400，五十铃 4BD1、4BG1 等
	CD	具有控制轴承腐蚀和高温沉积物的性能，并可代替 CC 级油	需要高效控制磨损及沉积物或使用包括高硫燃料非增压、低增压及增压式柴油机，如康明斯、斯太尔、依维柯、CA1411 系列等
	CD—Ⅱ	高效控制磨损及沉积物，且有 CD 级性能	二冲程重负荷柴油机
	CE	在各种条件下高效控制磨损和沉积物	低速高负荷和高速低负荷增压柴油机
	CF—4	在油耗和沉积物控制方面优于 CE 并可代替 CE 级	装有康明斯发动机的柴油车及高速公路行驶的重负荷货车等

除上述汽油机和柴油机油单独分类外，国家标准还规定了三个品种的汽油机/柴油机通用油的使用等级，即 SD/CC、SE/CC、SF/CD 级。所谓通用油是指该品种的润滑油不但适用于汽油机，还可通用于柴油机。

2）按粘度等级分类。我国参照国际通用的 SAE 粘度等级分类法，制定了国家标准 GB/T 14906—1994，将润滑油分为冬季用油和非冬季用油。冬季用油按照低温粘度可分为 0W、5W、10W、15W、20W、25W 六个低温粘度等级，等级越小，其低温粘度越小，低温流动性越好，适应的温度越低。非冬季用油按 100℃时的运动粘度，分为 20、30、40、50、60 五个高温粘度等级，数字越大，润滑油的粘度越大，适应的温度越高，见表 2-11。

表 2-11　我国汽车发动机润滑油粘度分级（GB/T 14906—1994）

粘度等级	低温粘度/mPa·s（不大于）	边界泵送温度/℃（不高于）	运动粘度（100℃）/$mm^2 \cdot s^{-1}$
0W	3250（−30℃）	−35	≥3.8
5W	3500（−25℃）	−30	≥3.8
10W	3500（−20℃）	−25	≥4.1
15W	3500（−15℃）	−20	≥5.6
20W	4500（−10℃）	−15	≥5.6
25W	6000（−5℃）	−10	≥9.3
20			5.6~9.3
30			9.3~12.5
40			12.5~16.3
50			16.3~21.9
60			21.9~26.1

另外，为了使发动机润滑油在较宽的温度范围内使用，避免频繁换油造成浪费，还规定了多级油的粘度级号，如 5W/20、5W/30、10W/30、20W/40 等。多级油是在润滑油中添加了粘度指数改进剂，能同时满足某一 W 级和非 W 级的粘度要求，有较宽的温度使用范围。

例如10W/30，既符合10W级油粘度要求，又符合30级油粘度要求，在一定地区可冬夏通用，称为多级油。多级油是在一些经粘度指数改进剂调配，具有多粘度等级的内燃机油，这种机油低温粘度小，100℃运动粘度较高。目前多级油主要有5W/20、5W/30、10W/30、15W/40、20W/40等牌号，其中分子5W、10W、15W、20W表示低温粘度等级，分母20、30、40表示100℃时的运动粘度等级。

2. 发动机润滑油的牌号、规格

发动机润滑油的产品是由品种（使用等级）与牌号（粘度等级）两部分构成的。每一特定品种都附有规定的牌号，国产发动机润滑油的品种与牌号见表2-12。产品按统一的方法命名，例如SC30是指使用等级为SC级，粘度等级为30的汽油机润滑油；SE/CC30则为汽油机/柴油机通用油，它符合SE级汽油机润滑油和CC级柴油机润滑油使用性能，且粘度等级为30；CC10W/30为多级柴油机润滑油；SF/CD5W/30为多级汽油机/柴油机通用油等。

表2-12 部分国产发动机润滑油的品种与牌号

品种	粘度牌号
SC	5W/20、10W/30、15W/40、30、40
SD（SD/CC）	5W/30、10W/30、15W/40、20W/20、30、40
SE（SE/CC）	5W/30、10W/30、15W/40、20W/20、30、40
SF（SF/CD）	5W/30、10W/30、15W/40、30、40
CC	5W/30、5W/40、10W/30、10W/40、15W/40、20W/40、30、40、50
CD	5W/30、5W/40、10W/30、10W/40、15W/40、20W/40、30、40

汽油机油和柴油机油规格分别见GB 11121—2006和GB 11122—2006。

3. 发动机润滑油的选用

（1）选择原则　选用合适的内燃机油是保证发动机正常工作、延长其使用寿命的重要条件，应根据发动机结构特点和要求，先确定其合适的使用等级，再根据发动机使用的外部环境温度，选择该使用等级中的粘度等级。

汽油机润滑油使用等级，应根据发动机工况的苛刻程度和进排气系统中的附加装置及生产年代来选择；柴油机润滑油应根据柴油机的强化系数K_ϕ来选择使用等级，也可根据柴油机有无增压装置来确定，选择时可参考表2-10和表2-13。

表2-13 选择柴油机使用等级的原则

K_ϕ	有无增压装置	要求API分类中的使用等级
$K_\phi<30$	无	CA（已淘汰）
$30\leqslant K_\phi<50$	低增压装置	CB级（已淘汰）、CC级
$50\leqslant K_\phi<80$	中增压装置	CD级
$K_\phi\geqslant 80$	中、高增压装置	CE级、CF—4级

柴油机的强化系数K_ϕ反映了柴油机热负荷和机械负荷的大小。柴油机的热负荷和机械负荷是影响润滑油质量变化的主要因素。柴油机负荷越大，工作温度也越高，工作强度越剧烈，要求使用柴油机润滑油的质量也越高。

$$K_\phi = p_e C_m Z$$

式中　K_ϕ——柴油机的强化系数；

p_e——气缸平均有效压力（MPa）；

C_m——活塞平均线速度（m/s）；

Z——冲程系数（四冲程为0.5，二冲程为1.0）。

一般来说，高等级的润滑油可代替低等级的润滑油，但经济上不合算，应按说明书的规定进行选用。但低等级的润滑油绝不能代替高等级的润滑油。

润滑油粘度等级的选择，主要是根据地区季节的气温条件来选择。粘度等级与使用环境温度范围的参考值见表2-14。

表2-14　粘度等级与环境温度范围参考表

粘度等级	适用环境温度/℃	粘度等级	适用环境温度/℃
5W	-30～-25	5W/20	-30～25
10W	-25～-20	5W/30	-30～30
20	-10～30	10W/30	-25～30
30	0～30	10W/40	-25～40
40	10～50	15W/40	-20～40
		20W/40	-15～40

冬季寒冷地区应选用粘度小的润滑油，夏季或全年气温较高的地区应选用粘度适当高一些的润滑油。

（2）发动机润滑油使用注意事项

①　应根据厂家说明书所规定的要求选择润滑油的使用等级和粘度等级。进口汽车可选用与厂家规定等级相应的国产润滑油；②按质换油。一旦发现润滑油颜色、气味以及性能指标有较大变化，应及时更换，不应教条地照搬换油期限；③按规定加注润滑油，保持油平面正常。加注润滑油要注意适量，油量不足会加速润滑油的变质，而且会因缺油而引起零件的烧损，润滑油加注过多，不仅会使润滑油消耗量增大，而且过多的润滑油易窜入燃烧室内，恶化混合气的燃烧；④要定期检查与清洗机油滤清器，清理油底壳中的脏杂物；⑤要避免不同牌号的润滑油混用，以免相互起化学反应；⑥选购时，应尽可能地购买有影响、有知名度的正规厂家的润滑油，要特别注意辨别真假，确保润滑油质量。

（四）合成发动机润滑油的性能

随着发动机性能的不断提高，以及各国政府越来越严格的环保法规及对节能减排的要求，加速了高性能合成油的发展和应用。

润滑油质量的80%由它的基础油的质量来决定，目前成功应用于发动机润滑油的合成基础油有纯PAO或PAO/酯（包括双酯、多元醇酯和复酯），与传统的发动机润滑油相比，合成油具有良好的综合性能。

1. 具有较好的低温性能及粘温性能

矿物油粘度指数一般都在90～110，加氢油可提高到120～130，而多数合成油粘度指数可达130以上。在高温粘度相同时，大多数合成油比矿物油的凝点低，低温粘度小，这就保证了合成油可在较低温度下使用。

2. 好的热安定性

合成油比矿物油具有更为优良的热安定性，热分解温度高，闪点及自燃点高，表2-15列出了各类合成油和矿物油的热分解温度及长期、短期工作温度范围。从表中可以看出，对粘度相同的油品来说，合成油比矿物油的使用温度高。

表 2-15　合成油和矿物油的热分解温度及长期、短期工作温度

类　别	热分解温度/℃	长期工作温度/℃	短期工作温度/℃
矿物油	250～340	93～121	135～149
聚α烯烃	338	177～232	316～343
双酯	283	175	200～220
多元醇酯	316	177～190	218～232

3. 好的氧化安定性

合成油加入抗氧剂后，其氧化安定性更好，使用温度高。聚α烯烃加抗氧剂后，氧弹试验可达 350～400min，而矿物油只有 200～250min，酯类油加抗氧剂后可在 175～200℃范围内长期使用，而矿物油只能在 120℃使用。

4. 具有低的挥发性

因为大多数合成油是一种单一的化合物，其沸点范围较窄，所以挥发性小，使用中油耗低，因而使用寿命增加。

5. 对橡胶的相容性差

合成油的不足之处是对橡胶的相容性差。聚α烯烃会使某些橡胶轻微收缩和变硬，而酯类油使某些橡胶发生较大的膨胀，对胶料的影响比矿物油大。因此，一般以聚α烯烃油作为润滑油时要加入部分酯类，以改善橡胶的膨胀性能。

目前，虽然合成发动机润滑油的市场份额还比较小，但消费者和发动机制造商开始认识到合成发动机润滑油的好处，正逐渐接受高性能的合成发动机润滑油，因此市场份额也在逐渐增加。合成发动机润滑油的技术优势将逐渐转化为市场优势，对发动机润滑油市场产生较大的影响。

二、汽车齿轮油

（一）汽车齿轮油的作用

通常把用于汽车手动变速器、驱动桥及转向器等齿轮传动装置中的润滑油称为汽车齿轮油。与发动机润滑油一样，汽车齿轮油在齿轮传动中的主要作用是减少摩擦、降低磨损、冷却零部件，还可缓和振动、减少冲击、防止锈蚀及清洗摩擦面和密封等。但齿轮油的工作条件与发动机润滑油不同，因此对车辆齿轮油性能的要求也有所不同。

（二）汽车齿轮油的主要性能指标

汽车齿轮油的工作条件：①承受压力大。齿轮在啮合过程中，啮合部位接触面积小，接触压力很高。一般汽车齿轮的接触压力达 2000～3000MPa，双曲面齿轮可达 3000～4000MPa，因此，齿轮啮合部位的油膜易破裂，导致摩擦和磨损程度加重，甚至引起擦伤和胶合；②工作温度不高。齿轮油基本不受发动机热源影响，工作温度比发动机润滑油低。一般齿轮的工作油温是：国产车如 EQ1090，其油温为 120℃；进口车因速度高，可达 160～180℃。

汽车齿轮油的性能要求：具有良好的抗磨性、适宜的粘度和良好的粘温性，良好的热氧化安定性和低温流动性，良好的防腐、防锈性能和抗泡沫性等。

1. 极压抗磨性

为满足现代汽车在设计制造上不断提高功率和车速的要求，一些高级小轿车和越野汽车多采用准双曲面齿轮，目的是降低车身的高度以适应高速行驶。准双曲面齿轮在传动时，齿面压力很高，滑动速度也很快。在高压和高速下，准双曲面齿轮处于边界润滑状态。另外，当汽车在重载荷起动、爬坡或遇到冲击载荷时，齿面接触区有相当部分处于边界润滑状态。因此，要求齿轮油在较高的负荷下仍能保持有足够厚的油膜，这种性能叫做极压抗磨性。齿轮油的粘度增加有利于承载能力的提高、油膜的保持，但粘度过大会增加摩擦损失，使消耗的功率增加，所以在汽车齿轮油中一般都加有极压抗磨添加剂。

2. 热氧化安定性

轿车后桥和变速器的工作温度并不是很高，但随着发动机工作条件的苛刻，齿轮箱体积的缩小，汽车齿轮油的氧化也越来越严重。重型汽车中齿轮装置的工作温度相当高，汽车齿轮油易氧化，使油的粘度增大，生成油泥，影响汽车齿轮油的流动。同时氧化产生的腐蚀性物质会加速汽车齿轮油对金属的腐蚀和锈蚀，氧化生成的极性沉淀物会吸附极性添加剂，使添加剂随沉淀一起从油中析出。沉淀会使橡胶老化变硬，沉淀覆盖于金属零件表面时，又会影响其散热，因此，汽车齿轮油中加入抗氧剂，使其具有良好的热氧化安定性。

3. 防腐性

汽车齿轮油中所含的极性添加剂会与零件表面金属反应生成有机膜，以防止在重负荷时油膜破裂引起擦伤，增加极压性能，但极性添加剂又会造成铜或铜合金的腐蚀。因此，汽车齿轮油还需加入防腐剂，保证汽车齿轮油兼有极压性和抗腐性。

（三）汽车齿轮油的分类、牌号及选用

1. 分类

（1）按使用性能分类　目前国际上广泛使用API使用性能分类法，它按齿轮油的承载能力和使用条件不同，分为GL—1、GL—2、GL—3、GL—4、GL—5和GL—6六个级别。API汽车齿轮油级别及适用范围见表2-16。

表2-16　API汽车齿轮油级别及适用范围

级　别	适　用　范　围
GL—1	低齿面压力、低滑动速度下运行的汽车弧齿锥齿轮、蜗轮后轴和各种手动变速器。直馏矿物油能满足这级油的要求
GL—2	汽车蜗轮后轴，其负荷、温度及滑动速度的状况，用GL—1级齿轮油不能满足要求
GL—3	中等速度及负荷运转的汽车手动变速器和后桥弧齿锥齿轮，规定用GL—3齿轮油，其承载能力比GL—2高，比GL—4低
GL—4	在高速低转矩下运转的轿车和其他车辆的各种齿轮，特别是准双曲面齿轮
GL—5	在高速冲击负荷、高速低转矩、低速高转矩条件下运转的轿车和其他车辆的各种齿轮，特别是准双曲面齿轮
GL—6	高速冲击负荷下运转的轿车和其他车辆的各种齿轮，特别是高偏置准双曲面齿轮，偏置大于大齿圈5cm或接近直径的25%

我国参照采用API使用性能分类法，将汽车齿轮油分为普通汽车齿轮油、中负荷汽车齿轮油和重负荷汽车齿轮油三类，分别相当于API GL—3、GL—4、GL—5，见表2-17。

表 2-17 各种齿轮油的特点和常用部位

名称	特点	常用部位	相当于 API 级别
普通汽车齿轮油	精制矿物油加抗氧剂、防锈剂、抗泡剂和少量极压剂等	手动变速器、带弧齿锥齿轮的驱动桥	GL—3
中负荷汽车齿轮油	精制矿物油加抗氧剂、防锈剂、抗泡剂和极压剂等。适用于低速高转矩、高速低转矩下操作的各种齿轮，特别是客车和其他各种车辆用的准双曲面齿轮	手动变速器、负荷高的弧齿锥齿轮和使用条件不苛刻的准双曲面齿轮的驱动桥	GL—4
重负荷汽车齿轮油	精制矿物油加抗氧剂、防锈剂、抗泡剂和极压剂等。适用于高速冲击负荷，低速高转矩、高速低转矩下操作的各种齿轮，特别是客车和其他各种车辆用的准双曲面齿轮	操作条件苛刻的准双曲面齿轮及其他各种齿轮的驱动桥，也可用于手动变速器	GL—5

（2）按粘度分类 我国汽车齿轮油的粘度采用美国 SAE 粘度分类法，按齿轮油粘度为 150Pa·s 时的最高温度和 100℃的运动粘度，将齿轮油分为 70W、75W、80W、85W、90、140 和 250 七个粘度牌号。车辆齿轮油的粘度分类见表 2-18。表中凡带 W 级号的为冬季用油。另外，还规定了三个多级油的牌号，即 80W/90、85W/90、85W/140。

表 2-18 车辆齿轮油的粘度分类

SAE 粘度级	粘度为 150Pa·s 的最高温度/℃	100℃运动粘度/（m^2/s）	
		最小值	最大值
70W	-55	4.1	
75W	-40	4.1	
80W	-26	7.0	
85W	-12	11.0	
90		13.5	<24.0
140		24.0	<41.0
250		41.0	

注：1cSt = $10^{-6}m^2/s$。

2. 常用齿轮油的牌号、规格

目前常用的齿轮油有三种：普通汽车齿轮油（GL—3）、重负荷汽车齿轮油（GL—5）和中负荷汽车齿轮油（GL—4）。中负荷汽车齿轮油没有自己独立的牌号，一般采用 18 号准双曲面齿轮油和合成 18 号准双曲面齿轮油来代替。常用齿轮油的牌号和规格见表 2-19。

表 2-19 常用齿轮油的牌号、规格

名称及代号	粘度等级	组成
普通汽车齿轮油（GL—3）	80W/90、85W/90、90	以石油润滑油、合成润滑油及它们的混合组分为原料，并加入抗氧剂、防锈剂、抗泡剂和少量极压剂等制成。其规格在 SH/T 0350—1992《普通车辆齿轮油》标准中予以规定
中负荷汽车齿轮油（GL—4）	75W、80W/90、85W/90、85W/140、90	没有自己独立的牌号，一般采用 18 号准双曲面齿轮油和合成 18 号准双曲面齿轮油来代替

（续）

名称及代号	粘度等级	组　成
重负荷汽车齿轮油（GL—5）	75W、80W/90、85W/90、85W/140、90	在精制的矿物油加入抗氧剂、防锈剂、抗泡剂和少量极压剂等制成。其规格在 GB 13895—1992《重负荷车辆齿轮油（GL—5）》中予以规定

3. 齿轮油的选用

（1）根据齿轮的工作环境选用使用级别　通常进口轿车、中外合资生产的轿车及大负荷货车的驱动桥的准双曲面齿轮，其接触压力在3000MPa以上，滑动速度超过10m/s，油温达120～130℃，工作条件十分苛刻，必须使用重负荷汽车齿轮油（GL—5）；而接触压力在3000MPa以下，滑动速度在1.5～8m/s之间的驱动桥准双曲面齿轮，因工作条件不太苛刻，应选用中负荷汽车齿轮油（GL—4），如东风EQ1092、北京BJ2023S等汽车的驱动桥；弧齿锥齿轮因齿轮接触压力和滑动速度较低，可选用普通汽车齿轮油，负荷较大的汽车可选用中负荷汽车齿轮油，如解放CA1092、跃进车等汽车的驱动桥。

手动变速器、分动器和转向器等，其工作负荷较小，如无特殊要求，为简化用油品种，可与驱动桥使用同一种齿轮油。对有含铜零件的变速机构，因齿轮油中的硫对其有腐蚀作用，可采用柴油机润滑油。

（2）根据季节、气温选用粘度等级　齿轮油的低温粘度决定了传动机构在低温下的操作性能。因此，可以按齿轮油粘度达150 Pa·s的最高温度作为使用的最低温度对照当地气温来选用。通常长江流域及其他冬季气温不低于－10°的地区，全年可使用90号油；长江以北及气温不低于－120℃的地区，一般车辆可全年使用85W/90号油；负荷特别重的车辆，可全年使用85W/140号油；长城以北及其他冬季气温不低于－26℃以下的严寒地区，冬季应使用75W号，夏季则应换用90号等单级油。汽车齿轮油适用的环境温度及地域见表2-20。

表2-20　车辆齿轮油适用的环境温度及地域

粘度级别	适用环境温度/℃	适用地域
75W/90	－40～30	尤其适用于特寒区冬季使用，与合成油类机油及防冻液配合使用效果更佳
80W/90 80W/140	－26～40 －26～50	华东、华北、华中、华南地区冬季通用
85W/90 85W/140	－12～40 －12～50	华东、华北、华中地区夏季通用；华南、西南地区冬季使用
90、140	－5～50	全国各地夏季通用；华南地区冬夏可用

4. 齿轮油使用注意事项

1）不能将使用级较低的齿轮油用在要求较高的车辆上，如将普通齿轮油加在准双曲面齿轮驱动桥中，将使齿轮很快磨损和损坏。使用级较高的齿轮油可以用在要求较低的车辆上，但过多降级使用在经济上不合算。

2）在满足粘度要求的基础上，使用粘度牌号低的齿轮油。使用粘度牌号太高的齿轮油，将使燃料消耗显著增加，特别是对高速轿车影响更大，应尽可能使用合适的多级齿轮油。

3）齿轮油油面一般要加到与齿轮箱加油口下缘平齐，不能过高或过低；应经常检查各齿轮箱是否渗漏，并保持各油封、衬垫完好。

4）齿轮油的使用寿命较长，如使用单级油，在换季维护时换用不同的粘度牌号，放出的旧油如达不到换油指标，可在下次换油时使用。旧油应妥善保管，严防水分、机械杂质和混油污染。

5）应按规定的换油指标换用新油。无油质分析手段时，可按期换油。由于齿轮油中加有各种性能优异的添加剂，其质量变化缓慢，国外一般汽车厂推荐的换油周期都是5万～6万km，我国汽车运输企业多在4万～5万km，结合车辆定期维护换油，SH/T 0475—1992推荐的换油里程为4.5万km，换油时应趁热放出旧油，将旧油放尽，并清洗齿轮箱。

三、自动变速器油

自动变速器油又称为液力传动油，简称ATF（Automatic Transmission Fluid），是用于汽车自动变速器中液力变矩器、液力偶合器的工作介质。它不仅起传递动力的作用，还起着对摩擦副的润滑作用，以及在伺服机构中起液压自动控制的作用，因此要求自动变速器油有良好的使用性能。

（一）自动变速器油的使用性能

1. 适当的粘度和良好的粘温性

作为传动介质，自动变速器油的粘度对变矩器的影响很大。一般粘度越小，效率越高，但粘度过小又会导致液压系统的泄漏增加，特别是变矩器在高速工作时，铝制阀体因受热而膨胀，粘度过小会引起换挡不正常。粘度过大，不仅影响变矩器的效率，而且会造成低温起动困难。综合考虑传动效率、低温起动性和润滑要求，自动变速器油100℃时的运动粘度一般在7～8mm^2/s。自动变速器油的使用温度范围很宽，一般在－40～170℃，因此要有很高的粘温性，粘度指数达170左右。这就要求自动变速器油具有适当的粘度和良好的粘温性。

2. 良好的抗热氧化安定性

汽车在行驶中，自动变速器油的温度随汽车行驶条件而变化。高速行驶的轿车，汽车自动变速器油的温度为80～90℃，但在苛刻条件下运行时，最高油温可达150～170℃。如自动变速器油的热氧化安定性不好，会产生油泥、漆膜、沉淀物等，影响自动变速器性能，甚至堵塞滤油器，造成离合器摩擦片打滑和控制系统失灵等故障，油内氧化生成的酸或过氧化物对轴承、橡胶等密封材料也有损坏。因此，要求自动变速器油具有良好的热氧化安定性。

3. 良好的抗泡沫性

自动变速器油在高速流动中产生泡沫，泡沫的可压缩性导致系统压力波动和下降，甚至供油中断，将影响制动控制的准确性，使液力变矩器传动效率下降，破坏正常的润滑条件，造成离合器打滑、烧坏等故障。因此要求自动变速器油要具有良好的抗泡沫性，通常是在油中加入抗泡沫添加剂，以降低油品表面张力，使气泡迅速从油中溢出。

4. 良好的抗磨性

为满足自动变速器中的行星齿轮和各种齿轮的润滑需要，自动变速器油要有良好的抗磨性能。抗磨性还与离合器的传动、自动变速器的寿命及特性有关。因此，为提高自动变速器油的抗磨性，油中通常都加有抗磨添加剂。

此外，还要求自动变速器油具有良好的与橡胶的匹配性和防腐性、防锈性等。

（二）自动变速器油的分类、牌号和规格

1. 国外自动变速器油的分类、牌号和规格

国外自动变速器油多采用美国 ASTM 和 API 共同提出的 PTF（Power Transnissinon Fluid）使用分类，将 PTF 分为 PTF—1、PTF—2 和 PTF—3 三类，见表 2-21。

PTF—1 类油主要用于轿车、轻型货车的自动变速器，其特点是低温起动性好，对油的低温粘度及粘温性有很高的要求。PTF—2 类油主要用于重负荷的液力传动系统，如重型载货汽车、大型客车、越野车和工程机械的自动变速器，其特点是适于重负荷下工作，对极压抗磨性要求很高。PTF—3 类油主要用于农业和建筑业机械的低速运转的变速器中，其极压抗磨性和负荷承载能力比 PTF—2 类油要求更高。

表 2-21　自动变速器油使用分类

分　类	符合的规格	适用范围
PTF—1	通用汽车公司 GM Dexron Ⅱ，福特汽车公司 Ford M2C33—F 克莱斯勒 Chrysler MS—3256 或 4228、SAEJ1258—80	轿车、轻型货车的自动传动装置
PTF—2	通用汽车公司 GM Track 和 Coach，阿里林 AIlison C—2、C—3	重型货车和越野汽车的功率转换器和液力偶合器等
PTF—3	约翰·狄尔 John Deere C—2、C—3 或 J—14B 或 J—20A，福特 Ford M2C41A，玛赛·费格森 Mqssey—Ferguson M—1 132	农业和建筑机械的液压、齿轮等装置

2. 国产自动变速器油的品种、牌号和规格

目前我国汽车自动变速器油分类见表 2-22。

表 2-22　我国汽车自动变速器油分类

分　类	名称及代号	应　用
普通自动变速器油	6 号自动变速器油（YLA—N32） 8 号自动变速器油（YLA—N46）	内燃机车，相当于 PTF—2 轿车用，相当于 PTF—1（ATF）
抗磨自动变速器油	拖拉机传动、液压两用油（YLB—N46、YLB—N68、YLB—N100）	适合于液压系统与齿轮箱共用，相当于 PTF—3

我国自动变速器油现行标准是中国石化总公司企业标准，该标准将自动变速器油分为 8 号和 6 号两种，其规格见表 2-23。

6 号和 8 号自动变速器油都是采用精制的基础油加入油性剂、抗磨剂、抗氧化剂、防锈剂、粘度指数改进剂和抗泡沫剂等调制而成。8 号自动变速器油相当于国外 PTF—1 类油中的 GM Dexron Ⅱ 规格，主要用于轿车的自动变速系统。6 号自动变速器油相当于国外 PTF—2 类油，主要用于内燃机车、载货汽车的多级变矩器和液力偶合器。

表 2-23　自动变速器油规格（Q/SH 003.01.011—1988、Q/SH 003.01.012—1988）

项　目		质量指标		试验方法
		6 号	8 号	
运动粘度（100℃）/$mm^2 \cdot s^{-1}$		5.0～7.0	7.5～9.0	GB 265—1988
粘度指数	不小于	100	200	GB/T 2541—1981

（续）

项　目		质量指标		试验方法
		6号	8号	
凝点/℃	不高于	-20	-25	GB 510—1983
水分		无	无	GB/T 260—1977
闪点（开口）/℃	不低于	180	150	GB/T 267—1988
机械杂质（%）		无	无	GB/T 511—1988
水溶性酸或碱		—	无	GB 259—1988
腐蚀试验（铜片，100℃，3h）/级	不大于	1	1	GB 5096—1985
最大无卡咬负荷/（Pb/N）		报告	报告	GB/T 3142—1982
泡沫性（93℃）（体积分数）		报告	报告	SY2669

（三）自动变速器油的选用与使用注意事项

1. 自动变速器油的选用

应严格按车辆使用说明书的规定，选用适合的自动变速器油。轿车和轻型货车应选用8号油，进口轿车要求用DEXRON Ⅱ型自动变速器油的均可用8号油代替；重型货车、工程机械的液力传动系统，则应选用6号自动变速器油。

2. 使用注意事项

1）要经常检查油平面。油平面应在自动变速器量油尺上下两刻线之间，不足时应及时补充。如发现油面下降过快，则可能是出现漏油，应及时予以检查排除。

2）应按车辆使用说明书的规定期限，及时更换自动变速器油和过滤器或清洗滤网，同时拆洗自动变速器油底壳，并更换密封垫。若无说明书，通常车辆每行驶30000km应更换一次自动变速器油。

3）应注意保持正常的工作油温。油温过高会加速油的氧化变质，引起故障。

四、润滑脂

润滑脂是石油产品中的一大类，它是一种稠化了的润滑油，即在润滑油中加入稠化剂，外形呈粘稠的半固体油膏，所以俗称黄油。润滑脂具有许多优良性能，所以是汽车中不可缺少的润滑材料。

（一）润滑脂的特点与作用

与润滑油相比，其优、缺点见表2-24。它主要用在汽车上不宜使用液体润滑油的部位，如轮毂轴承、各拉杆球节等，低速、大负荷和冲击较大的部位以及工作环境差、难以密封的部位等。

表2-24　润滑脂与润滑油优、缺点对比

项　目		润　滑　脂	润　滑　油
优点	添加性	在润滑部位不需更换和添加。对不易换油、供油的设备有利	需常添加和更换
	流失性	结构特别，在润滑部位不易流失，不易飞溅，适用于避免溅油污染场合或开式场合	易流失、飞溅，适用于闭式润滑场合

（续）

项目		润滑脂	润滑油
优点	设备配套要求	可简化润滑系统设计，不必专用的供油设备	需专用的供油设备配套
	粘附性	有良好粘附性，可做防锈剂涂于设备表面	粘附性差，易流失
	密封性	有良好的密封作用，可防尘、防水分进入	密封性差，需借助密封材料密封，灰尘、水分易侵入
	减振性	可有效降低噪声和振动	减振性较差
	适用性	适用面较广，几乎可适用于所有工作场合，如高温、低速、高真空、强辐射、化学介质等	适用性有限
	工作温度	范围广，可宽温工作，可用于－80～500℃场合	大部分适用温度较窄
缺点	起动慢	粘滞性强，起动力矩大，起动相对困难	易起动
	散热差	流动性差，散热性差，不能带走润滑部件在工作时产生的热量，必要时要配套冷却装置	流动性好，散热性好，一般对设备都有润滑冷却双重效果
	用量难调整	很难调整供脂量	可从限流阀调整用量
	除杂质	难以清除表面杂质	可过滤清除杂质

（二）润滑脂的性能指标

润滑脂使用范围很广，工作条件差别很大，不同的机械设备对润滑脂性能的要求很不相同。根据汽车用脂部位的工作条件，对润滑脂的基本要求是：适当的稠度，良好的耐热性、抗水性、抗磨性、防锈性、防腐性和胶体安定性等。

1. 稠度

稠度是指润滑脂的浓稠程度。适当的稠度可使油脂容易加注并保持在摩擦面上，以保持持久的润滑作用。稠度可用锥入度表示。锥入度指在规定温度下，将标准锥沉入润滑脂内保留5s，然后测量锥的沉入深度，并以0.1mm为单位，即得到润滑脂的锥入度。在试验条件下按GB/T 269—1991进行，锥入度的测定计如图2-2所示，锥入度值越大，润滑脂越软；反之，润滑脂就越硬或稠度大。锥入度有三种：不工作锥入度，是指试样在尽可能少搅动的情况下放入实验用的容器中进行测定；工作锥入度，是指试样在全尺寸润滑脂工作容器中往复工作60次后进行测定；延长锥入度，是指试样在全尺寸润滑脂工作容器中往复工作多于60次后进行测定。

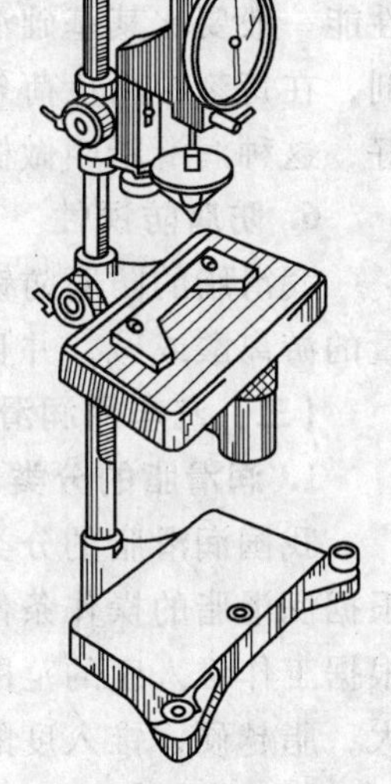

图2-2　锥入度测定计

润滑脂的级别是以锥入度的等级来划分的，划分标准见表2-25。

表2-25　按锥入度划分的润滑脂级号

稠度等级	工作锥入度（25℃）/0.1mm	稠度等级	工作锥入度（25℃）/0.1mm
000	455～475	3	220～250
00	400～430	4	175～205
0	355～385	5	130～160
1	310～340	6	85～115
2	265～295	—	—

注：上述标准和国际上广泛采用的美国润滑脂协会（NLGI）的稠度相一致。

锥入度是选用润滑脂的重要依据。负荷较大、速度较低的摩擦零件，应选用锥入度较小的润滑脂；反之，则应选用锥入度较大的润滑脂。

2. 滴点

滴点是指在规定的条件下加热，润滑脂随温度升高而变软，从杯中滴下第一滴的温度称为滴点。它是表示润滑脂耐热性好坏的指标。润滑脂的滴点可大致地用来衡量其最高使用温度范围。为了使润滑脂能在润滑部位长期工作而不流失，滴点应高于润滑部位的工作温度15～30℃或更高。滴点越高，其耐热性越好。

3. 胶体安定性

胶体安定性是指润滑脂在贮存和使用中抑制基础油从脂中析出的性能。胶体安定性差的润滑脂在受热、受压等作用下，易发生油皂分离，使润滑脂稠度改变和流失。安定性差的润滑脂不易长期保存。

4. 抗水性

润滑脂的抗水性是指不溶于水的性能。抗水性差的润滑脂，不能在潮湿或易与水接触的摩擦部位使用。汽车在雨天或涉水行驶时，底盘各摩擦点可能与水接触，要求使用抗水性好的润滑脂。润滑脂的抗水性主要取决于稠化剂的抗水性。锂基润滑脂不吸水、不乳化，抗水性特别好，其他润滑脂的金属皂除钠皂和钙皂外，抗水性都较好。

5. 抗磨性

润滑脂的抗磨性的意义与润滑油一样。润滑脂的稠化剂本身就是油性剂，因此脂的抗磨性能一般要比其基础油好。为了使润滑脂具有更好的抗磨性能，可在脂中加入减磨剂和极压剂，在苛刻的高负荷条件下使用的润滑脂，因为加有这些添加剂，其抗磨性要比普通润滑脂好，这种润滑脂叫做极压型润滑脂。

6. 防腐防锈性

润滑脂的防腐防锈性是指润滑脂防止零件锈蚀、腐蚀的性能，即要求润滑脂不能含有过量的游离酸或碱，并且不应含游离水。

（三）汽车用润滑脂的分类、品种和规格

1. 润滑脂的分类

我国润滑脂的分类参照国际ISO分类方法，制定了国家标准GB/T 7631.8—1990。它是根据润滑脂的操作条件（温度、负荷、水污染）对润滑脂进行划分的。润滑脂的稠度等级根据工作锥入度的范围进行划分，即分成000、00、0、1、2、3、4、5和6九个等级。号越大，脂越硬，锥入度的范围越小。

2. 汽车常用润滑脂的品种和规格

汽车常用润滑脂品种有：钙基润滑脂、钠基润滑脂、汽车通用锂基润滑脂和石墨钙基润滑脂等。

（1）钙基润滑脂　钙基润滑脂俗称“黄油”，是20世纪30年代的老品种，在国外已趋于淘汰，目前在我国还是使用得较多的一个品种。钙基润滑脂按照锥入度的大小分为1、2、3、4四个牌号（表2-26）。钙基润滑脂的特点是不溶于水，耐水性好，遇水不易乳化，容易粘附在金属表面，胶体安定性好，但耐热性差，在高温、高速部位润滑时易造成油皂分离。最高使用温度一般不高于60℃，且使用寿命较短。钙基润滑脂适合用在潮湿或易与水接触而温度又不高的摩擦部位，起润滑作用，在汽车上主要用于底盘的摩擦部位、水泵轴承、分

电器凸轮、变速器前球轴承、底盘拉杆球节等部位。换油期一般为汽车行驶里程5000km左右更换一次。

表2-26　钙基润滑脂规格（GB/T 491—2008）

项　目		质量指标				试验方法
		1号	2号	3号	4号	
外　观		淡黄色至暗褐色均匀油膏				目　测
工作锥入度/0.1mm		310～340	265～295	220～250	175～205	GB/T 269—1991
滴点/℃	不低于	80	85	90	95	GB/T 4929—1985
腐蚀（T2铜片，100℃，24h）		铜片无绿色或黑色变化				GB/T 7326—1987
水分（%）	不大于	1.5	2.0	2.5	3.0	GB/T 512—1965
灰分（%）	不大于	3.0	3.5	4.0	4.5	SH/T 0327—1992
钢网分油（60℃，24h）（%）	不大于	—	12	8	6	SH/T 0324—1992
延长工作锥入度（1万次与工作锥入度差值）/0.1mm	不大于	—	30	35	40	GB/T 269—1991
水淋流失量（38℃，1h）（%）	不大于	133	156	156	156	SH/T 0109—2004
矿物油粘度（40℃）/（mm^2/s）		28.8～74.8				GB 265—1988

（2）钠基润滑脂　钠基润滑脂是由动植物油加烧碱制成的钠皂稠化矿物润滑油，外观为深黄色至褐色的纤维状均匀油膏，按照锥入度的大小分为2、3二个牌号（表2-27）。钠基润滑脂的特点是滴点较高（160℃），耐热性好，适用于-10～110℃温度范围内，可适应较大负荷，并有较好的承压抗磨性能。但非常不耐水，不能用于潮湿和易与水接触的摩擦部位，主要用于离发动机很近、温度较高的风扇离合器等部位。

表2-27　钠基润滑脂规格（GB 492—1989）

项　目		质量指标		试验方法
		2号	3号	
外　观		深黄色至褐色的纤维状均匀油膏		目　测
锥入度/0.1mm				
工作锥入度		265～295	220～250	GB/T 269—1991
延长工作锥入度（10万次）	不大于	375	375	
滴点/℃	不低于	160	160	GB/T 4929—1985
腐蚀（T2铜片，100℃，24h）		铜片无绿色或黑色变化		GB/T 7326—1987 乙法
蒸发量（99℃，22 h）（%）（质量分数）	不大于	2.0	2.0	GB/T 7325—1987

（3）汽车通用锂基润滑脂　汽车通用锂基润滑脂是由天然脂肪酸锂皂稠化低凝点润滑油，加入抗氧剂、防锈剂制成的。汽车通用锂基润滑脂的特点：滴点高（180℃），具有良好的机械安定性、胶体安定性、防锈性、氧化安定性和抗水性。可用于工作温度范围为-30～120℃，汽车轮毂轴承、底盘、水泵和发电机等摩擦部位的润滑，其换油周期为15000km。目前，进口汽车和国产新车普遍推荐使用这种润滑脂，规格见表2-28。

表 2-28 汽车通用锂基润滑脂规格（GB/T 5671—1995）

项目		质量指标	试验方法
工作锥入度/0.1mm		265～295	GB/T 269—1991
滴点/℃	不低于	180	GB/T 4929—1985
钢网分油（100℃，30h）（%）	不大于	5	SH/T 0324—1992
相似粘度（-20℃，10s）/Pa·s	不大于	1500	SH/T 0048—1991
游离碱/NaOH%	不大于	0.15	SH/T 0329—1992
腐蚀（T2 铜片，100℃，24h）	不大于	铜片无绿色或黑色变化	GB/T 7326—1987 乙法
蒸发量（99℃，22h）（%）	不大于	2.0	GB/T 7325—1987
漏失量（104℃，6h）/g	不大于	5.0	SH/T 0326—1992
水淋流失量（79℃，1h）（%）	不大于	10	SH/T 0109—2004
延长工作锥入度（10 万次）（变化率）	不大于	20	GB/T 269—1991
氧化安定性（99℃，100h，770MPa）（压力降）/MPa	不大于	0.070	SH/T 0325—1992
防腐蚀性（52℃，48h）/级	不大于	1	GB/T 5018—2008
杂质/个·cm^{-3}			SH/T 0336—1994
10μm 以上	不大于	5000	
25μm 以上	不大于	3000	
75μm 以上	不大于	500	
125μm 以上	不大于	0	

（4）石墨钙基润滑脂　石墨钙基润滑脂是由植物油钙皂和 68 号机械油稠化而成，并加有 10%（质量分数）的鳞片石墨，具有良好的抗水性和抗碾压性能，主要用于汽车钢板弹簧、半拖挂货车转盘等承压部位的润滑。其规格见表 2-29。

表 2-29 石墨钙基润滑脂规格（SH 0369—1992）

项目		质量指标	试验方法
外观		黑色均匀油膏	目测
滴点/℃	不低于	80	GB/T 249—1991
腐蚀（T2 铜片，100℃，3h）		合格	GB/T 7326—1987
安定性		合格	
水分（%）	不大于	2	GB/T 512—1965

（四）润滑脂的选择及使用注意事项

1. 润滑脂的选择

润滑脂的选择应根据汽车使用说明书中的规定，选用与用脂部件的操作条件相适应的品种和稠度等级，具体选择原则如下：

（1）最低操作温度和最高操作温度　被润滑部位的最低操作温度应高于所选润滑脂的低温界限，否则在起动和运动时，将会造成摩擦和磨损增加。被润滑部位的最高操作温度应低于所选润滑脂的高温界限，否则易发生润滑脂的流失而失去润滑作用。

(2) 水污染　水污染的选择主要取决于润滑脂适用的环境条件和对防锈性的要求。汽车常在潮湿和易与水接触的环境下工作，我国目前多用钙基润滑脂和锂基润滑脂，国外多选用抗水性能更好的锂-钙基脂或脲基润滑脂。

(3) 负荷　根据润滑脂工作条件的负荷高低的不同选用非极压性或极压性润滑脂。

(4) 稠度牌号　稠度牌号的选择与环境温度、转速、负荷等因素有关。一般高速低负荷的部位，应选用稠度牌号低的润滑脂，而环境温度较高时，稠度牌号可提高一级。汽车一般推荐使用1号或2号润滑脂，即普遍推荐使用汽车通用锂基润滑脂。

2. 使用注意事项

1) 不同种类的润滑脂不得混用，否则易使润滑脂变软和胶体安定性下降。尤其是不同种类的极压润滑脂，由于所加极压剂是活性物质，很可能相互反应变成腐蚀设备的物质，更不应混用。

2) 润滑脂应储存在阴凉干燥的地方，不要露天存放，并须防止日晒、雨淋和灰沙的侵入。

3) 一般应按说明书的规定定期换脂。但在使用过程中，润滑脂发生严重析油、分层和软化流失时必须及时更换。润滑脂一次加入量不要过多，否则会使运转阻力增加，工作温度升高。换用新鲜润滑脂时，须将原润滑脂擦净，不然将加速新鲜润滑脂氧化变质。

第三节　冷却液、制动液及其选用

一、冷却液

冷却液也称为防冻液，是冷却系统中的传热介质，具有冷却、防冻、防腐、防垢及抗泡等作用。

(一) 汽车冷却液的种类

冷却液主要由防冻剂与水按一定比例混合而成。按防冻剂的不同，汽车常用的冷却液有酒精型、甘油型、乙二醇型等。其配制比例见表2-30。

表2-30　冷却液配制比例

冰点/℃	酒精—水型酒精质量分数(%)	甘油—水型甘油质量分数(%)	乙二醇—水型	
			乙二醇质量分数(%)	密度/g·cm^{-3}
-5	11.27	21	—	—
-10	19.54	32	28.4	1.0340
-15	25.46	43	32.8	1.0426
-20	30.65	51	38.5	1.0506
-25	35.09	58	45.3	1.0586
-30	40.56	64	47.8	1.0627
-35	48.15	69	50.9	1.0671
-40	55.11	73	54.7	1.0713
-45	63.39	76	57	1.0746
-50	70.06	—	59.9	1.0780

1. 酒精型冷却液的特点

流动性好、散热快，但易燃、易挥发，而且挥发后冰点容易回升。

2. 甘油型冷却液的特点

沸点高，不易蒸发和着火，但降低冰点的效率低，甘油用量大，成本高。

3. 乙二醇型冷却液的特点

沸点高（197.4℃），蒸发损失小；冰点低，最低可达-68℃；热容量大，冷却效率高；粘度小，流动性好。缺点是有毒性，对金属有腐蚀作用，并对橡胶有轻度的侵蚀。但由于其优点突出，目前乙二醇型冷却液是国内外使用最广泛的一种冷却液，有95%左右的汽车使用这类冷却液。我国乙二醇型冷却液的产品已商品化，石化行业专门制定了该类产品的生产和使用标准。

（二）汽车冷却液的牌号和规格

1）我国石化行业的冷却液标准 SH 0521—1999《汽车及轻负荷发动机用乙二醇型冷却液》中所属产品分为浓缩液和冷却液，加有各种添加剂和适量的水调配而成的发动机冷却液及其浓缩液的技术条件见表2-31。该标准所属产品按质量分为一级品和合格品两个等级；冷却液按冰点分为-25、-30、-35、-40、-45和-50六个牌号。

表2-31 《汽车及轻负荷发动机用乙二醇型冷却液》标准（SH 0521—1999）

项目	质量指标							试验方法
	浓缩液	冷却液						
		-25号	-30号	-35号	-40号	-45号	-50号	
颜色	有醒目的颜色							目测
气味	无异味							闻
密度（20℃）/kg·m^{-3}	1107~1142	1053~1072	1059~1076	1064~1085	1068~1088	1073~1095	1075~1097	SH/T 0068—2002
冰点/℃ 不高于	—	-25	-30	-35	-40	-45	-50	SH/T 0090—2000
50%（体积分数）蒸馏水不高于	-37	—						
沸点/℃ 不低于	163	106	106.5	107	107.5	108	108.5	SH/T 0089—1991
50%（体积分数）蒸馏水不低于	107.8	—						
对汽车有机涂料的影响	无影响							SH/T 0084—2001
灰分（%）（质量分数） 不大于	5.0	2.0	2.3	2.5	2.8	3.0	3.3	SH/T 0067—1991
pH值	—	7.5~11.0						SH/T 0069—1991
50%（体积分数）蒸馏水	7.5~11.0	—						
水分（%）（质量分数） 不大于	5.0	—						SH/T 0086—1991
储备碱度/mL	报告							SH/T 0091—1991
玻璃器皿腐蚀试验（试片变化值，mg/片）								SH/T 0085—1991
紫铜、黄铜、钢、铸铁	±10							
焊锡、铸铝	±30							

（续）

项　目	质量指标							试验方法
	浓缩液	冷却液						
		-25号	-30号	-35号	-40号	-45号	-50号	
模拟使用腐蚀试验（试片变化值，mg/片） 紫铜、黄铜、钢、铸铁 焊锡、铸铝	 ±10 ±60							SH/T 0088—1991
铝泵气穴腐蚀/级　不小于	8							SH/T 0087—1991
铸铝合金传热腐蚀/（mg/cm^2）　不大于	1.0							SH/T 0620—1995
泡沫倾向 泡沫体积/mL　不大于 泡沫消失时间/s　不大于	 150 5.0							SH/T 0066—2002

2）JT 225—1996《汽车发动机冷却液安全使用技术条件》规定了汽车发动机冷却液技术条件及推荐使用范围，该标准适用于汽车发动机冷却系统用冷却液的使用检验、社会抽查和行业统检。普通发动机冷却液技术条件见表2-32。

表2-32　汽车发动机冷却液技术条件（JT 225—1996的一部分）①

项　目	技术条件			试验方法
	-25	-35	-45	
颜色	清亮透明，有醒目颜色			目　测
气味	无异味			闻
冰点/℃	-25	-35	-45	SH/T 0090—1991
沸点/℃	106	107	108	SH/T 0089—1991
对汽车有机涂料的影响	无影响			SH/T 0084—2001
pH值	7.5～11.0			SH/T 0069—1991
腐蚀（试片变化值，mg/片） 紫铜、黄铜、钢、铸铁 焊锡、铸铝	 ±10 ±30			SH/T 0085—1991
泡沫倾向 泡沫体积/mL　不大于 泡沫消失时间/s　不大于	 150 5.0			SH/T 0066—2002

①　对于湿式缸套的柴油机和铝质散热器发动机冷却液应增加气穴腐蚀试验和模拟使用腐蚀试验，技术条件和试验方法应符合《汽车及轻负荷发动机用乙二醇型冷却液》SH 0521—1999的有关规定。

（三）乙二醇型冷却液的选用和使用

1. 冷却液的选用

根据当地冬季气温选择适当牌号的冷却液，其冰点应至少低于环境最低气温10℃，以确保在特殊情况下冷却液不结冰。若是浓缩液，应按产品说明书规定的比例加入蒸馏水或去离子水。JT 225—1996《汽车发动机冷却液安全使用技术条件》推荐的冷却液使用范围见表2-33。

表 2-33 汽车发动机冷却液推荐使用范围

牌 号	推荐使用范围
-25	在我国一般地区如长江以北、华北环境最低气温在-15℃以上的地区均可使用
-35	在东北、西北大部分地区及华北环境最低气温在-25℃以上的寒冷地区使用
-45	在东北、西北及华北等环境最低气温在-35℃以上的严寒地区使用

2. 冷却液的使用

1）定期检查冷却液的液位高度。在一般车辆中都有溢流水箱，当冷却液温度升高膨胀时，冷却液会流入溢流水箱，当冷却液温度降低时，溢流水箱中的冷却液又会回流进散热器。在冷却液储液罐或溢流水箱上一般都有液位刻度，规定冷却液在低温、加热状况下的液位，要定期检查液位，防止冷却液液面过低。没有溢流水箱而使用膨胀水箱的车辆，可在发动机达到正常工作温度后，关闭发动机，检查液面高度。如果液面低于规定的刻度，则需要补充至规定的液位。

2）检查冷却液冰点。使用过程中应定期检查冷却液冰点，以防冷却液的冰点高而发生冷却系统冻结。检查冷却液冰点可使用冰点折光仪，也可使用冰点测试试纸。当冰点为-25℃时，加入蒸馏水的比例为60%（体积分数）；当冰点为-30℃时，加入蒸馏水的比例为50%（体积分数）。

3）冷却液应缓慢加注，防止空气进入冷却系统，同时在加注过程中，要注意排气。

4）根据发动机或车辆制造商、冷却液生产商的建议定期或按质对冷却液进行更换。一般每年更换一次，特别是对那些长时间行驶的车辆，比如出租车等，而那些行驶时间短的车辆可两年更换一次。

5）由于水的沸点比乙二醇低，使用中被蒸发的是水，当缺少冷却液时，只要加入净水就行了。这种冷却液用后可回收（防止混入石油产品），经过沉淀、过滤，加水调整浓度，补加防腐剂，还可继续使用，一般可用3~5年。

6）不同厂家、不同牌号的冷却液不能混用，以免起化学反应、沉淀或生成气泡，降低使用效果。

7）乙二醇是有机溶剂，使用中要注意不得将其洒溅到橡胶制品或油漆表面，更应注意不要接触皮肤，若不慎洒溅上，应立即用清水冲洗以免造成机件腐蚀或皮肤损伤。在储存乙二醇型冷却液时，要保持干燥，以防潮湿，应注意严防被石油产品污染，否则将在发动机工作中产生大量泡沫。

8）应保持常年使用冷却液，否则容易造成发动机冷却系机件损坏，金属部件产生氧化腐蚀。严重时会使发动机因过热而产生“开锅”现象，甚至有的使气缸盖产生裂纹，从而使汽车的寿命明显下降。

二、制动液

汽车制动液是用于汽车液压制动系统中，将制动踏板产生的压力无损失地传递到车轮制动器，从而实现汽车制动作用的液体。

（一）汽车制动液的使用性能

制动液作为汽车制动系统中传递能量的一种功能液，为保证实现其正常的制动效果，必须具备以下使用性能：

1. 高温抗气阻性

现代汽车的车速越来越高，在平坦道路上行驶时，制动液的温度随制动系统动作而上升，一般为100～130℃，最高可达150℃。行驶于多坡道山间公路的汽车，制动液温度会更高。因此，防止因高温气阻造成制动失效是对制动液使用性能的主要要求之一。

评定汽车制动液高温抗气阻的指标是：平衡回流沸点、湿平衡回流沸点和蒸发性。

平衡回流沸点（简称干沸点），是指在冷凝回流系统内与大气平衡条件下，试样沸腾的温度，该温度越高，制动液的高温抗气阻性能越好。

湿平衡回流沸点（简称湿沸点），是指在规定的试验条件下，制动液吸收一定量的水分或加入一定量水分后所测得的平衡回流沸点温度值，用以衡量制动液在加入制动系统后，在使用过程中吸收一定水分情况下制动液的耐高温性能指标。湿沸点低的制动液同样会产生气阻。

因此，只有在平衡回流沸点和湿平衡回流沸点都高的情况下，制动液才具有好的高温抗气阻性能。通常要求制动液的沸点高于气阻温度（引起气阻的液温）2～3℃。

2. 低温流动性和粘温性

制动液的工作温度很宽，冬季制动液的最低温度接近最低气温，而在制动过程中，由于摩擦发热可使制动系统工作温度达70～90℃，有时高达150℃。为保证制动液在低温下制动油缸活塞能随踏板的动作灵活移动，在高温时又有适宜的粘度，不影响油缸的润滑和密封，要求制动液有良好的低温流动性和粘温性。

另外，制动液的低温流动性在很大程度上影响制动时的停车距离及前轮左右两制动轮的平衡，因而制动液都规定了低温粘度这项技术指标。

评定汽车制动液低温流动性和粘温性的指标有：-40℃、100℃时的运动粘度；-40℃、-50℃时的流动性；-40℃、-50℃时的试样外观。

3. 与橡胶的匹配性

制动液与橡胶要有良好的匹配性，以避免橡胶皮碗在使用过程中过分溶胀或收缩而导致制动迟缓和失效。因此，要求制动液能通过皮碗试验，即在120℃下经70h和在70℃下经120h浸泡后，皮碗外观无皮粘、无鼓泡及不析出炭黑，其根径增值在规定范围内。

4. 抗腐蚀性和防锈性

在液压制动系统中与制动液接触的金属管路和元器件较多，并涉及多种金属元素。为了确保这些零部件长期正常、可靠地工作，制动液必须具有优良的抗腐蚀性和防锈性。为此在制动液技术条件中，要求制动液能通过金属腐蚀试验。其方法是将镀锡铁皮、钢、铝、铸铁、黄铜等金属片置于温度为100℃的制动液中浸泡120h，然后观察其质量变化，要求不超过各自规定值。

此外，制动液还应具有良好的氧化安定性、溶水性和稳定性等。

（二）制动液的牌号和选用

1. 制动液的牌号

（1）国外汽车制动液典型规格　根据美国联邦机动车辆安全标准（FMVSS），分为FM-

VSS NO. 116 DOT-3、DOT-4、DOT-5；根据美国汽车工程师学会标准（SAE），分为SAEJ1703e、SAEJ1703f 等；根据国际标准化组织标准（ISO），具体是国际标准化组织于2005 年发布了第二版制动液国际标准 ISO 4925: 2005《道路车辆——非石油基制动液规范》与第一版 ISO 4925: 1978《道路车辆——非石油基制动液》相比，本版标准最显著的三大变化是：增加了质量级别为 6 级的制动液规范，取消了蒸发性能试验，取消了行程模拟性能试验。

（2）制动液的分类　我国汽车制动液的发展经历了醇型制动液、矿物油型制动液和合成型制动液三个阶段。合成型制动液是以有机溶剂中的醇、醚和酯为基础，再加入添加剂调制而成的，是世界上目前广泛使用的汽车制动液。GB 10830—1998《机动车制动液使用技术条件》中将制动液按技术使用条件分为 JG_3、JG_4、JG_5 3 级，简称 JG 系列。

1991 年我国颁布了标准 GB 12981—1991《HZY2　HZY3　HZY4 合成制动液》，规定我国目前合成型制动液有三个牌号，即 HZY2、HZY3、HZY4。它与 GB 10830—1998《机动车制动液使用技术条件》的对应关系见表 2-34。

表 2-34　GB 12981—1991 与 GB 10830—1998 中制动液的对应关系

GB 12981—1991	GB 10830—1998
HZY2	JG_3
HZY3	JG_4
HZY4	JG_5

2. 合成型制动液的选用和使用注意事项

（1）制动液的选用　合成型制动液是按等级划分的，选用时应严格按照车辆使用说明书的规定，选用合适等级的制动液，以确保行车安全。若国产车使用进口制动液或进口车使用国产制动液，应根据其对应关系正确选用。如无说明书，可根据车辆的工作条件（气候特点和道路条件）进行选择。我国各种汽车制动液的主要特性和推荐使用范围见表 2-35。

表 2-35　JG 系列汽车制动液的主要特性和推荐使用范围

级　别	制动液的主要特性	推荐使用范围
JG_3	具有良好的高温抗气阻性能和优良的低温流动性能	相当于 ISO 4925—1978 和 DOT①—3 的水平，我国广大地区使用
JG_4	具有优良的高温抗气阻性能和良好的低温流动性能	相当于 DOT—4 的水平，我国广大地区均可使用
JG_5	具有优异的高温抗气阻性能和低温流动性能	相当于 DOT—5 的水平，供特殊要求车辆使用

① DOT 是美国运输安全部的缩写，3、4、5 是该部门的机动车制动液标准中所使用的制动液牌号。

（2）制动液使用注意事项

1）各种制动液不能混合使用，以防止混合后分层而失去作用。若换用其他制动液，应彻底清洗制动系统。

2）应保持制动液清洁，防止水分、矿物油和机械杂质混入。

3）汽车制动液多以有机溶剂制成，易挥发、易燃，应密封保存并注意防火。

4）汽车制动液的更换周期一般是（2 ~4）万 km 或 1 年。

第四节　轮胎及其选用

轮胎是汽车的重要组成部件，也是重要的运行材料。轮胎在运行中的消耗约占运输成本的10%～15%，轮胎的合理使用关系到汽车的行驶安全、能源的节约和汽车运输成本的降低。

一、轮胎的规格

汽车轮胎的分类如下：按用途分类，可分为轿车轮胎、载货汽车轮胎等；按组成结构分类，可分为有内胎轮胎和无内胎轮胎；按胎体中帘线排列的方向不同，可分为斜交轮胎和子午线轮胎等；按轮胎花纹不同，可分为普通花纹轮胎、混合花纹轮胎和越野花纹轮胎。

1. 轮胎规格及表示方法

根据GB/T 2978—1997《轿车轮胎系列》及GB/T 2977—1977《载重汽车轮胎系列》的规定，每条外胎两侧上必须模压上规格、制造厂商和厂名（或地名）、轮辋标准、生产编号、骨架材料及结构代号；轿车轮胎还需要标有速度级别代号和胎面磨耗标记。

1）国产斜交轮胎的规格用$B—d$表示，B为轮胎名义断面宽度，d为轮辋名义直径，单位为in。

2）子午线轮胎的规格用$B\text{R}d$表示，其中R代表子午线轮胎（即“radial”的第一个字母）。国产轿车子午线轮胎断面宽B全部改用公制单位mm，载货汽车轮胎断面宽B有英制单位和公制单位两种，轮辋直径d的单位仍为in。

2. 轮胎规格的表示方法

（1）载货汽车子午线轮胎　以9.00R20为例，9.00—断面宽度（mm）；R—轮胎结构标记（子午线结构）；20—轮辋直径（in）。

（2）轿车子午线轮胎　以185/70SR14为例，185—断面宽度（断面宽约185mm）；70—扁平率（高宽比约为70%）；S—速度记号（最高速度180km/h）；R—轮胎结构标记（子午线结构）；14—轮辋直径（in）。

（3）ISO国际标准组织标记　以195/60R14 85H为例，195—断面宽度；60—扁平率（高宽比约为60%）；R—轮胎结构标记（子午线结构）；14—轮辋直径（in）；85—负荷指数（最大载荷5150N）；H—速度记号（最高速度210km/h）。

无内胎轮胎的规格，是在上述规格后面加“TL”标志。

美国轿车则采用P公制为标准，即在轿车轮胎规格前加P（表示轿车轮胎）。例如北京切诺基吉普车的轮胎规格为P215/75R150。另外，欧洲国家生产的轮胎有自己的标记，这个标记用字母E来表示，也就是说，在欧洲如果轮胎（其他产品也不例外）没有E标记，其产品是不允许出售的。

轮胎规格在轮胎上的标注位置如图2-3所示。

二、轮胎的合理使用

合理使用轮胎，其目的主要在于降低轮胎的磨损速度，防止不正常的磨损和损坏，从而延长轮胎的使用寿命。轮胎的合理使用主要表现在：合理搭配轮胎、保持胎压正常、防止轮胎超载、掌握车速、控制胎温及加强对轮胎的维护。

1. 合理搭配轮胎

同一汽车上，不宜混装厂牌、规格不同及新旧成色差别较大的轮胎，以免个别轮胎磨损，造成早期损坏。

换用新轮胎时，一般应将新轮胎装在前轴上，左右轮同时更换，后轴可装用旧胎。因为新胎有过硫现象，磨损较快，一般前轮负荷较后轮轻，磨损比后轮轻20%～30%；前轮是转向轮，使用新胎有利于安全。装用旧胎时，要使用同样规格、花纹和新旧成色接近的轮胎。在不得不新旧搭配又须双胎并装的情况下，新旧胎的磨损程度相差不得超过3mm，同时，应将新胎装在外侧，旧胎装在内侧，以便与车桥承载后的弯曲变形和一般拱形路面相适应，使内外轮胎尽可能承载均匀。

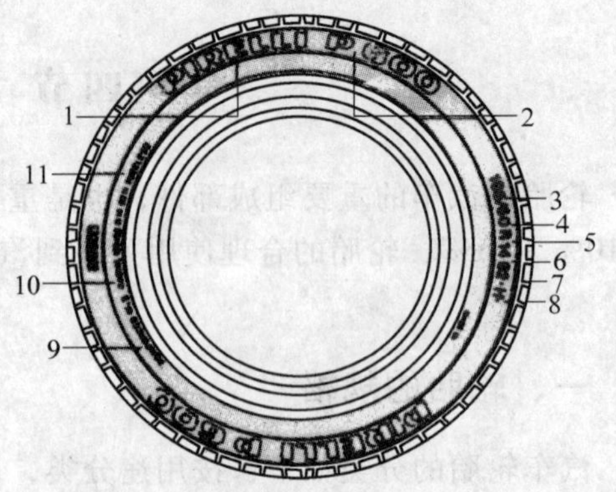

图 2-3　轮胎标注的含义

1—轮胎制造厂牌　2—产品形式　3—轮胎的宽度通常以 mm 为单位　4—扁平率，就是胎壁高与胎宽的比率（%）　5—轮胎为子午线结构，“R”表示轮胎为子午线结构，“B”表示轮胎是带束斜交帘布式结构，“D”表示是普通的斜交帘布层结构　6—轮辋的直径（单位：in）　7—轮胎所能荷重的等级代码　8—速度等级　9—轮胎结构经过强化处理　10—轮胎为子午线结构　11—无内胎设计　其他标记—“M+S”表示适用于油泥地和雪地　“DOT”（美国运输部）字样是说明轮胎全部符合美国运输部制定的有关安全标准；“→”表示轮胎的转动方向，不可装反　“P”表示是轿车用轮胎　“LT”表示是轻型货车用轮胎　“OTR”表示是工程车轮胎等等

要尽量避开夏季更换新胎。夏季气温高，轮胎工作时温度高，新胎胎冠厚，不易散热，橡胶容易磨损。

在同一汽车上的轮胎花纹要尽量一致。不同的轮胎花纹对汽车性能有不同的影响，尤其是在高速公路上行驶的汽车，一定要注意轮胎花纹的选择。轿车前、后轴应当选用相同形式的胎面花纹，载货汽车通常前轴选用纵向花纹，驱动轴或后轴选用混合型或者横向花纹，或者前、后轴都选用相同的混合型或纵向型胎面花纹，这样有利于汽车的操纵稳定性。

2. 保持胎压正常

轮胎充气压力是决定轮胎使用寿命和工作好坏的主要因素。试验表明，轮胎气压过高或过低，都会影响轮胎的使用寿命如图 2-4 所示。轮胎气压降低20%，轮胎的使用寿命会缩短15%。这是因为，当轮胎气压过高时，由于轮胎与地面的接触面积减小，单位压力增高，使胎冠部分磨损加剧；材料过度拉伸，使轮胎在受到冲击时，动载荷增大，易产生胎冠爆破。当轮胎气压过低时，胎体变形增大造成内应力增加，并过度生热升温，加速橡胶老化和帘线疲劳，导致帘线折断、松散和帘布脱层；胎面接地面积增大，滑移量增加，磨损加剧，特别是胎肩的磨损加剧；滚动阻力增大，燃料油耗增加。

因此，保持轮胎气压符合标准是减少磨损，消除隐患，延长使用寿命的重要措施。

3. 防止轮胎超载

汽车超载或装载不均衡时，便引起轮胎超载。汽车超载时轮胎的损坏与在低压下行驶的损坏相似，但是超载时轮胎损坏更严重，因为在这种情况下，胎体帘线的应力加大，轮胎材料的疲劳强度下降，产生热量大（特别是在轮胎胎肩部位），而且轮胎与路面接触面积上的压强增大，分布更不均匀。轮胎负荷对使用的影响如图 2-5 所示。

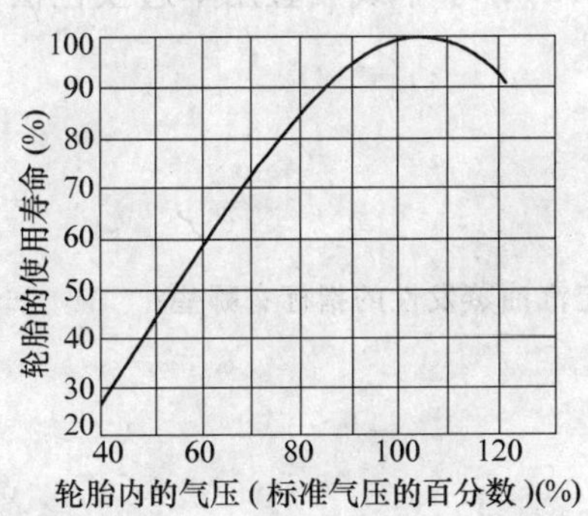

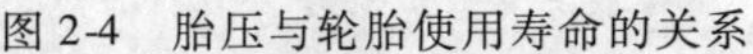

图 2-4　胎压与轮胎使用寿命的关系

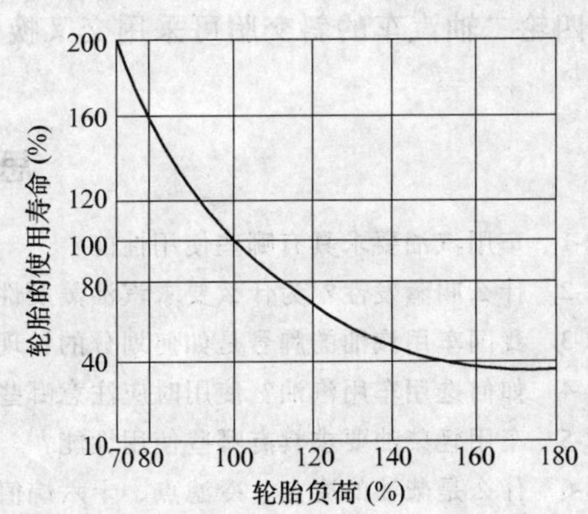

图 2-5　轮胎负荷与使用寿命的关系

另外，货厢负荷分布不均匀，也会造成局部轮胎超负荷。如果装载后重心偏前，会造成前轮胎超负荷，导致前轮胎磨损剧增和损坏，还会使转向盘操作困难，直接影响行车安全；如果装载后重心偏后，则是后轮胎超负荷，会加剧后轮胎磨损。因此，在装载货物时，既要防止超载，使全部轮胎避免超负荷；又要防止装载不均衡而导致个别轮胎超载。

4. 掌握车速，控制胎温

坚持中速行驶，胎体温度不得超过 100℃。夏季行驶应增加停歇次数，如发现轮胎发热或内压增高，应停车散热。严禁放气降低轮胎气压，也不要泼冷水降温。

5. 加强对轮胎的维护

对轮胎的维护应与整车维护一样，贯彻预防为主，强制维护的原则。具体应做到以下几点：

抓好轮胎的日常维护，做到“四勤”。“四勤”是指勤查气压、勤查胎温、勤挖石子和勤塞小洞。

搞好轮胎换位。轮胎换位的目的是为了使全车轮胎磨损均匀，避免偏重和偏磨现象，充分合理地使用轮胎并延长轮胎的使用寿命。轮胎换位一般结合汽车二级维护定期进行。

轮胎换位的基本方法有循环换位法和交叉换位法两种，如图 2-6a、b 所示。装用普通斜交轮胎的六轮二轴汽车，常用图 2-6b 中的交叉换位法。

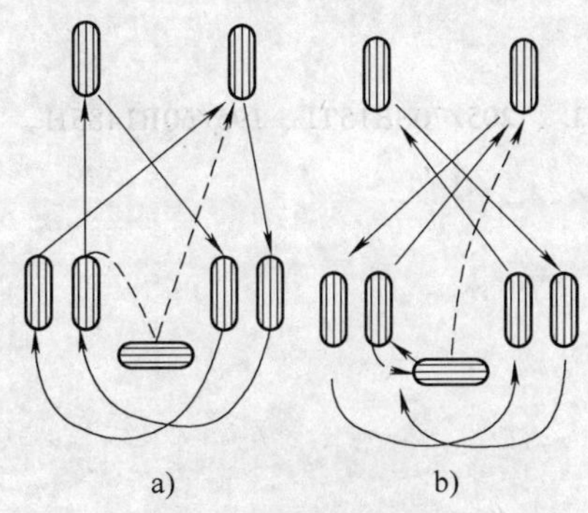

图 2-6　六轮二轴汽车轮胎换位法

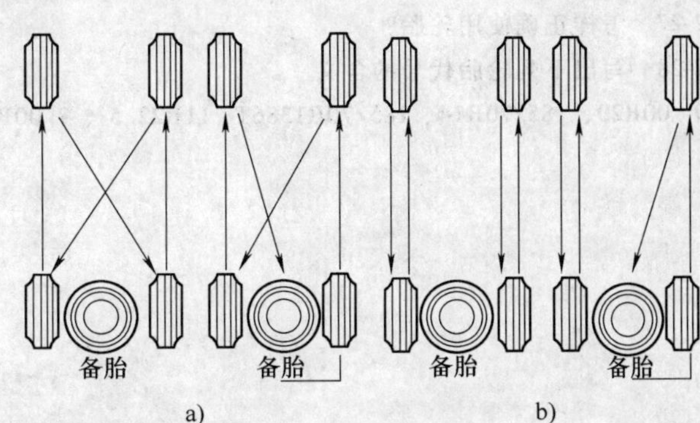

图 2-7　四轮二轴汽车轮胎换位法

四轮二轴汽车的斜交胎可采用交叉换位法（图2-7a），子午线胎宜用单边换位法（图2-7b）。

思考题

2-1 车用汽油要求具有哪些使用性能？

2-2 什么叫蒸发性？为什么要求汽油蒸发性要适宜？评定汽油蒸发性的指标有哪些？

2-3 我国车用汽油的牌号是如何划分的？现有哪些牌号？

2-4 如何选用车用汽油？使用时应注意哪些事项？

2-5 车用轻柴油要求具有哪些使用性能？

2-6 什么是柴油的凝点、冷滤点、十六烷值、闪点？

2-7 我国现行的轻柴油规格是怎样划分的？如何选择？

2-8 简述汽车主要代用燃料的品种和性能特点。

2-9 发动机润滑油的作用是什么？其使用性能有哪些？

2-10 润滑油的粘度过大或过小对发动机的性能有何影响？怎样选用润滑油的粘度？

2-11 什么是粘温性？为什么要求润滑油应具有良好的粘温性？

2-12 我国发动机润滑油是如何分类的？其品种和牌号有哪些？

2-13 如何选择发动机润滑油？使用时应注意哪些事项？

2-14 汽车齿轮油要求具有哪些使用性能？

2-15 汽车齿轮油的 SAE 粘度级别是如何划分的？

2-16 汽车齿轮油的 API 使用级别是如何划分的？

2-17 如何选择车辆齿轮油？使用时应注意哪些事项？

2-18 简述钙基润滑脂、钠基润滑脂和汽车通用锂基润滑脂的特点与使用范围。

2-19 汽车制动液要求具有哪些使用性能？

2-20 汽车制动液的品种有哪些？如何合理选用？

2-21 如何选用合成型制动液？使用时应注意哪些事项？

2-22 国外及国产自动变速器油的分类和适用范围如何？

2-23 国产自动变速器油有哪几个牌号？各有哪些性能特点？分别适用于哪些车型？

2-24 汽车冷却液的作用是什么？对冷却液的基本要求有哪些？

2-25 如何选用乙二醇型冷却液？使用时应注意哪些事项？

2-26 子午线轮胎与普通斜交轮胎相比有哪些优点？

2-27 怎样正确使用轮胎？

2-28 写出下列轮胎代号的含义

9. 00R20、185/70R14、185/70R1386T、11R22. 5 、7. 00R16. 5TL 、205/70SR15TL、195/60R1485H。

第三章　汽车养护内容与方法

第一节　日常养护内容与方法

汽车日常养护是指由驾驶员对车辆进行的日常性维护工作。其主要目的是：使汽车经常处于完好技术状态，随时可以出车，提高车辆使用率；在合理的使用条件下，保证行车安全；结合定期检测，确定维护和小修作业，最大限度地延长整车和各总成的大修间隔里程；在运行中，降低运行消耗、减少噪声和尾气排放；保持车容整洁，及时发现并消除故障隐患，防止汽车早期损坏。

一、日常养护内容

汽车日常养护的主要内容是：以清洁（汽车外表面、车内各部位）、补给（燃料、润滑油和水、蓄电池电解液）和安全检视为中心内容，坚持“三检”，即出车前、行车中、收车后的检查，检视车辆的安全机构及各部机件连接的坚固情况；保持“四清”，即机油滤清器、空气滤清器、燃油滤清器和蓄电池的清洁；防止“四漏”，即防止漏水、漏油、漏气、漏电；保持车容整洁。如果发现异常，应及时送修理厂检修。

二、日常养护的方法

（一）出车前的维护

1. 发动机起动前的检查

将汽车停放在平坦的场地上，将起动开关钥匙拧到关闭位置，拉起驻车制动杆，同时把变速杆放到空挡位置。此检查应在起动发动机之前或停机30min后进行。

（1）检查风窗玻璃和倒车镜　检查驾驶室内外各后视镜面是否完好并擦拭干净；擦拭驾驶室内风窗玻璃；检查门锁与玻璃升降器摇手柄是否可用。如果上述零件有缺损，应予以修复或更换。

（2）检查车辆燃油箱的储油量　打开点火开关，观察燃油表，了解油箱大致储油量，如图3-1所示。也可打开油箱盖，观察或用清洁量尺测量。但要注意油箱盖的清洁，避免尘土等脏物落入。

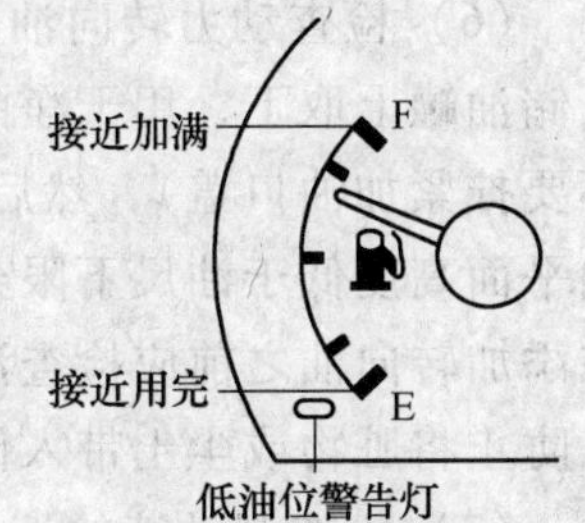

图3-1　燃油表指示

（3）检查机油的油量　先将机油尺擦净油迹后，插入机油尺导孔内，再拔出查看。油位在上下刻线之间，即为合适，如图3-2所示。如果超出上刻线，应放出多余的机油；如果低于下刻线，应从加油口处添加，待10min后，再次检查油位。补充机油时，应严格注意清洁并检查是否有泄漏。在检查油位的同时，应注意检查机油的污染程度。

（4）检查散热器冷却液的液量　检查冷却液时，对于没有装膨胀水箱的冷却系统，可以打开散热器盖进行检视，要求冷却液液面高度不低于排气孔10mm，当使用的是防冻液时，要求液面高度应低于排气孔 50 ~ 70mm（这是为了防止防冻液因温度增高溢出）。对于装有膨胀水箱的冷却系统（图 3-3），冷却液液量应在规定范围内（H 与 L 之间）。检查冷却液液量时，应在冷车状态下进行，检查后应扣紧散热器盖。补充冷却液时，应尽量使用软水或同种冷却液，在添加前要检查冷却系统是否有渗漏现象。

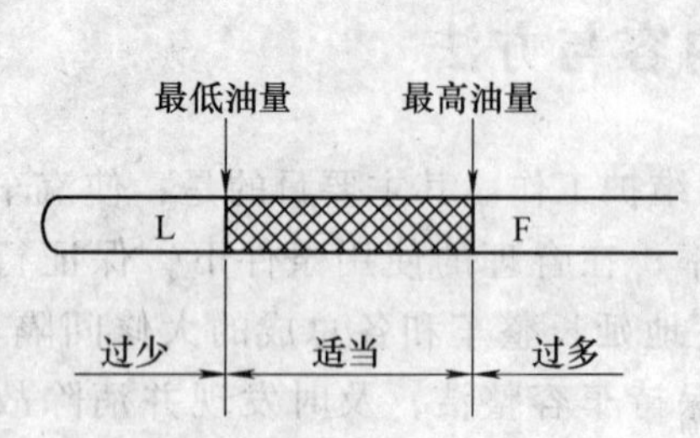

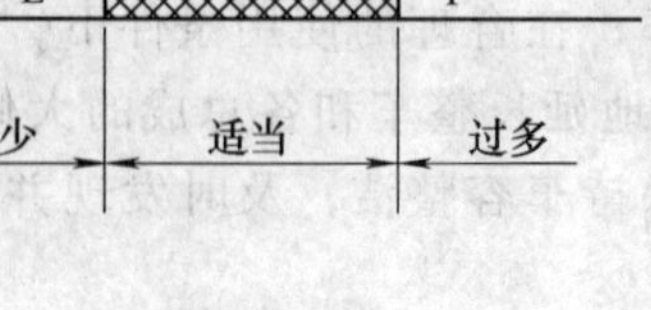

图 3-2　机油尺显示情况

图 3-3　散热器盖及膨胀水箱盖

（5）检查蓄电池电解液液面的高度　如果蓄电池壳为半透明状，可在壳壁上观察，液面高度应在外壳上下刻线之间。如果蓄电池壳不透明，如图 3-4 所示，找一根内径为 4 ~ 6mm、长为 150mm 的玻璃管，垂直插入加液口内，直至极板上缘为止，然后用拇指压紧管的上口，用食指和中指将玻璃管夹出，玻璃管中电解液的高度即为蓄电池内电解液平面高出极板的高度，应为 10 ~ 15mm。测量完后将电解液放入原单格电池中，当液面较低时，应加注蒸馏水（或蓄电池水）到规定高度处，再拧开盖时应注意清洁。

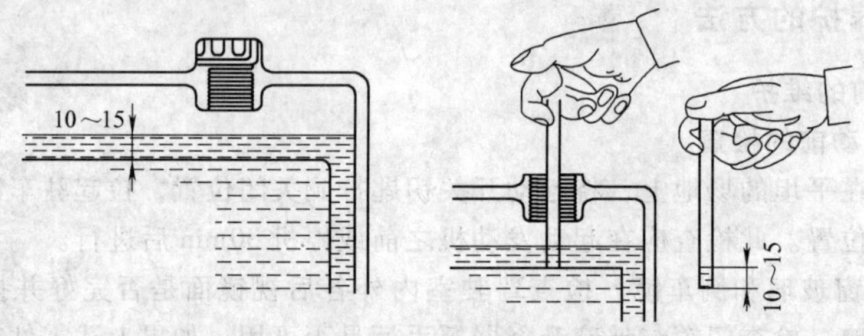

图 3-4　电解液液面高度测量

（6）检查动力转向油的油量　首先清洁并擦干净动力转向储油罐的外壳，将加油口盖从储油罐上取下，用干净的布块将油标尺上的油擦干净，重新将油标尺装上（检查时，请不要拧紧加油口盖），然后取下油标尺，检查油平面，油尺所示的刻度与机油尺相同。如果油平面高度低于油尺下限刻度，则需要添加同种的转向油，直至上限刻度（F 或 H）为止。在添加转向油之前应检查油质的污染情况，发现变质或污染时应及时更换。操作时应特别注意防止将脏物或尘土带入储油罐。

（7）检查制动液的液量　正常制动液液量位置应在储液罐的上限（H）与下限（L）刻线之间或标定位置处。当液位低于标定刻线下限位置时，应补充制动液到标定刻线或上限位置。由于常用的制动液（指醇醚类）具有一定的吸湿性，因此，在向储液罐内补充制动液时，一方面要使用装在密封容器内的新制动液，另一方面要避免长时间开放储液罐的加液口。因为制动液吸收水分后其沸点会显著降低，容易引起气阻，造成制动失灵。

(8) 检查离合器液压油的液量　检查方法和要求与检查制动液相同。

(9) 检查调整发电机风扇传动带　检查风扇传动带的紧度，用拇指以 90～100N 的力按压传动带中间部位时，挠度应为 10～15mm，如图 3-5 所示。如果不符合要求，可通过调节发电机支架固定螺栓的位置进行调整。

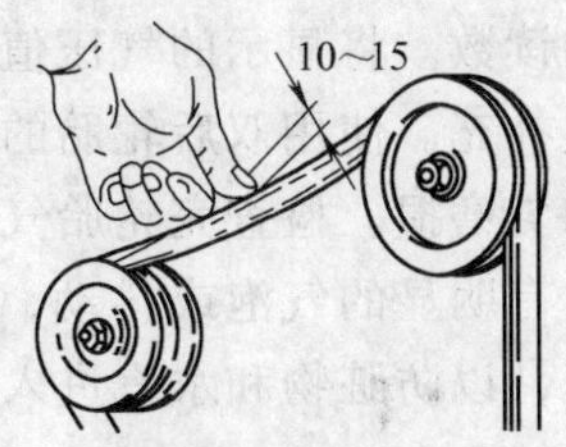

图 3-5　检查风扇传动带的紧度

检查传动带有无损伤、剥落，传动带在断裂之前，将会出现滑磨声和表面裂纹、磨损以及剥落等前兆现象。因此，应仔细观察，如出现上述现象应及时更换传动带（注意与因传动带紧度不够时出现滑磨声的区别）。调整传动带紧度时，稍微拧松交流发电机的上下固定螺栓后，用撬杆将整个交流发电机向里或向外移位，以调整传动带的紧度，如图 3-6 所示。调整后，应可靠地拧紧固定螺栓，否则传动带紧度过大会损害风扇传动带和轴承。操作时应注意避免传动带的油脂污染，否则会引起滑磨而缩短其使用寿命。如果发电机使用的是两根传动带，更换时应把两根传动带同时换为新品。

换用的新传动带在工作 30～60min 后，其紧度应按上述方法再检查调整，以延长其使用寿命。行驶 1000km 后，应再检查一次，这样以后传动带的变形将趋于稳定。

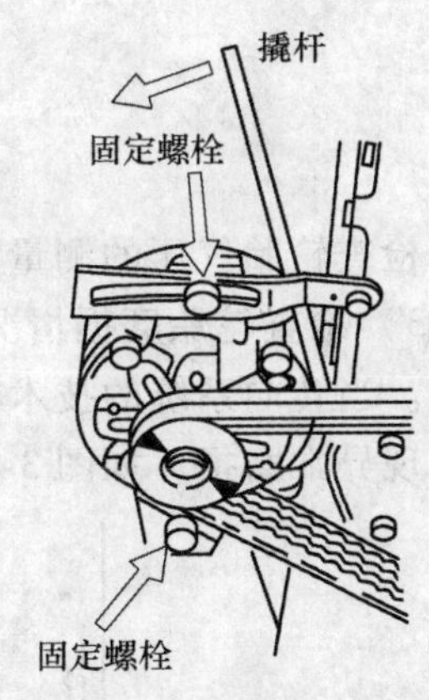

图 3-6　将整个交流发电机向里或向外移位

(10) 检查转向盘最大自由转动量　GB 7258—2004《机动车运行安全技术条件》中规定，转向盘最大自由转动量是指：转向轮对正前方时，在转向轮保持不动的情形下转向盘从极左到极右转过的角度，它是转向系各部机件配合间隙的综合反映。机动车转向盘的最大自由转动量为：①最高设计车速不小于 100km/h 的机动车不允许大于 20°；②三轮汽车不允许大于 45°；③其他机动车不允许大于 30°。

如果转向盘最大自由转动量超过标准，说明转向系统的各部间隙过大，需要对转向系统进行调整。

左右转动转向盘，查看转向摇臂、横拉杆、直拉杆、转向臂球销固定螺母，应无松脱现象，开口销应无缺损，否则应予拧紧配制。对转向系统的自行维护除润滑和紧固外部螺栓外，其他维护作业项目应由维修企业维修人员进行。

(11) 检查传动轴　检查传动轴万向节联接螺栓是否缺少或松动；检查传动轴中间支承架与缓冲胶垫是否完好，发现损坏或松动，应及时更换或修理。

(12) 检查悬架系统　查看减振器、螺旋弹簧或钢板弹簧叶片有无折断，U 形螺栓有无松动；检查车身有无异常倾斜的现象，如有异常，应到修理厂予以排除。

(13) 检查轮胎及轮胎螺栓紧固情况

1) 检查轮胎螺栓紧固情况，发现螺栓松动应予以拧紧。轮胎螺栓除每天出车前检查轮胎固定螺母是否松动外，还应定期加以紧固轮胎螺栓。

2) 检查轮胎气压。试验证明，如果轮胎气压偏高 25%，轮胎寿命降低 15%～20%；如果轮胎气压偏低 25%，寿命将缩短 30% 左右。胎压过高，弹性降低，轮胎发硬，特别是炎热夏季，极易爆胎；胎压过低，影响车速，增加油耗。

首先可用目测的方法检查轮胎气压，如图 3-7 所示。如果怀疑轮胎气压不符合规定，可以使用轮胎气压表检查轮胎气压：拧开轮胎气嘴的防尘帽，连接轮胎气压表线，观察气压表的读数。将显示的气压值与规定的气压值比较，如轮胎气压过高，应放出一部分，如过低，应补充。使用双后轮胎的后轮，内外两侧轮胎气压应一致，不能有差异，否则会造成轮胎不均匀磨损。检查完轮胎气压后，可用皂液涂在气嘴上，查看是否漏气，如果皂液涂在气嘴上时有明显的气泡或抖动，表示气嘴芯漏气，应拧紧或更换气嘴芯。最后将气嘴的防尘帽拧上，以防脏物和水汽进入气嘴。

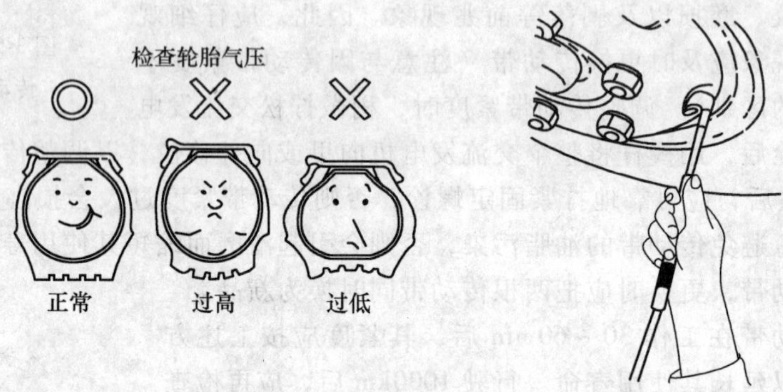

图 3-7 目测检查轮胎气压

检查轮胎气压的测量调节作业，应在轮胎处于低温状态下进行。

3）检查轮胎磨损情况。轮胎胎面的磨损情况，可以反映出车辆使用和转向系统的技术状况。当转向系统的技术状况正常并能正确使用时，轮胎没有异常磨损现象，否则，轮胎就会出现异常磨损，如图 3-8 所示。出现以上轮胎的故障现象时，应结合汽车维护排除故障。

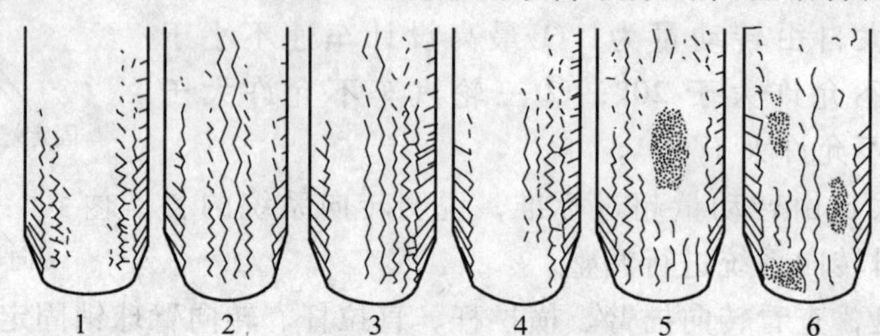

图 3-8 轮胎异常磨损的现象和原因

1—气压过高 2—气压过低 3—前轮前束不正确 4—前轮外倾不正确
5—轮辋翘曲 6—轮胎动平衡失调

检查轮胎花纹的深度，对于行驶在一般道路上的汽车，当其花纹深度小于 1.6mm 时应更换；对于行驶在高速公路上的车辆，当其花纹深度小于 2.5mm 时应更换。

最后要清除轮胎花纹内的金属片、石块等夹物。

（14）检查全车泄漏情况 检查发动机增压器的润滑油管，应连接可靠，无漏油、渗油现象。检查底盘各齿轮箱等部位有无渗漏现象，发现渗漏严重时，应排除故障后才能行车。

2. 发动机起动后的检查

待上述检查完毕后，将点火开关钥匙转至“ON”位置，检查仪表和指示灯。这时只有机油压力表、燃油表工作，机油压力警报灯、驻车制动指示灯、气压过低警报灯、充电指示灯和空气预热警报灯（仅在冬季）亮。如果还有其他指示灯亮，则需要做相应的检查。当上述情况都正常后，才可以起动发动机。起动发动机后检查项目如下：

（1）检查发动机不同转速下的工作情况　起动发动机后，怠速运转至发动机冷却液温度达40℃以上，检查发动机在不同转速下的工作情况。要求发动机在不同转速下运转平稳、无异常响声，燃油、机油、冷却液等液体无渗漏现象。

检查发动机排气情况。当排出的废气呈黑色时，表明发动机燃烧不完全；当排出的废气呈蓝色时，表明发动机有烧机油现象；当排出的废气无色时，则表明发动机燃烧正常。

（2）检查各仪表信号、报警装置的工作情况　在发动机预热升温过程中，要观察各仪表和指示灯工作情况。

在起动初期，机油压力警报灯应当亮，随着油压的升高，机油压力警报灯熄灭。发动机冷却液温度表指示随着发动机温度的增加而上升。

当发动机升温后，机油压力警报灯熄灭。装有机油压力表的车型，观察机油压力表的指针应符合要求。

检查充电指示灯。接通电源开关，该指示灯亮。当发动机起动后该灯熄灭，说明发电机已向蓄电池充电；如果该灯不熄灭或在行车时该灯突然亮起，说明充电系统出现故障，应立即检查排除。

在实施正确操作后，各警报灯均应处于熄灭状态，即为正常。

（3）检查制动系统的技术状况

1）检查制动踏板自由行程。踏板的自由行程是为保证不发生发咬、彻底解除制动而设置的。检查时在制动踏板与驾驶室底板之间立一直尺，用手向下按制动踏板至有阻力时，记下直尺刻度（图3-9）。然后放松踏板，再看直尺刻度。两次刻度之差即为踏板自由行程。液压制动的踏板自由行程一般在30~40mm之间，气压制动的踏板自由行程一般在10~20mm之间。在调整时应按车型规定的数值进行调整。

图3-9　制动踏板自由行程的检查

对液压制动系统，踏下制动踏板应反应适当。如发现踩下制动踏板全程，踏板与地板之间的距离过小，或踩下制动踏板反应过于轻快（发软的感觉），说明制动液有泄漏，或者混入空气降低了制动力，或者制动蹄片与制动鼓间隙过大，需要及时检修。

采用真空助力器的制动系统，检查时如发现踏板沉重，应做真空助力器的空气密封试验。方法是：起动发动机运转1~2min后熄火，用通常制动时所用的力将制动踏板踩动数次，如第一次踩下的行程较大，而其后行程逐次缩小，则表明真空助力器工作良好；如各次行程无变化，则表明真空助力器或真空管路漏气，应进行检修。

2）检查驻车制动系统。对于采用机械中央制动器的驻车制动系统，拉动制动器杆使棘轮响7~10下，应使汽车在坡道上稳固停放（或以二挡起步，起不了步）为正常，否则应进行调整。对于采用弹簧蓄能制动器的驻车制动系统，在制动器杆放在制动位置时，应制动有效（试验方法同上），在储气筒气压达到工作压力后，松开制动器杆，可解除驻车制动。使用该种驻车制动系统的车辆，应注意在起动发动机之前，必须将驻车制动器杆放在制动位置上，否则制动系统气压上升后，原有的制动作用会被解除，而出现溜车现象。

3）检查排气制动。起动发动机，推动制动杆或踩下排气制动按钮时，排气制动阀应迅速动作（注意：利用排气制动方式使发动机熄火的柴油发动机，该操作会使发动机熄火）。

否则，排气制动系统有故障，应予排除。为保护发动机不受损坏，不得长时间地连续使用排气制动，使用排气制动时发动机转速不得高于2000r/min。

(4) 检查灯光、喇叭、刮水器和车窗洗涤器　检查灯光信号和喇叭的使用和安装情况以及有无损坏，发现故障应及时排除。

检查刮水器应当工作良好，刮水片刃口应平滑无伤，刮水效果良好。刮水片如有裂纹、撕裂或刮水效果不良时，应及时更换。

检查车窗洗涤器洗涤液量是否充足（冬季应注意该系统的防冻）。按下洗涤液喷出器的开关，观察喷口是否喷出洗涤液，喷出的位置是否合适。在使用洗涤器时，一定要把洗涤液喷向风窗玻璃后，再开动刮水器。如果在风窗玻璃干燥时开动刮水器，玻璃面会受到损伤。如果连续使用喷出器60s以上，或在洗涤液不能喷出的状态下继续使用，有可能烧毁洗涤器电动机。

(5) 检查汽车的其他方面　检查证件、随车工具、药品箱、附件是否带齐，车上物资装载是否安全可靠。

（二）行车中的维护

1. 起步后的检查

汽车起步后，先以低速（20km/h）运转，检查底盘工作情况。检查离合器接合、分离功能，检查行车制动器和驻车制动器的制动性能，发现故障及时排除。

2. 行车中的检查

车辆在行驶中，应密切注意各仪表的显示，检查各种操纵机构是否灵活有效，注意发动机和底盘有无异响和异味及工作状况是否正常。

(1) 仪表的显示情况　汽车在行驶中，应随时注意观察，当发现机油压力警报灯亮或机油压力表显示机油压力低于正常值时，应立即停车检查。

当温度表指针指示发动机冷却液温度始终低于正常温度（80℃以下）时，应及时查明原因，使发动机冷却液温度经常保持在正常工作温度。保持发动机正常的工作温度，会减少发动机的磨损，提高车辆的经济性和动力性；当温度过高（温度表指针在红色高温区域）时，应停车检查风扇传动带紧度和冷却系统是否缺液或漏液等。

燃油表的指针如果异常下降，应立即停车检查油管或油箱是否破裂。在蓄电池和发电机正常情况下，当发动机处于中等转速时，不用灯光和喇叭，电流表不显示充电则是正常现象。

(2) 汽车的行驶状况　汽车在行驶中，应注意检查转向系统的操纵性以及有无跑偏、摆头现象。如有异常现象，应停车检查。检查制动系统是否操作可靠，反应灵敏。

3. 途中停车的检查

停车时，检查转向机构及其他操纵机构等各连接部位是否牢靠；检查有无漏油、漏水、漏气现象；逐一检查轮毂轴承、轮胎、制动鼓、变速器和驱动桥等部位，看其温度是否正常。

(1) 检查相关总成温度　途中停车检查方法是用手摸试。轮毂、轮胎、制动鼓、变速器、减速器等部位的温度如用手贴上后，感到难以忍受时，属于温度过高，应进一步检查。在检查时，如能忍受30s以上时，特别在炎热季节，则属于正常。如果发现温度过高，应停车自然冷却。温度过高会造成胎冠与帘布层脱离等现象。禁止采用浇冷却水的方式给轮胎降温，这样会造成轮胎提前损坏，缩短其使用寿命。

(2) 检查全车有无“四漏”（漏电、漏水、漏油、漏气）现象　如果发现有渗漏现象时，应立即检查相关总成的液量，缺少时，应及时补充并修理相关部件。

注意：检查机油量，应在停车后10min后进行。检查冷却液，打开散热器盖时应注意防止被热水喷出烫伤；发动机温度过高时，熄火前应怠速运转数分钟，以降低冷却液温度；检查发现冷却液不足时，应补充同规格的冷却液，条件不具备时，可临时用清洁的软水补充（但收车后应重新调整冷却液的配比）。在检查渗漏情况时，如果发现渗漏现象严重，应及时排除。

(3) 检查轮胎　途中停歇时，检查轮胎外表，清除轮胎夹石和杂物。

(三) 收车后的维护

如果在停车前发动机曾在重负荷下工作，不要使发动机立即熄火，应以怠速运转一段时间后再熄火，防止配合副机件出现粘着磨损现象。在收车后或途中宿营时，除执行行车中的检查内容外，还需进行下列项目：

1. 清洁全车外表及驾驶室、车厢内部

冲洗车辆时，必须停止发动机运转，以防将水分溅到各电器部件上，影响车辆的起动和运转；应避免将水直接冲溅到发动机空气滤清器的进气口处。

清洗风窗玻璃要在湿的状态下进行，不要使用硬器物刮除玻璃上的污物，以防损伤玻璃，影响视线。

驾驶室内顶棚衬里，应定期用软毛刷以中性的清洗液洗涤，再用干净柔软布块擦干。

2. 检查、补充油液

检查补充燃油、机油、冷却液、制动液、离合器传动液和动力转向油，并根据需要润滑有关润滑点。润滑时，应注意使用规定质量要求的润滑油和润滑脂。加注润滑脂时，应先将油嘴擦干净，然后加注润滑脂，加注量以脂从加注机件的缝隙处挤出为宜。加注后应将油嘴处和机件缝隙处挤出的润滑脂擦拭干净，以防积染灰尘。

检查全车泄漏情况。检查各部有无损伤、漏气、漏油、漏水和漏电现象，及时调整和处理存在的问题。

3. 检查紧固情况

检查、紧固发动机、底盘和车厢各部的联接螺栓，并检查其安全锁止装置。

4. 处理好发动机的防冻问题

寒冷季节，当气温低于10℃时，应放掉未加防冻液的冷却液，以防冻坏缸体。气压制动系统的车辆，放掉储气筒及油水分离器内的油污、积水。

5. 检查轮胎情况

检查、补充轮胎气压，清除轮胎间及胎冠上的杂物。

6. 清洁蓄电池外部，检查极柱与电缆的连接情况

打开蓄电池箱盖，用干布擦净外部的灰尘和脏物，塞盖上的通孔应保持通畅。极柱与导线之间的连接应牢固，必要时，可在极柱和导线夹头的上下接合的端面涂上薄薄一层凡士林或润滑脂，以防氧化。蓄电池应牢靠地固定在蓄电池箱架内。

7. 断开总电源开关

第二节 新车养护内容与方法

新车养护是指汽车行驶 0～20000km，由驾驶员和专业维修工对车辆所进行的维护工作。其主要目的是：使机体各部件机能适应环境的能力得以调整提升，延长汽车使用寿命，提高汽车使用的经济性和可靠性。新车养护分为四个阶段：即走合期的养护、新车每行驶 5000km 的养护、新车每行驶 10000km 的养护和新车每行驶 20000km 的养护。

一、走合期的养护内容与方法

新车（包括大修竣工的汽车）在开始投入使用阶段（一般为 1000～3000km），汽车各机构中的零件正处于走合状态，还不能全负荷运行，这个阶段称为汽车的走合期。走合期是汽车改善零件摩擦表面几何形状和表面物理性能的过程，也是在使用中使相互配合的零件摩擦表面进行走合的过程。

新车或大修竣工的汽车，尽管在制造、修理生产中进行了走合，但零件的加工表面仍存在着微观和宏观的几何形状偏差（粗糙度、圆度、圆柱度、直线度等）；此外，总成及部件也有一定的装配误差。因此，新配合件表面的实际接触面积比计算面积小得多（按加工质量不同，实际接触面积小，新配合件表面的实际单位压力要比理论计算值大得多）。此时，汽车若以全负荷运行，零件摩擦表面的单位压力会很大，润滑油膜将被破坏而形成半干或干摩擦，使零件加速磨损和破坏。

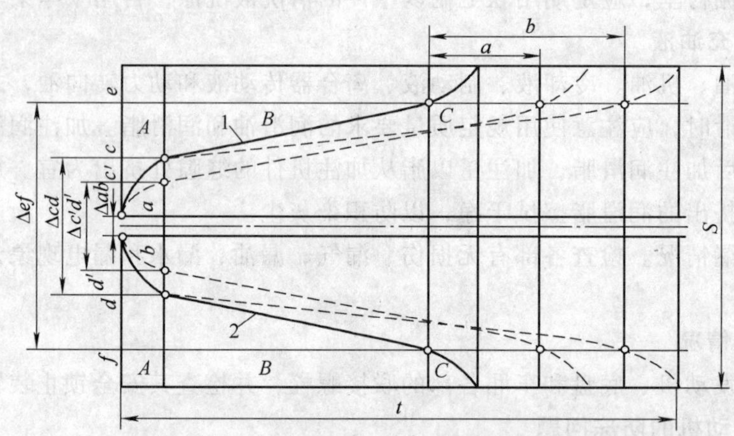

图 3-10 配合零件的磨损规律

S—磨损量（mm） t—汽车工作时间（h）

配合零件的磨损规律如图 3-10 所示。从图中可以看出，配合零件的磨损规律基本可分为三个阶段：初期磨损阶段 *A*、正常工作阶段 *B* 和逐渐加剧磨损阶段 *C*。在使用过程中，磨损使配合零件的配合间隙 Δab 随着汽车的工作时间或行驶里程的增加而增大。初期磨损阶段又称为零件走合阶段，这个阶段的磨损特点是工作初期磨损较快，当摩擦副配合良好后，磨损量增长速度开始减慢。磨合终了的间隙为 Δcd。

正常工作阶段也叫做允许磨损期。零件经走合阶段后，其磨损量随着汽车行驶里程的增加而缓慢地增长，在间隙达到 Δef 后，磨损将再度加剧。由于配合零件通常以不同的强度进行磨耗，所以在 B 阶段磨损曲线 1、2 的斜率是不一样的。Δef 是配合零件的极限间隙，δ_{ae} 和 δ_{bf} 为零件 I 和 II 的极限磨损量。超过极限间隙的零件磨损期为逐渐加剧磨损阶段。在这个阶段，磨损加剧，故障增加（响声、漏气、漏油等），工作能力急剧下降，并迅速损坏。

从配合零件的磨损规律可看出，减小走合终了的间隙 Δcd 和给定的配合间隙 Δab 值可以延长正常磨损阶段 B。如把走合终了的间隙 Δcd 减小到 $\Delta c'd'$，则正常磨损阶段可以延长 a 里程，这样就提高了配合零件的使用寿命。配合零件磨合阶段的磨损量主要与零件表面的加工质量及磨合规范有关。在这个阶段如果使用不当，未正确地执行磨合规范（包括清洁作业、合理选用加有添加剂的专门润滑油等），将影响配合零件的工作期限。

汽车走合期实际上是为了使汽车向正常使用阶段过渡，而在使用中对相互配合的摩擦表面进行走合加工的工艺过程。在此期间里，零件摩擦表面不平的部分被磨去，逐渐形成了比较光滑的、耐磨而可靠的工作表面，以承受正常的工作负荷。同时，通过走合，暴露出生产或修理中的缺陷并加以消除，使进入正常使用时的故障率基本趋于稳定。所以，新车、大修车以及装用大修发动机的汽车必须经过一定的走合期。走合期内对汽车进行的维护称为走合维护。走合维护的优劣，会对汽车寿命、安全性和经济性产生重要的影响。

（一）走合期的规定

根据汽车走合期的工作特点，汽车在走合期内必须严格遵守走合规定，以保证走合质量。

1. 走合期里程的规定

汽车走合期里程取决于零件表面加工精度、装配质量、润滑油品质、运行条件和驾驶技术。一般均按照汽车制造厂的规定确定走合期里程。通常走合期里程为 1000～3000km。如桑塔纳轿车走合期里程为 1100～1500km，捷达轿车和红旗轿车的走合期里程为 1500km，富康轿车走合期里程为 1500～2500km。

2. 走合期使用的规定

（1）减载　汽车载质量的大小直接影响机件寿命，载质量越大，机件受力越大，引起润滑条件变坏，影响走合质量，所以在走合期内必须适当减载。一般载货汽车按额定载质量减载 20%～25%，并禁止拖带挂车；半挂车按载质量标准减载 30%～50%。为保证走合质量，车辆在走合期的加载应随着走合期里程的增加而逐步增加到规定载质量。走合期前 200km 左右，由于汽车（或总成）各零件加工表面还未经过很好的走合，配合比较紧，润滑也不够正常，零件表面摩擦热量多、温度高，磨损速度最快。因此，在此阶段车辆宜空载低速行驶，以后随着行驶里程的增加逐渐加载至规定载质量。

（2）限速　走合期车速的高低与负荷的影响是一样的，载质量一定，车速越高，发动机和传动机件的负荷也越大。因此，在走合期内不允许发动机转速过高。行驶中应按汽车使用说明书的规定控制各挡位的车速，通常控制在各挡位最大车速的 70%～75% 以内。货车的最高车速一般不超过 40～50km/h；进口车一般在最初的 1000km 内，当节气门全开时车速不应超过最高车速的 80%；轿车发动机的最高转速不超过 4200～4500r/min，且要求在使用中注意观察发动机转速表和车速表，使发动机转速和车速都保持在中速范围内。

限速片是一个装在化油器与进气管之间的节流装置。驾驶员不应提前将它拆掉，而应在走合期结束后结合维护情况再将它拆掉。进口车和电喷车一般没有加限速片，完全靠驾驶员自己控制车速。

（3）选择优质燃料和润滑材料　为了防止汽车在走合期中产生爆燃，加速机件的磨损，应采用抗爆性好的并符合汽车发动机所需要的优质燃料（汽油标号不一定非常高，但一定要清洁）。

由于机件各部分的间隙较小，应选用粘度较低的优质润滑油，不得低于厂家规定的标号，使摩擦工作表面得到良好润滑。进口汽油发动机汽车应选用SE级以上的润滑油，柴油发动机汽车应选用CD级以上的润滑油，同时应按走合规定及时更换润滑油。齿轮油不应低于GL—4级。行驶中应注意检查润滑油的压力和温度，有异常情况及时排除。

（4）正确驾驶　发动机起动后，应低速运转，冬季起动时，要先预热发动机。待冷却液温度升到50～60℃后再起步，起步时不要猛踏加速踏板，严格控制加速踏板行程，以免发动机转速过高。起步要平稳，减少传动机件的冲击。行驶中，发动机的温度应控制在正常温度范围内，要适时换挡，禁止用高速挡低速行驶或低速挡高速行驶，也不要长时间使用某个挡位。注意选择路面，不要在恶劣道路上行驶，以减少振动和冲击，尽量减少汽车突然加速所引起的超负荷现象。

忌紧急制动。紧急制动不但使走合期的制动系统受到冲击，而且加大了底盘和发动机的冲击负荷，所以在最初行驶的300km内不要采用紧急制动，也不要长时间制动或使用发动机制动。

车辆在走合期内行驶时，要经常检查汽车变速器、驱动桥、轮毂及制动鼓的温度。异常高温往往是由于配合件间隙过小，磨损加剧，摩擦表面热量增大所引起的。要注意检查、紧固各部件外露螺栓、螺母，注意听察各总成在运行中的声响变化，并及时进行调整或排除。

（5）加强走合维护　为了提高汽车的走合质量，除严格遵守走合规定外，还应注意加强走合维护工作。

（二）走合期的养护内容及方法

汽车走合期的维护一般分为走合前、走合中和走合后三个阶段。

1. 走合前的养护内容及方法

走合前的养护主要是检查各部分状况，防止汽车出现事故和损伤，保证顺利地完成走合期的作业。其作业内容有：

1）清洁车辆、整洁车容。

2）检查全车各部位的连接、紧固情况。检查和紧固各联接部分的螺栓、螺母，特别注意转向、制动、传动等安全机件以及悬架、车轮等的连接件。

3）检查和添加燃油及润滑材料。驾驶新车或大修后的车辆前，应将各润滑部位按规定加注润滑油和润滑脂。检查发动机机油油面；检查变速器、转向装置、驱动桥齿轮油油面；检查散热器冷却液、制动液液量。发动机机油油面、散热器冷却液、制动液液量检查方法同日常养护。

变速器齿轮油油面检查方法如下：

①　手动变速器齿轮油油面检查：将车辆停放在水平地面上，关掉发动机并等待5min左右，擦净油位检查孔边缘及螺塞的油污，旋下螺塞并查看油面的高度。夏季油面高度应与油孔下边缘相平；冬季应低于下边缘10mm。

②　自动变速器油油面检查：检查自动变速器油油面高度是否在规定的范围之内，同时检查自动变速器油的状况。一般可用自动变速器上的油位刻度尺或其上的溢油孔进行检查。

油尺有双刻度线式、三刻度线式和四刻度线式。

双刻度线式油尺在检查时应保证变速器油温处于正常工作温度（50～90℃），然后将汽车置于平坦地面上，分别将变速杆置于各挡位片刻后，置于“P”、“N”位中任一挡位，使发动机怠速运转1min后再用油尺进行检查，此时的油位应处于两刻度线之间。

标有3个刻度线的油尺，其中间刻度线与上下两刻度线组成两个区域，有些油尺在此两区域内分别标有“COOL”和“HOT”字样，如图3-11所示，有些则没有。这种油尺在检查时下刻度线区域（“COOL”区域）表示自动变速器油处于冷态（50℃以下）时，油位应处的范围；上刻度线区域（“HOT”区域）则表示自动变速器油在热态（90℃左右）时，油位应处的范围。当自动变速器油处于正常工作温度范围时，油面应在“HOT”范围之内，若过低，应添加同种型号的变速器油。在冷车状态下，油面应在“COOL”范围之内，若过高，应放出一部分油液。

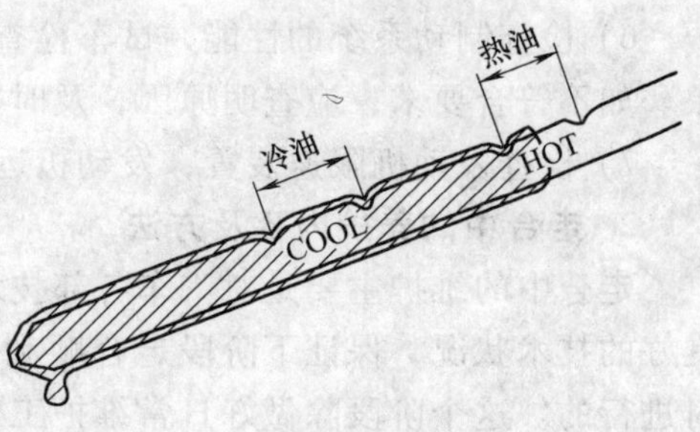

图3-11　自动变速器油尺标示

标有4个刻度线的油尺，将油尺分为3个刻度区域。最下面的为冷态区，中间为正常油温区，最上部为热态区。

驱动桥齿轮油油面检查方法如下：①将车辆停放在水平的地方，关掉发动机并等待5min左右；②擦净油位孔边缘及螺塞的油污，旋下油位检查螺塞并查看油面的高度，应与油孔下边缘相平；③如果油液不足应补充相同级别的齿轮油到油液从检查孔溢出时为止，然后旋紧螺塞。

4）检查全车各部位是否有“四漏”现象，如有，则予以排除。

5）检查电气系统。检查电气设备、灯光和仪表工作是否正常，并检查蓄电池电解液相对密度与液面高度。

蓄电池电解液相对密度的检查。电解液相对密度的高低是随蓄电池充、放电程度的不同而变化的。电解液相对密度的下降程度是蓄电池放电程度的一种表现。测量每个单格内的电解液相对密度，可以了解蓄电池的放电程度。当蓄电池相对密度低于1.230（15℃）时，应对蓄电池进行充电。

①　测量方法。拧下蓄电池的各加液口盖，用相对密度计从加液口吸出电解液至相对密度计的浮子浮起来为止。观测读数时，应把相对密度计提至与眼睛视线平齐的位置，并使浮子处于玻璃的中心位置而不与管壁接触，以免影响读数的准确性。用相对密度计测量相对密度的方法，如图3-12所示。

②　电解液相对密度的修正。不同温度的电解液的相对密度有一定的误差，需要对测得的电解液的相对密度值进行修正。电解液的相对密度以15℃时的密度为基准。故测量时，若电解液温度高于或低于15℃，则每增加1℃，应从实际测得的相对密度数值加上0.00007；反之低于15℃，每降低1℃，应减去0.00007；若温差较大时，可按下式进行修正。

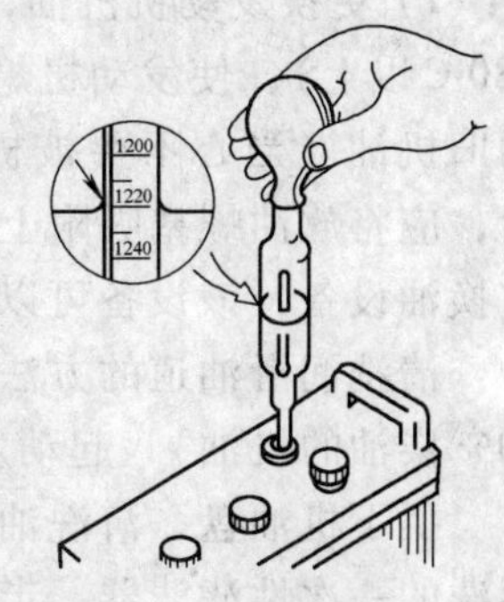

图3-12　电解液相对密度测量

相对密度值＝实际电解液相对密度＋0.00007（实际电解液温

度 -15℃）

③ 根据电解液相对密度判断蓄电池的放电情况。测得的电解液相对密度比充足电时的相对密度低0.05时，蓄电池放电量超过25%，应及时充电；比充足电时的相对密度低0.16时，蓄电池已完全放电。

6）检查制动系统的性能，试车检查制动系统的制动距离，是否有跑偏和制动发咬等现象。如不符合要求，应查明原因，及时排除。

7）检查发动机限速装置，发动机运转时有无异响。

2. 走合中的养护内容及方法

走合中的维护主要是对汽车各部技术状况开始发生变化的部分进行及时的维护，以恢复良好的技术状况，保证下阶段走合顺利进行。汽车走合中的维护是在汽车行驶500km左右时进行的。这个阶段除做好日常维护工作外，其主要维护内容为：

（1）润滑　充分润滑全车的各个润滑点。

在最初行驶30～40km时，应检查变速器、分动器、前后驱动桥、轮毂和传动轴等处是否发热或有杂声。如发热或有杂声应查明原因，予以调整或修理。

（2）检查　检查制动效能和各连接处、制动管路的密封程度，必要时加以调整和紧固，认真做好总成和机件的检查、调整工作。

（3）紧固　新车行驶150km后，需检查一次全车外部螺栓、螺母紧固情况；行驶500km时，则应将前、后轮毂螺母紧固一次。

有些国产车需要对缸盖螺栓进行紧固。在拧紧气缸盖螺栓时，应按规定顺序由盖中部螺栓开始，依次向两侧及上下部位拧紧，以防气缸盖、气缸体变形，影响气缸的密封性。注意铸铁气缸盖应在发动机升温后拧紧；铝合金气缸盖则必须在发动机冷状态下拧紧。缸盖螺栓拧紧力矩的大小，应按具体车型的使用说明书中的规定值，使用扭力扳手逐次拧紧。

在汽车走合行驶过程中，要注意观察各总成的温度情况，并要随时检查和排除“四漏”情况。

3. 走合后的养护内容及方法

汽车走合期结束后，应及时将汽车送到厂家特约维修站做走合保养。其目的，一方面是对汽车进行全面的检查、坚固、调整和润滑作业，使汽车达到良好的技术状态；另一方面是生产厂家对其汽车售后服务的身份认定。

1）更换发动机机油，清洗润滑油道，更换机油滤芯。将发动机暖车到达正常工作温度（80℃以上），使发动机熄火，用机油容器盛接机油，在热车状态下放出机油盘和滤清器内的旧机油（当心不要被机油烫着）。有些车型的机油盘放油螺塞为磁性螺塞，待机油放净后，应将放油螺塞吸附上的铁屑清除干净后再拧上。如果有条件，更换机油时，最好使用真空换油设备，该设备可以将旧机油吸出的比较干净些。

清洗润滑油道的方法是：向发动机加入标准容量60%～80%的清洗油（稀机油或掺入20%柴油的机油），起动发动机3～5min后怠速运转。最后放净清洗油，加入清洁的新机油。

拆下机油盘，清洗油底壳及机油滤清器，更换机油和滤芯。整体式的机油滤清器是不可拆洗的一次性滤清器，走合后的维护作业时，更换新的机油滤清器。其拆除和安装方法：使用滤芯扳手将机油滤清器拆除（逆时针旋转），并用一块干净的布擦拭发动机上安装机油滤清器处的油渍；将新机油滤清器灌满清洁的新机油；在机油滤清器橡胶油封表面均匀涂上机油；用手装上机油滤清器，待油封与接合面接合上时，用手拧紧 3/4 圈，不可用扳手旋紧机油滤清器，否则，会损坏螺纹或机油滤清器。

2）测量气缸压缩压力，清除燃烧室内的积炭。气缸压缩压力是评价气缸密封性最为直接的指标。根据 GB/T 15746. 2—1995《汽车修理质量检查评定标准 发动机大修》的规定：大修竣工后，气缸压缩压力应符合原设计规定；每缸压力与各缸平均压力的差，汽油机不超过 8%，柴油机不超过 10%。根据交通部《汽车运输业车辆技术管理规定》，在用汽车发动机气缸压缩压力不得低于原设计的 25%，否则应进行大修。

用气缸压力表检测：测量时，应使发动机运转到正常温度（80～90℃）后熄火进行。汽油机需要拆除全部火花塞，将节气门和阻风门全开，然后把气缸压力表的锥形橡胶头压紧在火花塞孔，用起动机转动曲轴 3～5s，曲轴转速应保持在规定的范围之内，记录压力表指示读值。柴油机可将压力表接在喷油器安装孔上，以 500r/min 转速运转，测定柴油机的气缸压力值。

为了使测得的气缸压力值准确，各缸测量次数不少于 2 次，取平均值。部分车型原厂规定气缸压力标准值如表 3-1 所示。

表 3-1 部分车型发动机气缸压力标准值

车 型	压缩比	气缸压力标准值/kPa	测量压力时的转速/（r/min）
解放 CA1091	7.4	930	100～150
东风 EQ1090E	6.75	不低于 833.56（各缸差 <147）	100～150
跃进 NJ1041	7.5	不低于 981	200～250
北京 BJ2020	6.6	784	300
上海桑塔纳 JV	8.5	1000～1300	200～250
天津夏利 TJ7100	9.5	1029～1225	350
北京切诺基	8.6	1068～1275（各缸差 <206）	200～250
奥迪 100	8.5	800～1100（各缸差 <300）	200～250

测得的气缸压力值如超过原厂规定的标准值，说明燃烧室内积炭过多，气缸衬垫过薄或气缸盖与气缸体结合平面修理磨削过甚；测得气缸压力值低于原厂规定标准值过多，说明气缸密封性差。

积炭：是燃料和润滑油在高温和氧的作用下所形成的产物。

积炭的危害：使燃烧室容积改变，影响 ε；影响热量的传递，能形成较多的炽热点，导致诱发早燃。积炭脱落进入摩擦副之间成为磨料加剧磨损，污染润滑系及堵塞油道。

积炭的清除，通常用化学方法和机械方法，或两者并用。用机械法清除积炭比较简单，清除时利用钢丝刷或用刮刀刮除；利用化学溶液对积炭浸泡 2～3h，靠物理和化学作用使积炭软化，然后用刷洗或擦洗法去除。

3）清洗变速器、驱动桥、转向器并更换齿轮油。

4）检查清洗冷却系统，并更换冷却液。发动机冷却系统易生成水垢、水锈及凝胶等污物，走合期结束后应采用冷却系统清洗剂配合专用设备进行清洗。使用酸性清洗剂产品（例如美国威力狮公司推出的 60119#冷却系统高效清洗剂）效果较好。将专用清洗设备与汽车连接好后，把清洗剂加入到发动机冷却系统中，发动机在确保达到正常工作温度的情况下工作30min，然后利用设备彻底更换旧冷却液。

5）检查清洗燃油系统油路。打开燃油箱口，取出滤网筒，吸出燃油箱内部分燃油，使箱内留有30L左右的燃油；将清洗干净的压缩空气管（最好是塑料管）从加油管口插入箱底部，以2～3kPa的气压吹动燃油箱底部的燃油，使之翻腾而进行清洗。清洗时，可用干净的布块稍微堵住插入油管的加油管口，并不断变换气管下端的位置和方向。移动时，注意避免碰击油面高度传感器的浮漂；吹洗20min后，立即放出油箱内的燃油，使悬浮在油中的杂质随燃油一起流出；装复并拧紧放油螺塞。

6）调整发动机怠速。电控燃油喷射式发动机的怠速调整需要具备CO/HC排放浓度测试仪和高阻抗的电压表，对电控发动机结构、检查器的位置和插座插脚的设置都要比较熟悉，所以，一般情况下需要送车到维修厂或维修服务站去进行电控发动机的怠速检查和调整。不同车型，其调整方法有所不同，现以美国通用汽车公司（GM）和韩国大宇汽车公司（DAEWOO）车型的基本怠速调整方法为例，阐述其怠速调整步骤。进行怠速调整时，应具备以下基本条件：发动机处于正常工作温度，装上空气滤清器，接好进气系统的所有软管，切断所有附属电器，正确地连接好各真空连接管，电喷系统（EFI）各连接头应连接可靠，点火正时应符合规定，变速器置于驻车或空挡位置，所有转速表和CO测试仪应校正准确：①目前GM和DAEWOO车大部分为12孔（pin）诊断座，应先起动发动机运转后再跨接A孔和B孔，如果是OBD—Ⅱ型（第2代随车自诊断系统）的16孔诊断座，可以跨接5孔和6孔；②拆下ISCV（怠速控制阀）的电线插头，拆下诊断座上跨接线，再起动发动机时，ISCV将不工作；③起动发动机，检查怠速应符合该车型维修手册规定的基本怠速值（2.0L发动机为450～650r/min；2.5L发动机为550～650r/min；4.5L发动机为475～550r/min；5.0LE发动机为450～500r/min；5.7L发动机为400～450r/min等），否则应予以调整。对于有怠速调整螺钉的机型应先调整该螺钉，一般是旋入螺钉使转速下降，旋出螺钉转速提高。如果没有怠速调整螺钉则需调整节气门限位螺钉，此时只有旋入限位螺钉使转速提高到基本怠速值。如果节气门未动，转速已高于基本怠速值应检查进气道是否有漏气，可采用断堵每根真空管路来试验，最后用肥皂水检测喷油器与进气歧管间密封胶圈是否老化漏气；④调整基本怠速后再熄灭发动机，然后需清除由于断开ISCV电路而在电脑内存储的故障码（35#）。

清除故障码的方法有3种：

① 切断电源法：切断电源消除电脑中记忆的方式，具体步骤是：a. 将蓄电池负极搭铁线拆下10～30s以上或更长时间，这种方式适用于大多数车型；b. 拆下电脑的电源熔丝。但切断电源法会同时清除电脑的自适应值或其他系统的记忆，如音响。

② 触发程序法：按照触发的方式遵循规定的程序步骤操作，即可清除故障码（如丰田车清除AIRBAG系统的故障码）。

③ 利用仪器清除故障码，这是最常用并应首先采用的方式。

7）检查、调整制动系统，更换制动液。

① 制动间隙的检查与调整。制动间隙的检查方法较为简单，用塞尺通过制动鼓上的检查孔测量制动鼓与制动蹄的间隙，其间隙值应符合汽车生产厂家的规定。

液压轮缸式制动间隙的调整：一般情况下，若制动踏板踩下超过1/2行程，连续踏几次才能生效，说明制动间隙过大，应进行局部调整。调整方法为（图3-13）：①支起需调整的车轮，向前进方向转动车轮；②先调整前制动蹄片，用扳手转动前制动蹄片的调整凸轮，直到车轮开始被制动为止；③然后调整凸轮朝反方向转动，直到车轮刚刚能自由转动而蹄片不与制动鼓相摩擦为止；④然后调整后制动蹄片，方法同上，但车轮应向后转动。

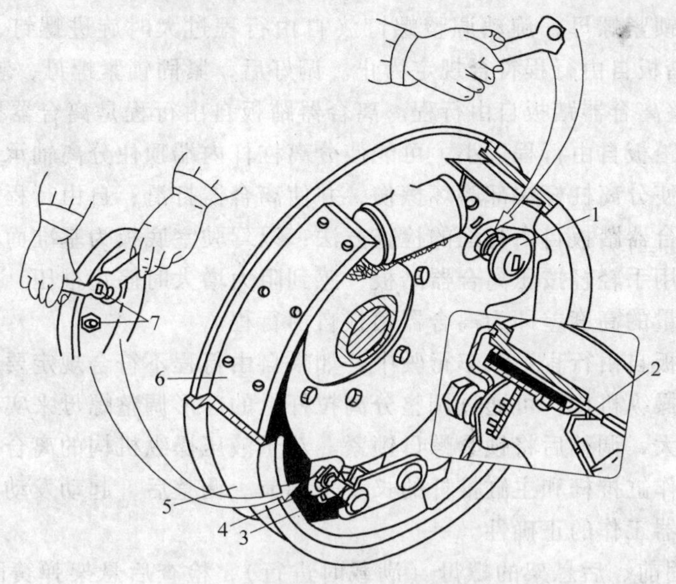

图 3-13 液压轮缸式制动间隙调整

1—调整凸轮 2—塞尺 3—制动蹄轴 4—制动蹄轴锁紧螺母 5—制动鼓
6—制动蹄及摩擦片总成 7—制动蹄轴相对标记

如果进行制动间隙全面调整，不仅需要通过调整凸轮，而且还要通过支承销进行调整。调整方法为：①先将车轮制动器支承销锁紧螺母松开，用扳手旋转两个支承销，使其标记在同一平面位置靠拢；②将车轮向前转动，用扳手转动凸轮，直到蹄片刚刚接触制动鼓为止；③用扳手调整支承销，使蹄片与制动鼓接触；④将支承销反方向转到车轮刚能自由转动为止；⑤调整后制动蹄的方法同上，但需将车轮向后转动，调好后，将支承销锁紧。

另外，无论是局部调整还是全面调整，调整后均应通过制动鼓检查孔用塞尺在距离蹄片端头 30 ~ 35mm 处测量，间隙值应符合规定，且同一端两蹄间隙之差不得超过 0.1mm。如解放 CA1040 汽车车轮制动器靠近蹄片一端间隙为 0.25 ~ 0.40mm，靠近凸轮一端间隙为 0.40 ~ 0.55mm。

② 制动踏板自由行程的检查与调整。该自由行程的检查方法与离合器踏板自由行程的检查方法相同，表 3-2 为常见汽车制动踏板自由行程。

表 3-2 常见汽车制动踏板自由行程 （单位：mm）

车型	制动踏板自由行程	车型	制动踏板自由行程
解放 CA1040	1 ~ 5	大发	1 ~ 5
北京 BJ1040	8 ~ 15	东风 EQ1090E	20 ~ 30
济南 JN1150	不大于 25	吉林 JL1010	10.5
夏利 TJ7100	3 ~ 7	北京 BJ2021S	6 ~ 12

液压制动系统制动踏板自由行程调整：先松开制动主缸推杆上的防尘套卡箍，将锁紧螺

母旋松，旋转推杆（推杆伸长，自由行程缩短；推杆缩短，则自由行程增大），直至踏板自由行程符合规定为止。调好后，紧固锁紧螺母，拧紧防尘套卡箍。

气压制动系统制动踏板自由行程调整：先拆下踏板拉杆与制动阀摇臂联接的销子，松开制动阀调整螺钉的锁紧螺母，旋动调整螺钉（自由行程过大时旋进螺钉，自由行程过小时旋出螺钉），直至踏板自由行程符合规定为止。调好后，紧固锁紧螺母，装复踏板拉杆。

8）检查、调整离合器踏板自由行程。离合器踏板自由行程是离合器操纵机构各部件间隙的反映。离合器踏板自由行程过小，可能使分离杠杆内端顶住分离轴承，造成分离轴承早期损坏，有时还会使分离杠杆端部磨坏擦伤，并使离合器打滑；自由行程过大则容易使离合器分离不彻底。离合器踏板自由行程的检查方法：以驾驶室底板为基准面，先测量踏板在完全放松时的高度，用手轻轻按压离合器踏板，感到阻力增大时停止推压，并测出被压后的踏板面高度，两次测量的高度差即为离合器踏板自由行程。

调整离合器踏板自由行程：汽车行驶中，如果自由行程不符合规定要求，需要及时进行调整。对于机械式操纵机构，可通过调整分离拉杆上的球形调整螺母来实现，拧进则自由行程减小，拧出则增大，调整后将锁紧螺母锁紧。对于液压操纵机构的离合器，离合器的自由行程可通过改变工作缸推杆和主缸推杆的长度来调节。调整后，起动发动机，进行换挡、起步操作，检查离合器工作的正确性。

9）检查并紧固前、后悬架的螺母（满载时进行），检查后悬架弹簧固定螺栓及螺母有无松动。

在走合期结束后的3000～4000km内，实质是汽车由走合期到使用期的过渡阶段。发动机仍应尽量避免以很高的转速运转，车速不宜过高或超载运行，也不要在很差的道路上行驶。

二、新车每行驶5000km的养护内容及方法

（一）检查发动机机油质量

检查发动机机油质量的方法较多，这里介绍一种简便易行的“油迹对比法”：取二片洁净的白纸，在纸上分别滴下同种新机油和正在使用的机油各一滴，一般会形成三个色度不同的晕圈，如图3-14所示。

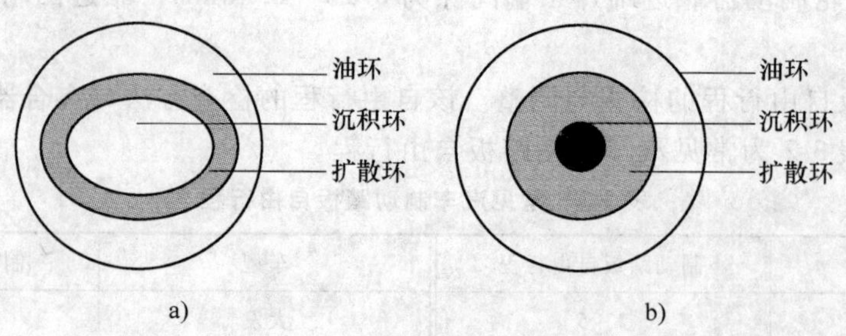

图3-14 油迹对比法检查发动机机油质量

1. 沉积环

在斑点的中心是油内粗颗粒杂质沉积物集中的地方，由沉积环颜色的深浅可粗略判断油被污染的程度。

2. 扩散环

在沉积环外围的环带叫扩散环，它是悬浮在油内的细颗粒杂质向外扩散留下的痕迹。颗粒愈细，扩散得愈远。扩散环的宽窄和颜色的均匀程度表示油内添加剂对污染杂质的分散能力。

3. 油环

在扩散环的外围，油环颜色由浅黄到棕红色，表示油的氧化程度。

未到换油期的油迹状况（图 3-14a）：沉积环——直径较大，油泥沉积物少，为棕褐色；扩散环——直径较大，为浅棕色；油环——直径较大，且与扩散层环径距离小。已到换油期的油滤纸斑点状况（图 3-14b）：沉积环——直径较小，油泥沉积物多，棕黑色油膏状；扩散环——直径较小，为棕褐色，颜色较深，且与沉积层环径距离小；油环——直径较大，且与扩散层环径距离大。

斑点形态的鉴别与判断：将滴过油的滤纸连同框架平放在无风尘的地方，静置 2 ~ 4h，观察斑点扩散形态，可分辨出发动机机油的等级。一级：油斑的沉积环和扩散环之间无明显界限，整个油斑颜色均匀，油环淡而明亮，油质量良好；二级：沉积环颜色深，扩散环较宽，有明显分界线，油环为不同深度的黄色，油质已污染，机油尚可使用；三级：沉积环深黑色，沉积物密集，扩散环窄，油环颜色变深，油质已经劣化；四级：只有中心沉积环和油环，没有扩散环，沉积环乌黑，沉积物密而厚稠，不易干燥，油环成深黄色和浅褐色，油质已经氧化变质。

试验结果：当斑点试验达到 3 ~ 4 级就需更换了。

（二）调整发动机传动带

进口轿车发动机

以丰田皇冠 2JZ—GE 和 1UZ—FE 发动机为例，各传动带张紧度的检查与调整方法为：①检查传动带是否磨损过度，或者其表面是否损坏等。一般而言，有齿的一面允许有纹，但如发现传动带上的齿已剥落，则必须更换传动带；②有传动带张紧轮的发动机，不需要调整传动带张紧力（张紧轮会自动张紧传动带），当用 98N 的力压下传动带张紧轮时，传动带张紧轮应朝下滑动。对于无张紧轮的发动机，检查传动带张紧力时，可使用传动带张紧力测量器，测量传动带中部在规定挠度下的压力值，有的则规定在 98N 压力下的挠度值；③检查传动带和张紧轮是否对准了齿，确认传动带没有滑出，否则应更换传动带张紧轮；④如图 3-15 所示，检查此时张紧轮上的箭头标记是否落在刻度盘的 *A* 范围内，如果不是，应更换传动带。装上新传动带后，传动带应位于 *B* 范围内，否则说明传动带不合适。传动带的齿应正确地落在带轮底部的槽内，不能滑出。

（三）清洁空气滤清器

当汽车行驶里程达到空气滤清器维护规定的间隔里程，或空气滤清器堵塞指示灯报警时（不论行驶里程的多少），必须清洁空气滤清器。

1. 拆卸滤芯的方法

松开滤清器锁扣，卸下固定滤芯的卡环，取下护盖后，垂直地拔出滤芯。取出滤芯时要注意防止杂质，特别是拆卸的螺钉不要掉入化油器/发动机进气管内。用抹布沾汽油擦拭空气滤清器壳内、外部。

2. 检查滤芯污染程度并进行清洁

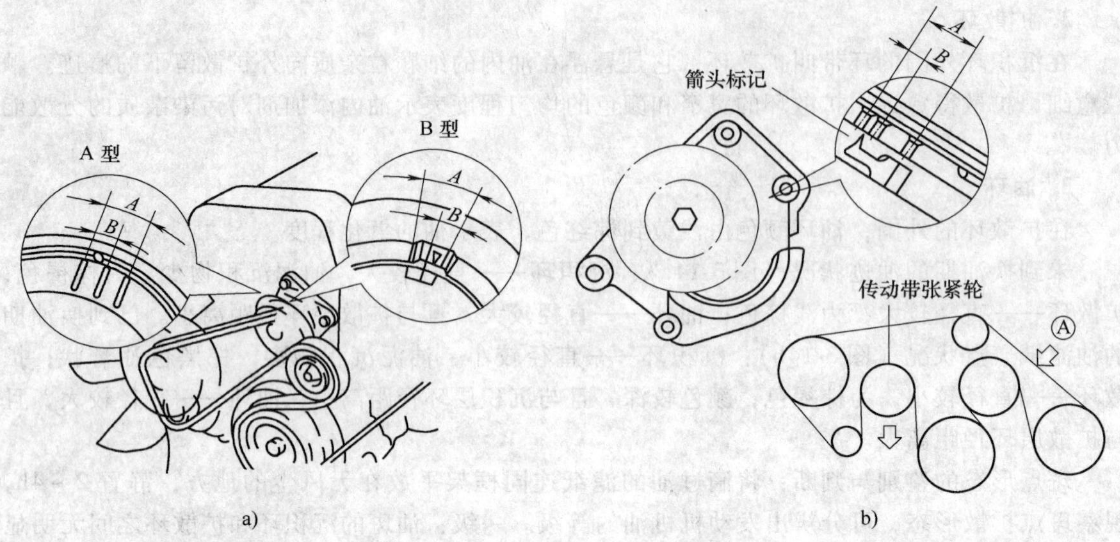

图 3-15 丰田 2JE—GE 和 1UZ—FE 发动机传动带张力的检查

a) 2JZ—GE 发动机传动带张紧轮上箭头的范围 b) 1UZ—FE 发动机传动带张紧轮上箭头的范围

当滤芯积存有干燥灰尘时，如果有空气压缩机，可用压力不高于 $5km/cm^2$ 的压缩空气，从滤芯内侧开始，上下均匀地沿斜角方向吹净滤芯内外表面的灰尘。如果没有压缩空气，可用螺钉旋具柄轻轻敲打滤芯，再用毛刷刷净外部污垢。操作时，不得大力敲打或碰撞滤芯。在清洁时，如果发现滤芯扣坏，应更换滤芯。正常使用的纸质滤芯应按规定间隔更换。表 3-3 为国内常见车型空气滤清器保养参考间隔里程。

表 3-3 国内常见车型空气滤清器保养参考间隔里程

车型	清洁间隔/km	更换间隔/km
微型面包车	8000（沙尘较大地区为 3000）	40000
上海桑塔纳	7500	15000
北京切诺基	12000	48000
神龙富康	7500	75000
天津夏利	10000	40000
一汽捷达	15000	30000
一汽红旗	15000	30000
一汽奥迪	7500	15000
上海别克	25000	50000
广州本田雅阁	10000（或 6 个月）	20000（或每 12 个月）

3. 检查清洁后的滤芯

将照明灯放入滤芯里面，从外部观察有无损伤、小孔或变薄的部分，并检查橡胶垫圈有无损伤。如有异常，应更换滤芯和垫圈。

4. 安装空气滤清器

滤芯清洁完毕后（或新的空气滤清器），按与拆卸相反的顺序将各部件安装好。注意必须小心地装好滤芯，不宜用手或器具接触滤芯的纸质部分，尤其不能让油类污染滤芯。安装时，注意装有排尘阀的端子的箭头方向，其口一定要朝后或朝下。进气管道在安装时，应保证其密封。

（四）检查与调整点火正时

1. 无正时灯时的调整方法

1）首先将分电器触点间隙按要求调整到合适。

2）找到第一缸压缩上止点位置。取下一缸的高压分线，用火花塞套筒拆下第一缸火花塞，用拇指或布团堵住火花塞孔，然后摇动发动机曲轴。当感到气缸有阻力时，慢慢摇转曲轴，同时观察，使正时记号对正。

3）调整分电器到触点闭合瞬间。待上述部位都达到要求后，接通点火开关，松开分电器外壳固定螺钉，转动分电器外壳使断电器触点闭合。然后将分电器壳再逆向转动，至分电器触点刚刚张开，此一瞬间可看到触点间产生一微小电火花，再将分电器外壳固定螺钉拧紧；此时，分火头所指的方向即为一缸位置。

4）按点火顺序插好分电器盖上的高压分线，用手拧紧螺钉，暂时固定分电器。

5）起动发动机检验点火正时，如果此时发动机点火系统及燃油供给系统调整良好，则发动机排水管应滴水、发动机振动最小及噪声降到最低。

2. 有正时灯时调整方法

1）起动发动机，暖机达到正常工作温度。

2）将点火正时灯的 2 个黑色夹头分别接于蓄电池正、负极桩头上，传感器夹于第一缸高压导线上。

3）调整发动机转速至正常怠速状态下，利用点火正时灯照射于正时带轮上，查看带轮上记号是否为厂家规定角度（一般为 6°～10°）。

4）若需调整，松开分电器螺钉，利用点火正时对准正时带轮再转动分电器（左右转）直至刻度记号在规定值为止，最后锁紧分电器螺钉即可。

（五）调整怠速（方法同走合后的养护）

（六）检查冷却系统工作情况

1. 检查冷却液液量

2. 检查水泵、节温器、风扇的技术状况

（七）检查调整驻车制动

驻车制动主要功用是保证汽车稳定停车，防止溜车；在紧急情况下，也可临时替代行车制动。

检查方法：当在较小的坡道上拉紧驻车制动时，汽车仍后溜；或汽车在拉紧驻车制动的情况下，以二挡可以起步时，应检查、调整驻车制动装置。

小型普通车辆采用驻车制动杆和拉索对后轮进行制动，即驻车制动与行车制动采用同一套制动器。随着汽车的使用，拉索会产生一定量的塑性变形，造成驻车制动行程过大。因此，当车轮制动器间隙调整好后，还应检查调整驻车制动拉索长度。

1. 驻车制动行程的调整方法

在装有自动变速器的汽车上，只要把变速杆置于“P”位，就能机械地把驱动轮锁死。在装有手动变速器的汽车上，大都使用驻车制动器把汽车固定住。特别是在坡道上停车时，如果驻车制动器失灵，很可能造成突发事件。因此必须定期地检查驻车制动器。

调整时，用掩车木掩好汽车。旋松驻车制动拉索端部调整螺栓上的两个紧固螺母，使调整螺栓的长度减小，直到驻车制动手柄棘轮行程量在4～7个齿的范围内为止，如图3-16所示。调整好的驻车制动在拉杆行程达到60%（比如拉到底9个齿，而只拉5个齿）时，车辆应能在20%的纵坡上可靠地停住。

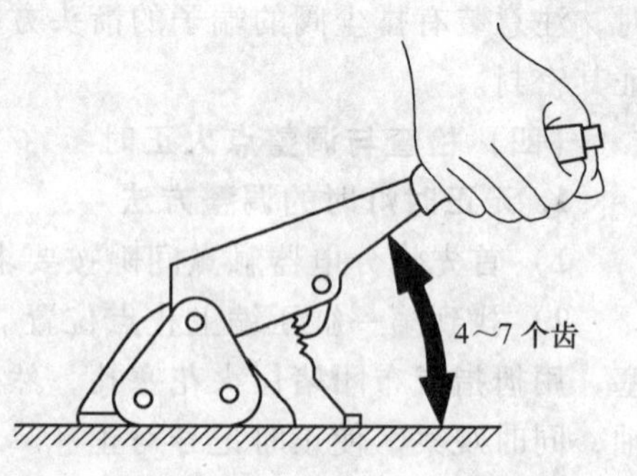

图 3-16 驻车制动杆的有效行程

2. 富康轿车驻车制动的调整

拆下驻车制动罩盖，将汽车后部抬起，检查驻车制动拉索运动是否正常；拉紧、放松驻车制动杆数次，调节拉索头部的调整螺母，直至后车轮制动鼓与摩擦片有轻微的摩擦声；检查车轮是否能在驻车制动杆拉起4～7个齿的位置时被制动，并保证驻车制动杆放松后，车轮能被放松。否则，可重复上述步骤，使驻车制动装置效能达到标准。

（八）检查、调整转向盘的最大自由转动量

GB 7258—2004《机动车运行安全技术条件》中规定，转向盘最大自由转动量是指当转向轮对正前方时，在转向轮保持不动的情形下转向盘从极左到极右转过的角度，它是转向系各部机件配合间隙的综合反映。机动车转向盘的最大自由转动量为：①最高设计车速不小于100km/h的机动车不允许大于20°；②三轮汽车不允许大于45°；③其他机动车不允许大于30°。

1. 检查方法

首先使前轮处于直线行驶的位置，再将检查器的刻度盘和指针分别固定在转向柱管和转向盘上，向左、右旋转转向盘到分别感觉有阻力为止（前轮不偏转），此时指针在刻度盘上所划过的角度即为转向盘的最大自由转动量，如图3-17所示。

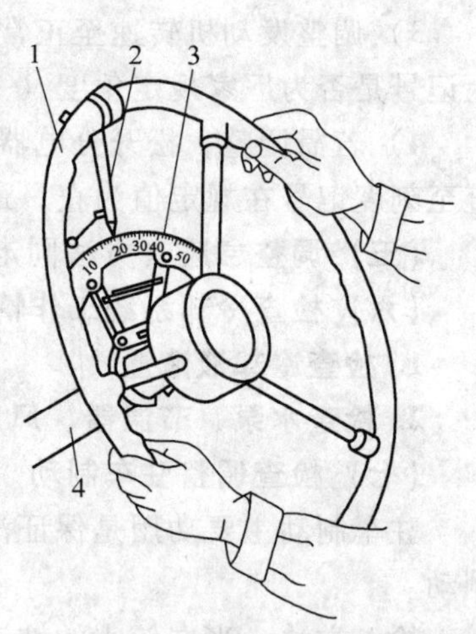

图 3-17 转向盘自由行程的检查
1—转向盘 2—检查器指针
3—检查器刻度盘 4—转向柱管

2. 调整方法

在调整转向盘自由行程以前，首先应检查转向盘传动机构中各处固定或连接部位是否松动，并对松动部位进行必要的紧固，或更换有关严重损坏的零部件。确认一切都符合要求时，而转向盘的自由行程仍然偏大，就应该调整转向器的啮合间隙。调整时应使汽车处于直线行驶位置，并保证两侧轮胎气压一致。

（1）蜗杆指销式转向器啮合间隙的调整　检查转向摇臂轴的轴向间隙，用手握住摇臂用力推拉应无松旷感觉。若有松旷感觉，说明转向器指销与蜗杆的啮合间隙过大，应调整转向器壳上的调整螺钉。旋进螺钉，啮合间隙减小，转向盘的自由行程减小；旋出螺钉，结果相反。调整时，把转向盘置于啮合位置，然后从车架里侧将调整螺钉的锁紧螺母旋松，用十字旋具将调整螺钉拧到底，再退回1/8圈左右，然后将锁紧螺母锁紧。

（2）循环球式转向器啮合间隙的调整　循环球式转向器是通过改变转向螺母齿条与摇

臂轴齿扇的啮合间隙，从而达到改变转向盘自由行程的，分为局部调整和全面调整两种。局部调整的方法是：旋松调整螺栓锁紧螺母1，转动调整螺栓2，当转向盘自由行程符合规定时，拧紧调整螺栓锁紧螺母1。全面调整的方法是：旋松调整螺栓锁紧螺母1，将调整螺栓2拧出，剔平锁片3，松开锁紧螺母4，顺时针缓慢转动调整螺母5，弯折锁片3，顺时针转动调整螺栓2。当转向盘自由行程符合规定时，拧紧调整螺栓锁紧螺母1，如图3-18所示。

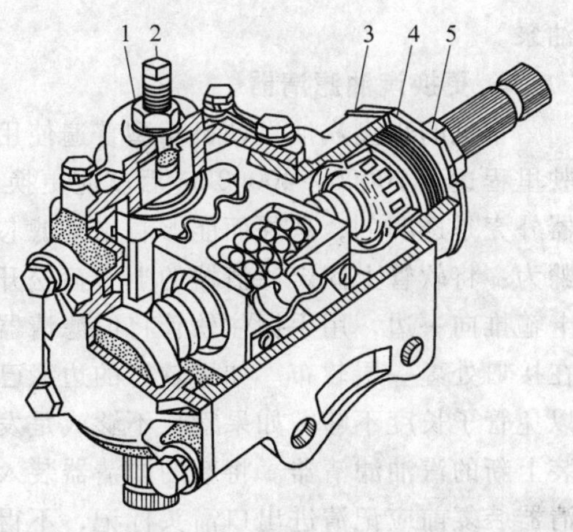

图3-18　循环球式转向器啮合间隙的调整

1—调整螺栓锁紧螺母　2—调整螺栓

3—锁片　4—锁紧螺母　5—调整螺母

（九）检查轮胎情况

检查补充轮胎气压，清除轮胎及胎冠间的杂物

三、新车每行驶10000km的养护

新车每行驶10000km的养护，除执行5000km的养护项目外，还需进行以下养护项目：

（一）清洁火花塞

由于汽车长时间运转，火花塞的电极会逐渐烧蚀、电极间隙增大或电极处出现污垢时，就无法产生正常的火花。因此，普通汽车发动机行驶10000～15000km，就应该对火花塞进行一次清洁。

用火花塞套筒逐一卸下各缸火花塞，并按顺序排好，然后逐一检查火花塞。如果火花塞的电极呈现灰白色，而且没有积炭，则说明该火花塞工作正常，燃烧良好；如果有电极严重烧蚀或积炭甚至有污迹或其他异常现象，则表明该火花塞有故障。在拆卸火花塞前，对燃烧状态不好的火花塞，应先进行清洁，去除火花塞体上的积炭和污迹，可用嘴吹去灰尘和杂物；如果不易吹掉，可用抹布和螺钉旋具进行清除，用火花塞清洁器清除积炭，然后检验其性能。

检查时，将火花塞放置在缸体上（使火花塞能与缸体导通），用从点火线圈出来的中央高压线触到火花塞的接线柱上（应能有间隙），打开点火开关使高压线跳火，让高压电通过火花塞，如果从火花塞间隙处跳火，说明火花塞是好的；如果不从间隙处跳火，说明火花塞的内部磁体绝缘已被击穿，必须更换火花塞。

（二）燃料系的养护

发动机在工作时，依靠燃料系的供给才能正常工作。当汽车行驶10000km时，燃料系中的各个滤网、滤芯等装置会因燃油中的一些杂质而造成有不同程度的堵塞，应当进行清洗或更换。因此，保持燃料系的清洁对保障发动机的正常使用是非常必要的。

对使用电喷系统的发动机，由于电喷系统可靠性比较高，因此在对燃料系维护时，如果没有异常，不要拆卸电喷系统部件，仅对各部滤芯的脏污程度和各部件的电缆插头固定情况进行检查即可，其他部件不需要检修。

1. 清除燃油系中滤网的沉淀物

松开汽油泵、化油器的进油接头，取出滤网，倒出滤网中的污物，在汽油中清洗并吹净滤网后，装回原处，拧紧油管。搬动数次汽油泵观察有无渗漏现象，如有渗漏现象应检修汽油泵。

2. 更换汽油滤清器

常见的小型汽油发动机车型普遍使用一次性整体式汽油滤清器。通常情况下，汽车的行驶里程达到20000~40000km后就应更换汽油滤清器，具体数据请参阅随车手册。这种滤清器外壳是透明的，从外面能够看出其滤芯的脏污情况。当滤芯脏污时，应更换滤清器。其步骤为：将软管上固定滤清器的上卡箍松开，如果是螺钉固定，应将螺钉松开，用螺钉旋具将卡箍推向一边，用手握住软管将旧滤清器拆出。有时在拆出软管时会有汽油喷出，因此最好在接口处裹一层软布。如果软管的边缘已磨损，应剪去磨损部分，但要注意不可剪得过多，以免管子长度不够。如果管长不够或是发现管子上有小裂纹，一定要更换一根新管。最后安装上新的汽油滤清器。将新的滤清器装入后，复原软管位置，并将卡箍拧紧。注意：汽油滤清器装复前应记清进出口箭头标记，不得装反。

3. 检查汽油泵

汽油泵在工作中故障少，可靠性高，但也要定时检查，如果发现汽油泵工作不正常时，应检修或更换。

1）从车上拆下汽油泵（注意汽油泵与发动机之间垫片的厚度），用汽油清洗阀门，清除腔壁及膜片上的沉积物，检查膜片是否完好，检查膜片紧固螺母是否松动。当发现膜片老化、裂纹等损坏现象时，应予以更换。泵膜弹簧如有锈蚀、弹力减弱，影响泵油压力时，也应更换。

2）汽油泵装复时，泵体底座的小孔应保持清洁畅通，以便在使用中能及时发现泵膜漏油，防止因泵膜漏油流到曲轴箱内破坏润滑。在汽油泵上下体结合时，应对称均匀地拧紧固定螺栓，并注意上体油管接头的方向。

3）汽车泵装复后，可放在油盆内作手压试验，如果喷油有力且成圆柱形，则表明泵良好。装回发动机时，应垫好垫片，将摇臂微向上倾斜靠在凸轮轴的偏心轮上，再拧紧固定螺栓。

4. 清洗化油器

取下空气滤清器，用抹布蘸化油器清洗剂将化油器外表擦拭干净。然后起动发动机，使发动机转速保持在中等程度。用化油器清洗剂向其腔室内喷洗，可将化油器腔室、喉管等处的油污清洗下去。在清洗过程中注意控制发动机转速，清洗剂的喷出量也应适当控制，使清洗后的物质能随混合气进入气缸燃烧后排出发动机。

化油器在使用中只要工作正常，平时无故障，不宜经常拆卸清洗，只需将进油口滤网取下清洗即可。如果化油器出现故障，一般是油路或气路堵塞造成的，可在维护中进行拆检和清洗（注意不能分解太细）。

5. 检查轮胎的磨损情况

视磨损程度确定是否进行轮胎换位。

四、新车每行驶20000km的养护

新车每行驶20000km后的养护项目有：除进行新车每行驶10000km的养护项目外，新增加以下养护项目：

（一）气门间隙的检查及调整

气门间隙是指气门杆与气门摇臂（或凸轮）之间的间隙。除装有液压气门挺杆配气系

统的发动机（间隙为油压自动调整）外，普通发动机气门传动机构中都留有一定的气门间隙，以防机件因热胀冷缩影响发动机的正常工作。气门间隙的大小，由厂家设计而定，分冷态和热态，通常在0. 2 ~0. 25mm之间。随着汽车行驶里程的增加，发动机气门摇臂与气门杆之间经过长久的动作及磨耗，间隙会增大，从而影响发动机的正常工作，所以要适时进行调整。调整步骤如下：

1. 拆下气缸盖罩

拆下气缸盖罩的固定螺钉，小心取下气缸盖罩，注意不要损坏气门室盖衬垫。用抹布擦净气门及摇臂轴上的油污，以方便气门调整作业。

2. 确定一缸压缩上止点位置

用手柄转动曲轴或撬动飞轮，使一缸处于压缩上止点位置。从发动机前面看，曲轴带轮的正时凹坑与正时记号对准，如图3-19所示，且部分大型车上飞轮壳的检视孔1 ~6缸刻线与飞轮壳正时记号对齐，如图3-20和图3-21所示。此时从气门处看，一缸的气门应都处于关闭状态。如果一缸的气门不全是关闭状态，说明一缸活塞是在排气上止点位置，应再转动曲轴360℃，使一缸处于压缩上止点位置。

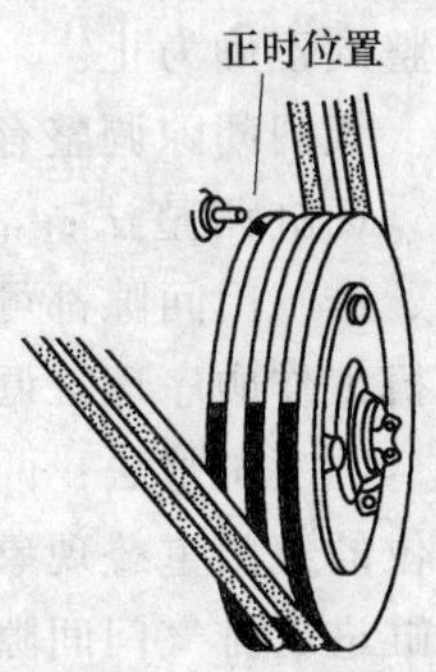

图3-19　正时位置

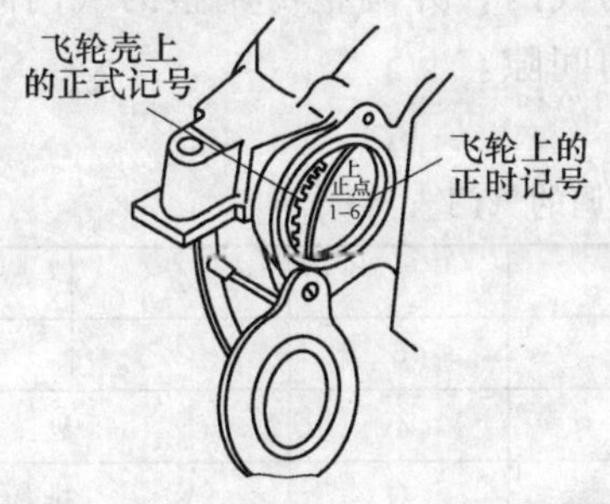

图3-20　解放CA6102发动机正时记号

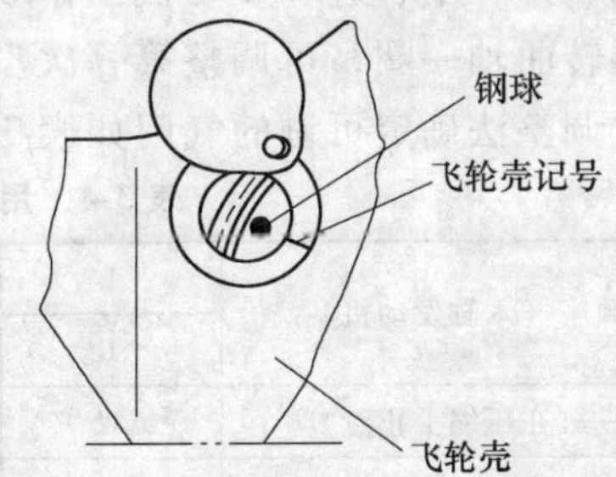

图3-21　东风EQ6100-1发动机正时记号

根据发动机构造原理可知，各缸处于压缩上止点时，该缸的气门均处于关闭状态。此时，可以打开分电器盖并确定各缸高压分线的位置。摇转曲轴，当分火头指向该缸分线位置时，触点张开的瞬间位置即为该缸压缩行程的上止点位置。这样可比较准确地确定各缸压缩上止点位置，方便调整气门。所以，当分火头指向一缸分线时，即可确定此时一缸是压缩行程上止点位置。

3. 测量气门间隙

将符合规格的塞尺插入气门杆与气门摇臂（或凸轮）之间，稍微拉动塞尺，如有轻微阻力，表示间隙正确，如图3-22所示，如间隙不正确则需要调整。

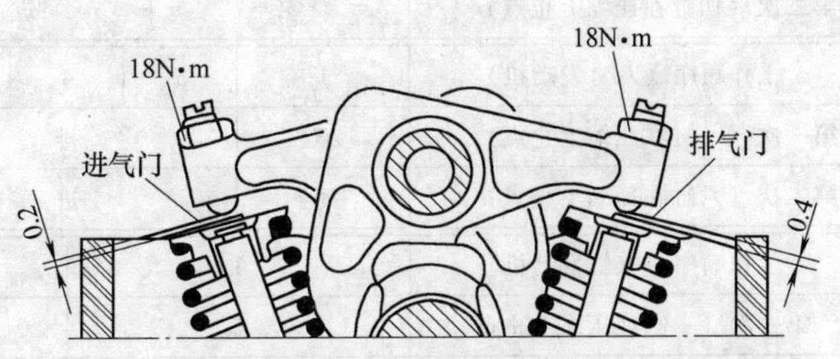

图3-22　气门间隙的检查

4. 调整气门间隙

首先松开调整螺钉的固定螺母，把规定厚度的塞尺插入气门间隙处，一手抽拉塞尺，一手转动调整螺钉，直到塞尺稍微受到阻力为止（图3-23）。调整妥当之后，将塞尺插到气门间隙中央，调整螺钉保持不动，拧紧固定螺母锁紧调整螺钉。锁好螺钉后，再用塞尺重新测量气门间隙，这是因为在锁紧螺母时会出现无意转动调整螺钉的情况发生，可能使气门间隙改变。如果气门间隙改变，应重新调整到正确为止。

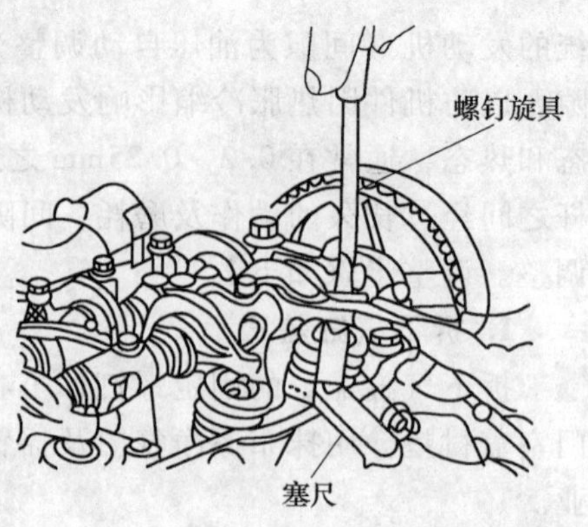

图3-23　气门间隙的调整

气门间隙调整有逐缸调整法和两次调整法。

逐缸调整法：活塞位于压缩上止点时，该气缸的进、排气门间隙都可调整。为了调整简便，调整时按发动机工作顺序逐缸调整各缸气门间隙。

两次调整法：两次调整法又称双排不进法。双排不进法由多缸发动机工作循环表和配气相位的气门重叠现象而推导出，它是确定两次调整法可调整气门的依据。其中“双”是指该缸进、排气门间隙均可调，“排”是指该缸仅排气门间隙可调整，“不”是指该缸进、排气门间隙都不可调整，“进”是指该缸仅进气门间隙可调整。用两次调整法调整多缸发动机的气门间隙，具有简便、迅速和准确等特点。其方法是：第一次，将一缸活塞位于压缩上止点，按双、排、不、进和发动机工作顺序确定可调整的气门，并调整可调整的气门间隙；第二次，摇转曲轴一圈，可调整第一次没有调整过的气门间隙。

两次调整法确定可调的气门如表3-4所示。

表3-4　用两次调整法确定可调的气门

工作顺序（六缸发动机）	1	5	3	6	2	4
	1	4	2	6	3	5
第一次（一缸在压缩上止点）	双	排		不	进	
第二次（六缸在压缩上止点）	不	进		双	排	

工作顺序（五缸发动机）	1	2	4	5	3
第一次（一缸在压缩上止点）	双	排	不		进
第二次（一缸在排气上止点）	不	进	双		排

工作顺序（四缸发动机）	1	3	4	2
	1	2	4	3
第一次（一缸在压缩上止点）	双	排	不	进
第二次（四缸在压缩上止点）	不	进	双	排

工作顺序（八缸发动机）	1	5	4	2	6	3	7	8
第一次（一缸在压缩上止点）	双	排			不	进		
第二次（六缸在压缩上止点）	不	进			双	排		

工作顺序（三缸发动机）	1	2	3
第一次（一缸在压缩上止点）	双	排	进
第二次（一缸在排气上止点）	不	进	排

气门间隙调整时，应保证调整的方法要正确，调整后的气门间隙要符合规定值。常见发动机的气门间隙规定见表 3-5。

表 3-5　常见汽车发动机的气门间隙规定值　（单位：mm）

发动机型号	进气门		排气门	
	热车	冷车	热车	冷车
解放 CA6102		0.20 ~ 0.30		0.20 ~ 0.30
东风 EQ6100		0.20 ~ 0.25		0.20 ~ 0.25
一汽奥迪	0.20 ~ 0.30	0.15 ~ 0.25	0.40 ~ 0.50	0.35 ~ 0.45
上海桑塔纳	0.25 + 0.05	0.20 + 0.05	0.45 + 0.05	0.40 + 0.05
南京依维柯		0.50		0.50
天津夏利 TJ7100	0.20		0.20	

（二）更换制动液

制动液关系着行车安全，制动液的检查与更换作业是汽车养护的重要内容。汽车使用的制动液多为醇醚类化合物，或酯类油，由于其具有一定的吸湿性，在使用一段时间后，会因吸入水分而使其沸点降低，易在制动时形成气阻，使制动失灵。因此，在规定的使用期限（1 ~ 2 年）内应更换制动液。制动液的更换步骤为：

1）起动发动机并保持其怠速运转（非真空助力式的制动系统不必起动发动机）。

2）拧下制动液储液罐的加液口盖。

3）在分泵放气螺钉上套上一根透明塑料管，将管的另一端放入一装有制动液的容器内（图 3-24）。

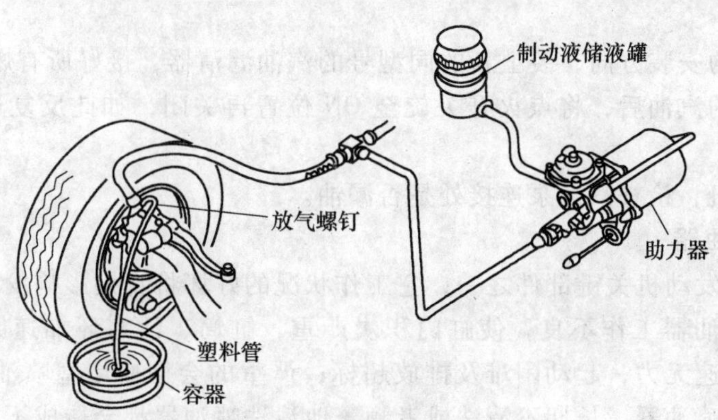

图 3-24　制动液排放过程

4）拧松放气阀，连续踩下制动踏板，直到旧制动液全部放出为止，然后拧紧放气阀。

5）在储液罐内加入足量的规定品种的制动液。

6）更换或补加制动液后应排放液压管路内的空气。排气时，应按“由远至近”的原则，对各分泵进行放气。放气作业由两人配合进行：一个人在驾驶室内连续踩下制动踏板 5 ~6 次，然后踩住不放，此时在车下的另一个人拧松右后轮制动分泵放气阀，使管路中的空气与制动液一同排出，瞬间将放气阀拧紧；如此反复多次，直到塑料管内没有气泡排出为止，拧紧放气阀并装好防尘套。按上述方法依次对其他分泵进行排气。排气顺序应自右后轮→左后轮→右前轮→左前轮顺序实施。在排气时应一边排除空气，一边检查和补充制动液，直到空气完全排放干净为止，最后将储液罐内的制动液补充到规定位置并迅速拧紧储液罐加液口盖，以防制动液吸收空气中的水分，降低其性能。

注意事项：在进行排放作业或检查补充制动液后，应注意拧紧储液罐加液口盖，尽量缩短制动液接触空气的时间，以防制动液接触空气，吸收空气中的水分，降低制动液性能；补充制动液时，液量不得超过上限（MAX 或 HIGH）刻线。制动液不能与其他品种液体混用。制动液对汽车漆膜和轮胎等有溶解侵蚀作用，更换制动液时应特别注意，如果沾染上了制动液要立即清洗干净。

（三）更换电喷车汽油滤清器

依照维修手册，电子控制汽油喷射式发动机的汽油滤清器应在汽车行驶 40000km 时进行更换。由于现在的汽油质量还达不到电喷车的使用要求，建议每行驶 20000km 更换一次。更换步骤为：

1）释放燃油系统的油压。汽油喷射式发动机为了利于再次起动，在发动机熄火后，燃油管路内仍保持着较高的燃油压力。在拆卸燃油油管、更换汽油滤清器时，应先释放掉燃油管路内的油压，以免松开油管接头时大量压力燃油喷出，造成人身伤害或火灾和燃油的浪费。

① 起动发动机。

② 在发动机运转时拔下电动汽油泵电源插头（或拆下电动汽油泵继电器）。

③ 等发动机自行熄火后，再起动发动机 2～3 次，燃油压力即可完全释放。

④ 关闭点火开关，插上电动汽油泵电源插头（或装上电动汽油泵继电器）。

2）将汽油滤清器从输油管路中卸下，同时应注意汽油滤清器进油口端与出油口端的方向。

3）按照正确的安装方向，装上新的同型号的汽油滤清器，接好所有燃油接头。

4）擦净流出的汽油后，将点火开关旋至 ON 位置再关闭，如此反复进行数次，使燃油系统建立起油压。

5）起动发动机，检查汽油泵连接处是否漏油。

（四）清洗喷油器

喷油器是电喷发动机关键部件之一，它工作状况的好坏将直接影响发动机的性能。燃油质量不佳会导致喷油器工作不良，使缸内积炭严重，缸筒、活塞环加速磨损，造成怠速不稳，油耗上升，加速无力，起动困难及排放超标；严重的会彻底堵塞喷油器，损坏发动机。因此，要定时清洗喷油器，长期不清洗或者频繁地清洗喷油器都会造成不好的影响。至于清洗的频率，要根据车况和平时使用的燃油质量来确定，一般情况下，汽车行驶 20000～30000km 进行清洗。车况好、燃油质量好可以延长到 40000～60000km。

喷油器检测清洗应在专用的喷油器检测清洗机上进行（见第四章“汽车免拆养护”）。

（五）更换火花塞

火花塞是汽车的易耗零件之一，普通型火花塞使用寿命约为 15000km，长效型使用寿命约为 30000km。火花塞使用达到寿命终了时，电极的放电部分会烧蚀，因此，必须定期更换。更换火花塞的方法为：

1. 拆卸旧火花塞

依次拆下火花塞的高压分线，并做好各缸的记号，以免将点火顺序搞乱。拆卸火花塞前，要清除火花塞孔处的杂物和灰尘。用布块堵住火花塞孔，确保火花塞拆卸后，不会有杂物掉进气缸里。

2. 检查新火花塞的型号、电极间隙

火花塞有许多类型，不同的汽车发动机使用的型号不尽相同。在更换前要仔细核对火花塞的型号是否与其汽车发动机相匹配，可与旧火花塞对比，也可从维修手册上查到。

火花塞电极间隙要合适。如果触点间隙过小，触点容易烧蚀；触点间隙过大，火花塞跳火会变弱，甚至断火。火花塞的电极间隙因车型的不同而异，可从随车手册中查到。如果找不到适当的依据，火花塞的电极间隙一般可按 0.7～0.9mm 调整。

如果有火花塞量规，可用来测量火花塞电极间隙，如图 3-25 所示。如果手边没有量规，可用折断的钢锯片或刀片来代替量规，测量火花塞间隙。火花塞间隙太大时，可用螺钉旋具手柄轻轻敲打外电极来调整，但不要用力过大，否则外电极可能因过度弯曲而损坏；如果间隙过小时，可用一字型螺钉旋具插入电极间隙，扳动螺钉旋具把间隙调整到要求为止。调整间隙时，只能弯动外电极，不能弯动中心电极，以免损坏绝缘体。

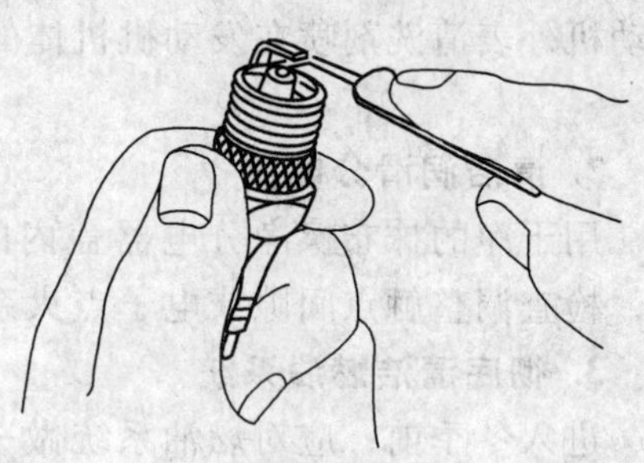

图 3-25 检查火花塞电极间隙

火花塞电极间隙调整好之后，外电极与中央电极应略成直角，如过度偏曲或电极烧蚀成圆形，则该火花塞不能再使用。

3. 安装新火花塞、连接高压线

安装火花塞时，先用手抓住火花塞的尾部，对准火花塞孔，慢慢用手拧上几圈，然后再用火花塞套筒拧紧。连接高压线时，要注意各缸线的顺序，不要插错。起动发动机，查看有没有严重的抖动或放炮声。如果有抖动或放炮声，说明各缸高压线插错了，应重新安插高压线。

（六）其他检测

电子控制汽油喷射式发动机还包括节气门位置传感器的检测、燃油蒸气回收系统的检测、怠速和 HC/CO 排放量的检测等。

第三节 换季养护及年度养护内容与方法

一、换季养护内容与方法

汽车根据季节的变化所进行的养护，称为换季（每半年）养护。

我国各地地理环境和各季气温差别很大，由于汽车使用条件的变化，汽车各部件或总成的工作状况有显著的变化，使汽车性能变坏。因此，要根据气温和季节的变化对汽车采取相应的技术措施，改善汽车的使用性能，减少机件磨损，防止机件损坏，确保行车安全，做到汽车在不同的季节合理使用。

凡全年最低气温在0℃以下地区，在入夏和入冬前均需要进行换季保养。换季保养一般可结合一级维护或二级维护同时进行。

(一) 换季养护内容

换季养护的内容为更换符合季节温度要求的润滑油、冷却液，检查调整燃油供给系统和充电系统，检查冷却系统、取暖或制冷系统的工作情况。

(二) 换季养护方法

1. 清洗发动机外表

每隔半年，应该对发动机外表进行一次清洗。清洗时应注意对电器部分的防水处理。

如果电器部分（特别是电控点火和燃油喷射发动机）对防水要求较高的话，应避免用高压、高温的水枪冲洗发动机，以免造成电器、电控部分的损坏；可用去污力很强的喷雾式发动机外表清洗剂喷在发动机机体的各部位上，浸泡一会儿，用毛刷洗后，再用抹布擦拭干净。

2. 清洁润滑分电器

用干净的抹布擦净分电器盖内的污物，清除分电器触点处的污物；消除触点烧蚀的斑痕，检查调整触点间隙或电子点火系统的磁极间隙；润滑分电器各润滑点。

3. 彻底清洁燃油系统

进入冬季前，应对燃油系统做一次彻底的清洁工作。彻底清洗所有滤网，清洗或更换燃油滤芯，放出油水分离器的污水并进行清洗，消除掉可能发生故障的隐患。

4. 更换润滑油

如果使用的是单级润滑油，在换季保养时，必须更换符合季节温度要求的润滑油；如果使用的是适应冬夏的多级油，只需要根据换油间隔更换润滑油即可。

寒冷地区汽车发动机、空气压缩机、机油滤清器中的机油，应将夏季机油更换为冬季机油。变速器、分动器、差速器及转向器中的齿轮油应按季节更换。更换的同时还要对零部件技术状况进行检查调整。

建议尽量使用多级润滑油（机油、齿轮油）等，多级油具有适应范围大、省油、节省费用等许多优点。

5. 更换冷却液

更换冷却液时，首先对发动机冷却系统进行清洗，然后加入符合要求的冷却液。为保证发动机良好的冷却性能，使用一般冷却液时应该每年更换一次；使用长效冷却液时，可每两年更换一次。每年入冬之前，应检查冷却液的质量，如果冷却液的冰点不够，应予更换。注意不同品牌、不同型号的冷却液不能混用。

进入春季以后，因气温升高会加大冷却液的消耗，所以应经常检查储液罐的液面高度，注意及时补充冷却液。

6. 清洁、保养蓄电池

检查并清除蓄电池接线柱上的腐蚀物，用热水冲洗蓄电池外表，调整蓄电池电解液相对密度（免维护蓄电池除外），并清理蓄电池通气孔。

进入冬季前的换季保养时，应对蓄电池进行清洁并补充电解液。由于低温使蓄电池容量降低，如果蓄电池使用时间较长，应对蓄电池进行一次充电，并调整蓄电池电解液的相对密度，使蓄电池保持良好的使用状态。

7. 检查轮胎情况

检查轮胎有无破裂、失衡或花纹的磨损情况，并对轮胎实施换位。

8. 检查、保养轮毂轴承

轮毂轴承是汽车重要的行走机件。轮毂轴承担负着降低底盘运转时的摩擦阻力，维持汽车正常行驶的重任。如果轮毂轴承出了故障，可能会引起噪声、轴承发热等现象，特别是前轮更为明显，容易导致方向失控等危险现象。因此，轮毂轴承必须按期进行维护。

轮毂轴承的检查：

1）检查轮毂轴承紧度时，首先将汽车受检轮毂一端车轮的车桥架起，并把车安全地支撑住。

2）用手转动受检的车轮数圈，看看转动是否平稳，是否有不正常的噪声。如果转动不平稳并有摩擦声，说明制动部分不正常；如果没有噪声，转动不平稳并且时紧时松，说明轴承部分不正常。出现上述不正常现象时应该拆检该轮毂。

对于小型汽车，检查轮毂轴承时，用双手握住轮胎的上下侧，双手来回扳动轮胎，重复做多次。如果正常的话，应没有松旷和阻滞的感觉；如果摇摆且有明显松旷的感觉，应拆检轮毂。

3）制动方面的检查。通常在检查轮毂轴承时，附带检查车轮制动装置，如果轮胎内侧有油迹，很可能是制动分泵或制动油管漏油所引起的，应及时查明原因，予以排除。

轮毂轴承的保养：

在拆卸轮毂前，应做好轮毂保养的准备工作，将车停稳并架起车桥，以确保维护作业的安全。

1）拆下轮毂轴承的装饰盖、防尘罩。

2）拆下轮胎螺母和轮胎，注意不要碰伤轮胎螺栓的螺纹。如果是盘式制动器，应拆下制动器，再用钳子拆下锁圈或锁销。

3）用专用工具拆下轮毂。

4）刮去轴承、轴颈及轮毂腔内的旧润滑脂，用清洗剂清洗轮毂轴承和轴颈并用布擦干，最后用布擦净轮毂内腔。

5）检查轮毂轴承与轴承座圈，发现有裂纹、疲劳剥落和轴承滚子松散等现象，应更换轴承。如果发现轴承座圈上有麻点，也应更换轴承。

6）检查轴承内颈与轴颈的配合情况，配合间隙应不大于0.10mm，测量轴颈时应在垂直地面的上下两个部位（该处为最大的磨损部位）测量。如果配合间隙超过规定的使用限度，应更换轴承，使之恢复正常的配合间隙。不允许在轴颈上打毛刺、麻点来缩小间隙。

7）待所有零件都符合要求后，将轴承内腔涂抹润滑脂后放入轮毂中。在轴承内腔涂抹润滑脂时应注意，将润滑脂挤进轴承内直至润滑脂从轴承的另一侧冒出来为止。在轮毂腔内和轴头盖内涂抹薄薄一层润滑脂，使之起到防锈的作用。注意轮毂腔内的润滑脂不要涂抹得太多，否则会影响散热和制动。

8）将轮毂及外轴承装回轴颈上，用手将轴头调整螺母拧上，然后用轴头扳手按规定力矩拧紧调整螺母。拧紧螺母后，应左右转动轮毂几圈，看看轴承安装情况；通过转动使轴承与座圈正确配合，此时轴承紧度应适当，车轮自由转动而感觉不出轴向间隙。

9）最后依次安装锁片、固定螺母、轮胎、防尘罩和装饰盖等零件。

10）轮毂轴承调整好后，行驶一段路程（10km 左右），停车检查，试摸轮毂的温度，如果发热，为轴承调整过紧所致，应重新调整，适当放松轴承紧度。

9. 检查调整制动系统

检查调整驻车制动拉杆工作行程；检查调整中央鼓式驻车制动器的蹄片间隙；检查调整制动踏板的自由行程；检查车轮制动器蹄片磨损情况，如果达到磨耗记号应更换制动蹄片；检查调整车轮制动器蹄片间隙；检查补充制动液等。

10. 检查底盘重要螺栓或螺母的紧固情况

检查底盘重要螺栓或螺母的紧固情况，特别是转向系统的重要螺栓和螺母，发现有松动或缺损情况，应补充拧紧。

11. 检查并润滑底盘各部

检查底盘各部分管路，查看有无泄漏情况；检查紧固所有金属连接杆件，并检查橡胶轴套有无损坏情况，对底盘所有润滑点进行补脂润滑。

12. 检查所有灯光照明装置

检查修理汽车灯光，检查维护制冷、取暖装置，清洁音响系统等。

二、年度养护内容与方法

（一）年度养护内容

虽然每半年的养护已经很全面，但还是应该对汽车每年进行一次比较深入的检查。以下是每隔一年，车辆必须进行的养护内容：检查气门间隙（机械挺杆车辆），必要时做调整；更换断电器触点和电容器；更换火花塞（指触点式点火系统），而电子点火系统的火花塞更换周期为 1 年半至 2 年；检查火花塞高压线，如果火花塞高压线漏电或老化，应予以更换，火花塞高压线应该至少每 3 年更换一次；更换分电器分火头和分电器盖，检查与调整点火时间；排净和更换冷却液（每年秋天进行）；检查曲轴箱的通气管、通气阀；清洗空气滤清器、汽油滤清器。

（二）年度养护方法

气门间隙的检查与调整、更换火花塞（指触点式点火系统）、更换断电器触点和电容器、更换分电器分火头和分电器盖、清洗空气滤清器、清洗汽油滤清器等在相关内容中有叙述。

1. 检查、更换火花塞高压线

火花塞高压线用于将点火线圈产生的高压电输送给火花塞，其可以承受的电压高达 20000V，因此必须具有足够的耐压能力。然而高压线的工作环境是比较恶劣的，由于紧靠发动机，其高温和污垢会使电缆逐渐老化，引发漏电现象，俗称气缸断火。因此，车主应经常检查高压线是否有龟裂、烧损和腐蚀现象。若高压线有漏电现象，打开机盖，在怠速时一般可听到清脆的“叭叭”声（漏电击打机体声），如果在夜晚打开发动机罩，能发现火花从高压线上跳出，此时发动机会伴有不同程度的抖动现象，则表明高压线已不能正常工作，应及时更换。

更换火花塞高压线时应每次换一根，以免弄混。换线时，为防止高压线粘住，可抓着线末端的接头套，稍转动着卸下电线，但不可以拉高压线本身，以免造成内部断路。

取下旧线，按它的长度剪一段新线。注意一定要使高压线完全插入分电器盖。首先要把线推进去再推绝缘套。高压线必须与其位置恰好吻合。

上述工作完成后，务必使所有高压线远离节气门、阻风门控制杆系以及炽热的排气歧管。

2. 检查与调整点火时间

对于电子点火系统，在每次更换火花塞时，应该对点火时间进行检查、调整。

3. 检查、更换曲轴箱强制通风控制阀

曲轴箱强制通风控制阀通常安装在阀门罩的下面，其具体位置可参阅汽车使用手册。一般性检查是将曲轴强制通风控制阀从阀门罩上取下，然后摇一摇，如果有“嗒嗒”声，阀门就是正常的。比较精确的检查步骤如下：

1）将转速表接到发动机上。

2）当发动机做怠速运转时，将曲轴箱强制通风控制阀从它的底座上取下。

3）检查转速表读数。用手指按住阀门的入口或者软管的入口，这时应该感觉到吸力。

4）再次检查转速表。这时，发动机的转速应该至少下降 50r/min。将手指从阀门端口放开以后，发动机的转速应该恢复到正常值。

5）如果用手指按住阀门或软管的端口时，发动机的转速并不改变或者改变的数值低于 50r/min，那就是软管被堵塞或者阀门失效。先检查软管，如果软管没有被堵塞，就更换曲轴箱强制通风控制阀。

第四节 定期养护内容与方法

定期养护是指按照汽车行驶里程数进行的维护。汽车的维护是依照汽车技术状况变化规律来安排的，并在汽车技术状况变坏之前进行的，即汽车维护是预防性的。我国交通部于 1990 年 3 月颁布了《汽车运输业车辆技术管理规定》。在《规定》中明确规定了“车辆维护应贯彻预防为主，强制维护的原则”。“强制”就是汽车一旦行驶到规定的维护周期，必须按期强制执行，即定期养护，并在维护作业时，保证维护质量。大量的实践证明，定期按维护间隔和项目及技术要求对汽车进行强制性维护，使汽车保持车容整洁，能及时发现和消除故障隐患，降低故障率，延长汽车的使用寿命。

定期养护的级别分为一级维护、二级维护和季节维护（前面已述）。

一、一级维护

汽车一级维护是二级维护的基础，由专业维修工负责执行，一般是汽车行驶 1500km 时进行的作业项目。汽车一级维护作业的中心内容除日常维护作业外，以清洁、润滑、紧固为主，并检查有关制动、操纵等安全部件。具体作业项目与汽车结构形式有关，主要根据汽车使用说明书、维修手册或有关的汽车维护技术标准的规定来确定。汽车一级维护的作业项目、作业内容及技术要求见表 3-6。

表 3-6 汽车一级维护的作业项目、作业内容及技术要求

序号	作业项目	作业内容	技术要求
1	点火系	检查，调整	工作正常
2	发动机空气滤清器、空压机空气滤清器、曲轴箱通风系空气滤清器、机油滤清器和燃油滤清器	清洁或更换	各滤芯应清洁无破损，上、下衬垫无残缺，密封良好；滤清器应清洁，安装牢固

（续）

序号	作业项目	作业内容	技术要求
3	曲轴箱油面、化油器油面、冷却液液面、制动液液面高度	检查	符合规定
4	曲轴箱通风装置、三元催化转换器	外观检查	齐全、无损坏
5	散热器、油底壳、发动机前后支垫、水泵、空压机、进排气歧管、化油器、输油泵、喷油泵联接螺栓	检查校紧	各联接部位螺栓、螺母应紧固，锁销、垫圈及支垫应完好有效
6	空压机、发电机、空调机传动带	检查传动带磨损、老化程度，调整传动带松紧度	符合规定
7	转向器	检查转向器液面及密封状况，润滑万向节十字轴、横直拉杆、球头销、转向节等部位	符合规定
8	离合器	检查调整离合器	操纵机构应灵敏可靠；踏板自由行程应符合规定
9	变速器、差速器	检查变速器、差速器液面及密封状况，润滑传动轴万向节十字轴、中间轴承，校紧各部联接螺栓，清洁各通气塞	符合规定
10	制动系	检查紧固各制动管路，检查调整制动踏板自由行程	制动管路接头应不漏气，支架螺栓紧固可靠；制动连接机构应灵敏可靠、储气筒无积水；制动踏板自由行程符合规定
11	车架、车身及各附件	检查、紧固	各部螺栓及拖钩、挂钩应紧固可靠、无裂损、无窜动、齐全有效
12	轮胎	检查轮辋及压条挡圈；检查轮胎气压（包括备胎）并视情况补气；检查轮毂轴承间隙	轮辋及压条挡圈应无裂损、变形；轮胎气压应符合规定，气门嘴帽齐全；轮毂轴承间隙无明显松旷
13	悬架机构	检查	无损坏，连接可靠
14	蓄电池	检查	电解液液面高度应符合规定，通气孔畅通，极柱夹头应清洁、牢固
15	全车润滑点	润滑	各润滑嘴安装正确，齐全有效
16	全车	检查	全车不漏油、不漏水、不漏气、不漏电、不漏尘，各种防尘罩齐全有效

注：技术要求栏的“符合规定”指符合实际使用中的有关技术规定或技术要求。

二、二级维护

汽车二级维护是汽车维护制度中规定的最高级别维护，其目的是为了维持汽车各总成、机构的零件具有良好的工作性能，及时消除故障隐患，保证汽车使用性能的各项指标满足要求，确保汽车在二级维护间隔期内能正常运行。

目前，汽车维护实行状态检测下的二级维护，即：二级维护前应进行检测诊断和技术评定，根据结果确定附加作业或小修项目，结合二级维护一并进行，以消除故障隐患，保持汽车完好技术状态，确保真正达到汽车维护应有的目的。

二级维护由专业维修工负责执行，一般是汽车行驶 15000km 时进行的作业项目，其作业中心内容除一级维护的作业项目外，以检查、调整为主，并检查有关制动、操纵等安全部件，视情况拆检轮胎，进行轮胎换位。汽车二级维护的作业项目、作业内容及技术要求见表 3-7。

表 3-7　汽车二级维护的作业项目、作业内容及技术要求

序号	作业项目	作业内容	技术要求
1	发动机润滑油、机油滤清器	更换机油；更换机油滤清器；检查机油压力及报警装置	润滑油规格性能指标符合规定；机油压力符合规定；机油滤清器密封良好，无堵塞，完好有效
2	检查润滑油油面高度	检查转向器、变速器、主减速器等润滑油规格和液面高度，不足时按要求补给	符合出厂规定
3	空气滤清器	清洁空气滤清器	空气滤清器清洁有效，安装可靠；恒温进气装置真空软管安装可靠；进气转换装置工作灵敏、准确
4	燃油箱及油管、燃油滤清器、燃油泵	检查油管接头及密封情况；清洁燃油滤清器并视情况更换；检查燃油泵，必要时更换	接头无破损、无渗漏、紧固可靠；燃油滤清器工作正常；燃油泵工作正常，油压符合规定
5	燃油蒸发控制装置	检查软管及接头、检查活性炭罐电磁阀动作情况	工作正常
6	曲轴箱通风装置	检查、清洁	清洁畅通、连接可靠、不漏气；各阀门无堵塞、卡滞现象，灵敏有效，符合规定
7	散热器、膨胀箱、百叶窗、水泵、节温器、传动带	检查密封情况、箱盖压力阀、液面高度、水泵；检视传动带外观，调整传动带松紧度	散热器及软管无变形、破损及渗漏；箱盖接合表面良好，胶垫不老化、箱盖压力阀开启压力符合要求；水泵不漏水，无异响；节温器工作性能符合规定；传动带应无裂痕或过量磨损，表面无油污，传动带松紧度符合规定

（续）

序号	作业项目	作业内容	技术要求
8	进排气歧管、消声器、排气管、气缸盖	检查、紧固，视情况补焊或更换；按规定次序拧紧力矩校紧气缸盖	无裂纹、漏气，消声器性能良好；气缸盖拧紧力矩，符合规定
9	增压器、中冷器	检查、清洁	符合规定
10	发动机支架	检查、紧固	连接牢固，无变形和裂纹
11	化油器及联动机构	清洁、检查、紧固	清洁，联动机构运动灵活，连接牢固，无漏油、气现象，工作系统和附加装置工作正常
12	喷油器、喷油泵	检查喷油器和喷油泵的作用，必要时检测喷油压力和喷油状况，视情调整供油提前角	喷油器雾化良好，无滴油、漏油现象，喷油压力符合规定；供油提前角符合规定
13	分电器、高压线	清洁、检查	分电器无油污，调整触点间隙在规定范围内，无松旷、漏电现象，高压线性能符合规定
14	火花塞	清洁、检查或更换火花塞，调整电极间隙	电极表面清洁，间隙符合规定
15	气门间隙	检查调整	符合规定
16	电控燃油喷射系统供油管路	检查密封状况	密封良好，作用正常
17	三元催化转换器	检查三元催化转换器的作用，必要时更换	作用正常
18	离合器	检查离合器踏板自由行程	离合器踏板自由行程符合规定
19	前轮制动	检查前轮制动器调整臂的作用	作用正常
		拆卸前轮总成、制动蹄、支承销；清洗转向节、轴承、支承销，清洁制动底板等零件	清洁、无油污
		检查制动盘、制动凸轮轴，校紧装置螺栓	制动底板不变形，按规定力矩拧紧装置螺栓；凸轮轴转动灵活，无卡滞，转向间隙符合规定
		检查转向节及螺母、保险片及油封、转向节臂，校紧装置螺栓	转向节无裂纹，螺纹完好，与螺母配合应无径向松旷，保险片作用良好，油封完好不漏油，对转向节轴颈与轴承的配合间隙符合要求，转向节臂装置螺栓拧紧力矩符合规定
		检查内外轴承	滚柱保持架无断裂，滚柱不脱落、无裂纹和烧蚀，轴承内圈无裂纹和烧蚀

（续）

序号	作业项目	作业内容	技术要求
19	前轮制动	检查制动蹄及支承销	制动蹄无裂纹及明显变形，摩擦片不破裂，铆接可靠、厚度符合规定；支承销无过量磨损，支承销与制动蹄轴承孔衬套配合间隙符合规定
		检查制动蹄回位弹簧	回位弹簧应无明显变化，自由长度、拉力符合规定
		检查前轮毂、制动鼓及轴承外座圈，校紧轮胎螺栓内螺母	轮毂无裂损；轴承外座圈无裂纹、无麻点、无烧蚀；制动鼓无裂纹，外边缘不得高出工作表面，左右内径差符合规定；轮胎螺栓齐全完好，规格一致，按规定力矩拧紧
		装复前轮毂、调整前轮轴承松紧度及制动间隙	装复支承销，制动蹄支承销孔均应涂润滑脂，开口销或卡簧齐全有效；润滑轴承；制动鼓、制动蹄片表面清洁，无油污；制动蹄片与制动鼓的间隙应符合规定，转动无碰擦现象或声响，检视孔挡板齐全；轮毂转动灵活，用拉力计测量时可转动，且无轴向间隙；锁紧螺母按规定力矩拧紧；安全可靠，防尘罩、衬垫完好，螺栓垫圈齐全紧固（螺栓规格一致）
20	后轮制动	拆卸半轴、轮毂总成、制动蹄、支承销，清洗各零件及制动底板、半轴套管	轮毂通气孔畅通；各零件及制动盘、后桥套管清洁无油污
		检查制动底板、制动凸轮轴，校紧装置螺栓	制动底板不变形，联接螺栓按规定力矩紧固；凸轮轴转动灵活、无卡滞，转向间隙和径向间隙符合规定
		检查后桥半轴套管、螺母及油封	套管无裂纹及明显松动、与螺母配合无径向松旷；油封完好，无损坏，无漏油；套管颈与轴承配合间隙符合规定
		检查内外轴承	滚柱保持架无断裂，滚柱不脱落，无裂纹和烧蚀；轴承内圈无裂纹和烧蚀
		检查制动蹄及支承销	制动蹄无裂纹及明显变形，摩擦片不破裂、厚度符合规定、铆接可靠；支承销无过量磨损；支承销与制动蹄承孔衬套配合间隙符合规定

（续）

序号	作业项目	作业内容	技术要求
20	后轮制动	检查制动蹄回位弹簧	回位弹簧应无明显变化，自由长度、拉力符合规定
		检查后轮毂、制动鼓及轴承外座圈，检查拧紧半轴螺栓，检查轮胎螺栓，校紧内螺母	轮毂无裂损；轴承外座圈不松动，无损坏；制动鼓无裂纹，外边缘不得高出工作表面，左右内径差符合规定，制动鼓检视孔完整；半轴螺栓齐全完好
		检查半轴	半轴无明显弯曲，不磨套管，无裂纹，花键无过量磨损或扭曲变形
		装复后轮毂、调整制动间隙	装复支承销，制动蹄支承销孔均应涂润滑脂，开口销或卡簧齐全有效；润滑轴承；套管轴颈表面应涂机油后再装轴承；制动蹄片与制动鼓面应清洁无油污；制动鼓蹄片与制动鼓间隙应符合规定，转动无碰擦现象或声响，检视孔挡板齐全紧固；轮毂转动灵活，拉力符合规定；锁紧螺母按规定力矩拧紧
21	转向器、转向传动机构	检查转向器传动机构的工作状况和密封性，校紧各部螺栓；检查调整转向盘自由转动量	转向盘自由转动量符合规定，转向轻便、灵活，无卡滞和漏油现象，垂臂及转向节臂无弯曲及裂损，各部螺栓联接可靠
22	前束及转向角	调整	符合规定
23	变速器、差速器	检查密封状况和操纵机构，清洁通气孔	密封良好，通气孔畅通，操纵机构作用正常，无异响、跳动、乱挡现象
24	传动轴、传动轴承支架、中间轴承	检查防尘罩；检查传动轴万向节工作状态；检查燃油泵，必要时更换	防尘罩不得有裂纹、损坏，卡箍可靠，支架无松动；万向节不松旷，无卡滞，无异响；传动轴承支架无松动；中间轴承间隙符合规定
25	空气压缩机、储气筒、溢流阀	清洁，校紧	清洁，连接可靠，无漏气，溢流阀工作正常
26	制动阀、制动管路、制动踏板	检查制动踏板自由行程；检查紧固制动间隙和管路接头；检查液压制动管路是否有气	制动踏板自由行程符合规定；制动间隙和管路接头连接可靠，无漏气；液压制动管路内无气
27	驻车制动	检查驻车制动性能，检查驻车制动器自由行程	符合规定，作用正常

（续）

序号	作业项目	作业内容	技术要求
28	悬架	检查、紧固，视情补焊、校正	不松动，无裂纹，无断片，按规定力矩拧紧螺栓
29	轮胎	检查紧固，补气，进行轮胎换位，磨损严重时更换轮胎	气压符合规定，清洁，无裂损、老化、变形，气门嘴完好，轮胎螺栓紧固，轮胎的装用符合规定
30	发动机、发电机调节器、起动机、蓄电池	清洁，润滑发动机、发电机调节器及起动机；对蓄电池进行检查、清洁、补给	符合规定
31	前照灯、仪表、喇叭、刮水器、全车电器线路	检查、调整，必要时修理或更换	前照灯、喇叭、各仪表及信号装置功能齐全、有效，符合规定；刮水器电动机运转无异响，连动杆连接可靠；全车线路整齐，连接可靠，绝缘良好
32	车身、车架、安全带	检查、紧固	性能可靠，工作良好无变形、断裂、脱焊，联接螺栓、铆钉紧固
33	内装饰	检查、紧固	设备完好，无松动
34	空调装置	检查空调系统工作状况、密封状况	制冷系统密封，制冷效果良好；暖气装置工作正常
35	润滑	全车加注润滑脂的部位全部润滑	润滑脂嘴齐全有效，润滑良好

注：技术要求栏中的“符合规定”指符合实际应用中有关技术规定或技术要求。

汽车二级维护基本作业项目的技术要求，即维护作业项目所应达到的技术标准，是维护作业的质量要求。可以看到，《汽车维护、检测、诊断技术规范》的作业项目中凡涉及到有检查、调整数据要求的，也包括一些部件工作状态检查的内容，都以“符合出厂规定”或“符合规定”作为标准，这充分体现了“通过维护，保持原车应有技术状态”这一基本出发点。同时也告诉车主，二级维护基本作业项目在具体执行过程中，应紧密结合具体车型数据，才能有效保证维护质量。

思考题

3-1　在车辆日常养护中，发动机起动前应检查哪些项目？如何检查发动机润滑油的油量？

3-2　在车辆日常养护中，发动机起动后应检查哪些项目？如何检查制动踏板自由行程？

3-3　在车辆日常养护中，行车中和收车后都需要检查哪些项目？

3-4　汽车走合期有哪几方面的规定？走合期的维护分哪几个阶段？其各自的侧重点和主要作业内容有哪些？清洗润滑油道采用什么方法？

3-5　汽车每行驶5000km需要进行哪些项目的养护？应用“油迹对比法”如何检查发动机润滑油质量？

3-6　如何清洁空气滤清器？

3-7　如何检查和清洁火花塞？

3-8 新车每行驶 10000km 需要进行哪些项目的养护？如何更换汽油滤清器？

3-9 新车每行驶 20000km 需要进行哪些项目的养护？如何进行气门间隙的检查及调整？

3-10 如何更换电喷车汽油滤清器？如何更换空气滤清器？

3-11 何谓汽车的换季养护？包括哪些内容？

3-12 汽车年度养护包括哪些内容？如何检查和更换火花塞高压线？

3-13 汽车定期维护分为哪几个级别？其中一级维护作业的中心内容是什么？包括哪些作业项目、作业内容和技术要求？

3-14 汽车二级维护的主要目的是什么？其主要包括哪些作业项目、作业内容和技术要求？

第四章　汽车免拆养护

第一节　概　述

一、汽车免拆养护的内涵

汽车免拆养护，就是在不解体汽车各总成、部件的情况下，运用某种产品、设备对其进行维护保养的方法。

汽车免拆养护是相对于传统的汽车保养方式而言的。按照我国汽车维护保养规定，汽车应进行定期强制保养，即一级保养、二级保养和三级保养等。按照这种保养方式，汽车行驶一定里程后，需要对汽车的一些总成、部件进行解体保养。例如，为了采用机械刮削或用碱液、煤油等清洗的方法清理掉发动机内的积炭而解体发动机；为了清理冷却系内的水垢而解体水泵、拆卸散热器等。在拆卸过程中，原车各机件的装配关系被破坏，会造成车辆的性能下降。

为达到在不解体情况下，对汽车各总成、部件内的沉积物进行清理，国外发达国家早在20世纪40年代开始，就逐渐研制并使用了各种类型的车用不解体清洗剂和不解体清洗设备，在汽车正常运行状态下，使汽车发动机的润滑系、冷却系、燃油供给系和变速器、动力转向系等得到清洗保养。

汽车在使用过程中，随着行驶里程的增加，各总成内部配合件会逐渐磨损，橡胶件、电器件等会逐渐老化，磨损和老化是引起汽车故障和技术状况变坏的重要因素。降低汽车各零部件的磨损程度，延缓老化速度，也是人们不断探索的课题。车用各种类型的保护剂的研制和使用，为减轻汽车零部件磨损和老化程度提供了较好的方法。

汽车免拆养护方法，特别适用于现代汽车的维护保养。随着汽车技术的不断发展，电子控制燃油喷射装置、自动变速器、动力转向装置已广泛地应用于汽车上，对这些装置进行拆卸保养，造成的损害较大，传统的维护保养方法已很难胜任于对这些装置的保养。而针对这些装置保养的免拆养护设备和产品的问世，为满足对其保养的要求提供了新的方法。

可以说，汽车免拆养护是在对汽车常规保养的基础上，更进一步地对汽车深化保养的方法。

二、汽车免拆养护的内容

汽车免拆养护的内容是很广泛的。按养护作业内容分类，可将其分为：

1. 免拆清洗养护

内容包括免拆清洗发动机润滑系、冷却系、燃油系、进气系统和自动变速器、动力转向系、空调系统等。其目的是去除灰尘、胶质、积炭等杂质，保持各系统的清洁，防止工作液受到污染而变质，使发动机、变速器和动力转向系处于良好的工作状态。

2. 免拆保护与修复

内容包括更换车用工作液，向发动机润滑油、齿轮油、自动变速器/动力转向液和冷却液中按比例兑入各类保护剂或修复剂或止漏剂；定期向燃油中按比例兑入燃油保护剂等。其目的是延缓各种工作液变质速度，减轻机件的磨损，防止油封等橡胶件老化，恢复某些部件的功能。

3. 促进燃烧

其内容有定期按比例向燃油系中兑入燃烧促进剂，达到促进燃烧、减少排放的目的。

按养护作业项目分类，可将其分为发动机润滑系免拆养护、发动机冷却系免拆养护、发动机供给系免拆养护、变速器免拆养护、动力转向系免拆养护、空调系统免拆养护和制动器免拆养护等。

三、汽车免拆养护产品种类

汽车免拆养护产品按照其功能划分，可分为清洗类、保护类、修复类和促燃、降凝类等。

(一) 清洗类

清洗类免拆养护产品包括应用于发动机润滑系、供给系、冷却系和自动变速器/动力转向系的各种清洗剂。

目前发动机润滑系清洗剂有两类：一类是只具有清洗功能，但不具有减摩功能的清洗剂，这类发动机润滑系清洗剂由于不具有减摩功能，在清洗发动机的同时，容易破坏发动机内润滑油膜而引起发动机过度磨损，影响发动机的使用寿命，因此清洗时间应较短，一般为3~5min，清洗效果较差；另一类是具有清洗和抗磨减摩保护功能的清洗剂，这类清洗剂在清洗发动机的同时，提供抗磨减摩保护，可以减少发动机磨损，延长发动机寿命，一般这类发动机清洗剂在发动机内清洗时间较长，一般为20~30min，清洗效果较好。

供给系清洗剂包括燃油供给系清洗剂和进气道清洗剂。燃油供给系清洗剂又包括直接加入到油箱中的清洗剂、喷雾型清洗剂和与燃油系统免拆清洗设备配合使用的清洗剂。一般类型的燃油供给系清洗剂只具备一定的清洗功能，高档的燃油供给系清洗剂除了具有较强的清洗功能以外，还具有除水防锈、抑制燃油内霉菌滋长的保护功能，有的养护产品经销商称此类燃油供给系清洗剂为燃油供给系清洗保护剂。按照使用的车型分类，可分为化油器汽车发动机燃油供给系清洗剂、电喷车燃油供给系清洗剂、柴油车燃油供给系清洗剂，使用时应根据被保养的汽车燃油供给系类型选用不同类型的清洗剂。进入发动机的空气中含有各种杂质，它们会在进气道和进气歧管处逐渐聚集加厚，从而降低了空气的流动性，使发动机充量系数减小，燃油与空气不能按照正常比例混合，降低了发动机动力性和经济性，甚至会造成怠速气道堵塞，出现怠速不稳定的故障，因而应对进气道进行定期的清洗。进气道清洗剂有自喷压力喷雾型清洗剂和无自喷压力清洗剂。自喷压力喷雾型清洗剂可以不用配合清洗设备直接使用，无自喷压力的进气道清洗剂使用时需要配合简单的进气系统清洗工具使用。

冷却系清洗剂有两种类型：酸性清洗剂（pH 值 <6）、碱性清洗剂（pH 值 >8），两种清洗剂均有腐蚀金属的性质，使用后应将其排出干净。

由于自动变速器和动力转向系使用同一种工作液，因此，自动变速器清洗剂通用于自动变速器和动力转向系的清洗养护中。

空调系统清洗剂主要有压力型空调系统净化清新剂。在使用汽车空调系统和暖风装置过程中，蒸发器机芯会有湿气冷凝聚集，使整个蒸发器充满雾气。这种环境会促使霉菌、苞子的滋长。在这种情况下，当打开汽车空调系统或暖风装置时，霉味会充满汽车，且随着霉菌的滋长，问题变得越来越严重。空调系统净化清新剂中的特效清新剂能够彻底全面地清除霉菌和苞子，并防止此类物质进一步滋长；能够快速安全有效地清除腐烂性异味，恢复车内空气清新，保护乘客身体健康。自带压力型空调系统净化清新剂的汽车可以方便的从汽车风窗玻璃下面的通风口将产品喷入，不需要辅助设备。

（二）保护类

发动机润滑系的免拆养护保护类产品按照其功效及有效作用期（按汽车行驶里程计算）划分，可以分为一般保护剂、强力保护剂和长效保护剂。

一般保护剂只具有抗磨功能，有效使用期短，随着机油的更换，其抗磨功能自然消失。

强力保护剂不但具有抗磨功能，还具有抗氧化性、清净分散性、防锈性、防腐性和泡沫抑制性，适合兑入低标号的机油中使用，以提高机油的品质，一般也随着更换机油而功能消失。

长效保护剂采用了独特的配方，能够渗透处理金属表面并在其表面形成一层光滑的高强度的保护膜，其持续有效作用期较长。

保护剂按照适应范围，可以分为汽油发动机类保护剂、柴油发动机类保护剂和汽、柴油发动机通用类保护剂。

冷却系保护剂具有防锈、防腐和增强冷却效果的功能。

自动变速器和动力转向系有高效自动变速器及动力转向系保护剂。自动变速器的结构复杂、精密偶件较多，对保养要求极高。自动变速器油若无足够的保护成分，在长期的使用过程中，会因高温氧化生成胶质及沉积物，影响流动能力，降低传动效率，导致变速器过热、部件过度磨损、切换困难等故障；动力转向系统通过转向液实现能量的传递、转换、控制，进而辅助手动转向。因此，动力转向液的性能对系统的工作性能影响很大。高效自动变速器及动力转向系统保护剂能够有效改善自动变速器及动力转向系统的性能，提高工作效率，延长系统使用寿命。

（三）修复类

修复类产品有发动机配合副修复类、橡胶油封弹性恢复类、散热器止漏类等。

发动机配合副修复类产品按其功效划分为简单修复类和修复保护类。简单修复类产品只具有修复功能；而修复保护类产品同时具有修复和保护两种功能，且有较好的抗氧化、防锈、防腐蚀功能。

橡胶油封弹性恢复类产品可以有效地恢复已老化的橡胶油封的弹性，预防和防止油封处渗漏。

散热器止漏类产品采用南美洲纯天然植物纤维配方，包括由高效固化剂、防锈剂和泡沫抑制剂成分组成的液态止漏剂、纯化学成分组成的液态止漏剂、纯化学成分组成的止漏粉等。

（四）促燃类

燃烧促进类养护产品的主要作用是改善燃油的品质（如提高汽油的辛烷值，提高抗爆性），促进燃油趋近于完全燃烧，从而达到提高汽车动力、节省燃油的目的。目前，按照燃油系统的促燃类养护产品的主要成分分类：有燃油氧气促燃剂和酒精类促燃剂，有的促燃剂内含有四乙基铅物质。燃油氧气促燃剂对人、车无害，有利于节油和降低尾气排放，在各型汽车均可放心使用。而酒精类促燃剂和含有四乙基铅类促燃剂对装有氧传感器和三元催化转换器的汽车有害，故电控燃油喷射汽车不宜使用这些燃烧促进剂。

（五）降凝类

降凝类产品的功能是降低柴油的冷凝点，保持柴油的低温流动性。

第二节 发动机润滑系免拆养护

发动机润滑系工作状况的好坏，直接影响到发动机的使用寿命。经常检查发动机润滑油油面高度，定期更换发动机润滑油、机油滤清器是常规的发动机润滑系保养方法，这对保持发动机处于良好的工作状况，延长发动机使用寿命是十分必要的。为了延长发动机的无修理使用周期或达到在全寿命周期内无故障正常运行，对发动机润滑系进行深化养护是十分必要的。发动机润滑系的免拆养护包括发动机免拆清洗养护、结合定期更换机油和滤清器向润滑油中加入保护剂或修复剂等。

一、发动机免拆清洗养护

发动机在工作过程中，润滑油处于高温、高压的工作环境之中，使润滑油逐渐氧化变质；混和气燃烧做功产生的废气、空气中的未滤掉的尘埃和未燃烧的燃油都会污染润滑油，进而影响润滑油的质量，特别是其耐磨损的性能。即使在发动机处于不工作状态时，发动机中堆积的众多杂质，也会使润滑油的质量下降。污染、变质的润滑油虽然可以通过定期更换的方法换掉，但其易形成胶质、污垢和积炭，逐渐地堆积于活塞顶面、燃烧室壁、活塞环口和油底壳等处，发动机工作时间越长，这些堆积物越多，如不及时清除，会使新更换的润滑油被迅速污染，缩短了润滑油的使用周期，加剧发动机的磨损。因此，应定期对发动机润滑系进行清洗。而解体清洗发动机润滑系，不但难以避免地要更换一些零件，致使维护成本增加，还会破坏发动机的原装配关系，使其性能下降。为达到既降低维护成本又保持发动机性能不变，采用免拆清洗发动机润滑系是一种很好的养护方法。

发动机润滑系清洗剂的配方有多种，但其除垢机理大致相同。清洗剂应具有溶解、清净分散功能，溶解功能能迅速地将发动机内的积炭、胶质溶解，清净分散功能能将被溶解的杂质分化、漂浮于润滑油油面，便于随更换掉的润滑油排出。

当汽车行驶里程超过 2 万 km 后，随着行驶里程的增加，发动机润滑系内会沉积污垢、胶质和积炭，这些污垢、胶质和积炭很难随润滑油的更换而清除掉，为保持润滑系清洁，需要每隔 2 万 km 行驶里程对润滑系进行清洗。发动机润滑系清洗方法有两种：发动机静态清洗方法和怠速清洗方法。发动机静态清洗方法效果较差，其原因是由于发动机处于静止状态时，机油不能流动到润滑系的各个部位，清洗过程中，只有油底壳部位能得到清洗。所以，现在多采用怠速清洗方法。

怠速清洗方法步骤：

1）起动发动机至正常的工作温度（80 ~ 90℃）后停机。

2）通过机油加注口向曲轴箱内加入发动机润滑系高效清洗剂，以使用 wynn's #61610 快速高效清洗剂为例，每瓶清洗剂容量为 325mL，可兑 4 ~ 5L 机油。

3）检查机油油尺。如果机油油位低于油尺标记下线，补充机油使其达到正常油位。

4）起动发动机，怠速运转20～30min，清洗过程中观察机油压力表或机油指示灯，如果机油压力表显示机油压力下降或机油指示灯闪亮，可能是机油滤清器被清洗掉的污物堵塞。此时，应立即关闭发动机，检查清洗机油滤清器后再继续清洗。

5）关闭发动机，用发动机润滑系清洗设备或拧下机油放油螺塞放掉旧机油，更换旧机油滤清器。

6）排油后，将与压缩空气气源连接的气管连在机油加注口处，用压缩空气将发动机内部冲刷干净。

值得注意的是，应正确地选用润滑系清洗剂。最好不要选用只具有清洗功能而无抗磨功能的润滑系清洗剂，因为此类清洗剂在清洗发动机润滑系的同时，会冲刷掉缸壁、曲轴主轴颈与主轴瓦之间和连杆轴颈与连杆轴瓦之间的润滑油膜，产生干摩擦现象，造成发动机严重磨损，降低发动机的使用寿命。这种类型清洗剂一般标注的清洗时间只有3～5min，对于长期使用的发动机，在短时间内的清洗效果很差，且易造成过度磨损。

二、发动机保护剂的使用

发动机润滑油内虽然已按照适当的比例加入了具有抗磨性、抗氧化性、抗腐蚀性等性能的各种添加剂，提高了发动机运转时的耐磨性，但是，当发动机停止运转时，润滑油会沉积于油底壳中。发动机由静止到起动这段时间，气缸和活塞已经在相互摩擦，而这时，由于润滑油流动到各润滑点需要一定的时间，运动表面暂时缺油或供油不足，造成润滑不良，发动机出现短暂的干摩擦或半干摩擦，于是出现了磨损。经测试，起动瞬间造成的磨损占到发动机活塞环及轴瓦等处磨损总量的70%以上，这是发动机磨损的主要原因。在发动机润滑油内兑入发动机保护剂，在活塞环与气缸壁等摩擦配合副之间形成抗磨润滑膜，可以大大减轻发动机的磨损。

添加剂按功能分主要有抗氧化剂、抗磨剂、摩擦改善剂、极压添加剂、清净剂、分散剂、泡沫抑制剂、防腐防锈剂、流点改善剂、粘度指数增进剂等类型。目前市场中所销售的发动机保护剂很多都是以上各单一添加剂的复合品，所不同的就是单一添加剂的成分不同以及复合添加剂内部几种单一添加剂的比例不同。现在市场中所销售的发动机保护剂按照其作用机理可分为以下几种类型：

1. 石墨、二硫化钼类固体悬浮型

这种类型的保护剂主要起减摩、抗磨作用，但只能应用于固体润滑和低速大负荷设备，当发动机转速超过1000r/min时，它们没有任何作用。另外，它在润滑油中的状态不稳定，在一定的时间及温度条件下会发生析出现象，其析出物会造成油路的堵塞，并加速油泥的形成。

2. 特氟龙树脂微粒型

特氟龙树脂微粒型发动机保护剂作为抗磨剂曾在美国广泛应用，但由于它在低温下会沉积在油道、油泵集滤器上造成堵塞，以及沉积在活塞环槽内使其失去活性，并加速油泥的形成，现在美国很少推荐使用。

3. 含铜、铅等重金属微粒的镀膜类

这类保护剂能在摩擦表面形成一层金属膜，起抗磨及抗极压作用，但是必须使用滤芯孔径略大的机油滤清器，否则会被过滤出来，堵塞机油泵及油路；其次，长时间使用它会在活塞及缸壁表面形成膜状物，造成两者粘结，易出现粘环等现象，在活塞顶易形成较厚的烧结层（积炭），使发动机燃烧室容积减小，压缩比增大，发动机工作时易出现过热、爆燃等不良现象；再次，含有铅金属的添加剂会损害排气系统中的三元催化转化器，使之失效。

4. 磁性油精类

这是一种表面金属磁化剂，主要起减摩、抗磨作用。该类产品有效作用时间太短，需不断添加，费用较高，而且会干扰汽车上的电子元件的正常工作。

5. 含氯型

“氯”是一种良好的极压剂，但不适合发动机高温高速的工作环境，而且会在适宜条件下产生酸，对发动机中的金属产生潜在危险。此外，氯添加剂可能会与润滑油中已有添加剂发生匹配问题，引起其他副作用。

6. 无铅、无氟、无氯的化学成膜剂类

这种类型的保护剂能同时表现出抗极压性、抗氧化性及一定的抗磨性。由于它在金属表面形成的化学反应膜作用持久，因而能有效延长润滑油和金属机件寿命。

7. 以矿物质为原料的添加剂

近两年市场上出现的以矿物质为原料的添加剂，是比较理想的抗磨修复材料。由于矿物质，如几种硅酸盐其在任何温度和酸碱环境下不发生化学反应，其形成抗磨机理也不同于老产品，它是以摩擦化学为依据形成不可逆超硬材料，有的称为金刚石耐磨层，有的称为金属陶瓷抗磨材料。材料的抗磨性、温度、硬度、厚度都十分理想，已经被广泛使用，各领域推广后将会引起一场革命。也就是说用户选择发动机保护剂时以选用无化学反应的矿物添加剂为好。矿物添加剂也有长效和短效之分，凡是称纳米级的，2 万 km 以下即需添加一次的为短效，凡是其效果大于 2 万 km，形成耐磨层厚度大于 4μm 的为长效添加剂。

发动机保护剂的使用方法：发动机保护剂可直接按比例兑入所更换的新机油中使用。具体兑入间隔时间，应视保护剂的有效期而定。对于有效期小于 10000km 的化学成膜型发动机保护剂，每次更换机油时，一般按照 1:10 的比例将其兑入到机油中；对于以矿物质为原料的保护剂，当汽车每行驶 20000 km，在更换机油时，向新加注的机油内按厂家推荐的比例兑入发动机短效保护剂；当汽车每行驶 50000km，在更换机油时，向新加注的机油内按厂家推荐的比例兑入发动机长效保护剂。兑入保护剂后，应立即起动发动机，怠速运转 5min，使保护剂与机油充分混合。

第三节 发动机冷却系免拆养护

发动机冷却系免拆养护内容有冷却系清洗、冷却系保护和冷却系止漏修复等。

一、冷却系清洗

（一）冷却系清洗的必要性

汽车长期使用后，发动机冷却系散热器、水道等处会生锈、结垢。锈迹和水垢会限制冷却液在冷却系统中的流动，降低散热作用，导致发动机过热，甚至造成发动机损坏。冷却液氧化还会形成酸性物质，腐蚀散热器的金属部件，造成散热器破损、渗漏。定期使用冷却系清洗剂清洗冷却系，除去其中的锈迹和水垢，不但能保证发动机正常工作，而且可延长散热器和发动机的整体寿命。

（二）冷却系清洗剂的成分和清洗机理

冷却系清洗剂有酸性清洗剂和碱性清洗剂。

清洗剂的主要成分有各种酸性溶液或碱性溶液、表面活性剂、渗透剂、螯合剂、金属保护剂、防腐剂、缓蚀剂等。以我国某厂研制的酸性清洗液为例，它的原始溶液属强酸性，有较浓的酸性气味。溶液经水稀释10倍以上，具有一定的酸性（pH<1），但无明显的酸性气味，随着清洗时间的延长，清洗剂的pH值达到4~5，显示出极弱酸性。因此除垢达2h后，废液稍加冲稀，可完全达到排放标准。

清洗剂的稀释液具有较强的溶垢能力，溶垢主要靠化学溶解，而不是靠剥落来实现的。根据计算每毫升溶液能消除水垢0.3g左右，只要能保证足够的除垢清洗液浓度和反应时间，就能将水道、散热器侧壁的水垢清除干净。清洗剂可以把水垢溶解并保持一定浓度，为了使溶解不仅在表面进行，而且要深入垢物的内部，使除垢彻底，故增加了渗透剂和促进剂；除垢剂不仅与垢物发生作用，同时也与金属发生反应，为了不损坏散热器，又加入了金属保护剂、防腐剂、缓蚀剂，它可以吸附在金属表面形成吸附保护膜，达到防止除垢剂与金属发生作用的目的，散热器就不会因除垢被损坏；除垢剂中加有螯合剂与掩蔽剂，其主要目的是使除垢剂与垢物反应更加彻底，把所有垢物全部溶解。通过这一系列的化学作用即可使散热器中的水垢得以彻底地清除，而散热器却完好无损。

（三）冷却系清洗方法

冷却系的清洗可以采用发动机自然循环清洗和使用冷却系清洗设备清洗两种方法，一般每隔6个月清洗1次。

1. 发动机冷却系自然循环清洗方法

1）起动发动机至正常工作温度后熄火，然后放出一部分冷却液留出加注清洗剂的空间。

2）根据使用说明，按照一定比例向散热器中兑入清洗剂。

3）起动发动机，在正常工作温度下运转20~30min，节温器保持在全开位置。

4）关闭发动机，拧开放水阀或散热器出水管，将冷却系统内的溶液放空，用清水冲洗，直到放出来的水不带锈迹为止。

5）水垢特别严重的车辆可适当延长清洗时间。

用这种方法清洗冷却系统，由于不易回收清洗后的废液，放出的废液会造成环境污染且不经济。

2. 使用冷却系清洗设备清洗方法

冷却系动力清洗净化设备主要组成及其工作原理如图4-1所示，由电动机、液压泵、出液流量表、回液流量表、冷却液加注罐、清洗后的废液回收罐、直通阀和三通阀等组成。当清洗冷却系统时，直通阀关闭，三通阀3端关闭，1、2两端接通，液压泵转动，带动发动机冷却系统中的冷却液循环至清洗完毕。清洗过程中，观察出液流量表和回液流量表的转动情况，发现流量表停止转动应及时停机检查。清洗过程结束后，打开直通阀，使三通阀的2、3端接通，1、3端关闭，在液压泵的转动下，新的冷却液加入到冷却系统的同时，将清洗后的废液回收到废液回收罐。

清洗步骤：

1）首先拧开散热器盖，检查散热器内冷却液液位。如散热器内冷却液已满，可用吸管吸出或拧开散热器放水阀放出部分冷却液，留出加注清洗剂的空间，再关闭放水阀。

2）将节温器从冷却系中拆掉，将散热器进水管和发动机回水管与冷却系动力清洗净化设备的两端透明的管路连接好并用卡子紧固好。

3）将清洗剂按使用说明书规定的比例加注到散热器中。

4）将与冷却液加注罐连接的直通阀转到关闭位置，与废液回收罐连接的三通阀转到1、2两端连通，3端关闭的位置，接通电源开关，液压泵工作，清洗过程开始。清洗时间视冷却系中污垢轻重程度而定，如发动机冷却系经常保养，清洗时间为20～30min；如污垢较严重，可增加清洗时间。清洗过程中，注意观察流量表的状态，如流量表停止转动，应停机检查管路中是否有堵塞现象；如流量表反转可能是管路连接接反，应停机后将设备的两端透明的管路对调后连接。

5）清洗过程结束后，关闭电源开关。然后将直通阀拧到接通位置，将三通阀拧到2、3端接通，1端切断的位置，即使循环系统的路线变为：冷却液加注罐→直通阀→液压泵→出液流量表→发动机冷却系→回液流量表→三通阀2端口→三通阀3端口→废液回收罐。

6）向冷却液加注罐内加入新的冷却液。

7）接通电源开关，液压泵工作，将新的冷却液从加注罐吸入到冷却系中，同时将冷却系中的废液顶入到废液回收罐内，直至回液流量表内和透明的回液管路内的溶液与新的冷却液颜色相同为止。

采用冷却系动力清洗净化设备清洗的方法具有清洗过程中不用运转发动机，节油和降低排放；清洗后的废液能被回收，不污染环境，回收后的废液经过滤处理后能重新调配使用等优点，在国外被广泛采用。

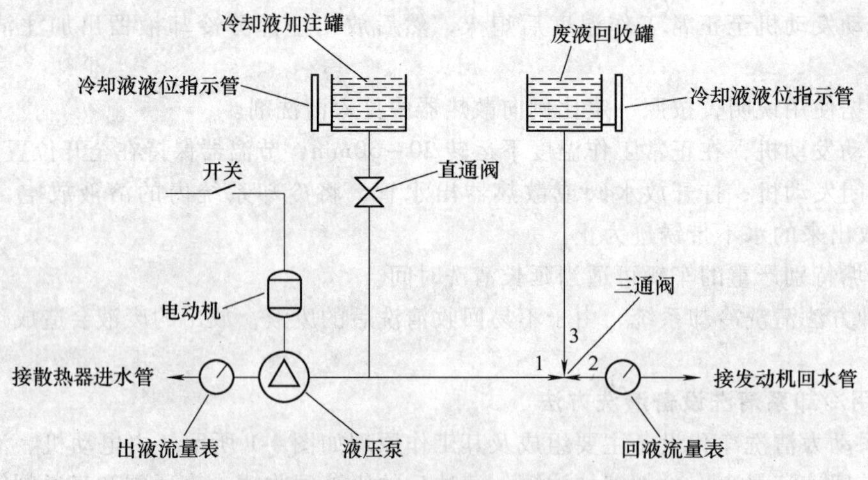

图4-1 冷却系动力清洗净化设备主要组成及工作原理

二、冷却系的保护与止漏方法

发动机冷却系中，以水和乙二醇为主的冷却液极易形成酸性物质，腐蚀、破坏散热器等金属件。冷却系中出现的水垢、锈蚀、穴蚀和有害的电离反应会大大降低冷却散热能力，缩短散热器甚至整个系统的寿命。

优质的冷却系保护剂能中和酸性物质，防止系统部件的酸化腐蚀；防止冷却液起泡，增强冷却效果；防止散热器、缸体、水泵等部件的点蚀和气蚀。

使用方法：清洗完冷却系统之后，向新加入的冷却液中按比例兑入散热器保护剂即可。

散热器经过一定的使用时期后，由于冷却液的腐蚀作用，可能会出现渗漏的现象，进行焊补、替换散热器的维修方式工序复杂且不经济，此时可以使用散热器止漏剂制止渗漏。例如，美国 WYNN'S 公司生产的散热器止漏剂采用南美洲纯天然植物纤维配方，辅助高效的固化剂、防锈剂和防泡沫剂成分，能够在渗漏部位迅速聚集、固化，在 3～5min 之内止住渗漏，并不会堵塞细小的水道，大大减少维修时间和费用。

使用方法：

1）当散热器出现渗漏时，将汽车停在平坦的地面上，待冷却液温度达到正常温度时，使发动机停止运转。

2）轻轻摇晃散热器止漏剂瓶，将产品摇匀。

3）将散热器止漏剂加入到散热器中。

4）发动机保持运转至少 1h 以上。

第四节　电控燃油喷射系统免拆养护

目前，汽油车燃油供给系已普遍采用电控燃油喷射系统。电喷汽车行驶到一定里程，油路中会滋生霉菌，喷油器喷孔会被高温作用下产生的氧化胶质沉积物、积炭等堵塞，进气道壁、节气门、进排气门等处会粘有沉积物，从而影响混合气的形成质量，使发动机动力性下降，油耗增高。依照现在国内燃油质量，电喷汽车最好每行驶 20000km 就清洗一次。免拆清洗是其中的一种方法，这种方法除了可以减少拆卸零部件的劳动量外，还可适当改善混合气质量，提高发动机的动力性和经济性，并且能适当降低有害气体排放。

目前采用的免拆清洗方法有两种：直接加注清洗剂清洗和使用免拆清洗设备清洗。

一、直接加注清洗剂清洗法

此种方法简便易行，只需要将合适的清洗剂按照说明书规定的比例加入到油箱中即可。但是目前市场上的清洗剂品种繁多，且规格不一，质量差的清洗剂由于热值与汽油不同（一般都会偏大，燃烧时的温度和压力比汽油混合气燃烧时要高，部件承受的热负荷与机械负荷会增大），在清洗过程中，容易对进排气门、活塞、缸壁产生损害。清洗过程中，因为要清洗掉缸内的积炭，所以尾气排放肯定会暂时超标，清洗效果越明显，其排放的尾气越浓黑，说明缸内的积炭已被大部分清洗掉了。

二、使用免拆清洗设备清洗法

免拆清洗设备清洗的原理就是利用发动机燃油供给系统的压力及循环油路，用清洗剂替代油料燃烧，对缸内的积炭进行清洗，然后借排放系统排出。免拆清洗设备的优点在于方便快捷，而且对于喷油器的清洗效果明显；缺点是进气道的前一段清洗不到，需配合使用进气道清洗剂和清洗设备对进气道进行清洗，而且喷油器的好坏也检查不出来。对于新车而言，按照规定的行驶里程进行定期清洗，其清洗效果较好。没有按照一定里程经常进行清洗的旧车的清洗效果稍差，但清洗后百公里燃油消耗量的改善效果还是很明显的。

（一）喷油器的免拆清洗方法

下面以使用美国 WYNN'S（国内译为威力狮）公司的电喷车清洗剂和清洗设备为例，介绍其清洗方法。

图 4-2 所示为美国 WYNN'S 公司制造的燃油系免拆清洗设备（04000）。清洗剂可采用 WYNN'S 燃油系统快速高效清洗剂（61510）。

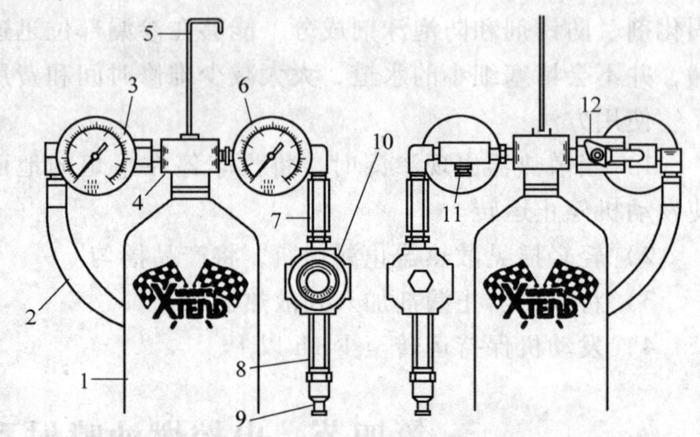

图 4-2 WYNN'S 电喷车燃油系免拆清洗设备

1—金属罐 2—工具软管 3—控制压力表 4—多用途接头座 5—吊钩 6—空气压力表 7—单向阀 8—空气滤清器 9—空气快速接头 10—空气压力调节器 11—压力释放按钮 12—溢流阀

清洗操作步骤（以桑塔纳 2000 轿车为例）：

1）准备工作。首先将 04000 设备的空气快速接头与压缩空气管路连接好（压缩空气气源可由空压机提供）按一下压力释放按钮 11 卸压，然后旋下设备的金属罐 1，把 61510 燃油系统快速高效清洗剂倒入罐中，重新装好金属罐。设备的所有开关都应处于关闭状态。将清洗设备悬挂在汽车前盖板上。

2）起动发动机，热车至正常温度。

3）关闭发动机使燃油泵停止工作。停止燃油泵工作主要有三种方法：①拔下熔丝或燃油泵继电器。继电器在全车继电器盒内，可参考各种车型的使用说明书查找；②断开燃油泵开关。不同车型燃油泵开关的位置不同，大多数车型的燃油泵开关在后备箱内左侧；③断开燃油泵线束插头。桑塔纳 2000 轿车的线束插头在后备箱内底部的圆形盖板内，拆下圆形盖板即可以见到（图 4-3）。

4）重新起动汽车，至发动机不再着火，使燃油系统卸压。

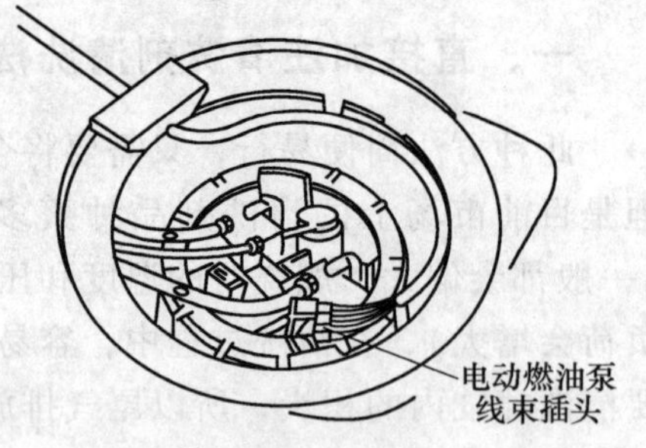

图 4-3 桑塔纳 2000 轿车电动燃油泵线束插头

5）在燃油分配管处拆下进油管，在进油管上连接一个带快速接头的专用连接管；拆下回油管，在回油管上连接一个带堵头的专用软管，以防止在清洗过程中清洗液流回燃油箱；拔下燃油压力调节器上的真空管，并用塞子堵死，如图 4-4 所示。

6）将专用清洗设备软管快速接头与已连接好的进油管快速接头连接起来。

7）调整清洗设备上的空气压力调节器旋钮，使清洗工作压力为 200～300kPa。

8）起动发动机，低怠速运转进行清洗，直到清洗剂使用完毕，发动机会自动熄火、停机。为缩短清洗时间，可以 1200～1500r/min 高怠速运转，但发动机转速不能超过 1500r/min，否则三元催化转换器会过热，影响其使用寿命。

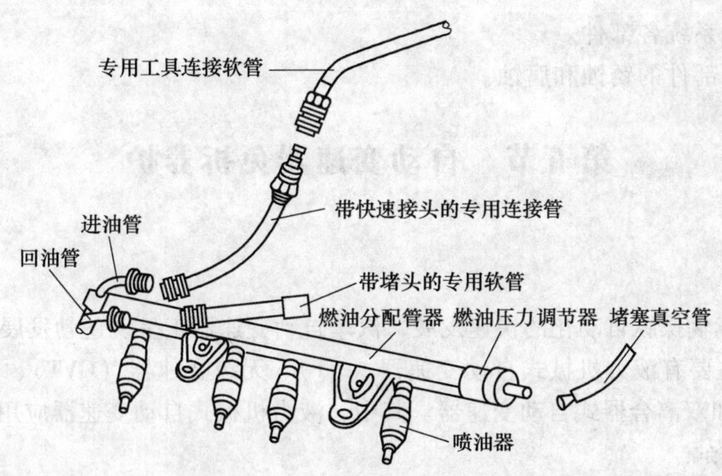

图 4-4 桑塔纳 2000 轿车免拆清洗喷油器管路连接

9）拆下设备和接头，使用密封垫重新接好所有的接头。重新插接燃油泵继电器或线束插头，使燃油泵恢复工作。

（二）进气系统的免拆清洗方法

1. 清洗设备和清洗剂

清洗设备可采用如图 4-5 所示的美国 WYNN'S 公司制造的进气系统气动清洗工具（31910）。清洗剂采用美国 WYNN'S 公司生产的进气系统高效清洗剂（60802）。

2. 清洗操作步骤

1）将万向塑料管 1 与连接体 2 连接并拧紧。

2）将压缩空气软管的压缩空气接头连接到设备上。

3）拆下清洗剂（60802）的瓶盖，将装有清洗剂的瓶子连接到连接体座上。

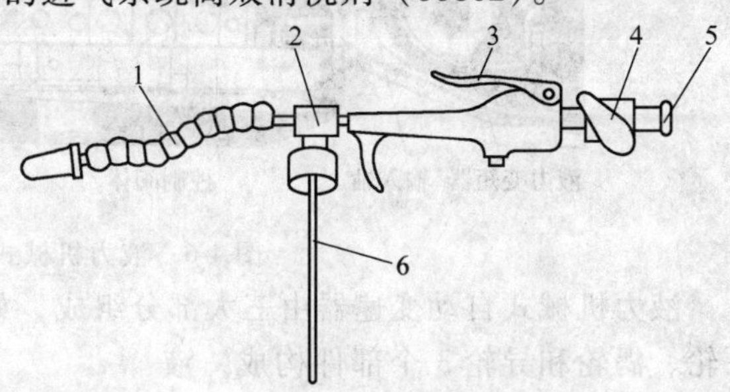

图 4-5 进气系统清洗设备

1—万向塑料管 2—连接体 3—气动开关

4—气阀 5—压缩空气接头 6—产品吸管

4）起动发动机运转至正常温度后熄火，拆下进气罩管，把抹布放在节气门体下部用来收集残液。首先在停机时按动设备的气动开关 3 喷射清洗剂，清洗拆下的进气罩管、节气门体外部，再将节气门开启，将万向塑料管伸进进气道，喷射清洗节气门后部和进气道数次。

5）如有怠速空气控制阀，将其取下，清洗干净后重新装好。

6）待喷射清洗停止 5min 后，起动发动机，在怠速运转时用小射流继续清洗进气道，直至排气管不再冒很浓的黑烟为止。

7）装好空气滤清器和进气罩管，并将系统和设备复原。

3. 进气系统清洗剂的功效

1）迅速彻底除去进气喉管、节气门及节气门上的胶状沉积物，除去怠速空气控制阀及进气道内的沉积物，除去进气门处的积炭。

2）恢复合适的油气混合比，使怠速平稳、提高发动机燃烧效率，增进动力、节省燃油、降低排放。

3）润滑进气系统各部件。

4）防止进气部件的锈蚀和腐蚀。

第五节 自动变速器免拆养护

一、概述

目前，随着车辆操纵自动化的快速发展，汽车自动变速器正呈现蓬勃发展的趋势。现在的汽车自动变速器主要有液力机械式自动变速器（AT）、无级变速器（CVT）、电控机械式自动变速器（AMT）和双离合器式自动变速器。其中，液力机械式自动变速器应用最为广泛。

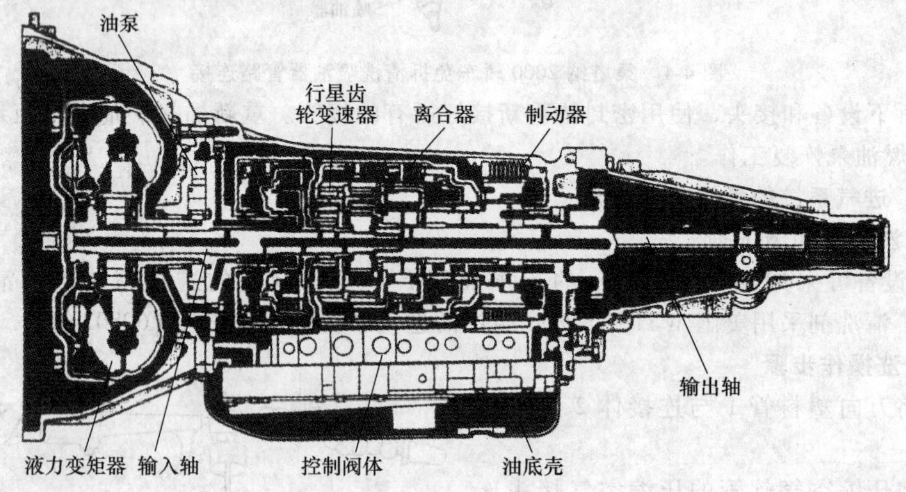

图 4-6 液力机械式自动变速器结构

液力机械式自动变速器由三大部分组成，如图 4-6 所示。第一部分是液力变矩器，它由泵轮、涡轮和导轮 3 个部件构成，液力变矩器可以实现减速增矩或直接传递转矩的功能。第二部分是行星齿轮或普通齿轮变速器及液压执行机构，国内外生产的绝大多数乘用车使用行星齿轮变速器，商用车使用轴线固定式普通齿轮变速器，液压执行机构包括制动器和离合器。第三部分是液压自动控制系统，其根据节气门开度信号（反映汽车负荷）和车速信号产生不同的控制油压，对执行机构发出换挡指令，实现自动换挡。自动变速器上还有油液滤清器和散热系统。

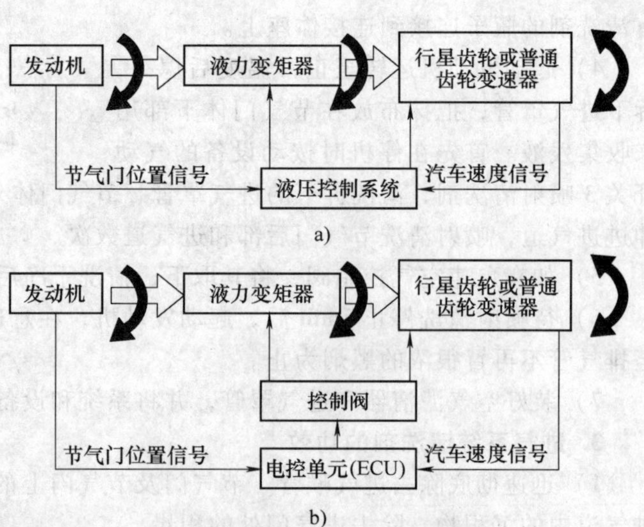

图 4-7 自动变速器工作原理框图

a）液控自动变速器的工作原理 b）电控自动变速器的工作原理

自动变速器能根据汽车行驶速度和加速踏板情况自动换挡，其工作原理框图如图 4-7 所示。

与手动变速器相比，自动变速器有如下优点：

1）根据汽车行驶工况自动选择挡位。汽车可在一定范围内无级变速，提高了汽车的动力性和稳定性。

2）驾驶简单，减少换挡次数，不用离合器，省力安全。

3）降低传动系统的动载荷，提高寿命。汽车在坏路面行驶时，输出最大转矩振幅仅20%～40%，汽车原地起步最大转矩峰值仅 50%～70%，发动机寿命可提高 1.5～2 倍，变速器寿命可提高 2～3 倍，传动系统零部件寿命可提高 1.5～2.5 倍。

4）载荷突然增加，发动机不会熄火。低速行驶稳定性好，汽车通过性能提高。

5）可充分发挥发动机动力性能，汽车振动、噪声和有害排放减少。汽车起步平稳，乘坐舒适。

但自动变速器结构复杂，制造工艺要求高，制造成本高，传动效率不如手动变速器，维修难度大，要求维修人员有较高的素质。因此，应加强自动变速器的保养，延长其无修理的行驶里程。

二、自动变速器的免拆养护方法

现代汽车的自动变速器装备有许多精密部件，如液力变矩器、行星齿轮机构、各种控制阀和复杂而细小的油道等。它们对污染物和温度变化非常敏感，如果缺少必要的清洗和保养，自动变速器就会出现换挡平顺性差，甚至换挡困难等故障。据统计，90% 的自动变速器出现的故障都是由于自动变速器油受污染、劣化所引起的。

传统方法是在发动机处于静止状态时，定期排放和加注自动变速器油。由于自动变速器内的换挡阀处于某一静止位置，会在液力变矩器和变速器的油道及冷却管中残留 75% 以上的旧自动变速器油，当新的自动变速器油加入后，立即被系统内的旧自动变速器油所污染，难以保证自动变速器油的质量，严重影响系统工作性能。为达到彻底更换的目的，就必须使用一些新的清洗养护产品和设备，对自动变速器进行彻底清洗，清除内部的油污，并采用在工作状态下循环换油的方法。

（一）免拆清洗养护方法

下面以采用美国 WYNN'S（威力狮）产品和清洗设备为例，介绍自动变速器清洗和养护的方法。

美国 WYNN'S（威力狮）公司生产的自动变速器清洗设备如图 4-8 所示。

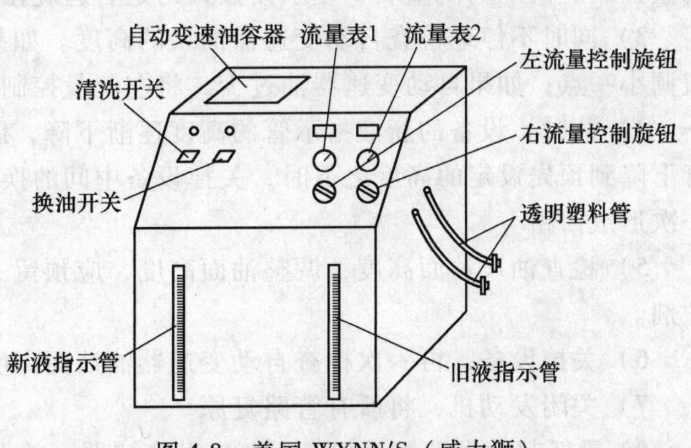

图 4-8　美国 WYNN'S（威力狮）自动变速器清洗设备

1. 检查自动变速器油面的高度

将汽车停放在水平位置，起动发动机，当自动变速器油液达到正常工作温度（50～80℃）后，变速杆逐个换入所有挡位，运转一段时间，使有关部位充油正常，再回到 P 位或 N

位，然后拔出油尺检查。油面应保持在油尺所指示的上、下限（F～L或F～A）之间。在油面检查时可同时检查油质，油质应清洁，不含有杂质或颗粒，若油色变成黑色或黑褐色，并有烧焦气味，说明离合器或制动器损坏。当出现这种情况时，应解体检修自动变速器，不能对自动变速器清洗，否则，会将离合器片和制动器片（带）表面烧损的摩擦材料清洗掉，产生离合器和制动器打滑失效的现象，致使汽车不能正常行驶。

2. 连接自动变速器清洗设备

1）将发动机熄火，在发动机室前端的散热器处，找到自动变速器的一根冷却管及其接头（冷却管一般都在散热器的下部或散热器的旁边）。

2）松开冷却管接头，将合适的设备配套快速接头连接到汽车自动变速器的管路中。

3）将清洗设备的电源插头与汽车蓄电池连接，红色插头连接蓄电池正极，黑色插头连接蓄电池负极。

4）将清洗设备的两个透明塑料管与自动变速器冷却管上的快速接头连接起来。

3. 清洗过程

1）起动发动机，顺时针转动流量控制旋钮，将设备的两个流量控制阀调到最大开度，按下设备左边的清洗开关。注意观察位于设备中间的流量表1，如读数为0，表明管路方向接反，此时应迅速将快速接头互换；如果读数仍然为0，可将设备的两个旋钮逆时针完全打开，拉住驻车制动并踩住制动踏板，慢慢地在各挡之间拨动变速杆，同时观察设备流量表1读数；若读数仍然为0，更换快速接头，并重复此动作直到流量表1出现读数；若读数仍为0，表明自动变速器中的滤清器、冷却管和冷凝器等有阻塞液体流动的部位，应拆解检修。当流量表1出现读数时，清洗设备和自动变速器形成一个回路。

2）从自动变速器油尺孔处倒入一瓶 WYNN'S（威力狮）自动变速器高效清洗剂。

3）使发动机处于怠速状态，踩住制动踏板，不断变换各挡位，清洗整个系统约30min。

4. 更换自动变速器油并加注保护剂

1）检测汽车自动变速器油的容量，将足量的新自动变速器油倒入或泵入清洗设备的自动变速器油容器中（可稍微多一点）。

2）按下设备中间的换油开关，强制换油开始，迅速调整设备的两个流量控制旋钮。左流量控制旋钮上的流量表1显示读数大约是右边旋钮上流量表2显示读数的2倍。

3）同时不停地检查自动变速器油尺的高度。如果自动变速器油过多，将右流量控制旋钮调小一点；如果自动变速器油过少，将左流量控制旋钮稍调小一点。

4）此时，设备的新液指示管的高度逐渐下降，旧液指示管的高度逐渐上升。新液指示管下降到预先设定的高度之下时，关掉设备中间的换油开关。此时设备和汽车自动变速器又一次形成回路。

5）检查油尺油面高度，调整油面高度，应预留一定空间，以便加注自动变速器高效保护剂。

6）关掉设备，再一次检查自动变速器油油面高度。

7）关闭发动机，将所有管路复原。

8）重新起动发动机，加入一瓶自动变速器高效保护剂，并保证油尺油面高度符合要求。

（二）自动变速器高效保护剂的作用

自动变速器的结构复杂、精密偶件较多，对保养要求极高。自动变速器油若无足够的保护成分，在长期的使用过程中，会因高温氧化生成胶质及沉积物，影响流动能力，降低传动效率，导致变速器过热、部件过度磨损、换挡切换困难等故障。自动变速器高效保护剂能够有效改善自动变速器的性能，提高工作效率，延长系统使用寿命。自动变速器高效保护剂具有以下功效：

1）提高自动变速器的抗氧化稳定性，延长换油周期。

2）抗磨减摩，增强润滑效果，减少动力损耗，提高传动的平顺性。

3）恢复老化油封的弹性及密封性，消除并防止因油封硬化而引起的渗漏。

4）提高自动变速器油的切变稳定性，减振降噪，改善变速性能。

5）抑制泡沫产生，避免变速器过热。

6）分散掉自动变速器中的油泥和胶质，保持系统部件清洁。

7）延长自动变速器使用寿命。

8）与所有进口或国产自动变速器油兼容。

思　考　题

4-1　什么是汽车免拆养护？为什么要对汽车实施免拆养护？

4-2　按照功能划分，汽车免拆养护产品可分为几类？

4-3　怎样正确地对发动机进行免拆清洗？

4-4　为什么要对发动机冷却系进行清洗养护？该如何进行？

4-5　燃油系统的清洗方法有几种？怎样对电控燃油喷射系统进行清洗养护？

4-6　怎样对进气系统进行清洗养护？

4-7　怎样检查自动变速器油位液面？

4-8　为什么要对自动变速器进行定期清洗养护？该怎样进行？

第五章　外饰与内饰美容

第一节　概　　述

一、外饰与内饰美容的必要性

（一）外饰美容的必要性

1. 审美观的需要

在不改变汽车本身的功能和结构的前提下，通过改变汽车的外观，如改装前后保险杠、加装导流板和扰流板以及大包围等，从而使汽车更加亮丽、豪华。

2. 个性化的需要

随着社会进步，个性化的发展越显突出。在车身粘贴彩条、彩带以及太阳膜等装饰，给人以丰富的联想和舒适的心理感受，使汽车变得更加时尚、个性化。

（二）内饰美容的必要性

1. 美化内饰环境的需要

环境对人会产生重要的生理及心理影响。车室作为爱车族活动的重要空间，整洁的布置、清新的空气显得尤为重要。

2. 拥有健康的需要

汽车内饰中的地毯、座椅、空调风口、后备箱等处，经常接触潮湿的空气或水渍，在特定的环境中，这些地方最易令细菌滋生，使内饰霉变，散发出臭气，不但影响了室内空气质量，更重要的是威胁了人体健康。

3. 延长车辆使用寿命的需要

1）车室的清洁、杀菌、除臭，可以有效地防止各种污物对车室，如地毯、真皮座椅、纤维织物等的腐蚀。另外，使用专门的保护品，对塑料件、真皮及纤维品进行清洁上光保护，可大大延长内饰件的使用周期。

2）发动机清洁翻新作为内饰美容的一部分，它对汽车发动机性能的影响非常大。油泥、灰尘及污物的附着，不但影响发动机的美观，而且还易造成发动机附件的故障，更主要的是影响发动机的散热能力，加速发动机运动副的磨损，使发动机使用寿命降低。

二、外饰与内饰美容的主要内容及特点

（一）汽车外饰美容的主要内容及特点

1. 玻璃的美容护理

这包括清洗、抛光、防雾与防水处理以及玻璃的修补技术。对于风窗玻璃要进行防冰养护及渗水处理。

2. 塑料部件的美容护理

这主要包括塑料件的清洗、打蜡、维修翻新以及塑料件的修补。

3. 不锈钢、电镀件的美容护理

这以镀铬件为主，通常要进行上光保护和维护翻新。

4. 轮胎的美容护理

这包括轮胎的清洗、养护，轮辋的护理以及轮胎的正确使用。

5. 车灯的美容护理

这主要是车灯的护理和转向信号灯罩轻微破损的修复。

（二）汽车内饰美容的主要内容及特点

1. 车室的美容护理

随着汽车产业的发展，人们对车室内的装饰要求也越来越高，车室内真皮/丝绒座椅、顶棚、仪表板、地毯、脚垫、门板等皮、塑料、橡胶、纤维物件，长期使用极易脏污，还会因细菌滋生而产生异味，影响乘驾者的身心健康。

在做一般清洁时，常用的清洁剂中含有水分，久而久之，湿气会使真皮座椅、仪表板、门板等处发霉、变硬、褪色甚至龟裂，丝绒则会收缩脱落，受潮而滋生细菌。长期积垢还会使冷暖风口堵塞，发出异味。针对这些油性或水性的污垢，使用专用清洁保护剂，不仅有美容功效，还有防污抗尘、防水、杀菌除臭等作用。另外，还有皮件、塑料件上光翻新保护剂，能令皮革、塑料恢复原有光泽，并可在表面形成一层保护膜，防止老化。通过吸尘、清理后，采用保护剂或干洗护理剂擦拭与清洁车室、地毯、脚垫、座套等，再喷清洁剂与高温蒸汽消毒，可使车室焕然一新。

2. 发动机的美容护理

发动机作为汽车的动力源，历来被广大车主、维修人员所关注。由于传统的观念，人们把目光的焦点大多集中在发动机维修及传统保养项目上，而对免拆养护，特别是发动机表面的护理缺乏正确的认识。随着近几年汽车美容行业的兴起，国内越来越多的人士把发动机护理的着眼点一分为二，即内部护理（包括燃料与空气供给系、润滑系、冷却系的免拆养护）和外部护理。而这里的外部护理作业，通常被专业人士称为发动机美容。发动机美容作业包括高压水冲洗、表面油污清洁、上光保护、翻新处理等养护工作。

3. 后备箱清洁

后备箱作为汽车内部的重要设施，作为内饰美容的一部分在汽车美容中不容忽视。

第二节 外饰与内饰美容设备、作业用品与材料

一、汽车外饰美容用的主要工具、设备及材料

（一）汽车外饰美容用的主要工具

1. 特种喷涂装饰用的工具

（1）喷涂装饰通用工具 喷涂装饰是汽车外部装饰的主要内容，其所使用的绝大部分工具为喷涂维修中的通用工具。

（2）特种喷涂装饰专用工具——喷漆器 喷漆器主要分为两种，即单作用式和双作用式，如图 5-1 所示。喷漆器适用于从简单到复杂的面漆喷涂。

1）单作用式喷漆器的使用。压下手指控制杆可以得到空气，转动后针调节螺钉可以控

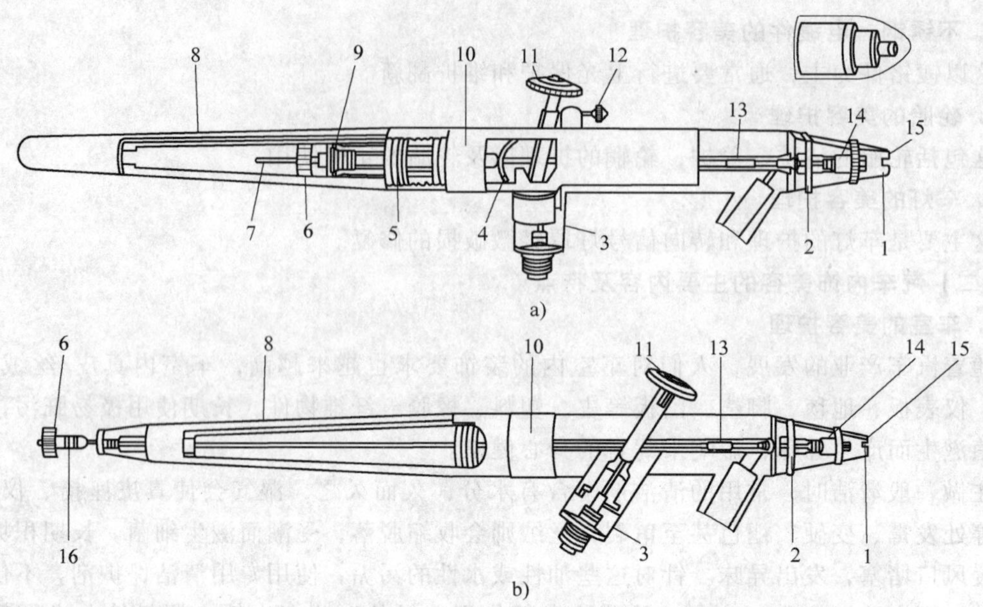

图 5-1 两种类型的喷漆器

a) 双作用式 b) 单作用式

1、15—喷射调节器 2—聚四氟乙烯垫圈 3—阀体 4—后杆 5—针管 6—针夹头 7—针 8—手柄 9—螺旋弹簧 10—外壳 11—扳机 12—调节螺钉 13—针支承（聚四氟乙烯） 14—喷漆器头 16—后针调节螺钉

制喷漆量，但工作时不能改变喷漆量。如果需要改变喷漆量时，则必须先停止喷涂作业，转动后针调节螺钉，才能改变喷漆量。

2）双作用式喷漆器的使用。双作用式喷漆器使用广泛，有多种喷头可供选择，从而进一步提高了多用性。这种喷漆器一般适用于非常精密的喷涂，压下手指控制杆就可以获得空气，把杆拉回就可以喷出适当的油漆量。

喷漆器的压力为34.5～345kPa，正常工作压力为20.6kPa左右。大多数喷漆器的额定排气量为0.02m^3/min。一般将结构紧凑的膜片式空气压缩机与之配套使用。

3）喷漆器的喷涂操作如图5-2所示。

2. 其他外饰美容用的工具

除喷涂装饰外，常用的装饰工具都是汽车维修组装时用的通用工具，如电钻、锤子、活扳手、螺钉旋具、各种钳子等，可根据施工时的具体情况选用。

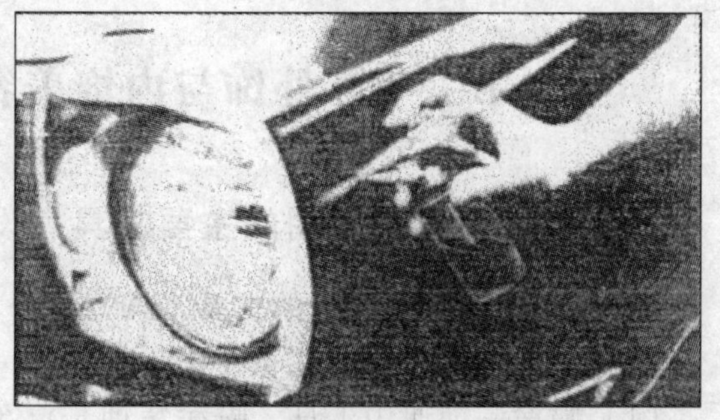

图 5-2 喷漆器的喷涂操作

（二）汽车外饰美容用的设备

1. 喷涂用的通用设备

喷涂用的通用设备主要是空压机、喷枪，以及与喷涂车间配套使用的水、电、压缩空气等动力设施，例如动力电源开关柜、蒸汽锅炉房或蒸汽机、自来水及控制系统等。

2. 维修装饰用的其他机械设备

在汽车装饰中使用的设备还包括与汽车的维修有关的汽车零部件、在装饰时进行拆卸和安装用的机械设备等，例如钻床、电钻、轮胎拆装机、汽车举升机、各种型号的砂轮机、研磨机及抛光机等。这些设备的配制与企业的规模有关，较大的汽车美容装饰企业，其设备也比较齐全。

（三）汽车外饰美容用的材料

1. 喷涂装饰用的材料

（1）主要喷涂材料　为了提高装饰效果，应使用一些具有高性能的涂料进行喷涂，以达到理想的目的。

1）69幻彩超级特别珍珠漆系列。69系列珍珠漆特有超级变幻方式，能使油漆产生特有变幻色彩，使装饰效果更胜一筹。

2）D800双组分镜面清漆、D880双组分高厚膜超级清漆。D800、D880双组分清漆与BC系列磁漆配合使用，喷完BC磁漆之后，再喷上两道D800或D880清漆，可以使车身表面达到优质的镜面效果，提高装饰性能。

3）特种高亮清漆1360、0200。本品为高固型双组分清漆，有极好的流平性，光泽度特别高且硬度好，同时可快速干燥和抛光，适用于大小面积修补及整车喷涂，为名贵轿车高品质喷涂首选。

（2）辅助材料　在喷涂装饰时，除了装饰面漆选择特殊以外，其余用的辅助材料与维修喷涂和美容喷涂时类似，参见汽车维修喷涂施工部分。

2. 其他外饰美容用的材料

在汽车外部装饰材料中，除了油漆以外，绝大部分是塑料、橡胶等材料制作的汽车零部件，例如保险杠、格栅、防撞条、车体板、窗框架、灯框架、散热器固定框等；橡胶制品零部件，主要有轮胎、密封条等；此外还有很少一部分金属或有色金属外部装饰件，例如铝合金的轮毂、车轮装饰条、玻璃窗框、车身装饰压条；不锈钢装饰件有不锈钢脚踏板、旗杆灯的旗杆、门的外把手等。这类材料的比例较小，主要的还是塑料、橡胶及玻璃等。

汽车常用塑料品种及用途见表5-1。

表5-1　汽车常用塑料的品种及用途

代　号	化学名称	设计用途	塑料种类
ABS	丙烯腈-丁二烯-苯乙烯	车体件、前围板、格栅车头灯框	热塑性塑料
ABS/MAT	玻璃纤维增强的ABS	车身板	热固性塑料
EP	环氧树脂	玻璃纤维车身	热固性塑料
EPDM	乙烯-丙烯-二烯-共聚物	保险杠防撞条、车身板	热固性塑料
PA	聚酰胺	车外装饰板件	热固性塑料
PC	聚碳酸酯	格栅、仪表板、透镜	热塑性塑料
PPO	聚苯撑氧	镀铬塑料件、格栅、车头灯框、仪表玻璃框、装饰件	热固性塑料
PF	聚乙烯	内护板、内装饰板、窗帘框架、阻流板	热塑性塑料
PP	聚丙烯	内部镶条、内装饰板、内防护板、散热器、固定框、前围板、保险杠及附件	热塑性塑料
PUR	聚氨基甲酸乙酯	保险杠及附件、前护板、后护板、垫板等	热固性塑料

（续）

代 号	化学名称	设计用途	塑料种类
PVC	聚氯乙烯	内装饰件、软垫板	热塑性塑料
RIM	聚氨基甲酸乙酯	车身件、保险杠及附件	热固性塑料
RRIM	增强的聚氨基甲酸乙酯	车身护板	热固性塑料
SAN	苯乙烯-丙烯腈	内装饰板	热固性塑料
TPR	热塑橡胶	窗帘框架等	热固性塑料
TPUR	聚氨基甲酸乙酯	保险杠及附件、砾石挡板、垫板、软仪表玻璃框	热塑性塑料
UP	聚酯	玻璃纤维车身板件	热固性塑料

二、汽车内饰美容用的主要工具、设备及材料

（一）内饰美容中常用的工具

内饰美容工具主要包括扳手、旋具、钳子、锤子等一些通用工具，以及尺子和刀具等手工工具（参见附录 B）。

（二）内饰美容中常用的设备

1. 内饰美容的通用设备

（1）蒸汽供给系统　在内饰中常需用蒸汽，在装饰车间内应有蒸汽供给系统，这个系统的设备必须保证装饰所需的蒸汽供给及质量。

（2）压缩空气供给系统　压缩空气是装饰中常使用的一种动力，在装饰车间内必须有压缩空气设备及供给系统，以保证供给必要的压缩空气。

（3）水、电供给系统　装饰工作离不开水、电，在装饰车间内必须有水、电的供给系统，保证装饰所用的水、电供给。

2. 动力设备

（1）气动旋具　气动旋具有如下特点：

1）灵活性强。气动旋具运转时不发热，速度和力矩可变化，不会因超负荷或失速而造成损坏。另外，它的结构紧凑，安装和使用空间较小，灵活性强。

2）气动旋具较轻，有助于提高生产率。

3）使用安全。气动旋具在有些环境中可减少火灾的危险，而电动旋具的火花在有的施工环境里是不允许的。

4）操作和维修费用低。由于气动旋具及设备的组成零件较少，所以气动旋具和设备的维修工作量也较少，而且气动旋具的价格也低于与之等效的电动旋具。

气动旋具与电动旋具最大的不同之处是，气动旋具始终在冷态下运转，即使经常使用也不会烧坏。气动旋具可用于各种类型的螺钉拆装。

气动旋具把柄分为直柄式和枪把式两种，如图 5-3 所示。

（2）手提式真空吸尘器　真空吸尘器在汽车装饰和翻修中是常用的主要设备，主要用于清除车内的尘土及微型异物。

真空吸尘器分为两种类型：①干式真空吸尘器，在维修装饰厂中常用；②湿/干式真空

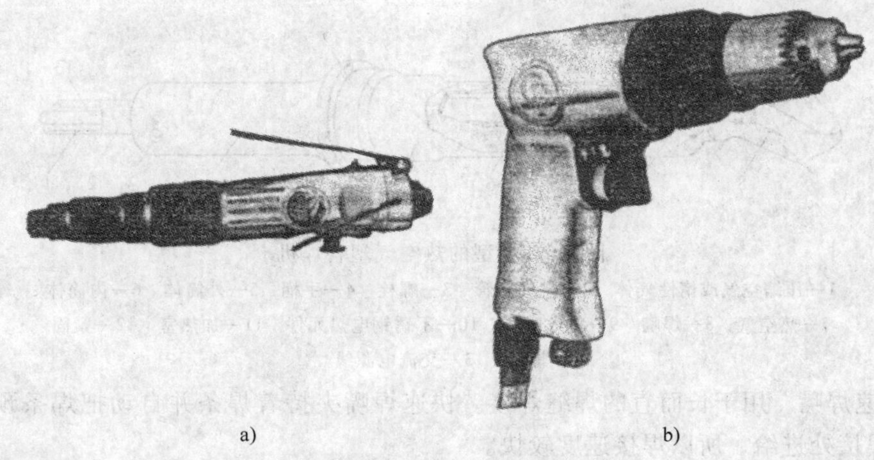

a)　b)

图 5-3　气动旋具类型

a）直柄式　b）枪把式

吸尘器，具有 20～30gal 的容量，在大多数维修装饰厂中常用。

在汽车装饰清洗时，最常用的是手提式真空吸尘器，如图 5-4 所示。

（3）热风枪　热风枪在汽车美容装饰和维修中有许多用途，是不可缺少的设备。它可用于所有乙烯树脂车顶的装饰和维修，也可用于其他塑料件的装饰和维护。例如面板的热压装配作业和快速干燥。在粘贴施工中，为加速胶粘剂的固化，采用热风枪加热，可提高粘接速度和质量。典型的热风枪如图 5-5 所示。

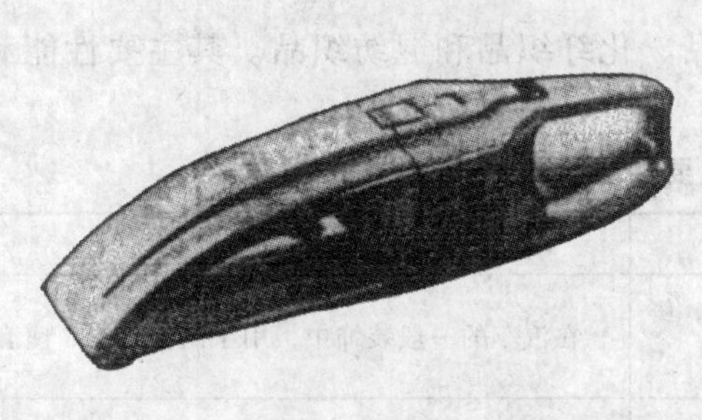

图 5-4　手提式真空吸尘器

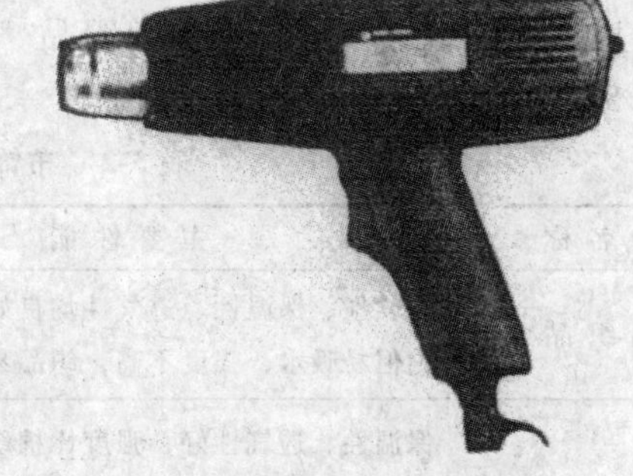

图 5-5　典型的热风枪

（4）热空气塑料焊机　热空气塑料焊机是采用陶瓷或不锈钢制成的电热元件来产生热空气（232～343℃），通过喷嘴喷到塑料上。空气由车间的压缩空气系统供应，不可使用氧气或其他可燃气体。这种热空气塑料焊机的焊炬筒体相当热，若皮肤长时间与热空气直接接触就会导致烧伤。焊炬与焊条一起使用，焊条直径一般为 5mm 左右。典型的热空气塑料焊机如图 5-6 所示。

塑料焊机最常用的焊嘴有以下三种形式：

1）定位焊嘴。在焊接前需把断开部位定位粘合。如果定位不准，还可很容易地把粘合焊缝断开，重新对准粘合。

2）拐角焊嘴。用于填充小孔，也可用于短程焊接、难以施焊位置的焊接以及空间狭窄或特别尖锐拐角处的焊接。

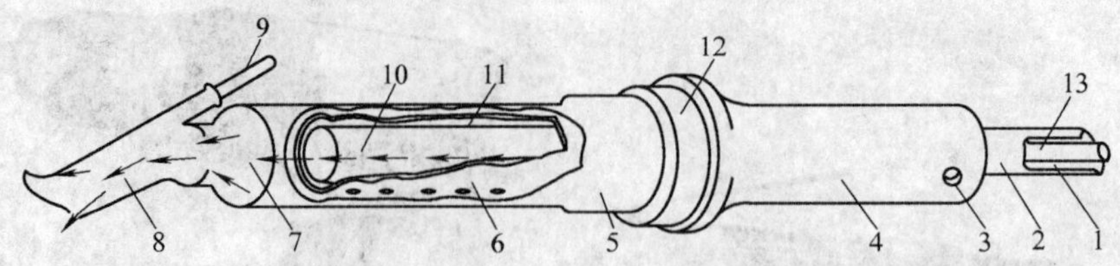

图 5-6 典型的热空气塑料焊机

1—压缩空气或惰性气体 2—空气软管 3—螺栓 4—手柄 5—外筒体 6—内筒体 7—热空气 8—焊嘴 9—螺纹喷嘴 10—不锈钢电热元件 11—加热室 12—紧固螺母 13—交流电源线

3）快速焊嘴。用于长而直的焊缝焊接。快速焊嘴夹持着焊条并自动把焊条预热，然后将焊条向焊接处进给，所以焊接速度较快。

（5）缝纫机 在装饰中，对纺织用品、塑料皮革制品，有相当一部分需要进行裁剪缝制，所用的主要设备是缝纫机。对缝纫机要求较高，一般应以电为动力，要求吃厚能力要足够，这是与一般家庭用缝纫机的最大区别。所以，缝纫机的吃厚能力是一个重要的技术指标。

（6）电动裁剪机 单件生产装饰品时，一般采用手工剪刀进行裁剪。当成套生产时，为了提高生产率，应采用电动裁剪机进行裁剪，有时将同类的十余件重叠起来，一次裁剪出十余个单片。

（三）内饰美容中常用的材料

1. 布饰面料

按其原料的组成，可分为纯棉织品、纯毛织品、化纤织品和混纺织品。其主要性能和用途见表 5-2。

表 5-2 布饰面料的主要性能和用途

品种名称	主要性能	用途
纯棉织品	柔软性、保温性、透气性均良好，易涂色，鲜艳；但易吸水，强度不高，织品易变形	在汽车的一般装饰中，用于制作座垫、座套等
纯毛织品	保温性、透气性好，强度比棉织品高；但不易着色，易遭虫咬，易变形，不易清洗，定型温度高	是汽车装饰的主要材料，可制作顶盖、内护面内衬、面内衬、座套、座垫及地毯等
化纤织品	强度高，寿命长，易清洗，定型后不易变形，织品挺括，易着色；但保温性、透气性差，有的着色性也差	是汽车装饰的主要材料，可制作顶盖、内护面的内衬装饰，也可制作座垫、座套、地毯等
混纺织品	以棉、毛和化纤为原料，按一定的比例制成。具有上述单原料的优点，综合性能良好，在一定程度上克服了相应的不足	是汽车装饰的主要材料，可制作内衬装饰，也可制作座套、脚垫、窗帘等装饰品

2. 皮革面料

皮革面料是由动物的皮经加工而成的面料，主要有牛皮、羊皮和猪皮等。皮革面料是汽车装饰中的高级装饰面料，在高级豪华的轿车装饰中，驾驶室座椅、仪表板、顶盖内衬、车身内护面，甚至车顶的外护面，都采用优质的黄牛皮面料进行装饰。车内的一些附件，如转向盘、把手、安全拉手等都用真皮面料进行装饰。

3. 橡胶装饰材料

（1）橡胶的分类 橡胶分为天然橡胶和合成橡胶两大类。合成橡胶主要有丁苯橡胶、丁腈橡胶、丁基橡胶和氯丁橡胶等。

（2）橡胶在汽车上的应用 橡胶制品在汽车上用得很多，主要用于汽车轮胎、电线电缆、密封胶垫、密封条、汽车垫板、胶粘剂等。

4. 塑料在装饰中的应用

目前在汽车装饰中，应用的塑料主要有聚氯乙烯（PVC）、聚丙烯（PP）、丙烯腈、丁二烯、苯乙烯（ABS）、酚醛塑料（PF）、聚氨酯泡沫塑料（PU）等。

5. 金属材料

金属材料一直是汽车制造业的最主要用材，然而随着高分子材料的发展，以及对汽车轻量化、安全性要求日益提高，高分子材料在汽车制造用材中已占据了一席之地，其发展速度非常快，相应的金属材料所占比例也就下降得较快。

6. 胶粘剂

目前，市场上的胶粘剂种类很多，性能和使用条件都不一样，所以选择的余地较大。为了选好更适合的胶粘剂，现将比较好的选用实例介绍如下，见表5-3。

表5-3 胶粘剂的选用实例

被粘接材料	选用胶粘剂	被粘接材料	选用胶粘剂
合金钢	203、204、J-08、J 03	环氧玻璃钢	202、J-08
不锈钢	202、PBI、J-∞、105	酚醛玻璃钢	J-01、J-08
耐热钢	201、202、301	聚酯玻璃钢	J-01、J-08
碳钢	502、PBI、新 KH-501	泡沫塑料	J-08、JO-2、乌利当、熊猫 202
软钢	乌利当	金属蜂窝	灿、J-01 J-03 J-08
铝合金	203、301、GXA-2、聚酰亚胺	非金属窝	204、J-08
镁合金	204、J-01、J-08	天然橡胶	JQ-1、XY103
钛合金	204、J-08、J-（19）、聚酰亚胺	氯丁橡胶	XY401、XY402、JQ-△
黄铜	201、202、203、PBI	丁腈橡胶	XY501、XY502、XY503、JQ-1
纯铜	203	硅橡胶	rDc 1、GPS 2
有机玻璃	BS-1、301、乌利当	氯磺化聚乙烯	JX-Ⅱ
聚碳酸酯	301、乌利当、HY-914-Ⅱ	天然橡胶布	XY101、XY102、XY103、XY403
聚甲醛	乌利当	氯丁橡胶布	XY403、XY503
ABS 塑料	301	赛璐珞	J-02
尼龙	JX-6	玻璃	乌利当、新 KH-501
聚苯乙烯	301	陶瓷	乌利当、502
聚四氟乙烯	F-4G、I-3（B）、F-1、F-2	木材	皮胶、骨胶、酪胶粉、乌利当
硬聚氯乙烯	203、301、乌利当、JQ-2	皮革	乌利当
软聚氯乙烯	698-1、JQ-2	人造革	乌利当
聚酯薄膜	乌利当、聚酯胶	棉布	JSF-6、聚氨酯胶膜
聚乙烯薄膜	乌利当	帆布	JX-6
酚醛塑料	201、202、203	玻璃纤维制品	XY-504、JX-6

第三节 汽车美容用清洗剂

一、汽车清洗剂的除垢机理

（一）汽车的污垢分析

汽车及其零部件的污垢包括：外部沉积物、润滑残留物、碳化沉积物、锈蚀物、积炭和老漆层的残留物。

由于这些污垢各有不同的性质，因此从表面清除它们的难易程度也不同。污垢往往具有很高的附着力，它牢固地附着在零件的表面。

1. 外部沉积物

外部沉积物可以分为尘埃沉积物和油腻沉积物。当尘埃颗粒的含量增加时，它在金属表面的凝聚和沉积也就加快。在潮湿的空气中，由于吸附的水膜会提高尘粒间的附着力，从而使尘粒加速凝聚，尘粒固着在表面上的牢固程度取决于表面的清洁程度、尘粒的大小和空气的湿度。

油腻沉积物是由于污泥和尘埃落到被润滑油污染了的零件上而形成的，也可能是由于润滑油落到了被污泥所污染的表面上，此时润滑油浸透污泥。

2. 润滑残留物

润滑残留物是发动机最常见的污垢。在使用汽车时，润滑材料经受急剧变化，发生“老化”、氧化和聚合。但要从长期工作的润滑介质中的零件表面上，清除润滑残留物是比较困难的。

3. 碳化沉积物

产生在发动机上的碳化沉积物可以分为：积炭、类漆沉积物和沉淀物。积炭是坚硬的碳化物，它集聚在发动机零件上。类漆沉积物是在活塞环区域内构成的薄膜，同时也出现在活塞裙部和内壁上。沉淀物是沉积在壳体壁、曲轴颈、齿轮、机油泵、滤清器和润滑油道中的油泥凝结物。在发动机内产生碳化沉积物的主要原因是由于碳氢化合物的热氧化作用。随着润滑油和燃油氧化程度的增长，氧化产物中的含氧酸、炭质沥青和碳化物的数量也随之增加。

4. 积炭

积炭的形成主要是由于燃油和润滑油在高温区燃烧而形成硬的、没有粘性的炭粒。在较低温度的区域内，润滑油氧化和浓缩的变化不很剧烈，此时形成粘稠的高分子化合物。这些化合物沉积在零件上，形成薄薄的一层漆膜，这种漆膜具有使燃烧后的燃油和润滑油的炭粒子固着在自己表面上的能力。这些粒子的逐渐凝结就构成碳化沉积物（积炭）。

根据发动机的结构、使用条件、所用燃油和润滑油的性质不同，积炭就有不同的化学成分。在汽车发动机中，积炭的主要成分是：炭质沥青和碳化物（质量分数为30% ~70%），润滑油和焦油（质量分数为8% ~30%），剩下的为含氧酸和灰等。因此，积炭大部分由不溶的或难溶的成分组成，所以难以清除。

5. 锈蚀物

锈蚀物是由于金属和合金的化学或电化学破坏而形成的。在钢铁零件表面很容易形成微红褐色的薄膜——氧化铁的水化物（铁锈）。氧化物的水化物易溶于酸中而只微溶于碱和水中。铝件同样会生锈，它的产物为灰白色薄膜，即氧化铝或氧化铝的水化物。

如果这些污垢不及时清除，不仅影响到汽车的外观，还会诱发腐蚀或损伤。因此汽车清洗对保持车容美观以及延长车辆使用寿命有着重要的作用。

（二）清洗剂除垢机理

清洗剂除垢包括润湿、吸附、溶解、悬浮、去污五个过程。

1. 润湿

当清洗剂与汽车表面上的污垢质点接触后，由于清洗剂溶液对污垢质点有很强的润湿力，使被清洗物的表面很容易被清洗溶液所润湿，并促进它们有充分的接触。清洗溶液不仅能润湿污垢质点表面，而且能深入到污垢聚集体的细小空隙中，使污垢与被清洗表面结合力减弱、松动。

2. 吸附

清洗剂中的电解质形成的无机离子吸附在污垢质点上，能改变对污垢质点的静电吸引力，并可防止污垢再沉积。清洗汽车外表面时，既有物理吸附（分子间相互吸引），又有化学吸附（类似化学键的力相互吸引）。

3. 溶解

使污垢溶解在清洗剂溶液中。

4. 悬浮

清洗剂中的表面活性物质能在污垢质点表面形成定向排列的分子层，进一步增强了去污能力。从清洗剂的基本结构上看，在其分子内有两个部分：一部分是由长的碳氢链组成，它在油中溶解而在水中不溶解；另一部分是水溶性基因，它使整个分子在水中能够溶解而发生表面活性作用。这种分子又称极性分子，分子中油溶性部分称为亲油基或憎水基，水溶性部分称为亲水基或者憎油基。表面活性物质分子与污垢质点接触后，其憎水的一端会吸附在污垢质点上，而亲水的一端与水结合在一起，这样吸附在污垢质点周围定向排列的分子就起了桥梁作用，使污垢质点和周围的水溶液牢固地联结在一起，使憎水性污垢具有亲水性质，表面上的污垢脱落后，悬浮于清洗剂中。

5. 去污

最后用高压水枪将污垢冲掉。

通过这种润湿→吸附→溶解→悬浮→去污的过程，不断循环，或综合起作用，可以将汽车表面上的污垢清除掉。

二、汽车清洗剂的主要成分

1. 表面活性物质

表面活性物质亦称表面活性剂或界面活性剂，是一类能显著降低液体表面张力的物质，是清洗剂中不可缺少的成分。汽车清洗剂中的表面活性物质主要有软肥皂和合成清洗剂。

表面活性物质在水中溶解能力不同，对清洗质量影响较大。易溶的活性物质在溶液中是以分子状态存在的。因为这些物质形成的吸附层不坚固，乳浊液的珠滴会很快地聚合起来，而使污垢又重新沉淀在被清洗的表面上。

除软肥皂和合成清洗剂外，常用的表面活性物质还有油酸、三乙醇胺、醇类等。

2. 水玻璃

水玻璃的化学名称叫硅酸钠。它在清洗剂中的主要作用是能够使溶液的 pH 值几乎维持不变。在清洗过程中，酸性污垢必定耗用碱盐，水玻璃维持溶液碱性的缓冲效果约为其他碱盐的两倍，因此能降低清洗剂的消耗。水玻璃具有很好的悬浮能力和稳定悬浮系统的能力，这一能力是水玻璃和活性物质同时使用时能提高去污能力的重要因素。

3. 磷酸盐

磷酸盐有磷酸三钠、磷酸氢二钠和缩合磷酸钠等多种。在清洗剂配方中缩合磷酸盐最为重要。磷酸三钠又称正磷酸钠，它的1%溶液在室温时的 pH 值为12。由于它的碱性太强，在清洗剂中用量不能太多。在配方中它能增加清洗剂溶液的润湿能力，有一定的乳化能力，但它主要的作用是软水作用。

4. 碱性物质

附着在金属表面的油脂，大体上可分为动、植物油和矿物油脂两大类。前者是脂肪，它和氢氧化钠一起被加热时会发生皂化反应，结果生成肥皂和甘油。这些产物都溶于水，此时生成的碱皂是极性分子，极性端被水所吸引，非极性端被油所吸引，因此溶剂的表面张力降低，油和溶液完全接触，溶液可以渗透到油的内部，油脂膨胀并被溶液润湿，从而使它和金属间的附着力减少，最后变成微小的颗粒而分散在溶液中发生乳化。

5. 溶剂

溶剂是表面清洗剂的主体，它连同表面活性剂等添加剂一起，共同对污垢起化学反应，达到清洗除垢的目的。溶剂主要有水基溶剂和油基溶剂两种，水基溶剂主要是水，油基溶剂主要有汽油、煤油、松节油等。

6. 摩擦剂

摩擦剂是增加与清洗表面接触、摩擦的物质，如硅藻土等。

三、车表清洗剂的自制方法

汽车表面清洗所用的清洗剂大多是水基型清洗剂，即以水作清洗剂的基体，配以一定比例的清洗剂，在一定喷射压力下进行清洗，有时也应用一些油基清洗剂。部分车身表面清洗剂配方见表5-4。

表5-4 部分车身表面清洗剂配方

序号	主要成分	配比（%）（质量分数）	备注
配方一	碳酸钠 磷酸三钠 磷酸氢二钠 水玻璃 软皂 水	5 1.25 1.25 2.5 5 1000	
配方二	三乙醇胺 油酸 硅藻土 煤油 酒精 水	0.5L 2.5L 1kg 10L 2L 50L	

（续）

序　号	主要成分	配比（%）（质量分数）	备　注
配方三	直链烷基苯磺酸钠 辛烷基酚聚氧乙烯醚 乙二醇丁醚 水	5 1 1 93	
配方四	乙二胺四乙酸（EDTA） 氟化烷基羧酸钾 水	10~40 0.02~2 余量	用此剂清洗，表面干净、发亮，不用再加蜡抛光，也不会伤损汽车表面。使用时，每份加水10~40份
配方五	焦磷酸钠 烷基醚基磷酸酯 烷氧基化脂肪醇 两性表面活性剂 丁氧基乙醇 醇 含氟表面活性剂 二甲苯磺酸钠 铬酸钠 水	20 2.7 2 5 2 0.03 0.05 11 0.1 57	作为喷淋汽车外表的清洗剂
配方六	磷酸甲酯 甲羟基磷酸 乙氧基（10mol）化壬基酚 烷基磺酸钠 水	20 5 5 5 65	
配方七	壬基酚聚氧乙烯醚 聚氧乙烯脂肪胺 四氯乙烯	1 4 95	此剂可除去焦油和各种油污，且能防火
配方八	磷酸（85%） 乙酸乙酯 水	10 10 80	此剂可除去玻璃和金属表面的油污和无机沉积物
配方九	矿物油 油酸 三乙醇胺 水 硅藻土粉	6100 566 226.4 22800 148.5	汽车车厢擦壳去污剂；将矿物油与油酸混合均匀，加入三乙醇胺和水组成溶液，搅拌均匀，再加硅藻土充分搅拌即可
配方十	C10—C18链烷磺酸二乙基胺盐 脂肪醇—聚环氧乙烷 异丙醇 轻油	12 3 4 81	此剂适于清除在崎岖不平的乡间道路上行驶的卡车受热部件的污物（焦油、泥土、金属腐蚀物等）

四、汽车室内清洗剂的自制方法

汽车室内表面主要指驾驶室、客车车厢的表面、座椅及内饰、电镀及铝件、塑料、橡胶等，其主要污垢是各类油污。所以，清洗剂主要是油性清洗剂，其中表面活性剂为主要成分。汽车室内清洗剂配方主要有以下三种：

配方一：将硅酸钠、合成清洗剂、油酸甲氧基甲酯酸和水，按质量比 40:4:20:1000 混合配制。

配方二：将偏硅酸钠、氢氧化钠、磷酸三钠、阴离子表面活性剂，按质量比 50:25:20:5 调配，该种清洗剂是一种碱性清洗剂。

配方三：将硅酸盐、碳酸钠、磷酸三钠、三聚磷酸钠、表面活性剂以及其他钠盐，按质量比 48（10）:7（7）:30（49）:10（15）:5（4）:（15）混合调配，该种清洗剂也是一种碱性清洗剂，其中括号外配比为钢铁用，括号内配比为铝用。

五、风窗玻璃清洗剂的自制方法

部分汽车风窗玻璃清洗剂的配方见表 5-5。

表 5-5 部分汽车风窗玻璃清洗剂配方

序号	主要成分	配比（%）（体积分数）	备注
配方一	工业乙醇	50	
	十二烷基苯磺酸三乙胺盐	1.4	
	正磷酸	1.7	
	二乙醇胺	1.0	
	水	45.9	
配方二	仲烷基磺酸钠	9.7	将此剂放于附配在刮水器上的多孔储器内与雨水接触时能缓慢溶解，提高刮水片清洁风窗玻璃的效果
	烷基醚硫酸盐	16.3	
	乙氧基化牛脂醇	0.4	
	烷基二甲基氧化胺	0.6	
	乙二胺四乙酸钠	0.3	
	聚乙二醇	0.6	
	亚磷酸酐—丁醇—乙二醇反应物（物质的量 1:2:2）	2.7	
	焦硅酸钠	4.5	
	焦磷酸钠	2	
	聚磷酸盐（68% P_2O_3）	62.7	
配方三	碳酸钙	4~11（100g）	①“配比”栏括号内数字为最佳值 ②使用时，将 50g 浮石粉加到 800mL 水中，搅拌成均匀乳液；再加碳酸钙搅拌成乳液；然后加 250mL 乙醇、24mL 润湿剂搅匀
	浮石粉（二氧化硅粉）	1.7~6（50g）	
	水	47~77（800mL）	
	乙醇（或甲醇、异丙醇）	8~38（250mL）	
	润湿剂（丙二醇—乙二醇脂肪限聚合物）	0.5~4（24mL）	

（续）

序　号	主要成分	配比（%）（体积分数）	备　注
配方四	水溶性聚磷酸盐（P_2O_5 小于68%） 碳酸氢钠 柠檬酸 C13～C18 烯基磺酸盐 三聚磷酸钠 硫酸钠	35 23 22 5 7.5 7.5	各组分混合后制成片状清洗剂，用于清洗汽车风窗玻璃，不损伤金属、塑料、橡胶件或油漆表面
配方五	异丙醇 水 羧甲基纤维素钠 净化剂	20 80 1 0.75	①　净化剂为氨水和石炭酸，混合后pH值呈弱碱性，有利储存 ②　将水和异丙醇按配方量配制成水溶液，加入羧甲基纤维素钠和净化剂，搅拌均匀。使用时，根据需要，加水稀释，加水量通常为擦净剂的5～100倍

第四节　车　　蜡

一、车蜡作用

汽车打蜡主要是为了保持车身漆面亮丽整洁，保护车漆。但许多驾驶员或车主对此有片面的认识，要么频繁打蜡，要么干脆不打，还有的认为，车蜡越贵越好，专挑进口车蜡使用。其实这些做法都是不恰当的。车身打蜡是汽车表面护理中的一项重要作业。车蜡在保护车身漆层的同时，还可使车漆表面保持亮丽的光泽。

车蜡的主要功用表现在以下几个方面：

(1) 防水作用　车蜡能使车身漆面上的水滴附着减少60%～90%，高档车蜡还可使残留在漆面上的水滴进一步平展，呈扁平状，最大限度地减少水滴对阳光的聚焦，使车身免受侵蚀和破坏。打上去的蜡所产生的效果是，水滴会形成近似球状，不易产生透镜效应，可以有效地抑制因太阳光照射而造成的水痕。汽车属于室外用品，经常暴露在空气中，免不了风吹雨淋，运行环境复杂，容易受到有害气体、有害灰尘及水分等具有腐蚀性物质的侵蚀。当水滴存留在车身表面，在天气转晴，强烈阳光照射下，每个小水滴就是一个凸透镜，在它的聚焦作用下，焦点处温度达800～1000℃，造成漆面暗斑，极大影响了漆面的质量及使用寿命；有害气体和有害灰尘也会造成车漆变色老化。另外，水滴易使暴露的金属表面产生锈蚀。车蜡可在车漆与大气之间形成一层保护层，将车漆与有害气体、有害灰尘有效地隔离，起到一种屏蔽的作用。高档车蜡可使水滴附着减少90%以上，这样，大大降低了车身遭受侵蚀的可能性，最大限度地保护了漆面。

(2) 上光作用　上光是车蜡的最基本作用之一。经过打蜡的车辆，都能不同程度地改善其漆面的光洁程度，使车身恢复亮丽本色。汽车的车身面漆等于汽车的外衣，一辆车看上去是新还是旧，很大程度上取决于它的车漆，因此对车漆的护理十分重要。车蜡是用来保护车漆，同时又可美观车漆的专用品。

（3）抗高温作用　车蜡的抗高温作用原理是对来自不同方向的入射光产生有效反射，防止入射光使面漆或底色漆老化变色，延长漆面的使用寿命。

（4）防紫外线作用　其实，车蜡防紫外线作用与它的抗高温作用是并行的，只不过在日光中，由于紫外线的特性决定了紫外线较易于折射进入漆面。防紫外线车蜡充分地考虑了紫外线的特性，使其对车表的侵害得以最大限度地降低。

（5）防静电作用　汽车静电的产生主要有两个来源，一方面是纤维织物，如地毯、座椅、衣物等的摩擦产生的：另一方面是由于汽车在行驶过程中，空气中的尘埃与车身金属表面相互摩擦产生的。由于静电的作用，会使灰尘附着于车身外表，无论是哪种原因产生的静电，都给驾乘人员带来诸多不便，甚至造成伤害。给汽车打蜡，在车身表面与空气流之间形成一层隔离层，从而减小静电影响。车蜡防静电作用主要体现在车表静电的防止，其作用原理是隔断尘埃与车表金属摩擦。通过打蜡隔断空气及尘埃与车身漆面的摩擦，不但可有效防止车表静电的产生，还可大大降低带电尘埃对车表的附着。由于涂覆蜡层的厚度及车蜡本身附着能力不同，它的防静电效果有一定的差别，一般防静电车蜡在阻断尘埃与漆面摩擦的能力方面优于普通车蜡。车身打蜡对消除或减小静电影响，使车身保持整洁具有重要作用。

（6）研磨抛光作用　当漆面出现划痕时，可使用研磨抛光车蜡。如划痕不是很严重，抛光和打蜡作业可一次完成。

车蜡除了具有上述功用外，还具有防酸雨、防雾等功能。

二、常用车蜡的种类

（一）车腊的分类

蜡是涂装作业和汽车美容不可缺少的材料，市场上可供使用的蜡种类繁多。传统汽车打蜡是以上光保护为主，而今随着汽车美容业的发展，汽车打蜡被赋予新的内涵，即研磨蜡的出现及日益广泛的应用。车蜡的主要成分是聚乙烯乳液或硅酮类高分子化合物，并含有油脂成分。但由于车蜡中含有的添加成分不同，使其物质形态及性能上有所区别，进而划分为不同的种类。因此，使用时必须根据不同的使用目的，进行适当地选择。

1. 按物理状态不同分类

车蜡按其物理状态的不同可分为固态蜡、半固态腊、液态蜡和喷雾蜡四种。这些车蜡的粘度越大，光泽越艳丽、持久性越强，但去污性越弱，而且打蜡操作越费力。相反，粘度越小的车蜡越便于使用，但持久性越弱。在日常作业中，液体蜡应用相对较广泛，如龟牌蜡、即时抛等。

2. 按生产国别不同分类

车蜡按其不同生产国，可大体分为国产蜡和进口蜡。目前国内汽车美容行业中使用的中高档车蜡，绝大部分为进口蜡，低档蜡中国产蜡占有较大的份额。常见进口车蜡多来自美国、英国、日本、荷兰等，例如美国龟博士系列车蜡、英国特使系列车蜡和美国的普乐系列车蜡等。国产车蜡最常用的如即时抛等。

3. 按其作用不同分类

车蜡按其作用不同，可分为防水蜡、防高温蜡、防静电蜡及防紫外线蜡多种。

4. 按装饰效果不同分类

车蜡可分为无色上光蜡和有色上光蜡。无色上光蜡主要以增光为主，有色上光蜡主要以增色为主。

5. 按其功能不同分类

车蜡按其主要功能分为上光蜡和抛光研磨蜡两种。国产上光蜡的主要添加成分为蜂蜡、松节油等，其外观多为白色或乳白色，主要用于喷漆作业中表面上光。国产抛光研磨蜡主要添加成分为地蜡、硅藻土、氧化铝、矿物油及乳化剂等，颜色有浅灰色、灰色、乳黄色及黄褐色等多种，主要用于浅划痕处理及漆膜的磨平作业，以清除浅划痕、桔皮纹，填平细小针孔等。

（二）常见车蜡及其使用

1. 美容粗蜡（砂蜡）

对于车身漆面的尘粒、桔皮纹、流涂、砂纸痕、漆面失光、光泽减退、汽油痕迹、水斑点和酸雨滴等缺陷，经过修饰研磨后，配合使用本类产品，可使漆面恢复光泽。

2. 抛光白蜡

这是一种含幼质研磨砂（滑石粉）的抛光剂。使用方法：一般使用于手工抛光或镜面蜡机械抛光处理。

3. 镜面抛光剂

具有优良的消除粗蜡、白蜡（中蜡）所产生的抛光蜡痕，使漆面产生明亮如镜的光泽。使用方法：施工时配合使用软质海绵抛光盘，可用于所有漆类、各种颜色面漆，使用抛光机效果最佳。

4. 镜面釉蜡

内含高分子特殊树脂，能形成一层坚硬光亮的保护膜。

使用方法：使用幼质抛光剂进行抛光后，清除漆面残留物，将本产品均匀涂在漆面上，待2～3min后，再用手工或抛光机进行抛光。有较强的耐清洗、抗磨能力，且可保光1年以上，还可抵抗高温和酸性物质对漆面的损坏，使汽车历久常新。

5. 增艳蜡

增艳蜡内含超微细研磨剂、天然蜡及镜面光蜡成分，使汽车车身漆面能很快地去污、去氧化膜、去水渍，并且很快覆盖一层光滑、强韧的保护膜，使汽车漆面亮丽光滑，并可防紫外线、静电粉尘，减少水渍与酸雨等对漆面的影响。

使用方法：最好使用特级软质海绵抛光盘进行抛光。

6. 巴西棕榈蜡

这是在南美大量生产的椰子中提取的一种天然蜡的名字。越高级的蜡中这种成分的含量越高，也有含量100%的产品，它最大的特色是光泽自然。所以，漆面抛光护理的最后一道工序，是涂上一层蜡，完成最后的漆面保护。

使用方法：用特级软质海绵蘸少量天然蜡均匀地擦涂，经过一段时间待蜡呈现白色（即开始干燥）时，再用软布擦拭干净。

（三）几种常用品牌车蜡

1. 英特使车蜡

英特使玫瑰红镜面蜡：本品由人工蜡和天然蜡混合而成，适于新车及金属漆面轿车，能够在漆面上形成两层蜡膜，上层能抵御紫外线和含酸碱雨水的侵蚀，下层能对漆面添加油分，养护漆面，并能防御有害物质的渗透。抛光后使用本品效果更好。

英特使钻石镜面蜡：本品是一种高级美容蜡，1996 年巴黎国际汽车用品博览会上被评为四星级车蜡，它具有钻石般高贵品质，含巴西天然棕榈蜡及特别色彩增艳剂，用后可防止各类有害物质对漆面的侵害，车身光如镜面，且能长时间保留，适于各种颜色的高级轿车。

绿宝石金属蜡：本品是由各不相同的蜡提取物及含无毒研磨剂聚合物组成的特别混合物，用后车身可迅速光亮，耐清洗，并延长漆面寿命，适于金属漆车身表面。

红景天三重蜡：本品是由三种不同蜡提取物高度熔炼而成，是多种独特品质的组合产品，无论车漆表面干燥或湿润均可使用，且可一次性抛光整个漆面，省时省力，甚至在曝晒的环境下作业也不会严重影响其效果。本蜡防护功能卓越，可耐受各种清洗剂清洗，保持时间长，适于各种高级轿车。

2. 冈底斯车蜡

汽车水晶蜡：本品耐磨、透明，不易被分解，长时间保持车漆光亮如新，抗紫外线，耐酸雨，防油污、沥青等。使用时只需薄薄涂一层，立刻光彩照人，较一般车蜡持久 5 ~ 10 倍。

汽车水彩蜡：本品能使漆面很快去污、去氧化膜及水渍，并覆盖一层光滑、坚韧保护膜，具有清洁、保养、抗氧化等功效。使用后，汽车表面亮丽光滑，并可防紫外线、静电、酸雨等对漆面的影响。

汽车漆面用粗蜡：本品用于漆面瑕疵研磨处理，能去除漆面细尘粒、砂纸痕、轻微氧化失光、柏油、酸雨痕等，并有抛光之功效，可使漆面恢复如新。更严重的深划痕可配合砂纸使用，并可使用羊毛轮进行研磨。

汽车镜面抛光蜡：本品主要用于处理一般粗蜡、细蜡抛光后遗留的抛光痕，处理后漆面能产生镜面反射光泽，且保持时间长，是一种品质优良的抛光机用镜面抛光剂。

3. 普乐车蜡

P24 普乐全牌蜡：本品是一种添补增光剂，可以去除轻度氧化层，还可去除抛光后形成的轻微痕迹和涡旋。

P47 普乐素色车增光蜡：本品是抛光研磨蜡，可快速完成清洁抛光和上蜡作业，省时省力。

三、车蜡的区别

车蜡按其作用性能和制造工艺又可细分为一般保护蜡和高级美容蜡。

一般保护蜡是由蜡、硅、油脂等成分混合而成的，属于油性物质，它可在漆面形成一层油膜而散发光泽。但由于油膜与漆面结合力差，保护时间较短，这种蜡常常因下雨或冲洗等因素流失，有时甚至附着在风窗玻璃上，而形成油垢。另外，存留在车蜡上的水滴一般呈半球状，会产生透镜作用，聚焦太阳光以致灼伤漆面。

高级美容蜡含有特殊材料成分，不论用水冲洗多少次，一般都不会流失，也不用担心光泽在较短时间内失去；施工后车蜡表面水滴呈扁平状，透镜作用不明显，有效地保护了漆面。高级美容蜡外观效果非常好，但价格有些高，特别是水晶蜡、钻石蜡等。因为这类车蜡除了具有一般保养蜡功能外，它还含有一种活性非常强的渗透剂，能使车蜡迅速渗透于漆层内，它特殊的分子结构，可以和漆面之间产生牢固的结合力，上蜡后的漆面看起来浑然一体，效果颇佳。另外，高级美容蜡一般要经过许多道复杂的前处理工序，即使是新车上水晶蜡，也要经过清洗、风干、蓝粘土处理等多道工序，所以，技术含量高，效果一流，持久耐用。

四、车蜡的选择

随着汽车美容业的发展，汽车打蜡已被赋予新的内涵，研磨蜡、高级美容蜡得到日益广泛的应用。正确地选择车蜡是打蜡作业的关键。由于各种车蜡的性质不同，其作用效果也不一样，因此，在选用时必须保持谨慎。选择不当，不但达不到保护车漆的目的，反而会导致车身漆面变色。选择车蜡应考虑车蜡的作用特点、车辆的新旧程度、车漆颜色及运行环境等因素，并遵循以下原则：

(1) 根据漆面的质量来选择　对于中高档轿车，其漆面的质量较高，宜选用高档进口车蜡；进口轿车最好选用进口车蜡；对于普通轿车或其他车辆，可选用珍珠色或金属漆系列车蜡。

(2) 根据车身漆面颜色的新旧来选择　新车或新喷漆的车辆，应选用上光蜡，以保持车身的光泽和颜色；对于旧车或漆面有漫射光痕的车辆，可选用研磨蜡对其进行抛光处理。白色、黄色和银色等颜色的车身应选用浅色系列的车蜡；红色、黑色和深蓝等颜色的车身，应选用深色系列的车蜡，以掩盖车身表面的细小划痕，使车身显得更加光滑、漂亮。

(3) 根据运行环境和车蜡的作用来选择　由于车辆平常所处的运行环境不一样，有的在城市，有的在农村，有的在干旱地区，有的在多雨地区等。在这些不同的环境及气候条件下，汽车漆面所要承受的外界刺激就不相同，这样，就应该有针对性地为车辆选择最佳保护效果的车蜡。沿海地区应选用防盐雾功能较强的车蜡；化学工业区应选用防酸雨功能较强的车蜡；多雨地区应选用防水性能优良的车蜡；北方地区风沙比较大，宜采用汽车油蜡或汽车水彩蜡，因这两种蜡都能在漆面上形成一层坚韧的保护膜；南方一些城市宜选用英特使钻石镜面蜡，因为城市空气中有害物质较多，而这种蜡能有效地防止各种有害物质对漆面的侵害；夏季一般光照较强，宜选用防高温、防紫外线能力强的车蜡。

(4) 根据操作条件选择　如果有时间想多花一些功夫打出光泽，则可以选用固态蜡；如果想既省时又省力，则可选用喷雾式蜡，它可以边喷边打亮，同时能够去除车身表面污垢；如果觉得固态蜡使用不方便，又嫌喷雾式蜡的光泽不佳，则可选用半固态蜡或液态蜡。

(5) 根据颜色选择　选用车蜡时还必须考虑与车漆颜色相适应，一般深色车漆选用黑色、红色、绿色系列的车蜡，浅色车漆选用银色、白色、珍珠色系列的车蜡。

第五节　车表美容方法

一、清洗车身应注意的问题

行车应经常对汽车进行清洗和打蜡，尽管汽车清洗作业简单易行，但必须按规范操作，以最大限度提高工作效率。在洗车作业中，应注意以下几点：

1) 应使用专用洗车液，严禁使用肥皂或洗洁精，因为这类用品碱性强，会导致漆面失光，局部产生色差，密封橡胶老化，还会加速局部漆面脱落部位的金属腐蚀。

2）高压冲洗前，须检查车窗、前后盖板是否关闭良好。用水清洗汽车时，注意不要将水喷到锁孔。

3）高压冲洗时，水压不宜太高，一般不高于7MPa；且先使用分散雾状水流清洗全车，浸润后再利用集中水流冲洗。对于可调压的清洗机，底盘冲洗时，水压可高一些，以便能够冲掉底盘上附着的污泥和其他附着物；车身清洗时，可将水压调低些，如果清洗车身的水压和水流过大，污物颗粒会划伤漆层。

4）使用调温式清洗机，注意热水温度不宜过高，以免损坏漆层。

5）擦清洗剂时应使用软毛巾或海绵，最好使用海绵以免其中裹有硬质颗粒划伤漆面。

6）洗车各工序都应遵循由上到下的原则，即由车顶、前后盖板、车身侧面、灯具、保险杠、车裙、车轮等。

7）不要在阳光直射下洗车。如果阳光直射，车表水分蒸发快，干涸的车身上的水滴会留下斑点，影响清洗效果。

8）不要在严寒中洗车，以防水滴在车身上结冰，造成漆层破裂。北方严寒季节洗车应在室内进行，车辆进入工位后，停留5~10min，然后冲洗。

9）车身粘有沥青、油渍、工业尘垢时间过长会损坏油漆，要及时用沥青清除剂、昆虫去除剂等去掉污点。发现车身附有灰尘或杂质，应及时清除，以免玷污漆面。清洁车身油漆表面时，切勿使用刷子、粗布，以避免留下刮伤痕迹。

10）清洗发动机室时，注意不要将水溅到分电器、点火线圈等电气系统的零件上，否则会使发动机不易起动。如果不小心溅到电气系统上，应用干布把水擦干，或用压缩空气把水吹净，将分电器盖内的水擦净。

二、对汽车进行清洗的程序

（一）汽车的清洗程序

1. 清洗汽车的表面污垢

汽车在行驶过程中会逐步沉积上灰尘和污垢，因此要进行定期清洗。汽车表面污垢主要有两大类：用水可以清洗掉的污垢，包括泥土、砂粒、灰尘等；用水不易冲洗掉的污垢，包括炭烟、矿物油、胶质、铁锈和废气凝结物等。

第二类污垢一般可用去垢剂洗涤。在汽车去垢剂的成分中，主要包括表面活性剂和碱性电解质。某些去垢剂中还加入煤油、松节油、汽油等溶剂；加入硅藻土可增加洗涤过程中的机械摩擦作用。

另外汽车玻璃上的雪和冰只能用塑料刮片除去。在除冰雪时，要防止窗上尘垢把玻璃刮伤。塑料刮片不可来回刮，而应向同一方向推。擦拭玻璃时不可用擦过油漆表面的皮布，因为防腐蚀材料的残迹会妨碍视线。

为了减少眩目，在车外后视镜上涂有一层特殊的薄膜。为了不损坏这层防眩薄膜，在清洗后视镜时只能用软布或擦玻璃的皮布。必要时也可使用玻璃清洗剂或酒精，但镜面不可用抛光剂擦。冰和雪要尽可能用冰雪融化剂去擦，不可用硬物刮拭镜面。

2. 清洗汽车内部污垢

内部油性污垢，主要是手油、发油、灰尘、煤油污垢等，可用以表面活性剂为主要成分的洗涤剂清洗。车辆的窗框及其他装饰件多采用铝制品，从防腐角度考虑，国外一直采用无机碱洗涤剂或肥皂粉。用于车内的碱硅洗涤剂应配以偏硅酸钠，不仅可以提高洗涤性能，而且对铝制材料有缓蚀作用。

除去短毛绒织物座位上的油污时，先用毛刷、干净棉纱或蘸取少量洗涤剂刷洗或擦洗，然后用干布擦掉。因洗涤剂中含有水，干擦性能不佳，要求使用能迅速干燥的洗涤剂。另外需要注意的是：车辆外部塑料件可用普通方法清洗，内部塑料件可用湿布擦洗。如果用一般清洁方法不能清除污垢时，塑料件和人造革只能用专门的不溶性塑料清洗剂进行处理。同时车辆内有很多棉织物制品，如车门、杂物架、行李箱蒙皮、车顶篷等软垫织物和类似物的外表覆盖件，必须用专门清洗剂或干泡沫和软刷子处理。

另外，在清洗安全带时应注意：

1）安全带一定要保持清洁，如果安全带不干净，就会影响其效能的发挥。脏的安全带不用拆下，可用淡肥皂水擦洗。

2）卷带前，安全带必须安全干透。

3）不能用化学方法擦洗安全带，因为化学清洗剂会破坏织物。安全带不能与有腐蚀性的液体接触。

3. 清洗汽车行走部分污垢

行走部分的清洗，可以分为整体清洗和拆卸检查清洗。

整体清洗主要是车轮日常维护的清洗。转动部分的污垢是由润滑部分的漏油与尘土形成，如果不清除这些污垢，不仅无法检修和补充油，同时也会影响易损部件的更换和调整。因此隔一定的时间或一定行驶里程应用蒸汽清洗或洗车机清洗一次。

驱动轴、轮轴部分、制动器等所有传动部位的零件都是清洗的对象，但主要是定期检查时的清洗，过去一直采用清洗油擦洗或碱浴浸清洗，现在也出现了以表面活性剂为主的清洗剂。

4. 清洗汽车发动机积炭

汽车发动机工作时生成的积炭不仅能缩短发动机的使用寿命，而且还会影响发动机的正常工作。例如：积炭的存在，不仅会减少燃烧室的容积，使燃烧过程中出现许多炙热点，引起混和气先期燃烧，将活塞环粘在活塞环槽中，还能污染发动机润滑系统，堵塞油路和滤油器等。

用化学方法去除发动机积炭，就是使用除炭剂去除发动机零件表面产生的胶状沉积物。化学除炭法有两个显著的特点：一是提高了清洗效率；二是保障了零部件表面质量。

无机除炭剂是用无机化合物配制，其毒性小，成本低，原料易得，但除炭效果较差。有机除炭剂是用有机物质配制而成，成本较高，但除炭能力强。多数除炭剂都由溶剂、稀释剂、活性剂、锈蚀剂四种成分组成。

5. 清洗汽车发动机润滑系统

汽车在运行过程中，就发动机而言，它的氧化产物、金属零件磨损的微粒、从空气中带来的灰尘等都不断地产生油垢。久而久之，在复杂的物理化学作用下，上述微粒凝固，便在零件上、管道中及阀门机构上形成沉积物，致使活动连接部分的磨损增加。因此不论在汽车运行时还是在清洗过程中，这些沉积物必须清除掉。

在清洗中，根据缸体、曲轴和连杆中油道清洗的工作实践，不采用专用的清洗设备和方法，而要从油道中除去污垢是不可能的。油道应清洗两次：在分类之前，同时对所有的零件清洗以除去运行污垢；而机加工后的清洗则是除去工艺污垢（磨料粉末、铁锈）。在后一种情况下，如果油道预先很好地清洗过，那么便可以用摇动煤油或热的机油的方法来进行清洗。

为了清除缸体、曲轴和连杆油道中的运行污垢（牢固的沥青沉积物），最后必须在碱性煮槽中进行处理，煮洗时间为1～3h。这时沥青沉积物变软、稀释，因而可以较容易把它们除掉。零件在煮槽中预先放置后，油腔和油道用毛刷和金丝刷或管子清洗，机器用人工清洗。这时，堵在油腔和油道里的大量油污被除去。油道中残存的沥青沉积物和漆膜，在洗涤装置中清洗后被除去。

6. 清洗汽车发动机冷却系统水垢

汽车发动机冷却系统内如沉积过多的水垢就会减少冷却液的容量，影响冷却液的循环，造成功率降低和油耗增大。由于水垢层的导热性能不良，发动机出现过热的现象，使发动机润滑条件恶化，磨削零件不能保持正常的间隙，且力学性能变坏，积炭增多产生爆燃。因此，当轿车行驶一定的里程后，应结合维护对冷却系统进行一次清除水垢的作业。

在以往维护中采用的除垢方法主要是用手工捅除、碱煮和用盐酸直接清洗。盐酸溶液是清除水垢很好的药品，适用于清除碳酸盐水垢和混合水垢。但是，在清除水垢时，酸对金属会产生强烈的腐蚀作用。为了减少酸对金属的腐蚀作用，应该使用腐蚀抑制剂（缓蚀剂）。随着化学清洗技术的发展，出现了不停车汽车散热器清洗剂。这种清洗剂去除率至少在85%以上，6～8h即可达到清洗目的，且不会对冷却系统造成腐蚀。

7. 清洗汽车零部件上的锈斑

汽车零部件在使用和保管中，因保护不当产生锈蚀是一种常见现象。金属的锈蚀产物，主要是金属氧化物，很容易在某些酸中溶解。化学除锈就是用一定浓度的酸，加上一定比例的缓蚀剂来处理锈蚀零部件。这样就可以抑制酸对金属铁的溶解和氢的生成，减慢氢的扩散，清洗精密零件上的锈垢时，更应如此。

常用的酸是：盐酸、磷酸、硝酸。常用的缓蚀剂是：Lan826和CM911固体酸洗缓蚀剂。

8. 清洗去除汽车表面的旧漆层

汽车用漆一般有油基漆和硝基漆两种。一般汽车内部多使用油基漆，外部多用硝基漆。汽车外部的漆层最外层是面漆，而漆层下边是底漆；为填补某些不光滑表面，在漆层下面刮有腻子。

化学退漆剂分为两类：有机溶剂退漆剂和碱性退漆剂。有机溶剂退漆剂用来脱除比较笨重而不易搬动的汽车部件的旧漆层，其优点是：脱漆效率高，常温使用，对金属腐蚀性小，施工方法简单，不需增加退漆设备，直接涂抹在退漆部件上即可；缺点是：易挥发、有毒性、易燃、成本高。碱性退漆剂成本低，生产安全，对人体影响较小。使用时一般将退漆剂加热，因此需要一定的退漆设备，如退漆槽、清洗槽、蒸汽加垫装置等。

（二）检查验收

1. 验收标准

1）外部饰件应无尘土、无污垢、无水痕。

2）玻璃应光亮如新，无划痕。

3）内饰部件应无尘土，室内无异味，坐垫及脚垫摆放应整齐有序。

2. 验收准备

在验收前，操作者应提前做好准备，按验收标准，自行检查验收一次。例如，发动机边沿及内侧，车门边沿及内侧，车门把手及内侧，油箱盖内侧，车身底部，轮胎及排气管处，应重点进行检查，是否还有遗漏清洗处，是否达到了标准要求。如发现存在问题，应及时补救处理。这样在验收时，就不太可能出现意外。

在验收前，还可对车内喷洒空气清新剂，为验收再创造一个良好的气氛，可使验收者和车主更加满意。

3. 验收方式

最好采用“三结合”的验收方式验收，即由车主、质检员和操作者代表三方参加。按验收标准规定，逐一检查验收。

三、车表沥青和焦油的清除方法

（一）车身表面的沥青、焦油清除的必要性

1. 保持车表清洁的必要

若车表附有沥青、焦油，无论是深色漆面还是浅色漆面的车辆，其视觉影响都是很大的。对深色漆面而言，若有星星点点的沥青、焦油附着，不会对视觉产生太大影响，但如果面积较大，就会出现明显的灰斑迹，加之汽车行驶中灰尘的粘附，这种感觉更加明显。

2. 保护车身漆面的必要

对于有机化合物的沥青和焦油，它们若在漆面附着，在特定的环境下，会产生以下后果：

（1）漆面出现污斑　被沥青或焦油长时间附着的漆面，在有机烃的作用下会出现污斑，特别是丙烯酸面漆的汽车尤为明显。同时，这种污斑不易清除，有时须打磨。

（2）漆面破损处发生电化学反应　沥青和焦油中往往含有有机酸性物质，若漆面有破损（包括由水滴透镜聚焦产生暗斑），就会在金属表面产生电化学反应，加剧金属腐蚀。

（二）清除车表的沥青和焦油的方法

当沥青或焦油附着于车身表面，应及时予以清除，可以采取以下4种方法：

1. 清水刷洗

对于附着时间不长的这类污物，一般可以刷洗清除。在刷洗时，水温在常温或常温以下，刷子要选用鬃毛刷，以免划伤漆面。

2. 有机溶剂清除

如果刷洗难以清除污渍，可选用有机溶剂，但选用时一定要注意不可选用对面漆产生溶解作用的有机溶剂：如含醇类、苯类的有机溶剂、信那水等。一般可用汽油浸润后，擦拭清除。

3. 焦油去除剂清除

焦油去除剂是汽车美容的常用产品，主要用于沥青及焦油等有机烃类化合物的清洁。使用专用的焦油去除剂，既可有效去除污物，又不会对漆面造成损坏。建议在沥青和焦油的去除作业中，最好选用专用产品，若无专用去除剂，可酌情考虑前两种方法。

4. 抛光机清除

使用抛光机加入适当的研磨剂，也可有效地去除附着在车表的沥青、焦油等顽迹。

四、车表打蜡

（一）车表打蜡的目的和作用

打蜡就是给车身表面涂上一层保护蜡后，再将蜡抛出光泽。汽车表面的封漆蜡被除去后，要涂抹新车上光蜡。汽车在行驶过程中，空气中的尘埃与车身金属表面相互摩擦产生静电，车蜡可隔断尘埃与车表金属摩擦，通过打蜡，不仅可有效地防止车身表面静电的产生，还可大大降低带电尘埃在车表的附着。目前绝大多数轿车的车身是用金属制造的，虽然不可能使金属，尤其是油漆表面的静电全部消除，但可以设法使之减少，在车身表面上打蜡便是一项重要措施。车蜡不仅能使车身保持整洁，而且还能光亮漆层、保护漆层。因此，汽车在使用过程中，定期进行打蜡处理是非常必要的。

（二）上光蜡的选择

选蜡应根据车漆保护的需要进行，尽量根据车蜡的不同功效结合车漆特点精心选择，漆面较靓的轿车要用蜡质精细、颗粒细小的名牌车蜡，这样效果会更加明显。打蜡视漆面新旧而选择不同质地的车蜡。

1. 固态蜡

固态蜡有硬蜡、软蜡之分，主要成分为软化点不同的石蜡、油脂等。硬蜡持久性好，但施工费力；软蜡持久性差，但施工省力。固态蜡的价格较低，但附着力较差，必须等蜡彻底干透后才能附着在车漆上，但由于它一般为脂性物质，含油量较高，不易干，需要3～5h才能彻底干透，在未干时很容易粘上尘土及其他空中尘埃。同时，它的熔点低，一般在40℃时就熔化了。因此，在三伏天，传统蜡的保持时间非常短。

2. 液态蜡

液态蜡的主要成分是聚乙烯乳液或聚硅氧烷类高分子化合物，并含有油脂成分，能提高涂膜的亮度，但是遇水容易分解、寿命短、没硬度、不耐摩擦，多次的打蜡、研磨又会使漆面磨损而无光泽。

3. 新车上光蜡

新车上光蜡主要有两种：一种叫新车保护蜡，另一种叫新车蜡。它含有大量高分子聚合物成分，常见的是“特氟隆”，它有很强的抗氧化、抗腐蚀功能，涂抹一次一般能保持一年之久。国内目前普遍使用的是一种叫“隐形车衣”（产品号T—28）的新车保护蜡。它是美国龟牌蜡公司引用“特氟隆”高分子聚合物配制而成的，很受国内用户的欢迎。国内的许多购物中心的汽车用品部及汽车养护品网点都可买到。国外新车销售商在卖出一辆新车时总要问车主是否要做个一年的车保护，指的就是新车保护蜡。这种蜡在正常洗车情况下是不会被洗掉的，一般可保持一年左右。它还含有紫外线吸收剂，可以吸收掉光中破坏涂膜的紫外线，保护涂膜不会褪色。

车蜡生产厂家认为，新车车身漆面是完整无缺的。因此，它使用的上光蜡中也没有必要加入任何含有研磨功能的抛光剂，这种不含抛光剂的、柔和性蜡就是新车蜡，该蜡一般保持不了12个月。新车除去封漆蜡后首先要使用的是新车保护蜡，在日常洗车后可使用新车蜡。

（三）汽车打蜡的方法

在给车身涂蜡时，一定要先进行表面清洗，确保表面清洁。因为车身表面有灰尘的话，涂蜡后，在抛光时就会把灰尘挤进涂层去，或在车身表面起研磨作用，划伤或磨花表面涂膜。因此，必须采用质量优良，与表面涂层相适宜的车蜡。现在的车蜡多为液态蜡，使用前将其摇晃均匀，取少许倒入湿布或海绵上小面积旋转，在车漆表面擦拭，稍干后，再用软洁布反复擦干即可。

打蜡方法是：涂蜡前首先用清水洗净车身并擦干，一定要将车身表面的灰尘、泥土除净，确保车身表面清洁，待车身完全干燥后才能上蜡。否则，在涂蜡时，这些灰尘、泥土会形成磨料擦伤车身表面，同时，灰尘还会与光蜡混合在一起，形成污点粘附在车身上，很难清除。

手工打蜡时，应用打蜡用具或海绵、软餐巾、棉纱头、不起毛的棉绒布等蘸蜡，用画圆圈的动作在车身上抹擦（一般是经过擦沙蜡的涂膜表面），这样，不但涂得均匀，并且能使车蜡深入到油漆表面的细微凹坑处，可防止水分附着于车身表面，达到防锈的目的，从而保护车身；也可将适量车蜡涂在海绵块上，然后在车身表面作直线往复涂抹，不可将蜡液倒在车身上乱涂。一次作业要连续完成，不可涂涂停停。车蜡在车身上涂抹5~10min，待蜡渗透于面漆内，再用麂皮均匀擦拭，将蜡层擦到光滑为止。若使用上蜡机打蜡时，将车蜡涂在海绵垫上，操作人员不可用力过大，以免将原漆打起。打蜡作业完成后，应清除车灯、车牌、车门和行李箱等处缝隙中的残留车蜡，这些车蜡如不及时清除，不仅影响车身美观，而且还可能产生锈蚀。因此，应仔细检查，彻底清除干净。注意涂蜡要求均匀一致，不得过厚。涂得不匀，有些部位未涂到，起不到保护作用；涂得过厚，易粘着灰尘，也会使车身受损。过厚或旧的蜡层需要去除时，必须用细毛巾或细棉布擦除，可避免刮伤车身表面。判断涂蜡是否完好，可以利用水珠测试法：如果水在车身表面形成水珠（图5-7），就证明有蜡层。反之，则需要清洁和涂蜡。

上蜡后，要等车蜡干燥一会儿后再进行抛光，不要刚打上蜡就抛光，要让车蜡能够在车身表面有一定的凝固时间，最少要在30min左右。但有人认为等蜡完全干燥后再擦净比较好，这也是错误的。上蜡后要在蜡半干不干、尚未干燥时擦净。因此，上蜡的操作必须顺着车体钣金一片一片地进行，切不可先将车体全部上好后，再一次擦掉，这会使漆面的色泽深浅不一，非常难看。还要注意，没有抛光前，不要开车上路，否则，空气中的灰尘就会依附在车蜡上，在抛光时划伤或磨花表面漆层。

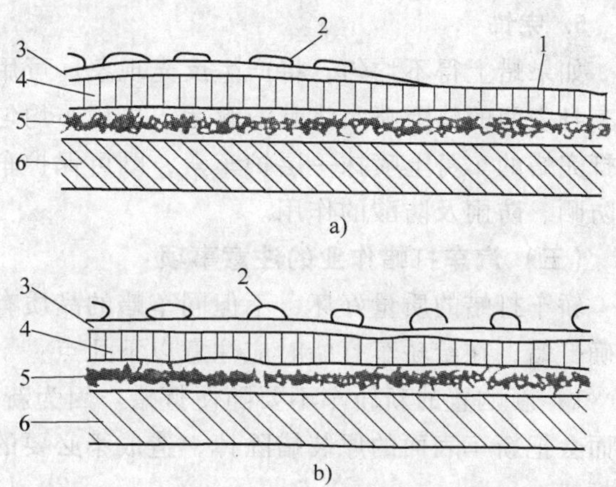

图5-7　利用水珠测试法判断涂蜡是否均匀

a）涂蜡不均匀　b）涂蜡均匀

1—无蜡处未形成水珠　2—有蜡处形成水珠　3—蜡层　4—表漆层　5—底漆层　6—金属本体

（四）打蜡的程序

为了保证汽车的打蜡效果，其打蜡的程序也是至关重要的。具体操作步骤如下：

1. 汽车清洗

汽车打蜡前，必须对车辆进行彻底清洗。切记不能盲目使用洗洁精和肥皂水，如无专用的洗车水，可用清水清洗车辆，将车体擦干后再上蜡。如果车身表面的油漆已经褪色或氧化，必须在清除掉旧的和氧化了的油漆后，才能打蜡。

2. 研磨

研磨也称打底，就是将老化的烤漆磨去。不磨不亮，打蜡成败取决于事前的打底工作。因为烤漆表面若凹凸不平，不容易上蜡，蜡也无法形成均匀的膜，要磨亮也很困难。使用含有研磨剂的复合蜡打底处理时，在烤漆膜较薄的部分，最好用遮蔽用胶带贴起来保护较好。磨光时以30～40cm见方为单位来磨，或将车身分成一片一片仔细地磨，如果磨的面积太大，会造成涂抹不匀。

3. 上蜡

上蜡可分手工上蜡和机械上蜡两种，手工上蜡简单易行，机械上蜡效率高。无论是手工上蜡还是机械上蜡，都要保证漆面均匀涂布。不要涂太多的蜡，太多的蜡只能增加抛光工作量，而且还容易粘上灰尘，摩擦时产生刮痕。手工上蜡时，首先将适量的车蜡涂在海绵上，然后按一定顺序往复直线涂布，涂布也要分段、分块进行，但不必使劲擦。每道涂布应与上道涂布区域有1/5～1/4的重叠，防止漏涂及保证均匀涂布。机械上蜡时将车蜡涂在打蜡机海绵上，具体涂布过程与手工相似，值得注意的是，在边、角、棱处的涂布应避免超出漆面，而在这方面手工涂布更容易把握。上蜡到底上几层较为合适，这要视车漆状况决定，并不是越多越好，太多的蜡反而会使抛光产生困难，而上得太薄，又无法填补车身的缝隙。通常新车需要上蜡1～2层，旧车可上3～4层。

4. 抛光

打蜡应在蜡还未完全干之前就擦去。根据不同车蜡的说明，一般上蜡后5～10min即可进行抛光。抛光时遵循先上蜡再抛光的原则，确认抛光后的车表不受污染，抛光作业通常用布作往复直线运动，适当用力挤压，以清除剩余车蜡。

5. 完饰

如果蜡上得不均匀，将产生反光现象。可用洗得很干净的绒布或棉布轻轻地擦，也可以在车身表面的蜡上喷水将其溶解后，再用布均匀推开。如果想使车蜡保留的时间长些，可以在打完蜡的车身上喷抹一层护车素，既可保护车蜡，又可提高车身表面的光泽度，还可以起到防晒、防雨及防酸的作用。

（五）汽车打蜡作业的注意事项

轿车打蜡的质量好坏，不但同车蜡的品质有关，而且同打蜡作业方法关系密切。要做到正确打蜡，在给轿车打蜡时应注意以下几点：

1）新购置的新轿车不要随便打蜡。因为新车本身的漆层上已有一层保护蜡，过早打蜡反而会把新车表面的原装蜡除掉，造成不必要的浪费。因此，一般新车购回5个月内不必急于打蜡。

2）为了保证打蜡效果，打蜡前对车辆必须进行彻底清洗。打蜡作业环境应清洁，且通风良好。打蜡时，先用专用的洗车水清洗车身外表面的泥土和灰尘，将车身油漆表面冲洗干净并擦干，切记不能盲目地使用洗洁精和肥皂水，因其中含有的氯化钠成分会侵蚀车身雾层、蜡膜和橡胶件，会使油漆失去光泽、橡胶件老化。如无专用的洗车水，可用清水清洗车体，待擦干后再上蜡。打蜡时应遵循先上后下的原则，即依次涂布车顶、前后盖板、车身侧面等。打蜡时，若海绵上出现与车漆相同的颜色，可能是漆面已经破损，应立即停止打蜡，进行修补处理。

3）要掌握好轿车打蜡的频率。由于轿车行驶环境和停车场所不同，打蜡的时间间隔也应有所不同。一般车库停车，而且经常行驶在良好道路上的轿车，每隔 4 个月打一次蜡为宜；而露天停放的轿车，由于风吹雨淋，最好每隔 3 个月打一次蜡。总之，要根据具体实际情况确定打蜡间隔时间。一般情况下用手触摸车身表面感觉不滑溜时，就可以再次打蜡。

4）确认车身不发热后，再在阴凉处作业涂蜡，避免车表温度高，车蜡附着能力下降，影响打蜡效果，切不可在阳光直射下或车身温度过高时打蜡。车蜡中起主要保护作用的是一个严密的电硅分子结构，在阳光下或车身温度过高时，电硅分子键会分解，使车蜡保护作用被破坏。若这时打蜡，车身表面看似光亮，但一经雨淋或洗车，车身便失去应有的光泽。

5）上蜡时，应用海绵块涂上适量车蜡，在车体上直线往复涂抹，不宜在车上乱涂或环形涂抹，防止由于涂层不均造成强烈的环状漫射。上蜡时要特别注意不要将车蜡涂抹到门边塑料装饰条、前后塑料保险杠及车体塑料件上。

6）上蜡后，应等待 5 ~ 10min 再将蜡抛出光泽。抛光作业要待上蜡完成后规定时间内进行，且抛光运动也是直线往复。未抛光的车辆绝不允许上路行驶，否则再进行抛光，易造成抛光困难，漆面划伤。

7）要正确选择车蜡。目前市场上车蜡种类繁多，既有固态和液态之分，液态蜡在使用前要摇匀，也有高档和中低档之别，还有国产和进口的品种选择。车蜡的种类不同，其作用和效果也不一样。不同的车型应使用不同的车蜡，较高档的有美国的保丽一号、英国的多宝系列和日本的 99 系列，以日本 99 系列车蜡为例，就有强力彩涂上光蜡、防紫外线车蜡、氟烃树脂超级彩涂上光蜡等，中档的车蜡有强力上光蜡、珍珠色及金属漆车蜡系列，适合普通车辆使用。根据车辆涂膜颜色深浅选用车蜡，深色漆选用黑色、红色、绿色系列；浅色漆选用银色、白色或珍珠色系列。

由于各种车蜡性能不同，所以在选用时必须要慎重，选用不当不仅不能保护车体，反而会使油漆变色；一般情况下应根据车蜡的作用特点、车辆的新旧程度、车漆颜色、行驶环境等因素综合考虑。对于高级轿车，可选用高档车蜡；新车最好选用彩涂上光蜡以保护车体光泽和颜色；夏天宜选用防紫外线车蜡；当轿车行驶环境较差时则应选用保护作用突出的树脂蜡比较合适。而对于普通轿车，用普通的珍珠色或金属漆系列蜡即可。

五、新车开蜡

（一）新车开蜡的目的

汽车生产厂家为防止汽车在储运过程中漆膜受损，避免在露天停放或运输中风吹雨淋、烈日曝晒、烟雾及酸雨的侵蚀，确保汽车到用户手里时漆膜完好如新，汽车总装的最后一道工序是在检查合格后，对整车进行喷蜡处理，即在车身外表面喷涂封漆蜡。封漆蜡没有光泽，严重影响汽车美观，且易粘附灰尘。国外发达国家的汽车销售商在出售汽车前就对汽车进行除蜡处理，目前我国还很少有汽车销售商开展这项工作。为此，用户购车后必须除掉封漆蜡，即新车开蜡。具体原因如下：

1）下线保护蜡影响汽车漆面光泽。下线保护蜡一般属于低档蜡，其透明度低，加之覆盖层较厚，原车的光泽有 80% 左右被遮盖。因此，这种状况的汽车无法正常使用，必须先进行开蜡作业。

2）下线保护蜡若不除去，当汽车运行时，尘埃极易附着车身表面。这是因为下线保护蜡含油脂成分较多，易粘附灰尘。

3）使用未经开蜡的新车时，会给日常清洗作业带来麻烦。由于下线保护蜡粘附作用，车表的尘埃及污物不易清除。

综上所述，新车在使用前一定要进行开蜡。

（二）开蜡需要的溶剂和工具

常见开蜡需要的溶剂：①油脂开蜡洗车液，市场上80%的产品属于非生物降解溶剂，主要原料提炼于石油，使用时应注意；②树脂开蜡洗车液，本品含有树脂聚合物的溶解元素，渗透性较好，使用起来比较安全；③强脱蜡洗车液，本品属于生物降解产品，主要提炼于天然橙皮，并含有阴离子表面活性剂，泡沫丰富，分解性较好，因此成本也较高。如无以上专用开蜡溶剂，也可用煤油替代。

常见开蜡需要的工具：①专用洗车海绵，这种中密度海绵包容性极好，在清洁车身过程中能将沙粒及尘土深藏于气孔之内，避免因擦洗工具过硬而不易包容泥沙，给车体造成划痕，配合高润滑型阴离子表面活性剂更可保证操作中万无一失；②高密度纯棉毛巾，三遍开蜡工序中都需使用，质地柔软，即使清洁车身后仍存有少量泥沙，开蜡过程中也不致对漆面造成影响外观效果的较大伤害，所以纯棉毛巾是开蜡过程中必不可少的重要工具之一；③塑料异形刮板。这种刮板质地较软，具有一定的韧性，加之垫有纯棉毛巾，所以操作时不会对漆面造成任何损伤，擦车时可用此刮板清除手指触及不到的地方，如板块连接处、车标等；④防护眼镜，防止施工时药剂飞溅到眼睛里，如有类似现象发生，应立即用清水冲洗；⑤橡胶手套，因多数开蜡水均属轻质型煤油类产品，渗透分解性极强，对皮肤有害，应使用橡胶手套采取防护措施。

（三）新车开蜡的操作方法

1. 选择开蜡水

开蜡水是开蜡作业最重要用品，亦称去蜡水。开蜡水对车蜡具有极强的溶解能力及油污分解能力，一般短则3～5min，长则7～8min，就可以将车表蜡层完全溶解，而且对漆面及塑料、橡胶件无腐蚀。如果没有开蜡水，也可使用棉纱蘸汽油、柴油或煤油擦拭的方法进行。但由于汽油、柴油或煤油对漆膜有氧化作用，使用不当时会造成油漆表面暗淡无光。同时，如果棉纱不干净时，一些细小沙粒、杂物等会使漆膜受到损伤，使用时应特别注意。常用的开蜡水有：

（1）英特使H. D. D强力开蜡水　本品可用于新车开蜡和旧车美容前除蜡，具有很强的油污分解及除蜡功能，除蜡彻底，对硅蜡去除特别有效；也可用于清除车表的沥青及其他顽固污渍、污垢；还可用于发动机表面清洁。

（2）冈底斯汽车除蜡护理液　本品专门用于清除车漆表面各种蜡质、油渍等，不伤漆面，适宜车漆开蜡或旧蜡清除。

2. 新车开蜡步骤

（1）车身高压冲洗　使用清洗机冲去车表尘埃及其他附着物。

（2）喷施开蜡水　在开蜡车表均匀喷施开蜡水。待6～7min后，使除蜡剂完全渗透于蜡层，快速溶解车表蜡的保护层。

（3）擦拭　用棉布、毛巾或无纺布擦拭车表（在喷开蜡水后6～7min），并用棕毛刷刷洗缝隙口、裙边及轮胎等处。

（4）清洁及擦干　用清洗机冲洗车表，然后用洗车液清洁车身，擦干后即可交车。

仔细检查车身各部，如有残留未洗净的局部蜡迹，应重新喷涂开蜡水、重新清洗，直至彻底干净为止。在除净轿车车身表面封漆蜡层后，可选用含有高分子材料的增光乳液，或不含有研磨剂一类的车蜡做保洁处理，以保持漆膜的固有品质。

（四）新车开蜡注意事项

进行开蜡工序前，必须将全车外表清洁干净，以免操作时因车体携有沙粒给漆面造成划痕；将开蜡水喷涂在车体后要稍等1~3min，让它“软化”一段时间。开蜡时所使用的毛巾应不断清洁，以保证清除掉的封漆蜡不致存留于毛巾上太多而不便于继续施工，如在擦除封漆蜡过程中发现“吱吱”的响声，说明毛巾中存有沙粒，应立刻停止施工，清洗干净后才可使用。在开蜡后要把车冲洗干净，不留任何开蜡水或保护蜡；封漆蜡停留于车体表面两年以上的车辆，应在开蜡后进行抛光，然后打蜡。因开蜡后新涂膜暴露在外，容易受到氧化，所以应使用耐候较好的上光蜡进行保护。

在开蜡前的汽车清洗中，不必使用清洗剂，水压不要高于7MPa。开蜡水喷施一定要均匀，边角缝隙处千万不可忽视。喷施开蜡水后，要待开蜡水完全渗透蜡层并使其开始溶解后，才能用毛巾擦拭。最后的清洁及擦干，要按洗车作业规程实施，因为经开蜡水清洗开蜡后，仍会有部分蜡质及杂质留在车表。

不可用煤油开蜡，虽然煤油可洗掉原来油蜡，但会给汽车造成很多细微刮痕。有些用户为了图省事，用棉纱蘸汽油、煤油开蜡，此种方法虽然能除掉封漆蜡，但汽车漆膜也同时受到损害。一是棉纱虽然柔软，但其中很容易混入铁屑、沙粒及其他坚硬的细小颗粒，且很难发现，极易造成漆膜表面划痕；二是汽油或煤油也会伤害漆膜。因此，新车开蜡最好到正规的汽车美容场所，选用正规的开蜡用品。

冬季开蜡比较困难，因气温低，开蜡水不能与车身上的封漆蜡很快地发生化学反应，从而导致开蜡失效，所以开蜡工作最好选择气温在20℃以上时进行。

六、镀铬件的翻新

（一）汽车镀铬件进行翻新的重要性

现代汽车工业中，镀铬件的应用大大提高了汽车的装饰效果。无论是进口和国产汽车的保险杠，还是车轮钢圈及扣盖等，都广泛采用镀铬处理零部件。所以在汽车美容中，对这些零部件的保养翻新也不可或缺。

对于镀铬件表面最有害的是空气中硫化气体和海滨地区空气中的盐分，这些腐蚀性物质附着在镀铬件表面，久而久之，会造成镀铬件失光，影响其装饰效果。当镀铬件表面出现深达基层金属的划痕时，腐蚀会迅速扩展到镀铬层下面，此时，对镀铬件的保养翻新尤为重要。

（二）镀铬件的翻新方法

镀铬件的翻新作业按零件的镀层状况可划分为上光保护翻新和维护翻新两种。

1. 上光保护翻新

（1）条件　当镀铬件在日常使用过程中大面积，甚至全部失光时，须对其进行上光保护翻新；车身镀铬件例行保养时，建议定期进行上光保护翻新。

（2）翻新步骤　首先要对翻新处进行彻底清洗。因此，翻新作业经常在洗车后进行。待翻新表面擦干后，喷施专用镀铬件上光翻新剂，如英特使增光剂等。浸润3~5min，用小块无纺布擦拭，直至镀铬件表面重现光泽。

2. 维护翻新

（1）条件　当镀铬件表面失光通过上光无法恢复原有光泽时，须进行维护翻新施工；当镀铬件表面出现深达基层的划痕时，亦应及时维护翻新。

（2）翻新方法　①采用电镀方法重新镀铬翻新。此方法适合于大面积失光镀件，且镀前要进行必要的表面打磨及其他处理；②采用电刷镀方法对局部失光或破损处进行翻新施工。施工前也应对作业表面进行必要处理；③对于局部深度划伤，亦可进行喷涂施工，进行局部修补作业。具体操作事宜详见漆面处理相关部分。

七、轮胎翻新

汽车轮胎质量的好坏会直接影响行车的安全，所以轮胎在行车时的重要性不言而喻。轮胎主要由胎冠和胎体等部分组成，其中胎冠花纹是轮胎磨损最大的部位，花纹磨损到一定程度时，就起不到防止轮胎打滑的作用，因此每条轮胎都在花纹沟设有四个以上的磨耗标志，当花纹磨损超过磨耗标志时，轮胎不允许继续使用。一般旧胎的胎冠花纹都比新胎浅很多，而且使用时间越长磨得越平。胎体位于胎面胶以下，是轮胎骨架支撑部位，由纤维帘线或钢丝帘线组成。

正常轮胎的花纹沟槽下边应该有2mm的基部胶（胎面胶），它是保护轮胎的帘线。帘线，也称子午线，是轮胎的骨架支撑材料，能保证轮胎在行驶过程中不变形。《机动车运行安全技术条件》规定，轮胎胎面不得暴露出帘线。暴露的帘线和地面摩擦后容易被折断，折断的帘线失去了支撑轮胎的作用，也就是这条轮胎爆胎的主要原因。

1. 翻新必要性

轮胎在使用过程中直接与各种条件的路面接触，易粘附路面上各种污物，这些污物有一些会浸入轮胎橡胶表面，造成以下后果：

（1）轮胎橡胶失光　被污物侵蚀后的轮胎将失去原有纯正黑色，而呈现灰黑色，影响汽车视觉效果，且这种失光通过清洗是无法解决的。

（2）轮胎橡胶老化　受侵蚀的橡胶极易老化、变硬，失去原有的弹性及耐磨性。因此轮胎要定期进行翻新保护处理。

2. 翻新用品

轮胎翻新主要用品是轮胎清洁增黑剂。其中英特使轮胎清洁增黑剂为乳白色液体，适合于黑色橡胶制品，特别适于清洁保养轮胎，它能迅速渗透于橡胶内，分解浸入的有害物质，延缓轮胎橡胶老化，且具有增黑增亮功能。

3. 翻新工序

（1）轮胎清洁　用棕毛刷进行刷洗，选用专用洗车液，要求彻底清洁，然后擦干，擦干后风干10~15min或用压缩空气进一步吹干，去除表面潮湿。

（2）轮胎翻新　上轮胎翻新剂，可喷涂也可直接用无纺布、软毛巾涂抹，均匀擦拭，如较脏应及时更换毛巾，直至轮胎再现黑亮本色。喷雾式的轮胎保护剂在喷上之后，胎壁形成白色泡沫，几分钟之后会自然消失，轮胎变得非常干净。

轮胎翻新后应具有下列特点：胎面呈现蓝光，色泽自然；用手指按压胎面，无指印痕迹；胎面上的橡胶钉扯起来不易断，放开后即恢复原状；用指甲在胎面上用力一划，不留印痕。翻新胎的中间部分都会有翻新线，从胎肩上看应该可以看见加过胶的痕迹。

第六节　车室美容方法

一、车室美容的具体项目

由于车室美容属于系统化美容施工作业，因此，在遵循一般性原则的基础上，需制定以下具体美容施工项目：

1）车室初步清洁处理。主要作业是吸尘及除去车室表面的浮灰，清除烟灰，取出脚垫并清洗。

2）车室顶棚药剂除污、清洁处理。

3）前后空调风口除污、清洁处理。

4）杂物箱、音响、排挡区除污、清洁处理。

5）转向盘、仪表板塑面药剂除污。

6）前后边门绒布及皮面药剂除污、清洁处理。

7）前后座椅除污、清洁处理。

8）车窗玻璃清洗剂除污、清洁处理。

9）车室地毯清洗剂除污、清洁处理。

10）全车室除臭、消毒处理。

11）塑料件、真皮上光保护处理。

12）暖风烘干处理。

二、车室纤维织物的清洁

在日常使用车辆中，车室内纤维织物覆盖面所占比例较大，少则20%～30%，多则60%～70%，广泛应用于顶棚、座椅、地毯等处。对于这些纤维织物的清洁工作，值得车主重视。

1. 选择专用的纤维织物清洁剂

在车室美容时，严禁使用碱硅较强的洗衣粉或洗洁精清洗纤维织物，因为这些碱性物质在清洁作用结束后，仍有一部分残留在织物内部，这部分碱性物质极易使纤维织物泛黄、腐蚀，为此要谨慎选用纤维织物清洁剂。在没有把握的情况下，使用前最好先在车室隐蔽部位对清洁剂进行试用，确定不会使纤维变色或变质后，再进行大面积使用。常用的专用织物清洁剂有英特使M—333清洁香波，它适合于各种麻、棉、毛、化纤制品的清洁作业。

2. 纤维织物清洁工序

1）进一步吸尘作业。

2）喷施清洁剂。

3）用海绵或毛巾擦洗清洁。

4）用干燥毛巾吸湿清洁。

3. 车室纤维织物清洁注意事项

1）根据纤维物件的质地不同选择合适的清洁剂。

2）清洁剂喷施后，应停留浸润1~2min，再进行擦洗，有利于污物充分溶解、松化。

3）纤维品的清洁，千万不能选用稀释剂、汽油、风窗玻璃清洗剂等有机溶剂及漂白粉。

4）清洁作业要充分考虑纤维品纹理的变化和规律，一般横纵双向清洁效果较好。

5）最后吸湿清洁，应沿纤维织物顺时针方向擦拭。

6）地毯清洁时可用棕毛刷刷洗。地毯干燥后应用刷子将地毯毛膨起。

三、真皮制品的美容护理方法

轿车中越来越广泛地对真皮座椅、真皮门边蒙皮、真皮把套等进行装饰，这对汽车美容护理提出了新的要求，怎样切实做好真皮制品的美容护理，是汽车美容的一个重要项目。

（一）车室常用真皮材料

1. 草牛皮

草牛皮皮面的毛孔呈圆形，毛孔小且较直地深入革内，紧密而均匀，排列不规则，革面丰满细致，透气性好，手感坚实而富有弹性。

2. 水牛皮

水牛皮皮面毛孔比草牛皮大，毛孔数量稀少，皮革表面弹性相对较差，易出现松弛，且皮革表面略显粗糙，硬质感觉比草牛皮明显，透气性较好。

3. 羊皮

羊皮皮面较牛皮薄，柔软性优于牛皮，毛孔排列均匀细腻，质感柔顺。但羊皮成型面积小，材料浪费较大。天然羊皮在高温时会散发出膻味，生产中去除异味工艺复杂，制作成本高。因此，羊皮主要应用于高档轿车。

需要注意的是，上述真皮是由生皮、原皮经一系列化学和物理处理后，使其不易腐烂、变质，坚韧柔软，具有良好的卫生性能，才被用作车饰品的制作。

（二）车室真皮饰件常见缺陷的产生原因及防治方法

车室真皮饰件主要有座椅、车门蒙皮及把套等，这些真皮制品在使用中易出现以下缺陷：

1. 松面

真皮座椅等装饰件在使用一段时间后出现松弛现象即为松面。

产生原因：一是原皮革质量决定了它的使用寿命较短，出现过早松弛；二是座椅包皮制造质量较差；三是使用时不注意保养，导致皮革老化，弹性降低所致。

防治方法：一是由于制作上和皮质上的原因出现松面，应重新包皮或更换；二是使用上出现松面，应加强保养，适当修理，注意日常护理。

2. 裂浆、露底及掉浆

皮革表面被顶起或揪起时出现裂纹，即为裂浆；呈现出底色时称为露底；涂层从皮革面上脱落称为掉浆。

产生原因：一是涂层延伸性与革的延伸性不一致，涂层材料使用不当，配方不合理或涂层过厚；二是严重老化或硬划伤所致。

防治方法：一是制造时严格把握质量关；二是使用时注意保养；三是更换或用专业皮革修补翻新。

3. 油霜

皮革表面上形成粉状油脂渗出物，叫做油霜。在天气温度较低时尤其容易出现，且擦拭后不久仍将重复出现。

产生原因：一是皮料中本身含有的高熔点、硬脂酸等脂类物质没有除净；二是皮革被油性污染物污染。

防治方法：一是更换；二是做适当的除油、去污处理。

4. 僵硬

产生原因：一是使用时间太长，革内油脂逸失较多，皮革自然老化；二是水浸；三是洗涤清洁不当；四是上光打蜡材料不当或涂层太厚；五是皮革翻新时吸收浆料太多。

防治方法：一是注重日常保养，合理保护上光；二是清洁、翻新处理要遵守操作规范；三是防止污染物侵蚀。

（三）皮革清洁上光护理

1. 产品选用

在汽车美容中有专用的皮革清洁上光护理用品，如去污剂、洁面剂、脱色剂、软化剂、打底剂、固定剂、各色色浆等。上述清洁护理品多用于皮革翻新施工。对于皮革翻新，要达到保质保量作业效果，须专业人员进行施工，在一般性美容中，主要用清洁上光用品对皮革进行翻新护理。常用真皮护理品有英特使 M—888 真皮清洁柔顺剂、M—999 真皮上光保护剂等。

2. 清洁上光作业

（1）清洁 吸尘处理，喷施清洁柔顺剂，浸润 1 ~ 2min，擦拭并擦干。

（2）上光 喷施上光保护剂，浸润 1 ~ 2min，根据需要或不同产品的要求，决定是否进行擦拭处理；上光后要进行必要干燥处理，如风干或烘干等。

四、塑料件的上光翻新与涂装翻新

（一）塑料件上光翻新的方法

1. 英特使 M—402 塑料上光剂上光翻新

M—402 塑料上光剂专用于保险杠、仪表台等车用塑料件表面，具有清洁上光翻新功能，可使塑料表面光亮如新，并可防止塑胶老化。使用时可喷涂也可搓涂。

2. 塑料件涂装翻新

当车用塑料件严重老化、失光、划伤、腐蚀，普通的清洁上光已无法达到翻新目的时，则需进行塑料件涂装翻新。

（二）车室塑料件涂装翻新的方法

车室塑料件在使用过程中易出现老化、失光、划伤、腐蚀等缺陷，不但影响车室整洁美观，同时会影响这些零件的使用寿命及使用安全和便捷程度。因此，若有上述缺陷发生时，最好对其进行涂装翻新。

在车室塑料件的涂装前要解决两大问题：一是鉴别材料，二是确定涂装系统。涂装系统的确定可根据塑料品种和应用部位综合确定（关于塑料种类鉴别参见漆面处理相关部分）。下面是几种常用车室塑料件的涂装工艺。

1. PP 塑料件的涂装

聚丙烯塑料涂装的附着性较差，必须采用专用底漆或对其表面进行特殊处理，然后才能进行表面喷涂，具体涂装工艺如下：

1）用面漆稀释剂对零件表面进行彻底清洗。

2）按照各家公司专用PP底漆产品说明的要求湿喷涂一薄层PP专用底漆，所谓“湿”应能够在适当的照明下从湿膜表面上看见反射光。认真检查是否待喷零件每个部分都已被底漆覆盖，然后让底漆闪蒸几分钟。

3）在10min以内喷涂热塑性丙烯酸面漆，干燥后再将塑料件安装到汽车上。在底漆闪蒸期间喷涂面漆是为了提高面漆的附着能力。

2. 硬质ABS塑料件的涂装

硬质ABS塑料件不需要专用底漆，传统的热塑性丙烯酸涂料就能满足涂装要求，具体工艺如下：

1）用面漆稀释剂对零件表面进行彻底清洗。

2）选定合适的丙烯酸面漆，按规程进行喷涂。

3）干燥后安装。

3. PVC和软质ABS塑料件的涂装

汽车内部很多地方采用PVC及软质ABS塑料，如仪表板、门框、座椅扶手。这两种塑料所采用的涂装系统都为PVC专用色漆或清漆。需要注意的是：这两种塑料涂装前都不需专用底漆，其施工工艺如下：

1）采用PVC专用清洗剂或涂料配套用稀释剂将待喷表面彻底清洁。

2）按产品说明书要求用PVC表面调整剂对其进行表面处理。

3）参照有关资料确定合适的色漆，然后施喷，每道之间应有足够的闪蒸时间。

4）喷涂最后一道色漆，要使溶剂完全挥发，然后再喷涂两道清漆，使其光泽达到产品说明书要求。对于仪表板、后窗等处采用非闪光型清漆。对于其他部件，宜采用闪光型清漆。

5）按产品说明书要求，待涂装部件完全干燥后安装。

五、常见顽固污迹的清除方法

1. 饮料

若不慎将可乐、冰淇淋、牛奶或咖啡等饮料洒在车上时，可先用冷水浸湿的布擦拭，千万不可用肥皂或热水来清理，以免使印痕加深。如有需要，可采用泡沫清洁保护剂，用海绵或毛刷轻轻刷洗，随后用湿布擦拭，最后再用纸巾或干毛巾擦干。

2. 糖果

对掉落在地毯及座椅上的糖果，应首先把固体部分清除掉，然后再清理残留的糖汁，一般用热水浸泡的抹布擦拭。如果是巧克力，可用温水浸湿的抹布擦拭，如果需要可加用清洁剂。

3. 呕吐物

先用手巾纸把呕吐物擦掉，因为手巾纸有吸水的功能，在擦去呕吐物的同时也把水分吸干，随后用湿布擦几遍，接着用温热的肥皂水将抹布浸泡后清洗被玷污的座椅和地毯。这样处理后，如果气味还是很重，可用温热的苏打水（比例是1L水加1匙小苏打）擦洗玷污处，再用湿布擦拭干净，然后用干抹布擦干。

4. 口香糖

口香糖清除可先用冰块使其硬化，然后用钝刀片刮掉，最后用清洗剂清洁擦干即可。

5. 血渍

用冷水浸湿的抹布擦拭血滴，再用干抹布擦干即可。注意千万不要用肥皂或热水清洗，因为血一碰到肥皂或热水就会固化，血渍就不容易除掉。也可用医用氨水在血渍部位滴几滴，等几分钟后，氨水充分渗透，用冷水浸湿的抹布把血滴擦掉，最后用干抹布擦干。

6. 霉

内饰件受污染未及时清洁导致霉变，可用热肥皂水洗霉点，用冷水漂洗干净，再浸泡在盐水中，然后用专用清洗剂清洗擦干。

7. 焦油

可先用冷水彻底刷洗，如难以去除干净，可用焦油去除专用清洗剂浸润一段时间，然后擦拭干净即可。

8. 黄油、机油等

用专用的油污去除剂从污迹周边向中心清洗，当污迹已经洗掉时，用毛巾擦干。

六、人造革裂口及破损地毯的修补方法

（一）人造革裂口的修补方法

人造革在内饰中应用比较普遍，如座椅、门边内衬等处在使用过程中，难免意外受刮伤，甚至出现裂口。对于这类破损，可采取下面两种方法进行修补。

方法一：先用电吹风将裂口两边吹热，再将一块纤维布衬在裂口下面，并精心将裂口两边对齐，然后压平，最后将人造革修复液涂在修理部位上，待完全干后即可。

方法二：沿人造革裂纹周边涂一种特殊化合物，选一张与人造革花纹相近的木纹纸贴在裂口上（木纹纸花纹应朝下），用电熨斗隔着棉布烫熨修复部件 1min 即可。

（二）地毯破损的修补方法

汽车内饰地毯常见的破损形式为烧痕及裂口。在处理这类破损时，先将损坏部分的毛边切除，另找一块地毯（或在座椅下不显眼处切下一块）作补片，用胶将补片沿损坏部位毛边切除处粘接上，再用工具理顺接缝即可。

第七节　汽车美容彩条粘贴与塑料件的鉴别

一、美容彩条的粘贴

在车身上粘贴形状、色彩各异的彩条贴膜，不仅能突出车身轮廓线，还能协调车身色彩，给人以丰富的联想和舒适的心理感受，使车身更加多彩艳丽。

（一）车身彩条贴膜的类型与粘贴方法

1. 车身彩条贴膜的功能与类型

汽车彩条贴膜也称色带（图案），它的完善、和谐，往往能给人以良好的视觉感和艺术上美的享受，增加了汽车的动感和商品价值，这对客车尤为重要。

车身彩条贴膜有两种类型：一是没有可撕离表层的贴膜，它由彩条层和背纸层组成，彩条层正面是彩条图案，背面是粘性贴面；二是有可撕离表层的贴膜，它由背纸层、彩条框及外保护层组成，彩条层也是有彩条图案和粘性贴面两面。

2. 车身彩条贴膜的粘贴方法

（1）粘贴条件　粘贴彩条贴膜只能在16～27℃之间进行，温度过高，会导致贴膜变大，湿溶液迅速蒸发；温度过低会影响贴膜的柔性，从而影响附着效果。为了使彩条正常地贴上去，车身表面必须没有灰尘、蜡和其他脏物。可使用水和中性清洗剂将车身表面彻底清洗干净。必要时，还应进行抛光处理。

（2）直线形粘贴　以没有可撕离表层的彩条贴膜为例，其直线形粘贴的步骤如下所述：测量所需贴膜的长度，将贴膜拉直，并剪下比所需长度长几厘米的胶带；保证车身表面清洗干净，将贴膜的背纸撕去，并将前面几厘米贴到要贴的位置；抓住贴膜的松端，避免手指弄脏贴膜，皮肤上的油脂会影响附着性能；小心地拉紧贴膜，但注意不要拉长。如果在粘贴时，贴膜被拉长了，以后就会产生起皱。利用车身的轮廓线作对齐的参考线，仔细检查贴膜是否对齐。彩条对齐后，小心地将贴膜剪下，贴到车身表面上。一个长条要一次完成粘贴，不能分段粘贴，以保证直线度。再次检查彩条对齐情况，如果彩条不够直，小心地把贴膜撕开，再试一次。用橡皮滚子或软擦布压擦贴膜，贴膜末端可使用小刀切割，注意动作要轻，切勿划破车身表面涂层。要想获得额外的保护层，可在贴膜的末端涂一些透明的清漆。

（3）曲线形粘贴　当粘贴复杂的曲线时，应使用底图的帮助（如曲线板）或用画线笔绘制导向图。以没有可撕离表层的彩条贴膜为例，其曲线形粘贴的步骤是：剪下足够用的贴膜，用右手画出曲线的弧，在曲线成形后，用左手的食指把贴膜按压在车身上。不要撕去过多的背纸，为避免弄脏附着表面，手持贴膜处的背纸不要撕去，保持两手沿固定的曲线运动。曲线运动过程当中可能会需要一些轻度的拉长，但尽可能避免出现拉长。如果第一次操作失败，小心地撕开贴膜再试一次。在不好操作的某些情况下，可两手交替进行粘贴。曲线贴膜贴好后将其压紧，以获得持久的附着性能。

（4）宽幅彩色贴膜粘贴　宽幅彩条贴膜一般为有可撕离表层的贴膜。当彩条宽度达到或超过76mm时，最好采用湿贴的方法粘贴。其粘贴步骤是：将1杯中性清洗剂与4L清水混合，该溶液使得贴膜更容易控制，并使其在永久粘附之前可以正确地定位。将溶液倒入料桶或喷雾罐中，测量并剪下所需长度的贴膜，多加几厘米以防出错，将背纸慢慢地撕去，小心不要弄脏附着表面。剩余的水和清洗剂溶液将贴膜的附着表面彻底弄湿，这将使附着力暂时发挥不出来。按住标签指示的数量，将溶液喷涂到车身上，将贴膜定位在车身上。当贴膜附着表面和车身表面都是湿润的时候，整条贴膜都可以轻松地运动。一旦贴膜定位好之后，将其下的水挤出来，使其牢牢地贴在车身表面上。为避免贴膜起皱，挤压时不要太快，不要太用力，所用的压力足够将水和空气挤出去就可以了。将表层从贴膜的末端开始慢慢地撕开，一直撕到贴膜的另一头，中间不要撕断，再修整车门和翼子板边缘的贴膜。

车身两侧用得最多的是直条轮廓线，能获得平稳、修长的视觉效果。与直线条配合的常采用一些向后倾斜或逆向向前的呈楔角的几何状图案，以表现向前运动之感。但楔角一般大于20°，否则太尖了易产生一种刺眼和不稳定的感觉。此外，也可用象征性图案（喷字母、标志等）喻意一些美好的想象。在整车图案中，车身两侧应表现色带的主题。车身两侧的彩条色彩一般用条带状轮廓伸延到前围及后围，使整车图案轮廓不至于有突然中断的感觉，以增强整体感和统一感。

（二）彩条末端设计

为增加彩条贴膜的装饰效果，可对彩条末端进行设计。末端设计图案多种多样，比较流行的是箭头式图案，设计方法有以下两种：

1. 单条纹贴膜末端设计

将贴膜剪下一半，裁成箭头前半部分的角度，将第三条角度贴成一段轻微的弧度，形成箭头的后半部（图 5-8），用小刀将贴膜多余的部分修整好，将贴膜抹平以获得持久的附着。

2. 多条纹贴膜末端设计

贴膜开始粘结时，在终端留下足够的长度，如果有外保护层，一旦去除，分离出条纹。用每条条纹制成箭头的背侧（图 5-9）。取出另一条贴膜，分离条纹制成实际的箭头、用刀割去多余的贴膜。压平设计图形和一些多条纹贴膜结，包括预先切好的箭头和贴膜的终端，粘上箭头，然后压平。

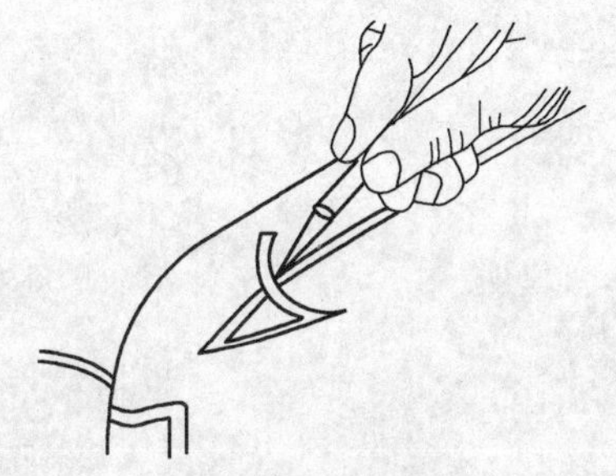

图 5-8　使用单条纹贴膜设计一个箭头

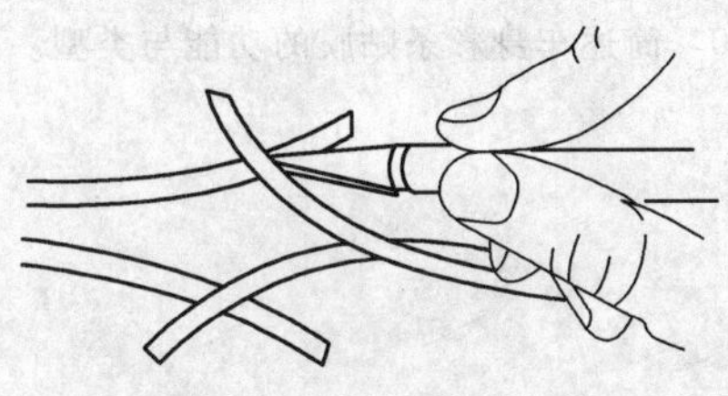

图 5-9　使用多条纹贴膜设计一个箭头

（三）客车车身彩条贴膜设计

客车车身尾部通常有一些特殊图案表现，特别对“平、方、直”型的大客车和铰接式通道客车更是如此，不然就会显得单调，产生前重后轻的感觉。如尾部的色带往上翘或向下落，涂覆面积较大时，尾部的结构感较强，但不应为了表现图案而破坏车身结构的整体感。有的客车车身裙部色带较深，以增强整车的稳实感，也较耐脏：有的车身裙部色带为浅色，给人以一种轻快之感。客车车身的色带通常都根据车型及一些具体环境、条件，灵活掌握，不是千篇一律的。客车车身通常采用三种以上的颜色成为彩条（色带），一般 3 ~ 4 种颜色为好，最多不宜超过 5 种。

二、塑料件的鉴别

对于不明塑料有下列几种鉴别方法：

1）查看压制在塑料上的国际标准符号，即 ISO 代码。现在越来越多的工厂都使用这种符号，但还有一些工厂没有使用。一般情况是在将零件拆下以后才能看到所标注的符号。

2）对于没有标注国际标准符号的零件，必须查阅车身维修手册，手册中一般都标出了每个塑料件所用的材料。但是，车身维修手册一般每年更新两次，因而对于新型汽车，应注意查阅最新版本的车身维修手册。

3）燃烧鉴别法现在不提倡使用，因为在修理车间内使用明火有失火的危险，同时也污染环境。另外，对于目前被广泛使用的复合塑料，含有多种成分，燃烧法根本无法鉴别。

4）塑料的试焊鉴别法是鉴别不明塑料的可靠方法，即用几种塑料焊条，在零件的隐蔽或损伤部位进行试焊，能与之焊合的那种焊条即是所需的塑料。现在常用的塑料焊条只有6种左右，所以可用的范围不太广，且不同焊条的颜色也不一样，但一旦找出能与塑料件焊合的焊条，塑料件的材料也就鉴别出来了。

思 考 题

5-1 汽车清洗剂的除垢机理是什么？

5-2 车蜡的主要作用有哪些？

5-3 简述汽车的清洗程序。

5-4 车表沥青和焦油的清除方法是什么？

5-5 汽车打蜡作业时应注意哪些问题？

5-6 新车为什么要进行开蜡？

5-7 轮胎的翻新工序是什么？

5-8 车室真皮饰件常见缺陷、产生原因及防治方法是什么？

5-9 人造革裂口及破损地毯的修补方法是什么？

5-10 简述车身彩条贴膜的功能与类型。

第六章　漆面美容用品、工具与设备

第一节　漆面美容用底漆

一、国产常用汽车底漆的种类及特性

（一）国产常用汽车底漆的种类

1. 酚醛底漆

酚醛底漆是由酚醛或改性酚醛树脂与颜料、体质颜料等制成，含颜料和体质颜料较多，漆液呈浆状。颜色有铁红、灰色、锌黄，有一定的防锈能力及良好的附着力，耐水性好，并能耐硝基漆的“咬底”。

主要品种有：F06—1 各色酚醛底漆，耐硝基漆性能好，红色作为涂硝基漆的涂底漆，灰色作为已涂防锈底漆的金属表面的中间涂层或涂底漆；F06—8 锌黄、铁红、灰色酚醛底漆，打磨性能好，锌黄色涂覆铝合金等轻金属表面，铁红色和灰色涂覆黑色金属表面；F06—9 锌黄、铁红纯酚醛底漆，耐热性好，锌黄色涂覆铝合金表面，铁红色涂覆钢铁表面；F06—15 铁红酚醛带锈底漆，涂覆锈蚀和未锈的钢铁表面，代替底漆用。常用稀释剂为 200 号溶剂汽油、二甲苯或松节油。酚醛底漆在应用中能与硝基、醇酸、过氯乙烯、热塑性丙烯酸等多种面漆配套。

2. 沥青烘干底漆

沥青烘干底漆是由天然沥青、合成树脂与干性植物油熬炼后加颜料、体质颜料制成的黑色浆状的漆液。由于防腐蚀性能及抗水防锈能力强，且有良好的抗石击性，在汽车中常用于车架、车轮、挡泥板等部件作底漆，特别是经过磷化处理的耐附着力更强。

主要品种有：L06—33、L06—34 沥青烘干底漆，附着力好，耐热、防潮、耐水、耐润滑油，主要用于底盘、挡泥板表面；L06—37 沥青烘干底漆，附着力好，漆膜坚韧，加滑石粉等可配成耐温涂料用于汽车发动机表面。其稀释剂为 200 号溶剂汽油。

3. 醇酸底漆

这也是汽车上常用的一种底漆，是由改性醇酸树脂、防锈颜料、体质颜料制成，具有良好的附着力和防锈能力，干燥较快，能耐硝基漆、过氯乙烯漆的“咬底”。

主要品种有：C06—1 铁红醇酸底漆，附着力和防锈性能良好，与硝基、醇酸等多种面漆的结合力好；C06—10 醇酸二道底漆，易打磨，对腻子及面漆的附着力好，用以填平腻子层的砂孔、纹道；C06—12 锌黄醇酸烘干底漆，附着力和防锈性能好，适用于铝镁合金等轻金属物体表面打底；C06—17 铁红醇酸底漆，干燥快，附着力好，耐硝基漆的“咬底”。常用稀释剂为 200 号溶剂油、二甲苯或松节油。醇酸底漆多用于要求较高的汽车作底漆，能与硝基、过氯乙烯、醇酸等面漆以及氨基烘干漆配套。

4. 环氧酯底漆

此漆的漆膜坚硬耐久，附着力好，加上烘烤干燥，可提高漆膜的防潮、防盐雾及防锈能

力，常与 X06—1 磷化底漆配合使用。

主要品种有：H06—2 铁红、铁黑、锌黄环氧底漆，适用于沿海或湿热带地区的金属打底，其中铁红、铁黑用于钢铁表面，锌黄用于铝合金表面；H06—4 环氧高锌底漆，具有阴极保护作用，能渗入焊接处；H06—10 环氧富锌底漆，有阴极保护作用，用作汽车底盘金属表面防腐；H06—12 环氧酯醇酸二道底漆填密性好、易打磨，用于经打磨平滑的金属表面的腻子砂孔、纹道等，也用作面漆前的封闭底漆。环氧酯底漆的稀释剂常用二甲苯、丁醇混合剂及二甲苯。施工方式可刷涂、喷涂或浸涂。环氧酯底漆对物体附着力强，但对面漆的结合力较差，因此施工中常在二者间加喷硝基底漆，或喷一层氨基底漆，作为结合层。

5. 过氯乙烯底漆

此漆具有耐油、耐候性和三防性能，但附着力差，施工中常在 60～65℃温度中烘烤 2h，可增强附着力及其他性能。常在湿热地区、化工产品车辆和公共汽车中应用。

主要品种有：G06—04 锌黄、铁红过氯乙烯底漆（又称头道过氯乙烯底漆），锌黄用于轻金属表面打底，铁红用于钢铁表面打底；G06—5 各色过氯乙烯二道底漆（又名过氯乙烯二道漆或过氯乙烯封闭漆），用于有划痕或经腻子填平后，仍留有孔隙的金属表面打底填孔。常用稀释剂为 X—3 过氯乙烯稀释剂。常用的施工方法是喷涂法，与其配套面漆为同类型过氯乙烯磁漆。

6. 磷化底漆（双组分涂料）

此漆可增加有机涂层和金属表面的附着力，防止锈蚀，延长有机涂层使用寿命。其可用于有色和黑色金属漆底漆前的打底，可代替金属表面的磷化处理，也可用作烘烤面漆的底漆。但由于涂膜很薄，不能单独作为底漆使用，而必须与其他底漆配套使用。磷化底漆是双组分涂料，它的配比是磷化底漆∶磷化液为 4∶1。施工时在容器中按上述比例搅拌均匀，放置 30min 后开始使用，且该配制好的底漆必须在 24h 内用完。施工方法可刷涂也可喷涂。磷化底漆须经 2h（20℃）干燥后，再涂其他底漆。

7. 聚氨酯底漆（双组分涂料）

此漆具有良好的附着力、耐水性、耐热性、耐化学性和三防性能。

主要品种有：7609 铁红聚氨酯底漆是双组分涂料，它的配比是 7609 铁红聚氨酯底漆∶7312—1 聚氨酯固化剂为 8∶1；锌绿聚氨酯底漆也是双组份涂料，锌绿聚氨酯底漆∶7312 聚氨酯固化剂为 5∶1。常用稀释剂为 7002 聚氨酯专用稀释剂。施工方式可喷涂或刷涂。与 7609 聚氨酯底漆配套的面漆主要为 7182 聚氨酯清漆、7385 聚氨酯清漆和 N—12 丙烯酸聚氨酯清磁漆。

8. 硝基底漆

此漆由硝化棉、改性树脂和颜料等组成，漆膜干燥快，易打磨，常用于汽车耐汽油和耐润滑油部件打底。

主要品种有：Q06—4 各色硝基底漆，用于车辆表面打底；Q06—5 灰硝基二道底漆，用作填平腻子层孔隙及砂纸划痕。常用稀释剂为 X—1、X—2 硝基稀释剂。施工方式以喷涂为主，与其配套面漆为硝基磁漆。

9. 丙烯酸底漆

此漆是由甲基丙烯酸酯—甲基丙烯酰胺共聚树酯与锶铬黄等颜料和有机溶剂等组成，附着力强，耐候、耐热、防潮、防腐和防霉性能良好。

主要品种有：B06—1 锶黄、锌黄丙烯酸底漆和 B06—2 锶黄丙烯酸底漆。对高温条件下使用的金属设备和轻金属，如铝、镁合金等有良好的附着力和高度防腐蚀性。常用稀释剂为 X—5 丙烯酸稀释剂。施工方式主要为喷涂。与其配套面漆有硝基、过氯乙烯、热塑性丙烯酸等磁漆。

（二）国产常用汽车底漆的特性

底漆是直接涂装在经过表面处理的车身表面的基础涂料。由于漆膜的附着力和耐腐蚀性能主要依靠底漆层，因此汽车底漆必须具备下列特性：

1）底漆漆膜必须具有良好的耐腐蚀性、耐水性和抗化学药品的腐蚀性，有足够防止金属表面氧化腐蚀的防锈能力。

2）底漆应对经过表面处理的车身表面有良好的附着力，所形成的底漆漆膜应具有良好的机械强度（耐冲击强度、硬度、弹性等）。

3）底漆是增强工件表面与腻子（或面漆）、腻子与面漆之间的媒介层，为使两者牢固地结合，而不发生“咬底”、“揭皮”现象，底漆必须有合理的配套作用。再通过合理而高质量的涂装施工工艺，才能保证底漆的涂装质量。

4）底漆应具有良好的施工性能，能适应先进的汽车涂装工艺。底漆的附着力和漆膜的强度除了与成膜物质有关，还与施工参数如涂膜的厚度、均匀度、干燥程度、漏涂、稀释剂的正确使用及施工环境、表面清洁处理（如除锈、脱脂）等有关。

二、进口底漆的种类及选用

除国产底漆之外，较常用的还有进口底漆，主要有美国杜邦公司底漆、美国 PPG 公司底漆、德国巴斯夫公司底漆、英国 ICI 公司底漆及荷兰新劲公司底漆等。

（一）美国杜邦公司底漆

1. 1020R 多用途高膜厚底漆（双组分）

此漆对铁、铝等金属裸体具有优良的附着力，以及良好的防锈、防腐蚀性，而且该底漆还可以在原有旧漆上施工，也不会引起收缩或下陷的现象，因此具有优良的密封性和隔离效果。

1020R 作为腻子厚涂时，能满足特殊的厚填充要求、隔离作用及填补腻子印迹。配比为：4 份 1020R 底漆加上 1 份 1010R（或 125S）固化剂，罐存时间为 45min。施工中喷涂 2 ~ 3 层，间隔 10 ~ 15min，每层膜厚为 60 ~ 80μm，建议前一天晚上喷涂第二天早晨打磨（注意：当修补风干性厚漆时，用 1025R 稀释剂稀释，在整个版面部分涂一层，可用 125S 固化）。

1020R 作为高膜厚平整底漆时，一道喷涂能满足于汽车底漆要求，可用于各种面漆下面，特别适用于双组分烤漆和金属漆，以达到完美的光泽和持久性。配比为：4 份 1020R 底漆加上 1 份 1010R（125S）固化剂，加上 2 份 1025R 稀释剂，罐存时间 1.5h。施工中单道喷涂达到 40 ~ 60μm 膜厚，干燥 1h 即可打磨。另外，当此漆作为高膜厚免打磨底漆时，配比为：4 份 1020R 底漆加上 1 份 1010R（或 125S）固化剂，加上 3 份 1030RN. S 稀释剂，罐存时间为 2h。施工中单道喷涂达到 30 ~ 40μm，在车间温度 20℃下，与面漆喷涂间隔时间 15min。同时，在施工中应注意：免打磨底漆与色漆喷涂间隔时间不要超过 15min，以达到面漆的理想外观；应用双层作法，面漆需在底漆不发粘才可喷涂色底，通常根据环境变化要在底漆喷后 1 ~ 3h。

2. 830R 环氧底漆（双组分）

此漆是一种不含铬的环氧底漆，适用于各种金属表面及玻璃钢表面，对裸露金属能提供最佳的防腐蚀保护和良好的填充性能。其有绝好的施工性能，3 天内均可进行面漆施工，而且在需要时极易打磨。配比为：4 份 830R 底漆加上 1 份 835R 固化剂，加上 1 ~ 2 份 AU370 快干稀释剂/3871 慢性稀释剂。罐存时间为 8h，施工中单层膜厚为 25 ~ 60μm。

3. 先达利 30SR 硝基底漆

此漆具有附着力强和防腐蚀的性能，喷涂后涂面平滑，可用于各种材料的基体上，并与各种面漆相配套。其既可作一般底漆，又可作二道中途底漆，能消除腻子砂孔和砂纸打磨痕迹，干燥迅速，干燥后打磨性能好。施工中以 1 份 30SR 底漆加上 2 份 368S/AD345 稀释剂，一般喷涂 2 ~ 3 层即可达到质量要求，间隔 5min 即可打磨。

（二）美国 PPG 公司底漆

1. D831 达壮 1 +1 快干底漆

此漆是一种不含铬酸盐的双组分底漆，与 D832 或 D833 硬化剂配合使用，可广泛地使用于钢材、铝、锌、电锈板及原厂漆和其他旧漆，以增加其附着力。其使用的配比为：一般状况时，D831 达壮 1 +1 快干底漆 1 份，加上 D832 快干硬化剂 1 份；湿度高时，D831 达壮 1 +1 快干底漆 1 份，加上 D833 快干硬化剂 1 份。混合后 24h 内使用完毕，在旧漆膜上使用时，应先轻喷一次，以防止漆膜起皱。施工中共喷涂 2 ~ 3 层，间隔 5min，干燥 30min，即可研磨喷涂 PPG 达壮烤漆。

2. D834、DP40 环氧底漆

此漆为双组分环氧底漆，可直接喷涂于金属及旧漆表面，也可作塑料底漆，有良好的附着性。

其使用的配比为：D834、DP40 环氧底漆 1 份，加上 D835、DP40 催干剂 1 份。混合后 48h 以内使用完毕。施工中共喷涂 2 ~ 4 层，不粘尘时间为 15min，即可喷涂任何 PPG 面漆。

3. D836/D838 高霸 5 +1 底漆

此漆有特强的附着力和全面封盖旧漆的能力。D836 为黄色、D838 为白色，能调合成喷灰、底漆、中途漆和湿碰湿中途漆等不同底漆。此漆使用的配比为：喷灰——高霸 5 份，D802 1 份；底漆——高霸 5 份，D802 1 份，稀释剂 0.5 份；中途漆——高霸 5 份，D802 1 份，稀释剂 1 份；湿碰湿中途漆——高霸 1 份，D802 1 份，稀释剂 1 份。在施工中喷灰共喷涂 4 层，漆膜厚为 300μm，干燥时间较长；底漆共喷涂 3 ~ 4 层，漆膜厚为 200μm，干燥时间约为 5h；中途漆共喷涂 1 ~ 2 层，漆膜厚为 40 ~ 80μm，干燥时间约为 3h；湿碰湿中途漆共喷涂 1 ~ 2 层，漆膜厚为 15 ~ 30μm，干燥时间为 15min。

4. D839 达壮 4 +1 双组分多用途底漆

此漆含有特殊的颜料，能防锈保护底材，增加面漆的性能；耐酸碱、抗湿、耐候性极佳；用于钢铁制品或新车涂膜等有非常优良的附着力；能调合成喷灰、填充底漆、免磨中途漆、湿碰湿封底中途漆和高光泽或着色底漆使用。为了在钢板表面达到最佳的抗腐蚀效果，最好先喷 1 层 D831 1 +1 快干底漆。此漆使用中的配比为：喷灰——D839 多用途底漆 4 份，D802 硬化剂 1 份；填充底漆——D839 多用途底漆 4 份，D802 硬化剂 1 份，D808 快干稀释剂 1 份；免磨中途漆——D839 多用途底漆 4 份，D802 硬化剂 1 份，D808 快干稀释剂 2 份；湿碰湿封底中途漆——D839 多用途底漆 4 份，D802 硬化剂 1 份，D808 快干稀释剂 2.5 份；

高光泽或着色底漆——D839 多用途底漆 1 份，D800 清漆 1 份，D802 硬化剂 1 份，D808 快干稀释剂 1 份。当作为喷灰或当填充底漆使用时，也能着色，最多能加入质量分数 10% DG 色母。当作为着色底漆使用时，可加入达壮烤漆色母，也可使用达壮烤漆 DG 色漆。施工中喷灰共喷涂 4 层，漆膜厚为 240μm；填充底漆共喷涂 2 ~ 3 层，漆膜厚为 120μm；免磨中途漆共喷涂 1 ~ 2 层，漆膜厚为 70μm；湿碰湿封底中途漆喷涂 1 层，漆膜厚为 25μm；高光泽或着色底漆喷涂 1 ~ 2 层，漆膜厚为 15 ~ 30μm。另外在施工中必须注意：D839 多用途底漆对湿气、水分极为敏感。所以在作业前要注意控制湿度在 80% 以下，工具必须干燥。

5. D815、D816 达壮 PP 附着底漆、塑料底漆

D815 是非常特殊的附着底漆，有良好的附着性，应用于 PP/EPDM、PEP 等材料的打底（D834 1 +1 塑胶底漆，适合所有塑料产品的打底）；D816 使用于所有 PUR/RIM 的打底。D815 与 D816 不需加入任何稀释剂，只要摇晃均匀，即可直接喷漆。D815 只要薄喷 1 ~ 2 次即可，它是黑色的，所以很容易发现是否施喷均匀，干燥 5min 后即可喷面漆；D816 一般喷涂 1 ~ 2 层，干燥 40min 就可喷面漆，但不要超过 2h。在 PP/EPDM 和 PEP 上，如果要达到较厚的漆膜，可用湿对湿法，先喷 2 层 D815，然后再喷 2 层 D816，干燥 40min，即可喷面漆。

（三）德国巴斯夫公司底漆

德国巴斯夫公司以生产鹦鹉牌汽车漆著名于世。其主要底漆如下：

1. 286—16 热敏性隔绝底漆

此漆为双组分底漆，具有极佳的防锈功能，可增强底漆与中涂漆之间的附着力，使面漆喷涂后发挥更佳效果。该产品特别适用于气候突变的环境，并可当中涂漆使用。使用配比为：285—16 底漆 4 份，929 底漆用固化剂 1 份，352—91 中速稀释剂 1 份。

2. 285—60 高浓度全天候中涂层底漆

此漆为高固体成分聚氨酯涂料，是汽车喷涂水磨施工特制的产品，具有极佳的封盖力和填充性，可作厚膜喷涂，不易起砂纸及灰印和抗缩光功能。其打磨极易、烘烤时间特短、配以快干固化剂，不烘烤也能达到满意效果，适用于流水作业及快速修补工件。使用配比：285—60 底漆体积分数为 100%，929—28/2 或 929—71 加 929—73 固化剂体积分数为 25%，325—50 或 352—91 加 352—216 稀释剂体积分数为 25%。

3. 285—95 填充及可调配颜色（高浓度）底漆

此漆是最新的高浓度双组分产品，独具填充及可调配任何颜色等功能。其可按比例加入 21—或 22—系列色系调配，能增强施喷金属漆及珍珠漆的遮盖力，并可作中涂层漆使用。285—95 底漆混合液（甲）配比：285—95 底漆体积分数 100% 加 21—或 22—系列体积分数 50%。混合液（甲）体积分数 100% 加 929—28/2 或 929—71 加 928—73 固化剂体积分数 25%，再加 352—50 或 352—91 或 352—216 稀释剂体积分数 25%。

4. 934—0 塑料专用单组分透明底漆

此漆对塑料基体有增强粘附作用，能确保面漆耐久附着，解决常遇到的漆膜从塑料基体脱落的现象。施工时采用喷涂法，不需加任何稀释剂或助剂，仅需喷涂单层底漆即可。

（四）英国 ICI 公司底漆

1. 英国 ICI 硝基底漆产品 BELCO 底漆及中途底漆

1）P565—597 耐用侵蚀底漆（磷化底漆）能为钢铁、铝材、白铁皮、镀锌铁板等提供良好的附着力和防锈性能，是一种极佳的防锈底漆。采用的固化液为 P275—61 磷化底漆固化液，以 1∶1 配比，调配后 10min 才可使用。施工中只需喷涂一层，便有足够的功能，不需打磨，接着可喷涂其他底漆 3 层。但是，不能喷涂在原子灰及原子喷灰以下，以免影响附着力。

2）P082—28 防浮红底漆主要用于旧漆中“红色”颜料透现（俗称反红）。配比为 1 份防浮红底漆兑 1 份 P851—804 硝基漆稀释剂。施工喷涂 2 层，不需打磨，接着必须喷涂 3 层二道底漆遮盖。如打磨二道底漆露底时，则必须重喷防浮红底漆。

3）P084—700（灰色）、P084—800（黄色）风干中涂底漆为单组分多用途二道底漆系列，是丙烯酸及硝基树脂的混合产品。其能提供轻微填充性，附着力强，并能提高面漆明亮度，漆膜平滑、快干、打磨容易，适用于钢铁、铝材及玻璃纤维表面作底漆，并适用于原厂底漆配件及彻底打磨后的旧漆层打底，是硝基漆、双组分烘干漆等面漆的理想搭配底漆。因此，该系列底漆既可作为一般底漆，也可作为二道底漆和末道封闭用漆。稀释比：P084—700（或 800）∶P851—396 底漆香蕉水 =1∶1。施工中共喷涂 3 层，每层相隔约 10min，最低漆膜厚度为 50 ~60μm。

2. 英国 ICI 2K 双组分底漆及中涂底漆

1）P565—668 透明底漆（特殊粘附性底漆）附着力好，对需全车改颜色的新车尤为适用。整车外涂时能避免门柱内侧因贴护疏忽带来瑕疵。对封隔正确刮腻子（原子灰）的地方也能见奇效，能节省大量前处理所需工序。还可在透明底漆内掺入体积分数为 50% 的 2K 色母，以作打底色或珍珠底色使用。使用的配比：透明底漆 2 份，P210—925/62K 高浓度催干剂 1 份，P850—1492/42K 稀释剂体积分数为 30% ~40%。施工中共喷涂 2 层（不用打磨），自干 20 ~30min，即可施喷面漆。

2）P595—777 超能免磨底漆能减少施喷层数，节省用料，提供极佳的粘着力及防锈功能，能提高面漆的明亮度。作为 2K 免磨底漆，能提供“湿碰湿”的快速喷涂工艺，使用容易、漆膜平滑、快干、坚固耐用。用于完好漆膜喷涂时，能节省大量的打磨及前处理所需的工序，可直接喷涂于完好的旧漆表面、原厂漆及 2K 漆膜上，更可用于塑料工件上。使用的配比：超能免磨底漆 2 份，P210—925/62K 高浓度催干剂 1 份，P850—1492/3/42K 稀释剂体积分数为 30% ~40%。施工中喷涂 2 层，无需打磨，自干 20 ~30min 即可施喷面漆。但在干燥时间超过 30min 时，需烘干后重新打磨方可作面漆喷涂。

3）P565—888 2K 快速厚膜底漆漆膜特厚，能减少施喷层数，节省用料，提供极佳的粘着、防锈及填充等功能，提高面漆的明亮度，特别为 2K 烤漆而设计，配合使用，效果完美。其适用于钢铁、铝材、彻底打磨后的完好旧漆、玻璃纤维（注意清除脱模剂）、原厂底漆配件，但不适用于丙烯酸漆及可溶性漆膜面（硝基漆）作局部小修补，如在硝基漆表面喷涂 2K 底漆，必须要整件工件喷涂，以免产生边口显现等问题。喷灰（腻子）配比：P565—888 4 份，P210—926/5 1 份，P850—1492/3/4 体积分数为 5% ~10%；二道底漆配比：P565—888 4 份，P210—926/5 1 份，P850—1492/3/4 体积分数为 20% ~40%。施工中喷涂 3 层（烘干时间 60℃时为 30min，自干时间 20℃时为 2 ~3h）。施喷打磨指示层以达到完美的打磨效果。

3. 英国 ICI 塑料底漆

1）P565—777 超能免磨底漆与 P100—2020 柔软添加剂配合，为 PUR 聚氨酯类塑料件和泡沫型塑料提供良好的附着力，还有防止龟裂的性能。

调配方法：先将 2 份 P565—777 和 1 份 P100—2020 混和，再将上述混合物 2 份、P210—925 1 份、P850—1491/2 体积分数为 30% ~40% 调配而成，施工中喷涂 2 层。干燥 15 ~20min 后方可作面漆喷涂（注意：面漆必须加适量的柔软剂）。

2）P565—660 幼粒珠纹底漆和 P565—768 粗粒珠纹底漆适用于有花纹的塑料工件修补。使用比例按照 2K 防撞杆颜色配方（一般体积分数约为 30%），混合颜色后再调配如下：色漆 2 份，P210—925/6 1 份，P850—1491/2/3 体积分数为 10% ~20%。

（五）荷兰新劲公司底漆

1.“新劲”塑料底漆

此漆透明单组分快干、高粘着力的媒介性底漆，用来修补车身塑料配件、增加塑料与漆膜间的粘着力（不适用于纯 PP 及 PE 塑料），不用混合即可施喷。施工中湿喷 2 层，干燥 20min（在 20℃下）后即可喷涂“新劲”各种面漆。修补软性塑料时，应先把“新劲”调油柔软剂与面漆混和，避免喷涂后漆膜干裂。

2.“新劲”防护绿底漆

此漆为双组分环氧树脂防护底漆，可保护车身免受化学物品腐蚀或锈蚀，同时对高密度金属有极佳的粘着力，也可作为原子灰与金属间的粘贴层。干燥后表面极平滑易磨，为高级轿车的底漆。其可用于旧漆膜类（不包括热塑漆）、铝、镀锌铁板、不锈钢、钢材或原子灰类产品表面。使用的配比：防护绿底漆 100 份，防护绿底漆催干剂 50 份，稀释剂 30 份（混合后在 8h 内用完）。施工中湿喷 2 ~3 层，干燥时间约为 5h（在 20℃下）。干燥后可直接喷涂“新劲”各类面漆，或涂原子灰。如用作原子灰与金属间的粘贴层时，可用刷涂。

3. 合金底漆

此漆为双组分半透明媒介性底漆，含磷酸成分，能侵蚀进金属的表层，粘着力极强，可作为高密度金属与漆膜之间的粘着媒介，有极佳的防水及防腐蚀性能，适用于钢材、镀锌铁板、铝、不锈钢等金属表面。使用的配比：合金底漆 1 份加合金底漆催干剂 1 份（混合后在 8h 内用完）。施工中湿喷 1 层即可，干燥时间为 15min（在 20℃下），漆膜厚度 4 ~8μm。干燥后，可在 24h 内直接喷涂“新劲”3 +1 喷灰、590 底漆、680 底漆或套装烤漆，但是原子灰类产品不可直接涂于合金底漆表面。

4. 920 和 930 底漆喷灰

此漆为双组分底漆喷灰，填补力强，也可在低温下施喷。其粘着力强，密封度高，干燥时间快，平滑易磨，不含异氰酸毒素，VOC 含量符合世界环保标准，可用于旧漆膜（包括热塑漆），各类底漆及原子灰，钢铁或铝材的表面（920 和 930 催干剂不可混合使用）。使用的配比：920（930）底漆喷灰 100 份加 920（930）催干剂 50 份。本品为浅灰色，如有需要也可加入不超过体积分数 10% 的套装烤漆以配合面漆颜色，在加入颜色后，再加入体积分数为 50% 的 920（930）催干剂。施工中湿喷 2 ~3 层，干燥时间（可打磨）为 2 ~2.5h（在 20℃下），干燥后可直接喷涂“新劲”各类面漆。

5. 680 底漆

此漆为单组分多用途、快干、易磨底漆，可填补经砂纸打磨后留下的痕迹或轻微凹痕，并具有隔离作用。其用于旧漆膜（包括热塑漆）、钢材、“新劲”各原子灰、漆灰及底漆表面，不适用于高能钢、不锈钢、铝材、镀锌铁板等。使用的配比：680底漆100份加稀释剂100份。湿喷2~3层，干燥时间（可打磨）为30min左右（在20℃下）。干燥后可直接喷涂“新劲”各类面漆。如果需要加强金属的防腐蚀性能及与680底漆间的粘着力，可先喷上一层合金底漆或590底漆。

6. 590底漆

此漆为不含锌铬的双组分隔离性及填补性侵蚀底漆，含磷酸成分。干燥后平滑易磨，对敏感性漆膜提供极佳的隔离层。其可用于旧漆膜（包括热塑漆）、钢材、“新劲”原子灰或漆灰类产品的表面，不适用于铝材。使用的配比：590底漆1份加590底漆催干剂1份（混合后3天内用完）。施工中湿喷3层即可（如喷涂于热塑漆时，应先薄喷1层），干燥20min可上漆灰，1h后可打磨（在20℃下）。干燥后可涂上绿漆灰，各种“新劲”底漆（防护线底漆除外），或者直接喷涂“新劲”各类面漆。原子灰不可直接涂于590底漆表面。

三、漆面修补涂装对底漆的性能要求

1）底漆对经过处理的车身表面有良好的附着力，所形成的底漆涂膜应具有极好的机械强度（耐冲击强度、硬度、弹性等）。

2）底漆涂膜必须具有极好的耐腐蚀性、耐水性和抗化学药品的腐蚀。

3）底漆与施工物体表面、中间涂层、面漆应有良好的配套性，否则会发生“咬底”、“揭皮”等现象。

4）有良好的施工性能，能适应先进的汽车涂装工艺。

第二节 漆面美容用腻子

汽车在修复过程中，车身及外表附件经钣金工敲打、拉拔、撬顶、修平等处理，外表全部或部分出现高低、凹凸及焊缝痕迹。这是底漆所不能填平的，需利用汽车腻子使外表达到光滑平整。汽车腻子是一种粘稠物质，主要由体质颜料、催干剂、溶剂组成，用在已涂底漆的物体表面上，以填平汽车车壳及部件表面凹坑、焊缝及擦伤等缺陷，经过一层层涂刮及打磨直至形成平整光滑的表面。

一、国产腻子的种类及选用

腻子品种很多，有造漆厂制造的成品腻子，也有自行调制的油性腻子。在成品腻子中有常温干燥型、烘干型及快干型腻子以及单组分和双组分腻子。使用时要结合具体施工对象，根据修复汽车的档次、损坏程度以及对外表面漆的要求灵活选用。

（一）国产成品腻子的种类

1. C07—5各色醇酸腻子

它属常温自干型腻子，是醇酸树脂、颜料、较大数量的体质颜料混合研磨后，加入适量催干剂及有机溶剂配制而成的均匀膏状物。其涂层坚硬、附着力好，但涂层不宜太厚，以免影响干燥而不易打磨，适用于中级轿车和旅游客车用。C07—6灰醇酸腻子由酚醛改性醇酸树脂、颜料、体质颜料、催干剂和松节油配成。自干、耐水性、防潮性和打磨性良好，耐硝基漆，适用于填嵌湿热带车辆。

2. Q07—5 各色硝基腻子

它属于快干型腻子，由硝化棉、醇酸树脂、顺酐树脂、颜料、体质颜料、增塑剂和有机溶剂制成的膏状物。其干燥快、附着力好、容易打磨，常用于中、高级轿车填补孔隙或喷涂头道面漆后，刮涂小砂眼用。

3. H07—5 各色环氧腻子

它属常温自干型腻子，由环氧酯与颜料、体质颜料、催干剂、二甲苯、丁醇等配成的稠厚液体。腻子膜坚硬，耐潮性好，与底漆有良好的结合力，经打磨后表面光滑，是高级轿车涂装的配套用料。

4. H07—34 各色环氧酯烘干腻子

它属烘干型腻子，其组成性能类似于 H07—5 各色环氧腻子。不同的是：H07—34 必须先以低温 50～60℃烘烤 30min 后，再升至 100～110℃下烘烤 1h，常用于中、高级轿车用料。H07—37 各色环氧醇酸烘干腻子的性能类似于 H07—5。

5. G07—3 各色过氯乙烯腻子

它属快干型腻子，由过氯乙烯树脂、增塑剂、颜料、体质颜料及混合有机溶剂等配成的膏状物。其干燥速度较快，打磨性、耐油性良好，常用于中、高级轿车的涂装。施工时不宜来回多次重复涂刮，以免“卷皮”。

6. A07—1 各色氨基烘干腻子

它是由氨基树脂、醇酸树脂、颜料、体质颜料、催干剂和有机溶剂配成的浅灰色膏状物，也属烘干型腻子。对底漆附着力强，干燥后易打磨，不起卷。

（二）自制油性腻子

根据我国汽车维修涂装师傅的传统工艺，在自制油性腻子的调配与操作中，常用的固定配方见表 6-1。

表 6-1　常用自制油性腻子配方　（单位：kg）

原料	规格	配方		
		A	B	C
熟石膏粉		3		3
厚白漆	甲级	1.5	0.9	2
熟桐油	Y00—7	0.9	1.2	1
溶剂汽油	200 号	0.6	0.6	0.6
水		适量	适量	适量
锌钡白	立德粉	适量	适量	适量
红灰底漆	各色酚醛底漆	适量	适量	适量
灰油性腻子	T07—2	适量	适量	适量
铅、锰、钴催干剂	G7	适量	适量	适量

在具体操作过程中，应根据具体情况（如天气、温度、湿度等）进行调配。表中的锌钡白、红灰底漆以及铅、锰、钴等催干剂在实际使用中适当增加，以在施工中帮助干燥，提高工效，便于易刮易磨。在腻子调制中，桐油含量多，腻子柔韧牢固，干燥迅速；厚白漆含量多，腻子坚硬，易刮易磨。

在调制操作过程中要注意三点：

1）熟石膏粉要过筛。

2）厚白漆与桐油要先调拌均匀。

3）加石膏粉与水和溶剂汽油的量可根据调拌过程中石膏粉的胀性严加控制，即防止腻子未达胀性，或胀性过头（未达胀性，腻子不会干燥；胀性过头，腻子报废）。在施工中，填刮腻子时对凹度较大的地方不能一次太厚；不能多次来回填刮，以防堵死沙孔，影响干燥。两道腻子之间必须涂红灰底漆封闭。

二、进口腻子的种类及选用

（一）荷兰新劲公司腻子

1. 原子粗灰系双组分聚酯腻子

它有极高的填补力，可作底层原子灰，适合填补较大面积的凹痕及不平滑的金属表面，也用于钢面或防护绿底漆表面，快干易磨。使用的配比（质量分数）：100 份原子粗灰加 2.5 份相配的催干剂，必须在 3～4min 内用完。施工后 15min（在 20℃下）即可打磨。

2. 动滑原子灰系双组分最微细的腻子

它适用于钢面或防护绿底漆表面，以及原子粗灰、纤维原子灰、金属原子灰、轻质原子灰及合金原子灰的表面层，填补凹痕及不平滑的金属表面。使用的配比（质量分数）：100 份动滑原子灰加 1 份、2 份或 3 份相配催干（固化）剂。加 1 份时须在 20min 内用完，加 2 份时须在 11min 内用完，加 3 份时须在 7min 内用完。可打磨的时间是 1 份时为 50min，2 份时为 40min，3 份时为 30min。

3. 纤维原子灰系双组分高纤维腻子

它适用于修补车身上直径不超过 6cm 的锈孔。使用的配比：100 份纤维原子灰加 2.5～3 份相配催干（固化）剂，必须在 12～15min 内用完。施工中将铁锈除去后，把锈孔边缘磨成 45°角，然后涂上纤维原子灰，50min 后即可打磨。

4. 金属原子灰含有铝粉的高填补力、快干的双组分腻子

它可填补凹痕及不平滑的钢面或防护绿底漆的表面，提供硬度极高的填补层。使用的配比：100 份金属原子灰加 2.5 份相配催干（固化）剂，必须在 3～4min 内用完。施工后 15min 即可打磨。其在热塑漆、塑料底漆、侵蚀底漆及合金底漆表面不适用。

5. 合金原子灰系双组分高填补力腻子

它属于特殊配方，粘着力极强，可直接使用于高密度的钢、镀锌钢、铝或防护绿底漆的表面。使用的配比：100 份合金原子灰加 2 份相配催干（固化）剂，必须在 3～4min 内用完。施工后 20min 即可打磨。其在热塑漆、侵蚀底漆及合金底漆表面不适用。

6. 填砂眼红漆灰

它是特别适用于修补亚加力喷漆系列的单组分漆灰，还可填补旧漆膜或底漆表面的细小划痕或砂眼，不用混合即可使用。施工中用灰刀涂上 1～3 薄层，45min 后即可打磨。

7. 填砂眼绿漆灰

它是快干、精细动滑的单组分漆灰，可填补车身底漆、原子灰或旧漆膜表面的细小划痕或砂眼用，不用混合即可使用。施工中用灰刀涂上 2 薄层，每层间隔 15～20min 后即可打磨。

（二）英国 ICI 公司腻子

1. P551—1050 原子灰（腻子）双组分原子灰

它用于填补较深凹的原厂高温烤漆（丙烯酸漆除外）、裸金属、钢、铝及非溶性修补漆。使用的配比：100g 原子灰加 2～4cm（长度计）P275—200 固化剂。原子灰在施工中不能配制太多，必须在 7～10min 内用完。打磨后，必须喷涂三层二道底漆遮盖。但原子灰在侵蚀底漆和可溶性修补漆表面不适用。

2. P551—1052 原子灰（万能腻子）

它是双组分万能原子灰，属于特殊的配方，粘着力极强，除用于裸金属、钢铁等表面，尤其适用于镀锌铁及铝板表面。使用的配比：100 份原子灰加 2 份 P275—200 固化剂。原子灰在施工中不能配制太多，必须在 7～10min 内使用完。施工后 1h 即可打磨（雨季及低温环境中干燥时间较长）。打磨后须喷涂三层二道底漆遮盖。

3. P551—1059 原子灰（幼粒腻子）

它可作为原子灰填补层的最面层，填补车身底漆、原子灰或旧漆膜表面的细小划痕或砂眼，用于原厂高烤漆（丙烯酸漆除外）、裸金属、钢、铝及非溶性修补漆（镀锌铁板外），而可溶性修补漆表面（如硝基漆、丙烯酸漆、TPA 及醇酸漆等）不适宜。使用的配比：100g 原子灰加 2～4cm（长度计）固化剂。原子灰在施工中不能配制太多，必须及时用完。为避免日后可能出现“热痱”，打磨后必须喷涂三层二道底漆遮盖。

4. P083—60 白色填眼灰（小灰）系单组分腻子

它能填补轻微划痕、针眼、砂眼及砂纸纹等。P083—60 腻子不用稀释，在施工中极易打磨，如小面积打磨后，可直接喷涂面漆；如面积大，必须重喷二道底漆遮盖。

（三）美国 PPG 公司腻子

1. A656/A663 多用途聚酯原子灰系高级双组分聚酯腻子

它适用于镀锌板、不锈钢、铝及玻璃钢在内的各种基底材料。A656 为标准型；A663 为慢干型，适用于大型车辆及高温天气。使用的配比：100 份 A656 加 A665 固化剂 1.5～2.0 份（在 20～30℃下），必须在 5～10min 内用完。施工后 20～30min 即可打磨。

2. A659 轻型聚酯腻子系低密度双组分聚酯腻子

它适用于裸金属、喷漆底漆及玻璃钢表面。使用的配比：100 份 A659 腻子加 A665 固化剂 1.5～2.0 份（在 20～30℃下），必须在 5～10min 用完。施工后 20～30min 即可打磨。

3. A661 标准聚酯腻子系普通型双组分聚酯腻子

它适用于裸金属、玻璃钢以及其他喷漆底漆或面漆的表面。使用的配比：100 份 A661 腻子加 A665 固化剂 1 份（在 20～30℃下），必须在 5～9min 用完。施工后 15～20min 即可打磨。

4. A662/A668 聚酯喷灰系淡灰色双组分聚酯喷灰

它适用于缺陷多以及形状不规则的表面，以减少使用传统原子灰带来的不便。使用的配比：100 份 A662 喷灰加 A668 固化剂 1 份，必须在 20～25min 用完。施工后 2～3h（在 20℃下）即可打磨。

5. A652 软性塑料补土（腻子）系双组分聚酯腻子

它与 A665 固化剂调配，质地细腻并具有弹性，与塑料表面具有良好的粘着力。使用的配比：100 份 A652 聚酯补土加 A665 固化剂 1.5～2.0 份，必须在 5～10min 内用完。施工后

20～30min 即可打磨。

第三节　漆面美容用中间涂层

中间涂层是介于底漆与面漆之间的涂层，所用的涂料简称中涂。中涂的主要功用是提高被涂物表面的平整和光滑度，封闭底漆层的缺陷，以提高面漆层的鲜映性和丰满度，提高装饰性，增加涂膜厚度，提高耐水性。对于表面平整度好、装饰性要求不太高的载货车和轻型车，几乎不喷中涂，以降低涂装成本；对于装饰性要求高的中、高级轿车，则需采用中涂。

一、中间涂层的性能要求

为达到要求，中间涂层应具有以下特性：

1）与底漆、面漆配套良好，涂层间的结合力强，硬度配套适中，不被面漆的溶剂咬起。

2）能封闭底漆层上的小缺陷，提高面漆层的丰满度。

3）耐潮性好，不产生涂层气泡。

4）打磨性好，在湿打磨后能得到平整、光滑的表面，能高温烘干且干性良好，打磨时不粘砂纸。

二、中间涂层涂料的分类

国外汽车生产厂的中间涂层涂料一般分为通用底漆、腻子、二道浆、封闭底漆。而国内汽车修补漆，则根据涂料的功能分为腻子、二道浆、封闭底漆，将通用底漆并入二道浆中。

1. 通用底漆

又称底漆二道浆，它可直接涂布在金属表面，具有底漆的功能，又具有一定的填平能力。一般采用“湿碰湿”工艺涂布两道，以代替底漆和二道浆，达到简化工艺的目的。

2. 腻子

俗称填密。它是一种专供填平表面用的含颜料、体质颜料较多的涂料，刮涂在底漆层上。刮腻子仅能提高工件表面的平整度和装饰性，而对整个涂膜则害多利少，因为腻子涂层易老化、开裂，再加上手工涂刮和打磨的劳动强度大，所以汽车生产厂早就通过提高加工技术和管理水平，确保零件表面的平整度，流水线生产的汽车已不再使用腻子。市售腻子主要供汽车修补用。

3. 二道浆

又称喷涂腻子。它的功用介于通用底漆和腻子之间，对被涂工件表面的微小缺陷（不平之处）有一定的填平能力，颜料和填料含量比底漆多，比腻子少，颜色一般为灰色。采用手工喷涂和自动静电喷涂，具有良好的湿打磨性，打磨后可得到非常平滑的表面。

4. 封闭底漆

它是涂面漆前的最后一道中间层涂料。其漆基含量介于底漆和面漆之间，涂膜光亮。漆基一般是由底面漆所用的树脂配成。

三、中间涂料

国内汽车修补行业把二道浆和通用底漆统称为中间涂料。它是处于底漆或腻子之上、面漆之下，用来提高涂膜厚度，协助底漆和腻子填平细微缺陷，提高面漆的弹映性及光泽的一类涂料。表 6-2 为汽车常用中间涂料的种类、性能及用途。

表 6-2　汽车常用中间涂料的种类、性能及用途

种类	性能	配套涂料与稀释剂	用途	施工方法
Q06—5 灰硝基二道底漆	涂膜干燥快，易打磨平滑，填孔性较好且硬度高，但柔韧性欠佳，耐老化性不好	用 X—1 硝基稀释剂调稀，与同类型涂料一起使用	专用于填平腻子孔隙及砂纸打磨痕迹	常用喷涂
C06—10 醇酸二道底漆	涂膜细腻，干燥快，易打磨光滑，与腻子及面漆的附着力强，对面漆的烘托性好	硝基、过氯乙烯、醇酸等面漆以及氨基烘漆，用二甲苯调稀	用于填平腻子层的砂孔、纹道	刷涂、喷涂
G06—5 各色过氯乙烯二道底漆（过氯乙烯封闭底漆）	防腐、防潮、防霉性能好，但附着力差，施工中常在 60～65℃ 中烘烤 2h，以增强附着力及其他性能	用 X—3 过氯乙烯稀释剂调稀，与同类型涂料一起使用	用于填平金属表面的划痕或腻子填补后的孔隙	常用喷涂
H06—16 各色环氧二道底漆	双组分胺固化型，附着力强，机械强度高，易打磨，不咬起，不渗红	用二甲苯调稀，与同类型涂料一起使用	用于填平打磨平滑的金属表面的腻子砂孔、纹道等，也用作面漆前的封闭底漆	刷涂、喷涂

四、漆面美容常用辅料种类及选用

在汽车的喷涂施工中常用的辅助材料有稀释剂、助剂、防潮剂、催干剂、脱漆剂、上光剂等。

1. 稀释剂

稀释剂是汽车喷漆主要的辅助材料，其作用是调稀喷漆粘度，使之有利于喷涂施工。常用稀释品可分为国产与进口两大类。国产稀释剂的种类、组成、性能及用途见表 6-3。进口稀释剂产品主要有英国的 P850—1275 稀释剂、P850—1292 稀释剂；荷兰的 123 慢干硝基稀料、123 特慢干信那水；德国的 352—91 稀释剂等。

表 6-3　国产稀释剂的种类、组成、性能及用途

种类	组成、性能与用途
X—1 硝基漆稀释剂	又称甲级信那水、香蕉水、硝基稀料等，是由酯、酮、醇、苯类溶剂混匀过滤而成，其中酯、酮类溶剂含量较高；其对硝基漆有优良的溶解性能，也溶于各种热塑性丙烯酸漆；主要用于硝基清漆、磁漆、底漆等调稀，也用于稀释各种热塑性丙烯酸漆
X—2 硝基漆稀释剂	又称乙级信那水、香蕉水、冲淡剂等，是由酯、酮、醇、苯类溶剂组成，但酯、酮溶剂的含量比较低；溶解力次于 X—1；主要用于硝基底漆、腻子调稀或清洗硝基漆施工工具等，可节约 X—1 稀料，利于降低喷漆成本

（续）

种类	组成、性能与用途
X—3 过氯乙烯漆稀释剂	简称过氯乙烯稀料，由酯、酮、苯类溶剂混匀过滤而成；对过氯乙烯漆溶解力良好，挥发速度适中；主要用于稀释过氯乙烯底漆、磁漆、清漆及腻子，也可稀释各种热塑性丙烯酸漆
X—4 氨基漆稀释剂（氨基稀料）	是由二甲苯与醇混合而成；对氨基漆溶解性能优良；主要用于氨基烘漆、氨基锤纹漆及氨基中涂漆、底漆的调稀，也可稀释环氧酯底漆或短油度醇酸漆，但不能用于稀释氨基静电漆
x—6 醇酸漆稀释剂（醇酸稀料）	由二甲苯与200号溶剂汽油或松节油调制而成；对醇酸漆有优良的溶解性；不但适于调稀各种长、中、短油度醇酸磁漆、清漆及底漆，也适于稀释酯胶与酚醛等低档漆
X—7 环氧漆稀释剂（环氧稀料）	由二甲苯、丁醇及酮类或醚类溶剂调制而成；对环氧漆有优良的溶解力和流平性；主要用于稀释环氧清漆、磁漆及底漆或腻子，也可稀释普通氨基烘漆
X—8 沥青稀释剂（沥青漆稀料）	由重质苯与煤油等溶剂混合而成；对沥青漆有较好的溶解性和流平性；主要用于稀释烘烤型沥青漆，但不能用于自干型沥青漆的调稀，否则漆面不易干透
X—19 氨基静电漆稀释剂（氨基静电稀料）	由苯类、石油溶剂或煤焦油溶剂及高沸点导电溶剂（如二丙酮醇等）调制而成；对氨基静电漆的溶解性优良，并能降低漆质的电阻；专用于氨基静电漆的调稀，使其具有良好的流平性，但不能用于稀释普通氨基漆，以防漆面产生流淌、流挂
X—29 过氯乙烯漆稀释剂（无苯氯乙烯稀料）	由抽余油、200号溶剂汽油、酯及酮类溶剂混合组成；对过氯乙烯漆稀释能力良好，挥发速度适中，低毒；主要用于调稀过氯乙烯磁漆、清漆、底漆
X—5 丙烯酸漆稀释剂	由醋酸丁酯、醋酸乙酯、乙醇、丁醇及苯类溶剂混合过滤而成；对丙烯酸漆稀释能力良好，挥发适中；专供丙烯酸类漆的调稀，也可稀释硝基漆
X—10 聚氨漆稀释剂	由无水环乙酮与无水二甲苯等组成；对聚氨酯漆溶解能力强，但气味大，有毒；主要用于聚氨酯类的调稀

2. 助剂

汽车喷漆常用助剂有增塑剂、增稠剂、防沉淀剂及防结皮剂等。增塑剂又称增韧剂，主要用于硝基漆中，以提高漆面的弹性和抗张强度，防止漆面发脆或龟裂，常用品种有邻苯二甲酸二丁酯等。增稠剂主要用于醇酸类漆中，以防止漆面产生流挂，常用品种有硬脂酸铝、有机膨润土等。防沉淀剂主要用于磁漆、底漆中，以防止在储存中颜料沉淀，常用品种有硬脂酸铝、滑石粉等。防结皮剂主要用于氧化固化型清漆和色漆中，以防止表面产生结皮或干皮，常用品种有丙酮肟等。

3. 防潮剂

防潮剂主要用于硝基漆和过氧乙烯漆及挥发干燥型漆中。其作用是防止漆面在潮湿环境中吸潮泛白。常用防潮剂产品有 F—1 硝基漆和 F—2 过氯乙烯漆防潮剂。

4. 催干剂

催干剂是醇酸漆、酚醛漆、酯胶漆及调制油性腻子等不可缺少的一种辅助材料。

国产催干剂常用产品有 G—1 钴催干剂、G—2 锰催干剂、G—3 铝催干剂及 G—9 混合催干剂等。

进口催干剂常用品种有德国产 965—32 底漆催干剂、521—10 加速催干剂、352—228 金属底油催干剂，英国产 P210—77 催干剂及荷兰产 123 催干剂等。进口催干剂通常配套使用，多用于底漆中或中间涂层中。

5. 脱漆剂

脱漆剂主要用于对旧漆的清除。

(1) 国产脱漆剂 T—1脱漆剂是由酮、醇、酯等强性溶剂混合后，再加入适量石蜡配制而成，主要用于清除酚醛及酯胶旧漆；T—2脱漆剂属于特种脱漆剂，是酮、苯等有机溶剂混合而成，不仅适于清除醇酸、酚醛等自干型漆，也适于清除硝基旧漆；T—3脱漆剂是由二氯甲烷、甲苯、乙醇等配制而成，脱漆效果优于T—1和T—2脱漆剂，而且毒性小，速度快，主要用于硝基旧漆的脱漆。

(2) 进口脱漆剂 主要品种有英国的P271—PJ—255脱漆剂，它适于进口硝基旧漆的脱漆。实际上，国外各大油漆厂家均有各种油漆配套的脱漆剂，使用时可根据各品牌油漆配套性要求进行选用。

在汽车的涂装中，由于各种底漆、中间涂层涂料和面漆的性能各不相同、千差万别，有的可配套使用，有的不可能一起使用。否则，可能导致涂膜质量降低，甚至使涂料报废或涂装工程返工。所以，涂料的合理配套选用是一项很重要的工作，是保证涂装质量的关键。

五、减振消声涂料及防锈蜡

1. 减振消声涂料

减振消声涂料是轿车车身涂装不可缺少的一种材料，其主要作用是抗振及隔热。目前，汽车涂料行业中常用减振消声涂料的种类、特点及应用见表6-4。

表6-4 常用减振消声涂料的种类、特点及应用

种类	基本组成	特点	应用
54—11丙烯酸减振消声涂料	热固性丙烯酸树脂、环氧树脂、填料、发泡剂、防火剂等	黑色、减振消声、耐水性好、可刷涂也可喷涂、烘干	轿车的车门、翼子板、发动机罩、顶盖及底板
54—12减振消声阻尼涂料	热固性丙烯酸树脂、环氧树脂、发泡剂、防火剂等	黑色浆状、附着力优良、抗冲击性较好、耐水性好	轿车车身涂装
80—1减振消声阻尼涂料	丙烯酸酯共聚体、环氧树脂、填料、发泡剂、防火剂等	附着力强、抗冲击、耐水性好、烘干	轿车车身涂装

2. 防锈蜡

汽车车身的有些部位是不可能单依靠涂层就可以达到防锈作用的。在汽车车身电焊形成的缝隙、底漆到达不了的空腔、夹层等处，须进行喷蜡或灌蜡处理。喷蜡应在涂装施工完成后进行。汽车进行修补作业时，要根据情况重新进行喷蜡处理，这对高级小轿车尤为重要。

第四节 漆面美容用面漆

一、面漆的类别及组成

汽车基材不仅要有底漆的防腐、防锈，在汽车修补中用腻子填平凹凸表面，更重要的是要用面漆来涂装，加强对金属的保护。因此面漆不但要有优良的装饰性，使漆面色彩鲜艳、

光亮丰满，而且须有良好的保护性，使漆面耐热、耐水、耐油、耐磨、耐化学腐蚀性能。面漆的好坏，取决于本身性能的好坏，但如果底漆层不清洁、凹陷没填好、研磨不平滑，在面漆涂装后，这些漆面的缺陷就完全暴露出来了。所以在面漆涂装前，对前面各道工序必须严格检查，对所使用的喷枪及涂料的种类、特性和施工方法必须完全了解，特别是对保证施工质量的问题，必须严格控制，保证提高美观性和良好的保护性。面漆的品种繁多，性能各异，其主要类别及组成，见表6-5。

表6-5　面漆的类别及组成

类别	主要组成
溶剂挥发型	1. 硝基纤维素涂料 2. 热塑性丙烯酸树脂涂料 3. 各类改性丙烯酸树脂涂料，如硝基纤维素改性、醋酸丁酸纤维素改性等
氧化固化型	1. 醇酸树脂涂料 2. 丙烯酸改性醇酸树脂涂料
双组分添加固化剂固化型	1. 丙烯酸—聚氨酯树脂涂料 2. 聚酯—聚氨酯树脂涂料 3. 丙烯酸—环氧树脂涂料
热固化型	1. 氨基醇酸树脂涂料 2. 氨基丙烯酸树脂涂料
催化固化型	1. 湿固型有机硅改性、丙烯酸树脂涂料 2. 过氧化物引发固化丙烯酸树脂涂料 3. 胺蒸气固化聚氨酯树脂涂料

二、常用国产面漆的种类及选用

国产汽车面漆的规格很多，主要有醇酸磁漆、硝基磁漆、过氧乙烯磁漆、丙烯酸烘漆及聚氨酯磁漆等。其性能及作用方法见表6-6。

表6-6　国产汽车面漆的种类、性能及应用

种类	品种及性能	应　用
醇酸磁漆	醇酸磁漆是用于公共汽车的外表及车内装饰。常用的品种有：C04—2 各色醇酸磁漆，由醇酸树脂与颜料研磨，加催干剂、溶剂调成，其耐候性、光泽和机械强度良好；C04—42 各色醇酸磁漆，由改性季戊四醇树脂与颜料研磨，加催干剂、溶剂调成，其耐候性、附着力、机械强度较好；C04—48 各色醇酸磁漆，由改性醇酸树脂与颜料研磨，加催干剂、溶剂调成，漆膜坚韧光亮、颜色鲜艳，耐候性、耐汽油、耐热性良好，对金属附着力优良，有一定的耐水性	在醇酸磁漆的施工中，应以喷涂为主，可用 X—6 醇醛稀释剂调整，粘度为 25s（涂—4 粘度计）左右，喷涂压力 0.4～0.5MPa，喷涂 2～3 层即可达到理想效果，由于醇酸磁漆干燥较慢，喷涂间隔时间约 20min（在20℃时）。施工时应注意喷枪移动速度、出漆量及重叠幅度，以防止产生漆面流挂

（续）

种类	品种及性能	应　用
硝基磁漆	硝基磁漆属于溶剂型快干磁漆。常用的品种有：Q04—2各色硝基外用磁漆，也称汽车外用磁漆，由硝化棉、油改性醇酸树脂、氨基树脂、颜料、增塑剂、溶剂组成；Q04—31各色硝基磁漆，由硝化棉、有机硅改性椰子油醇酸树脂、氨基树脂、增塑剂、颜料、溶剂组成，其漆面光亮平滑、耐候性好、耐温变性及机械强度较好；Q04—34各色硝基磁漆，由硝化棉、丙烯酸改性醇酸树脂、氨基树脂、增塑剂、颜料、溶剂组成，漆面干燥快、硬度高、磨光性好，附着力、耐候性和耐汽油性较好	施工时应以喷涂为主，用X—1硝基漆稀释剂稀释，粘度18～23s（涂—4粘度计），喷涂压力0.4～0.55MPa。施工时压力太大易造成漆雾飞散，使漆面粗糙无光；压力太小时，又易造成雾粒太粗，漆面出现流淌、流挂，喷涂层数6～8层。如果发现漆面发白，可适当加入F—1硝基漆防潮剂或用体积分数50%的乙酸丁酯或体积分数50%的丁醇配成的混合剂调整，两次喷涂间隔以10min左右为宜。配套品种有Q06—4红灰硝基底漆、Q06—5灰硝基二道底漆、C06—1铁红醇酸底漆。腻子为Q07—5硝基、C07—5醇酸。清漆有Q01—1硝基外用清漆和Q01—3硝基清漆
过氯乙烯磁漆	过氯乙烯磁漆是溶剂型快干磁漆，防腐、防潮、防霉。常用的品种有G04—9各色过氯乙烯外用磁漆，由过氯乙烯、醇酸树脂、增塑漆、颜料及溶剂组成。漆面平整光亮、干燥速度快，能打磨、耐候性和耐化学腐蚀性能良好	施工中采用喷涂法，用X—3过氯乙烯稀释剂稀释，粘度16～18s（涂—4粘度计），气温较高时喷涂易产生“拉丝”现象，可加适量F—2过氯乙烯防潮剂或环己酮即可消除。干燥速度稍慢于硝基漆，易产生表干快、实干慢，因此在施工中要防止“揭皮”现象。漆面如在60℃烘1～3h，可增强漆面的附着力
丙烯酸烘漆	丙烯酸烘漆是一种通过加热烘烤干燥的外用漆，能与多种底漆、腻子有较好的配套，广泛应用于轿车面漆。常用的品种有：B04—54各色丙烯酸烘干磁漆，由含羟基的甲基丙烯酸共聚树脂、氨基树脂、颜料、溶剂组成。漆面丰满坚硬，平整光亮，附着力好，防腐、防潮、防霉性和保光、保色性良好。与环氧电泳底漆配套，清漆有B01—31、8252、8252A丙烯酸清烘漆。8151各色丙烯酸烘漆，由带羟基的丙烯酸树脂、三聚氰胺甲醛树脂、颜料及溶剂组成，漆面坚韧耐磨、耐候性和附着力好，遮盖力强，常与8152丙烯酸清烘漆配套，可增强漆面的光泽和防潮、防腐、防霉能力，底漆用H06—2铁红、环氧酯底漆。8252各色丙烯酸烘漆，由带羟基的丙烯酸树脂、三聚氰胺甲醛树脂、颜料、溶剂组成，漆面坚韧耐磨，不易泛黄、变色，耐候性和保光性优良，耐酸碱性较好。配套品种底漆有环氧酯铁红底漆或电泳底漆，清漆采用8252或8252A丙烯酸清漆	上述丙烯酸烘漆在较高温度下，成膜高分子物质之间起交联反应而固化成膜。施工时对被涂裸露的金属物表面先进行表面处理，黑色金属宜进行磷化处理，铝合金可采用阳极氧化或铬酸钝化，以增加附着力和耐久性。 用丙烯酸烘漆稀释剂或二甲苯与乙醇为7∶3的混合溶剂稀释。施工粘度以23～28s（25℃）为宜，喷涂后应在室温放置5～10min，待溶剂挥发一部分，再进入烘房预热、加热、保温，使漆面干燥
聚氨酯磁漆	聚氨酯磁漆是双组分涂料，常用品种有7182各色聚氨酯磁漆，由含羟基聚丙烯酸酯与颜料混合研磨后，加入有机溶剂配制而成。施工时与H—5聚氨酯漆固化剂按（6～8）∶1比例配套使用。漆面丰满光亮，附着力强，硬度高，保光、保色、耐磨性好	聚氨酯磁漆一般只需喷两层即可达到理想效果，因此深受漆工欢迎。施工方法采用喷涂，用7002聚氨酯稀释剂稀释，粘度为18～20s为宜。在喷涂前，必须喷涂一层硝基二道底漆或7609铁红聚氨酯底漆；也可在其他底漆上喷涂一层硝基磁漆作为打底漆层，经打磨后再喷涂聚氨酯漆。操作时喷枪离物面25～30cm，移动速度须稍快于硝基漆，压力约0.4～0.5MPa。聚氨酯磁漆干燥较慢，表面干燥1h，实干约36h，因此施工周围环境必须清洁无尘

三、进口面漆的种类及选用

(一) 美国杜邦公司汽车喷漆系列

1. 利赛400

此漆是新一代纯丙烯酸单组分自干性汽车修补漆，有素色、金属和珍珠色等品种，具有容易施工和快速干燥的优点以及烘漆一样的颜色、光泽保持性和耐候性，是取代传统的硝基漆和醇酸漆的首选产品调配比为：利赛400素色漆1份，AD345慢干稀释剂或者3608S稀释剂1份，喷涂粘度为13～15s，喷涂压力为0.3～0.4MPa，喷涂层每层隔5～10min，大喷24h、修补4h后即可打蜡抛光；或利用金属珍珠漆1份，AD345慢干稀释剂或3608S快干稀释剂1.5份，喷涂粘度为13～15s，喷涂压力为0.3～0.4MPa，喷涂2～4层，每层间隔5～10min，静置干燥20～30min后可喷涂清漆。

2. 先达利500

此漆是双组分烘漆，具有高度遮盖力，特别持久的色泽及光亮度，无论作为素色烘漆或单层做法的银粉漆使用，同样能得到优异的效果。施工中调配比为：先达利500 2份，加AK210双组分固化剂1份和先达利500稀释剂0.5份。稀释剂的选择：粘度为15～17s，涂料可使用4～6h（在20℃下），喷涂压力为0.3～0.4MPa，湿喷2层，每层间隔10min，60℃烘烤45min（自干12h，20℃下）。

3. 先达利600

此漆是最突出的涂料，可作为色漆层（银粉漆）/清漆层，双层烘漆修补用，同样可作为银粉漆或素漆使用，具有用量少、施工周期短以及极佳光泽的优越性，可喷涂在所有经过清洁和砂磨的旧面漆上，以及1020R双组分底漆、810R侵蚀底漆、150/40S多用途底漆上。调配比为：先达利600 1份，加AB380快干稀释剂（15～25℃）或AB385慢干稀释剂（25～30℃）0.6～0.8份稀释，涂料粘度为15～16s，喷涂2层，每层间隔10min。如果需要，可在最后涂层后隔1～2min再细喷1次。

4. 先达利6000

此漆是为适应现代及未来汽车颜色趋势而发展的一种省时省力的新一代双工序色漆。施工中可根据缩微胶片上的配方调出先达利6000的漆色，以1份先达利6000与0.4份AB380快干型稀释剂（15～25℃）或AB385慢干型稀释剂（25℃以上）混合，涂料粘度为16～18s（福特4号杯），喷涂压力为0.35～0.45MPa（板面修补）或0.2～0.25MPa（局部修补），喷涂1～2层，喷漆前静置干燥15min，喷漆30min后即可装配。

5. 先达利120S清漆

此漆是标准型双组分聚氨酯清漆，广泛应用于双工序施工中。它能提供理想的表面光泽，施工工艺简单易行，含有紫外线防止剂，可保持车身颜色持久不变。调配比为：先达利120S清漆2份，加125S固化剂1份，喷涂粘度为15～16s，涂料可使用6h，喷涂压力为0.35～0.4MPa，喷涂2层，每层间隔10min，喷涂完毕后静置干燥5～10min，60℃烘烤45min（自干9h，20℃下）。

6. 先达利7600S

此漆为速干性超级烘漆清漆，是一项新一代的产品，不需抛光就具有与众不同的高光泽，涂膜表面平滑。对小面积、工作环境温度较低的修补，应将7600S与7655S快干性固化剂共同使用，在普通正常温度下可选用7675S普通固化剂。面对大面积、较高温度时，则应使用7695S慢干性固化剂，以达到最佳效果。7600S与固化剂以4∶1比例混合，喷涂粘度为15～16s，涂料可使用时间为3h。由于7600S速干的特性，因此在做小修补或整片重喷时，不必做整车防涂贴纸，只要用457mm宽的防涂贴纸就足够了。万一有漆尘时，可轻易地以除尘粘布除去，稍干后就撕去贴纸。由于7600S光泽度极高，因此不必用抛光粗蜡加以抛光，但万一漆面有微尘、异物或垂流时，可等4～6h后用烘漆粗蜡加以抛光处理。如果要快速干燥，可在60℃下烘烤30min，再放2h，即可进行抛光作业。如果要得到最好的效果，建议使用杜邦1500S抛光白蜡。

（二）美国PPG双组分汽车烘漆

1. 达壮DG双组分高光泽低温烘漆

此漆为具有高光泽、高膜厚、耐酸碱、抗化学性高的双组分面漆，漆料中高固体，适合于高级轿车、巴士及广告车的修补。施工中标准配比为：DG色漆2份，D802标准催干剂1份，D808快干稀释剂（18℃以下）或D807标准稀释剂（18～25℃）或D812慢干稀释剂（25～35℃）或D869超慢干稀释剂（35℃以下）1份，粘度为15s；涂料可使用6～8h（20℃），喷涂压力为0.3～0.4MPa；喷涂时先轻喷1次，间隔5min左右，湿喷第2次，间隔10min左右，再湿喷第3次，喷涂完毕后须静置15min后进行烘烤，以60℃烘烤45min，或70℃烘烤30min（自干6h，20℃下）。如果要缩短干燥时间，每升混合好的漆料可添加12mL（2小瓶盖）D818加速剂，这样干燥速度可加快1倍。或改用D863快干催干剂，混合比例为：DG色漆2份，D863快干催干剂1份，D808快干稀释剂（5～18℃）或D807标准稀释剂（18～25℃）1份，粘度为15s；漆料可使用3～4h，喷涂压力为0.35～0.4MPa；湿喷2层，60℃烘烤20min，或70℃烘烤10min即可（自干5h，20℃下）。当温度在18℃以上时，建议使用超级催干剂来做全车大喷，以达到最佳的镜面效果。施工中，MS调配比为：DG色漆3份，超级催干剂1份，稀释剂1份，其中超级催干剂与稀释剂的选择见表6-7；粘度为17～18s，漆料可使用6h（20℃下），喷涂压力为0.3～0.4MPa；喷涂时先一般喷法喷1次，间隔10min，再湿喷1次，静置15min，待部分溶剂挥发，再以60℃烘烤45min，或70℃烘烤30min（自干20h，20℃下）。

表6-7　超级催干剂与稀释剂的选择

温　度	超级催干剂	稀释剂
18℃以下	D803快干	D808快干
18～25℃	D841标准	D807标准
25℃以上	D861慢干	D812慢干

另外施工中小面积修补后，在修补的邻接处，总会留下喷漆的痕迹，可用DG接口剂D868处理，只要在边缘（新漆与旧漆交接处）喷上一道即可将修补痕迹消除。

2. 达壮BC双工序色漆

此漆是单组分磁漆，在施工中需2层涂装，先喷完素色漆与银粉漆后，再喷上清漆。干燥后漆膜具有高光泽的镜面效果和优越的耐候性，适合于高级轿车、巴士和商用广告车的修补。BC色漆在施工中的稀释比例为：BC色漆1份，稀释剂1份（不要加入催干剂，部分塑料制品的施工除外），其中稀释剂的选择见表6-8。

表 6-8 稀释剂的选择

温度	银粉漆	素色漆
18℃以下	D808 快干	D808 快干
18～25℃	D807 标准	D808 快干
25℃以上	D812 慢干	D807 标准

其中粘度为 15s，喷涂压力为 0.3～0.4MPa。喷涂时先以一般喷法喷第 1 次，间隔 10min 后，再以一般喷法喷第 2 次，最后再轻喷第 3 次，如此喷法，银粉直立而闪亮。达壮 BC 色漆不须烘烤干燥，自干燥后 15min（不要超过 24h），就可喷涂清漆。

3. 达壮 D800 清漆

此漆是双组分清漆，为达壮 BC 双工序色漆的配套清漆。干燥后漆膜具有高光泽的镜面效果。标准调配比为：达壮 D800 清漆 1 份，D802 标准催干剂 1 份，D808 快干稀释剂（18℃以下），或 D807 标准稀释剂（18～25℃），或 D812 慢干稀释剂（25℃以上）1 份，粘度为 15s，漆料可使用 8h（20℃），喷涂压力为 0.4MPa。喷漆时先浅喷 1 次，间隔 5min，再以一般喷法喷第 2 次，间隔 10min，再湿喷第 3 次。喷涂后静置 15min，待部分溶剂挥发后，再加温至 60℃烘烤 45min，或 70℃烘烤 30min（自干 20h，20℃下）。如果要缩短干燥时间，每升混合好的漆料，可添加 12mL（2 小瓶盖）D818 加速剂，这样干燥速度可加快一倍，或改用 D863 快干催干剂，配比和操作方法同 DG 低温烘漆。当温度在 18℃以上时，建议使用超级硬化剂来做全车大喷，以达到最佳的镜面效果。在施工中，MS 调配比为：D800 清漆 3 份，超级催干剂 1 份，稀释剂 1 份。其中，超级催干剂与稀释剂的选择见表 6-7。

其中粘度为 17～18s，漆料可使用 6h（20℃），喷涂压力为 0.4MPa。喷涂时第 1 次采用一般喷法，间隔 10min，再湿喷第 2 次，喷涂完毕后静置 15min，待溶剂部分挥发，以 60℃烘烤 45min，或 70℃烘烤 30min（自干 20h，20℃下）。

4. 达壮 D880 双组分高膜厚超级清漆

此漆为由特殊配方、高级树脂提炼而成的双组分低温烘漆，有高膜厚、高光泽优异的镜面效果，且抗化学性、耐候性、高光泽，使用在达壮 BC 系列二层涂装的色漆层上。施工中调配比为：达壮 D880 高膜厚超级清漆 2 份，超级催干剂 1 份，稀释剂 0.5 份。其中超级催干剂与稀释剂的选择见表 6-7。

在以上施工中，漆料可使用 3h（20℃），粘度为 17s，喷涂压力为 0.4MPa。喷涂时先轻喷 1 次，间隔 10～15min，再湿喷第 2 次，烘烤前须静置 15min，待溶剂挥发后再以 60℃烘烤 45min，或 70℃时烘烤 30min（自干 20h，20℃下）。要缩短干燥时间，可更改使用 D863 补修用快干催干剂，其配比为：D880 清漆 2 份，D863 加速催干剂 1.5 份，D808 快干稀释剂（18℃以下）或 D807 标准稀释剂（18～25℃）0.5 份，漆料可使用 1.5h（20℃），粘度为 16s，喷涂压力为 0.35～0.4MPa，喷两道，60℃烘烤 30min（自干 12h，20℃下）。达壮 D880 高膜厚超级清漆喷好后，要除去小砂粒、小流痕等缺陷，可在烘烤干燥冷却后，或自干 8h（20℃），用 P1200 砂纸磨平，随后打蜡抛光。

（三）英国 ICI 汽车喷漆系列

1. P030 系列—BELCO 单工序硝基纯色磁漆

此漆为丙烯酸硝化棉型漆，漆膜光亮鲜艳，遮盖力强，并可喷涂在其他硝基型面漆上。

在施工中用 P850—804 稀释剂稀释，配比为 1∶1，喷枪压力为 0.31 ~ 0.39MPa，喷涂 2 ~ 3 层，每层间隔 5 ~ 10min，表干约 5 ~ 10min，打蜡抛光建议在过夜干燥后进行。当气温在 30℃以上，或者相对湿度超过 85% 时，应在漆料中增加适量的 P851—727 化白水（防潮剂），这样能改善涂膜的流平性和防止涂膜发白。

2. P032 系列—BELCO 二工序硝基底色漆

此漆包括二工序银底色漆、三工序纯底色漆、二工序珍珠色漆、三工序珍珠色漆，也属丙烯酸硝化棉型漆。为面涂时提供颜色和遮盖力，施喷后表面必须罩上清漆以增加其亮度和保护层，可施喷于已作处理的底漆和完好的旧漆上。在施工中用 P850—804 稀释剂稀释，配比为 1∶（2 ~ 2.5），喷枪压力 0.31 ~ 0.39MPa，喷涂一单层加一双层或三层，每层间隔 10min，静置直至银底色漆呈现均匀表面，干燥 20 ~ 30min 后，再施喷单组分快干清漆或双组分镜面清漆。当气温超过 30℃，或相对湿度在 85% 以上时，应在漆料中添加适量的 P851—727 化白水，以改善涂膜流平性和防止涂膜发白。

在喷涂 P032 系列银底色漆时要注意：底层必须用二道底漆封闭，施工过程中不能把表面喷得过于湿润。操作中应使用洒喷法，不能像其他色漆需要有流平性。若漆膜产生流平，则会使金属粒子聚集，产生色差，造成金属粒子不均匀。每层间隔时间较一般色漆长，喷枪喷幅应加大，喷幅重叠以“3/4”为宜。

3. P190—390 快干罩面清漆

此漆为单组分硝基型清漆，可提供面漆罩光及保护银底色漆，为 P032 银底色漆和纯底色漆罩光用。施工时适合单独罩面，不需稀释，如必须则可加入少许稀释剂，若温度太高或相对湿度太大，可加入化白水 P851—727 休积分数约 5% ~ 10%。P190—390 只能作为罩光清漆，不能与其他漆混合使用，或与其他清漆混合罩光，以免产生龟裂或咬边等现象。施工时喷枪压力为 0.24 ~ 0.28MPa，喷涂一单层及二双层漆，每层间隔约 10min，表干约 10 ~ 15min，打蜡抛光建议在过夜干燥后进行。

4. P420 系列—2K 纯色漆

此漆是双组分低温烘漆，作为 2K 单工序面涂纯色漆，只需湿喷二道就能提供极佳的遮盖力和光亮度。如果配合不同的温差而使用适当的 2K 稀释剂，则效果更为完美。在施工中调配比为：P420 系列—2K 纯色漆 2 份，P210—925—2K 高浓度催干剂（冬天应在 25℃以下）或 926—2K 高浓度催干剂（夏天应在 25℃以上）1 份，P850—1491—2K 稀释剂（18℃以下），或 1492—2K 稀释剂（15 ~ 25℃），或 1493—2K 稀释剂（25 ~ 35℃），或 1494—2K 稀释剂（35℃以上）5% ~ 15%。喷涂压力为 0.35 ~ 0.42MPa，喷涂 2 层或一次单层加一次双层，每层间隔 10min，60℃烘烤 35min（自干 16h，20℃下），打蜡抛光建议在过夜干燥后进行。

5. P421 系列—2K 单工序金属色漆

此漆是双组分低温烘漆，作为 2K 单工序面涂金属色漆型（银粉漆），必须喷涂 4 ~ 5 层方能提供遮盖力和光亮度。调配比例：P421 系列— 2K 单工序金属色漆 2 份，P210—925—2K 高浓度催干剂 1 份（25℃以下），P850—1491—2K 稀释剂（15℃以下），或 1492—2K 稀释剂（15 ~ 25℃），或 1493—2K 稀释剂（25 ~ 35℃），或 1494—2K 稀释剂（35℃以上）体积分数 30% ~ 40%，喷涂压力为 0.36 ~ 0.42MPa，喷涂三次单层加一次双层，每层间隔 10min，烘烤 60℃，35min（自干 16h，20℃，打蜡抛光建议在过夜干燥后进行。

6. P190—625 皇牌清漆

此漆是双组分2K面涂清漆，施喷于2K底色漆系列上，用作提供保护性、耐久性和光亮度。2K皇牌清漆，只需湿喷二层就可得一极为光滑明亮的面清漆效果，如果配以体积分数20%的2K稀释剂而湿喷3层则可增加清漆的厚膜感和晶莹度，清漆在烘烤干燥后，可达到理想的硬度。调配比例为：P190—625皇牌清漆2份，P210—925—2K高浓度催干剂（冬天25℃以下）或926—2K高浓度催千剂（夏天25℃以上）1份，P850—1491—2K稀释剂（18℃以下），或1492—2K稀释剂（15~25℃），或1493—2K稀释剂（25~35℃），或1494—2K稀释剂（35℃以上）体积分数为10%~20%，喷涂压力为0.36~0.42MPa，湿喷2层，每层间隔10~15min，60℃烘烤35min（自干16h，20℃），打蜡抛光建议在过夜干燥后进行。

（四）德国巴斯夫公司汽车面漆

1. 21—纯色中浓度磁漆系列

此系列是以聚氨酯和丙烯酸树脂组合为主的双组分磁漆，适合常温自干及低温烘烤，其加温可高至80℃。该漆飘悬性特佳，漆膜光泽明亮，不起桔皮、漆色持久不泛黄、不起皱，具有耐盐、耐湿、耐空气污染、耐恶劣气候、耐废气的特性，且面漆具有双倍的寿命。由于快干、粘着力强，在较低的室温下施喷也可以达到理想的效果，能节省能源、缩短施工及装配周期。施工中调配比为：21—系列磁漆2份，加929—73固化剂1份，352—91中速稀释剂或者是352—216慢速稀释剂体积分数为10%~30%。

2. 22—纯色高浓度磁漆系列

此系列是以高浓度聚氨酯和丙烯酸树酯（内含抗磨物）混合配成的双组分磁漆。该漆除光泽度、流平性、饱满度高外飘悬性特佳，并有优异的抗紫外线、抗高低温差及酸雨的特性。独特漆膜防撞设计，可减少汽车在高速飞驰时砂石破损漆层的情况。其挥发少、排放低，为低污染的环保产品。22—纯色磁漆有28种高浓度色母，具有足够的颜色，调配出任何车辆所需色彩。施喷工作简便，配与辅助材料使用无需烘烤，可在任何恶劣环境下进行工作。施工中调配比为：22—系列磁漆2份，加929—固化剂1份，352—稀释剂体积分数为10%~30%。

3. 69—幻彩超观能特别珍珠色漆系列

此系列具有特别变幻方程式，能使油漆产生各种特有变幻色彩，使视觉效果更胜一筹。在欧洲，许多汽车制造厂的许多车型都采用了此类珍珠效果漆，以满足车主的特殊要求。在施工中调配比为：69—幻彩超观能特别珍珠色漆3份，加352—91中速稀释剂1份。

4. MS923—85 中浓度超级清漆

此漆是以聚氨酯和丙烯酸树脂组合的双组分清漆，干燥后漆膜具有高硬度、不泛黄、耐气候、光亮度好的特性。施工中能厚喷，配套使用MS系列固化剂时，只需喷涂2个涂层就能显示出足够的亮度，在施工中有良好的吸收漆雾及方便喷涂的特性。在施工中的调配比为：MS923—85中浓度超级清漆2份，加929—73固化剂1份，352—91中途稀释剂或352—216慢速稀释剂体积分数为10%~30%。

5. 923—94 高浓度抗磨清漆

此漆是以高浓度聚氨酯和丙烯酸树脂（内含抗磨物）混合配成。漆膜具有独特的防撞设计，可减少汽车在高速行驶时砂石破损漆层的情况。对抗紫外线、高低温差及酸雨的效果尤为明显。漆膜除光泽度、透明度、硬度高外，其飘悬性也特佳。无论是施喷在金属漆或珍珠漆上罩光时，都能达到最佳的效果，漆膜持久不变，也不会出现缩光等不良现象。在施工中调配比为：923—94 高浓度抗磨清漆 2 份，加 929—73 固化剂 1 份，352—91 中速稀释剂或 352—216 慢速稀释剂体积分数为 10% ~30%。

（五）荷兰新劲公司汽车喷漆系列

1. “新劲” AUTOCRYL 套装烤漆

此漆是双组分、单层面系统的高级车修补漆。颜色鲜艳持久，保护性及遮盖力特佳，可喷涂于经 P800 ~ P1000 砂纸湿磨及除去油污的旧漆、纤维件上，或新劲牌各类底漆及喷灰表面。在施工中调配比为：套装烤漆 100 份，123 催干剂 50 份，123 稀释剂 30 份（1 号尺），混合后 4h 内用完。喷涂粘度为 16 ~ 17s，压力 0. 35MPa，2 层双喷或 3 层单喷，间隔 6 ~ 10min，完全干燥时间 20h（20℃）或 50min（60℃），漆膜须在完全干燥后才能修补或抛光，漆膜为 50 ~75μm。另外，在施工中还可用套装烤漆 100 份，MS 系列催干剂 50 份，123 稀释剂 10 份（3 号尺）。混合后面漆干燥时间较一般催干剂快，可用 MS 系列中不同型号达到所需的时间，并能提高漆膜硬度，适合作局部修补及低温下施喷的要求。

2. “新劲” AUTOBASE 底色漆

此漆是双层面及三层面系统的高品质底层色漆系列，遮盖力强，可造出金属色、珍珠色及纯色等品种，可喷涂于经 P1000 砂纸湿磨及除去油污的旧漆膜以及“新劲”底漆类产品的面漆，合金底漆上不适用。在施工中的调配比为：“新劲”底色漆 100 份加 123 稀释剂 100 份（混合后 24h 内用完）。喷涂粘度为 14 ~ 15s，压力为 0. 2 ~ 0. 4MPa，施工时先以 0. 4MPa 气压喷 2 ~3 层单喷，挥发时间 2 ~ 3min，待完全遮盖后，将气压降至 0. 2MPa，雾喷最后一层（每层挥发后，先用抹布把多余银粉轻轻抹去，再喷另一层），漆膜厚 15 ~25μm。在干燥 15min 后，须在 48h 内喷涂烤漆清漆或 MS 系列清漆。在施工时应注意：修补热塑漆时，须先涂上隔离层（如：3 +1 喷灰，680 底漆，隔离底漆，590 底漆，隔离丝那水等）；如局部修补时可用 0. 1 ~0. 15MPa 气压轻喷；如使用底色漆的珍珠色母作纯喷，应先喷涂白色作底色；如把 333P 色母用作纯喷时，应先与 666 透明色浆作 1∶2 比例混合（其他珍珠色母与 666 色浆之比为 1∶1），然后加入 123 稀释剂。

3. “新劲” AUTOCLEAR 烤漆清漆

此漆是专为“新劲”底色漆（7 号系列）配套的双组分烤漆清漆。光泽特强，为基本型清漆，覆盖于“新劲”底色漆的表面，可增加光泽，保护漆膜，其光泽及流平性效果特佳。在施工中调配比为：100 份烤漆清漆，加 50 份 123 催干剂，30 份 123 稀释剂（1 号尺），混合后 4h 内用完，喷涂粘度为 15 ~ 16s，压力为 0. 3 ~ 0. 4MPa，3 层单喷，间隔 5 ~ 10min，完全干燥时间为 16h（20℃），45min（60℃）；或 100 份烤漆清漆，50 份 MS 催干剂，10 份 123 稀释剂（3 号尺），混合后 4h 内用完，喷涂粘度为 15 ~ 16s，压力为 0. 3 ~ 0. 4MPa，喷 2 层单湿喷，间隔 5 ~ 10min，完全干燥时间 16h（20℃），45min（60℃）。本产品可加入各“新劲”添加剂（除加光剂外）以加快干燥速度，喷涂后 48h（20℃）或 80min（60℃）后即可再修补或抛光。

4. “新劲” AUTOCLEAR M1000 清漆

此漆为中浓度、特快干燥的双组分清漆。同时可提供足够的光泽，适合作小面积的修补或在低温下（ <15℃）施工。本产品适合喷涂在“新劲”底色漆（7 号系列）的罩光。在

施工中的清漆配比见表6-9所示。

表6-9 M1000清漆施工配比

使用的催干剂品种		123催干剂（1号尺）	MS10催干剂（3号尺）	MS20催干剂（3号尺）	MS30催干剂（3号尺）
配比（质量分数）	MS1000	100	100	100	100
	催干剂	50	50	50	50
	123稀释剂	30	10	10	10
使用时限		4h（20℃）	1.5h（20℃）	2h（20℃）	3h（20℃）
粘度（DIN 4量杯，20℃）		14～16s			
喷涂方法		3层单湿喷	2层单湿喷		
气压		0.3～0.4MPa			
挥发时间		5～10min	3min		
完全干燥	20℃	10h	4h	5h	7h
	60℃	25min	10min	15min	20min
喷涂不多于2件翼子板面积的温度			15～20℃	17～22℃	20～29℃

5. “新劲”AUTOCLEAR M2000清漆

此漆为中浓度、厚膜双组分清漆，适用范围广泛，可选用不同型号催干剂以配合各大小面积的喷涂，以及在不同温度下施工，形成最佳的光泽。本品适合喷涂在“新劲”底色漆（7号系列）的罩光。此漆在施工中的配比见表6-10。

表6-10 M2000清漆施工配比

使用的催干剂品种		123催干剂（1号尺）	MS20催干剂（3号尺）	MS30催干剂（3号尺）
配比	MS2000	100	100	100
	催干剂	50	50	50
	123稀释剂	30	10	10
粘度（DIN 4量杯，20℃）		14～15s	17～18s	
使用时限（20℃）		4h	2.5h	3h
喷涂方法		3层单湿喷	2层单湿喷	
气压		0.3～0.4MPa		
挥发时间（20℃）		3min		
完全干燥	20℃	12h	8h	12h
	60℃	35min	20min	35min
喷涂不多于2件翼子板面积的温度			20～25℃	25～30℃

第五节 漆面美容工具

一、涂装作业常用工具

（一）清洁工具

1. 海绵

海绵具有柔软、弹性好、吸水性强和较好的藏土藏尘能力等特点，有利于保护漆面及提高作业效率。清洗汽车时，海绵能使沙粒或尘土很容易藏于海绵的气孔之内，这样可以避免因擦洗工具过硬或不能包容泥沙而给车身表面造成划痕的情况。

2. 抹布

抹布是汽车美容作业最常用的工具之一。

3. 洗车手套

洗车手套用于擦洗车身，其上的绒毛可容纳灰尘，使漆面避免划伤。

4. 喷水壶

喷水壶是手工清洁汽车内室、绒毛座椅或贴防太阳膜时的必备工具。

5. 空气清洁枪

空气清洁枪用于清洁汽车内饰品。

6. 砂纸

砂纸既是研磨用品，又是高标号水砂纸，利用其背面来擦拭车窗玻璃，可去除附着在玻璃上的顽固污渍。

7. 车巾

车巾是最新研制的汽车专用清洁产品，国内使用的主要品牌有英泰车巾，下面重点对其进行介绍。

（1）车巾去污原理　车巾是用蜡、树脂和去离子水乳化混合而成的液料浸润于无纺布上制成的。一般的清洁剂呈强酸性或强碱性，其去污原理是：和污垢进行中和化学反应后达到清洁效果。这样，清洁剂便不能把同种特性的污垢去掉，若清洁剂呈酸（碱）性，则不能去除酸（碱）性污垢，而且，强酸或强碱对所擦表面会有所损伤，并会刺激人的皮肤。

车巾的去污机理是通过利用其特有的乳化液与被擦表面的污垢相溶合后，使之软化，松脱后除去。由于乳化液呈中性（pH = 7），故无论是酸性还是碱性的污垢均能去除，且不损伤被擦表面和刺激人的皮肤，是具有国际最新清洗理念的绿色环保产品。

由于液料中包括清洁剂、润滑剂和保护油三大类物质。当轻擦物体表面时，污垢软化后便被吸附到无纺布上。润滑剂则起到无纺布与被擦表面的润滑作用，从而保护了被擦表面。同时，无纺布涂上保护油，能够遮盖磨损痕迹，使被擦表面闪闪发亮。

（2）车巾的功能　除对物体表面去污上光外，车巾还具有以下功能：①抗静电——车辆、家用电器、计算机、电子仪器等因有静电，极易沾上灰尘，使用车巾后，灰尘就不易沾上，即使沾上一些灰尘，也能轻松地擦掉，重现光亮；②除锈防锈——擦锈渍处和油漆剥落处可除锈并防止再生锈；③防雾防水——擦过的玻璃、镜子一段时间内不易结雾，车前窗玻璃擦过后，雨水会打滑，中小雨时不用开刮水器；④吸污功能——当用车巾擦拭物体表面后，其污垢便被吸附于无纺布上，只要无纺布还有湿度，就仍可继续使用，不会使污垢在被擦表面反复污染；⑤保洁功能——车巾擦过的物体表面在较长的时间内不会脏，从而既保持了物体表面的清洁光亮，又延长了清洗的周期，减轻了劳动强度。

8. 附件

附件包括水桶、工作围裙、防滑防水鞋、软胶水管和涂料过滤漏斗等。

（二）除锈工具

在汽车修补喷漆之前，应将作业面的锈蚀清除干净，然后才能进行底漆、刮原子灰等涂装。常用的除锈工具有手工和机械两种。

1. 手工除锈工具

手工除锈是一种最简单的除锈方法，使用的工具主要有刮刀、扁铲、钢丝刷、锉刀、废砂轮片、砂布等，如图6-1所示。使用手工除锈工具除锈操作费力、工效低、除锈效果差，但因其简便易行，不受任何限制，仍是局部及部件等小工作量清除锈蚀的主要工具。

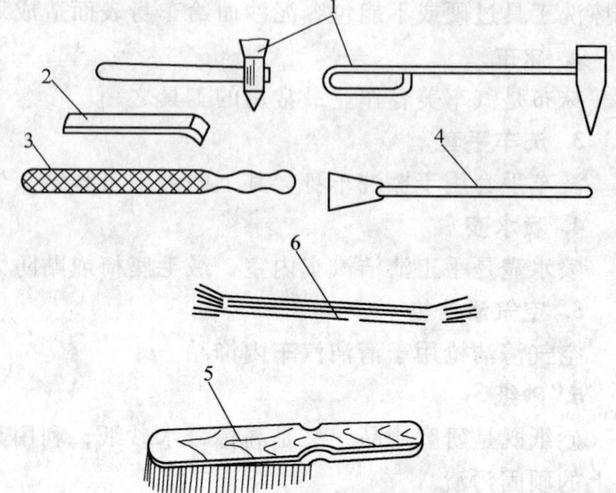

图 6-1　手工除锈工具

1—尖头锤　2—弯头刮刀　3—粗锉刀
4—扁铲　5—钢丝刷　6—钢丝束

2. 机械除锈工具

机械除锈是利用机械产生的冲击、摩擦作用对工件表面进行除锈。机械除锈工具的除锈速度快、质量好、工作效率高，适用于大面积或批量汽车锈蚀的清除。机械除锈工具按动力装置的不同分为电动除锈工具和气动除锈工具两类。电动除锈工具具有结构简单、体积小、质量轻、使用方便、易于维修等特点，常用的电动除锈工具有电动刷、电动砂轮、电动锤、电动针束除锈机等。气动除锈工具是利用压缩空气作动力，带动机器作业进行除锈的工具，常用的气动工具有气动枪、气动砂轮、气动圆盘钢丝刷、离心除锈器、气动除锈锤等。

3. 喷射除锈工具

喷射除锈工具包括喷丸、干喷砂、湿喷砂等。其中，湿喷砂除锈工具除锈效果最好。它是利用压缩空气将砂水混合物从喷砂枪的喷嘴高速喷射到工件表面，通过冲击摩擦力将锈除净。湿喷砂装置主要由气泵（空气压缩机）、贮气罐、砂罐、水罐、喷头等部分组成，如图6-2所示。喷头由水套、喷砂嘴、输砂管和进水管等组成，砂罐和喷头之间用带骨架的胶管连接。喷射除锈工具的特点是除锈效果好，效率高，适用于汽车车架等处的锈蚀清除。

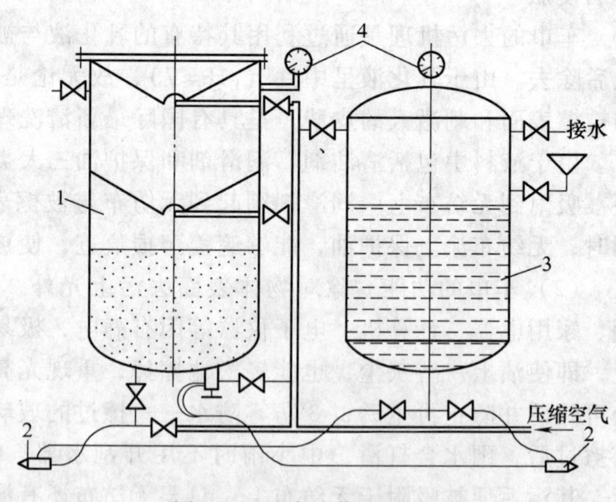

图 6-2　湿喷砂装置原理图

1—砂罐　2—喷头　3—水罐　4—气压表

（三）刮涂工具

刮涂工具包括刮灰刀、牛角板、钢片刮板与橡胶刮板等四种。

1. 刮灰刀

刮灰刀又称油灰刀、批灰刀等。它是由木柄和刀板构成，木柄由松木、桦木等制作，刀板由弹性较好的钢板制作。刮灰刀的规格多，弹性好，使用方便。其规格按刀头的宽窄进行分类，如宽灰刀有100mm和75mm两种宽度，适用于木车厢、客车大板等平整大物面的腻子刮涂或基层清理；中号灰刀的宽度多为50～65mm，主要用于调配腻子、小面积腻子补刮及清除旧漆等；窄灰刀多用于调配腻子或清理腻子毛刺等。刮灰刀的外形及拿法如图6-3所示。

2. 牛角板

牛角板由优质的水牛角制成，其特点是使用方便，可来回刮涂（左右刮涂），主要用于修饰腻子的补刮等。牛角板使用后应清理干净，置于木夹上存放，以防变形，影响使用。牛角板的外形及拿法如图6-4所示。

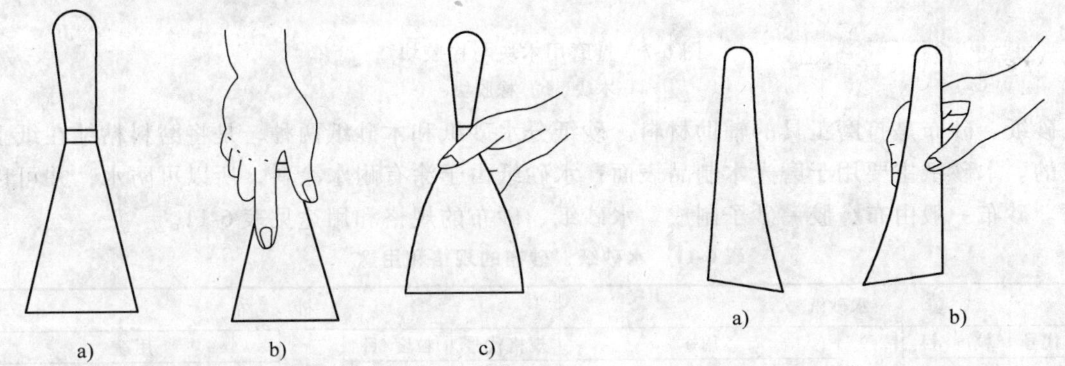

图6-3 刮灰刀的外形及拿法

a）刮灰刀 b）直握法 c）横握法

图6-4 牛角板的外形及拿法

a）外形 b）拿法

3. 钢片刮板

钢片刮板由弹性极好的薄钢板制成，其特点是弹性好、刮涂轻便、效率高、刮后的腻子平整，既可用于局部刮涂，也可用于全面刮涂，适用于轿车、客车等表面的腻子刮平。钢片刮板的外形及拿法如图6-5所示。

4. 橡胶刮板

橡胶刮板采用耐油、耐溶剂和线胀系数小的橡胶板制成，其外形尺寸和形状可根据需要确定。橡胶刮板弹性极好，刮涂方便，可随物面形状的不同进行刮涂，以获得平整的腻子层，尤其对凸形、圆形、椭圆形等物面，使用橡胶刮板刮涂质量更佳。橡胶刮板适用于刮涂弧形车门、叶子板等。橡胶刮板的外形及拿法如图6-6所示。

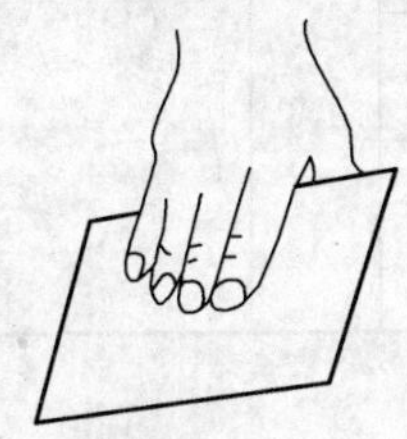

图6-5 钢片刮板的外形及拿法

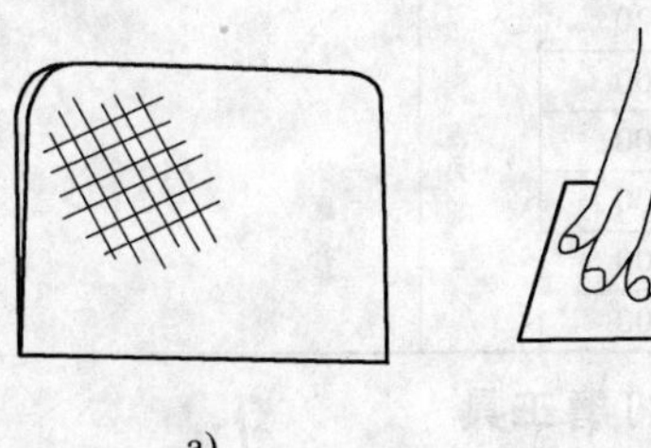

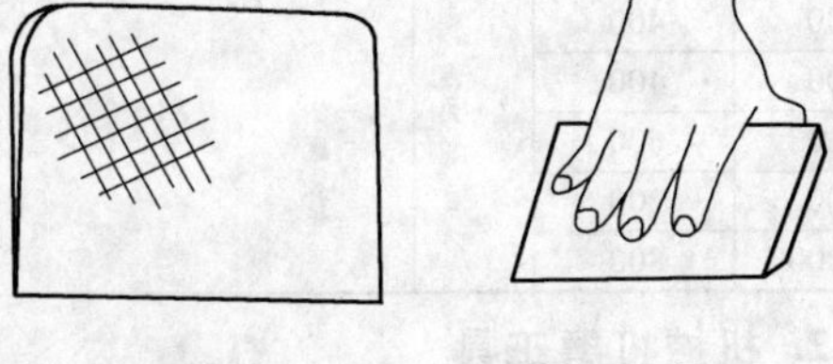

图6-6 橡胶刮板的外形及拿法

a）外形 b）拿法

（四）打磨工具

1. 手工打磨工具

手工打磨主要用砂布包垫板进行打磨。垫板有木制的，也有硬橡胶制的。木块可选用长180～200mm、宽50～60mm、厚25～30mm的平直木板；橡胶块可使用厚18～20mm，长宽相应的橡胶板剪制而成，如图6-7所示。

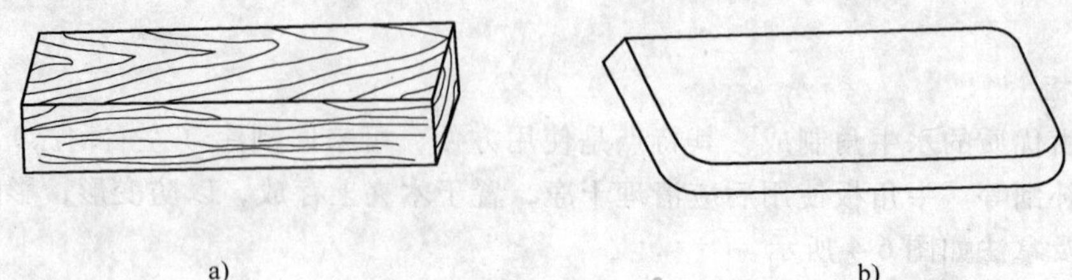

图6-7 打磨用木块与橡胶块

a）木块 b）橡胶块

砂纸、砂布是打磨工具的辅助材料。砂纸分水砂纸和木砂纸两种，是将磨料粘结在纸上制成的。木砂纸主要用于磨光木制品表面；水砂纸由于涂有耐水涂料，所以可防水，并可以水磨。砂布一般由布、胶、砂子制成。水砂纸、砂布的规格和用途见表6-11。

表6-11 水砂纸、砂布的规格和用途

水砂纸			砂布		
规格代号	粒度/目	用途	规格代号	粒度/目	用途
60			4/0	200	
80			3/0	180	
100			2/0	160	
120			0	140	
150	100		1/0	120	
180	120		1	100	
200	140		3/2	80	
220	150		2	60	
240	160		5/2	46	
260	170		3	36	
280	180	打磨腻子层及涂膜表面砂磨时湿磨施工	4	30	打磨底层腻子及钢铁表面
300	200		5	24	
320	220		6	18	
360	240				
400	260				
500	320				
600	400				
700	400				
800	600				
900	700				
10000	800				

2. 机械打磨工具

常用的机械打磨工具的种类很多，按动力装置不同可分为气动打磨工具和电动打磨工具两大类。

（1）气动打磨工具 气动打磨工具主要有风磨机、风动砂轮、钢丝轮等。气动打磨工具主要用于清除钢铁表面上的铁锈、旧涂层及打磨腻子等，具有体积小、质量轻、速度快、磨平质量好、使用安全、可干磨也可水磨等优点。

(2) 电动打磨工具　电动打磨工具主要有电动软轴磨盘式打磨机、电动软轴带吸尘袋磨盘式打磨机、AON3 型电动磨灰机等，主要作用同气动打磨工具，具有噪声小、振动轻、粉尘飞扬少等优点。但是，其通常比气动打磨工具大些，且不适于水磨。

(五) 刷涂工具

刷涂的主要工具有漆刷、画笔、毛笔、盛漆容器等。

1. 漆刷

漆刷有很多种类，按形状可分为圆形、扁形和歪脖形三种；按制作材料可分为硬毛刷和软毛刷两类，硬毛刷主要用猪鬃、马鬃制作，软毛刷用狼毫、猫毛、绵羊毛和山羊毛等制作；按制作尺寸可分为 12mm、19mm、25mm、38mm、50mm、65mm、75mm 等。

常用漆刷如图 6-8 所示。

圆形漆刷可分为大圆漆刷和椭圆漆刷两种。刷毛一般用猪鬃或马鬃制成，直径也分大小不同的尺寸。圆形漆刷适用于刷涂粗糙的物件。

扁形漆刷也分为硬毛刷和软毛刷两种。硬毛刷多用猪鬃制成；软毛刷多用羊毛制成，软毛刷常用于刷涂稀涂料，由于含漆量大、刷痕轻、漆流展性好，适用于刷品质量要求较高的物件。

在选购毛刷时，通常以毛直、口齐、刷斗与刷柄组合牢固、刷毛中无脱毛者为上品。

2. 毛笔和画笔

毛笔和画笔在涂装作业中用来描字、画线，刷涂不易涂到的部位和局部补漆用。常用画笔主要为长杆画笔，毛笔以狼毫为好。画笔及毛笔的拿法如图 6-9 所示。

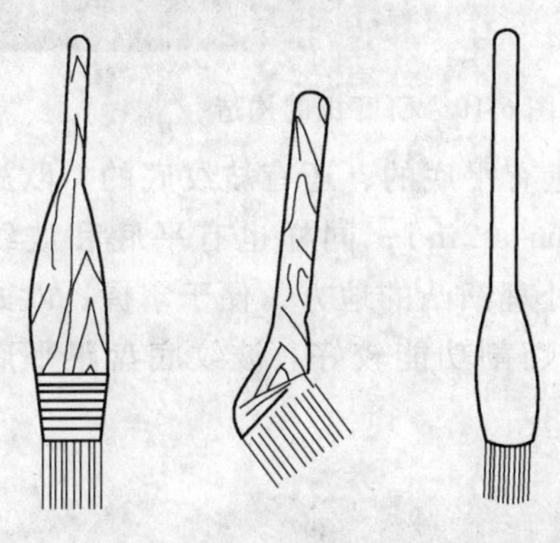

图 6-8　常用漆刷

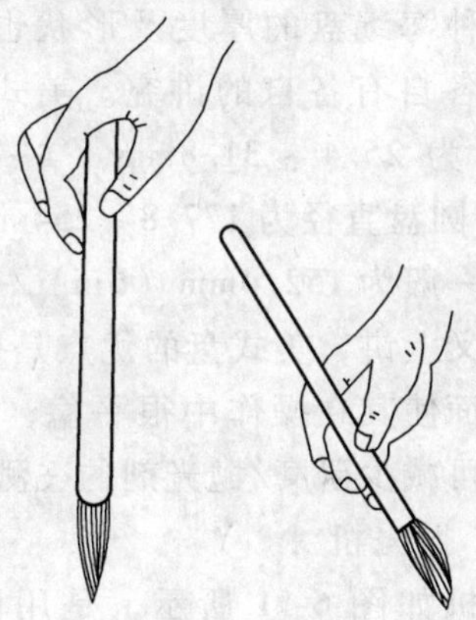

图 6-9　画笔及毛笔拿法

二、专用打磨机

(一) 研磨机

研磨机是一种集研磨和抛光为一体的设备，安装研磨盘时可进行研磨作业，安装抛光盘时可进行抛光作业。研磨机是通过旋转研磨盘或抛光盘来平滑并抛光漆面，以除去微小的漆面缺陷，并提高光亮度。

1. 研磨机的种类

研磨机按功能可分为双功能型和单功能型两种。双功能型研磨机既能安上砂盘打磨金属材料，又能换上研磨/抛光盘做车漆护理，这种研磨机具有工作平稳、转速可调、不易损坏等特点，是专业人员首选机型；单功能型研磨机又称简易型研磨机，这种机型是一种钻头机，具有体积小、转速不可调、使用时很难掌握平衡、作业质量差等特点，因此这种机型不适合于专业人员使用。

研磨机按转速是否可调分为调速研磨机和定速研磨机两种。调速研磨机有高、中、低三种转速，1200r/min 以下为低速，1600r/min 左右为中速，2000r/min 以上为高速。市场上常见到的中高速研磨机，简称高速研磨机，转速范围在 1750～3000r/min；还有一种中低速研磨机，简称中速研磨机，转速范围在 1200～1600r/min。定速研磨机也称单速研磨机，一般是转速为 1200r/min 的低速研磨机。

2. 研磨机的构造

图 6-10 研磨机的构造

研磨机的构造如图 6-10 所示，主要由壳体、电动机、控制机构成。配套装置主要有研磨盘和抛光盘，其材料分为全毛、混纺毛、海绵三种，每种盘所用的研磨和抛光材料有明显区别。海绵研磨盘是黄色的，质地硬；抛光盘是白色的，质地软、细腻。全毛盘与混纺毛盘虽然在颜色上没有根本区别，但手感上差别很大。各种海绵盘的厚度及形状也不一样，各自有各自的讲究。美式盘一般厚为 25.4～31.8mm（1～1.25in），圆盘直径为 177.8～254mm（7～10in），圆盘有平底的，还有波纹底的。欧式圆盘直径小，一般为 152.4mm（6in），但厚度则为 50.8mm（2in），同样也有平底和波纹底两种。从广义上讲，美式盘的优点是接触面积大，容易处理凹凸的地方，便于掌握；欧式盘的周边斜切面使其在操作中很平稳，加之其密度大些，切割功能较好。波纹底盘跟平底盘相比，前者可减少研磨/抛光剂的飞溅。

（二）抛光机

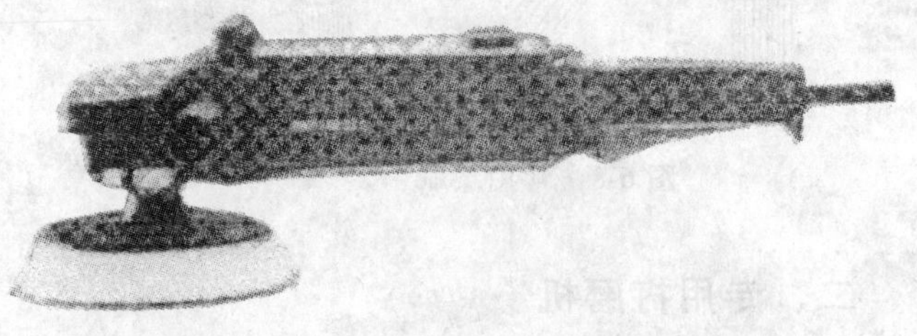

图 6-11 抛光机

抛光机如图 6-11 所示，是用以抛光面漆膜的表面。它是在圆盘上装上羊毛、毛巾、法兰绒海绵等抛光布，以单式旋转运动抛光漆面的机器，有电动式和空气式两种。前者转速大且转速可调，抛光机输出扭力也较大，研磨抛光机效率高，但在汽车美容作业略显潮湿的环境下使用应特别注意防触电。不论哪一种抛光盘，在使用前都必须在清水中浸泡、湿润，并且用手把抛光盘吸附的水分挤掉，然后再起动抛光机将抛光盘上的水分甩掉，做完这步才能进行抛光作业。

（三）打蜡机

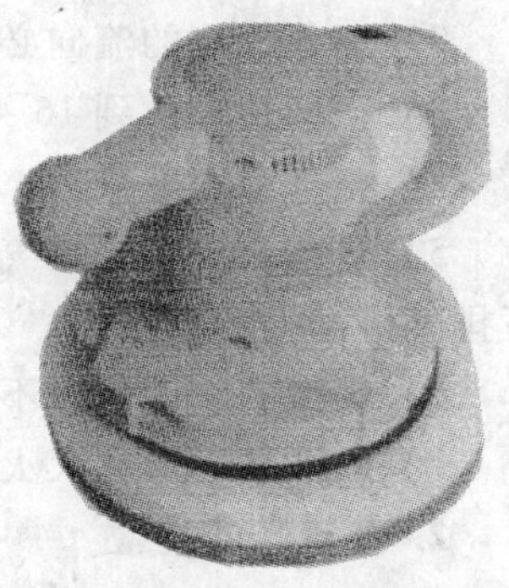

图 6-12　打蜡机

打蜡机是把车蜡打在漆面上，并将其抛出光泽的设备。打蜡机工作时以椭圆形旋转，类似卫星绕地球的旋转轨道，故也称轨道打蜡机，如图 6-12 所示。轨道打蜡机具有质量轻、做工细、转盘面积大、操作便利等特点。转盘直径有 203.2mm（8in）、254mm（10in）和 304.8mm（12in）三种。

1. 轨道打蜡机的种类

轨道打蜡机型号很多，样式不一，大致可分为普通轨道打蜡机和离心式轨道打蜡机。普通轨道打蜡机由于转盘较小，使用材料较差，扶把位置不容易平衡等缺点，一般在非专业汽车美容场所使用。离心式轨道打蜡机的动作是靠一种离心式的、无规律的轨道旋转来完成的，这种旋转方式模拟人手工操作，但比手工操作要快得多，省事得多，是专业汽车美容人员常用的机型。

2. 轨道打蜡机的配套材料

轨道打蜡机的配套材料主要指打蜡盘的各种盘套。打蜡机使用固定的打蜡盘，但盘套却有下列选择：

（1）打蜡盘套　用途是把蜡涂在车体上。其结构为外层是毛巾套，底层是皮革，皮革起防渗作用。

（2）抛蜡盘套　用途是将蜡抛出光泽。其材料有三种：一是全棉制品；二是全毛或混纺制品；三是海绵制品。

目前使用最广泛的是全棉盘套，使用该盘套时应选择针织密集而且线绒较高，有柔和感的制品，越柔和就越减少发丝划痕，越能把蜡的光泽和深度抛出来。全棉盘套不宜反复使用，一般一辆车要换一个新的盘套。即使不换新的，也一定要清洗旧盘套，清洗时要使用柔和剂，否则晒干后盘套发硬，最好是用防静电方式进行烘干。

第六节　漆面美容设备

一、喷漆设备的配置

在喷漆处理时，主要设施为喷漆室和烤漆房以及相应的有关设备。

（一）喷漆室

1. 喷漆室的基本要求

国内汽车美容业中，至今仍有不少厂家无固定的喷漆室。在这种环境下施工，由于车间内的灰尘、车辆、人员的走动，必然给喷漆质量带来影响。同时，漆雾无法排出，严重影响操作人员的身体健康。设立喷漆室的主要目的是提供干净、安全、照明良好的喷涂环境，使喷漆过程不受灰尘的干扰，并把挥发性气雾限制在喷漆室内。由于在不同类型的光线照射下，油漆颜色的色光有所不同（如白炽灯光使颜色明显发红），所以喷漆室内要求采用“消色差”灯光，这样才能提供纯粹的中性光，实现精确的配色。因此，喷漆室必须具有一定的条件，其基本要求是：

1）进入喷漆室的空气必须经过过滤，以保证空气中无灰尘。

2）空气气流的流向必须顺重力的方向由天花板流向地面。

3）空气流速达到 16 ~40m/s，即空气流量至少应达到每分钟转换两次。

4）空气由地下排出，并经过滤成为较清洁的空气。

5）进气量应大于排气量，即产生一个正压，可防止外界灰尘吸入，并迫使废气通过地下排气口排出。

6）喷漆室内的噪声不允许超标，一般规定喷漆室内的噪声应小于 85dB（A）。

7）喷漆室内应有灭火装置，要符合油漆厂安全防火的规则要求。

2. 喷漆室的类型

目前，常用的喷漆室有 4 种类型，即顺流喷漆室、逆流喷漆室、平吸式喷漆室和下吸式喷漆室，应用最广泛的是下吸式喷漆室。下吸式喷漆室的空气流动系统，是由引风机把外部空气吸入，经过滤清洁后，从天花板排气口往下排出，流经喷涂工作区，形成一个空气层流经过汽车表面，流向汽车下面的排气口洁净而柔和的空气从上而下流过汽车，可以防止污物和飞扬的涂料落在汽车新涂漆层的表面上。同时，这样流动的空气，也可将有毒的蒸气、有害的飞漆及溶剂挥发物带出油漆操作区，进而能提供一个安全的工作环境。

下吸式喷漆室的空气流动系统如图 6-13 所示。

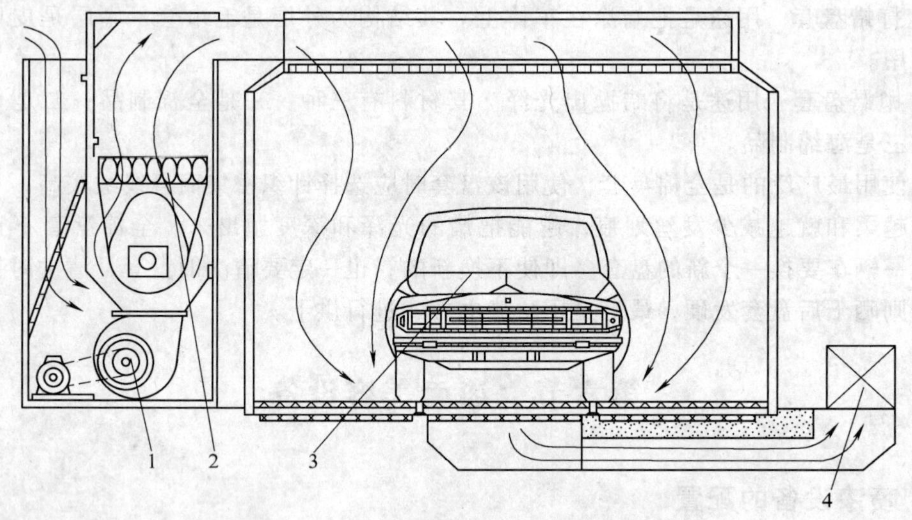

图 6-13 下吸式喷漆室的空气气流系统

1—引风机 2—空气清洁器 3—汽车 4—排气装置

(二) 烤漆房（烘房）

烤漆房是用来固化、烘干涂膜或加快自干漆涂膜的固化设施。

目前，汽车的喷涂中，许多高质量的涂料在喷涂后都需要经过烘烤才能固化，如氨基醇酸漆、热固性丙烯酸漆、聚氨酯漆等，都需要在一定的温度下固化。为了提高生产率和保证涂装质量，在汽车制造厂和较大的维修厂，都必须采用相应性能的烤漆房。

根据干燥方式，可分为热空气对流干燥、红外线辐射干燥和紫外线干燥等。在目前，我国的汽车维修业中，以热空气对流干燥和红外线辐射干燥应用最为广泛。

红外线辐射烤漆房主要由室体、辐射器和燃料热力转换器等组成。红外线辐射器或远红外辐射器安装在烤漆房内部。热力转换器是用油或煤气或电等能源转换而成。从目前应用来看，远红外辐射器比红外辐射器优越得多，其节能可达30%～50%，烤干时间可缩短50%而且温度容易控制，寿命长，操作简单，维修方便。因此，远红外辐射器在新建的烤漆房中获得了广泛采用。

（三）喷烤两用房

对于汽车涂装工艺，喷漆室和烤漆房是提高工艺效果，提高产量必不可少的生产设备。但对于一般的汽车美容修理厂来说，由于受场地和经济等条件的限制，多将喷漆与烤漆合为一间，采用喷烤两用房。

喷烤两用房也称喷烤漆房，集喷漆与烤漆为一体，采用高能钢组件式房体、无接缝式天花过滤棉，配合进风过滤系统及正风压，确保进入房内的空气达100%净化。全自动循环进风活门使烤漆时的热空气以循环方式在烤漆房内循环，配合房体的夹心式隔热棉，升温及保温效果特佳。烤漆房还采用无影灯式日光照明光管，色温与太阳光线极为接近，令颜色校对更准确。全自动操控仪表台一经预调，便能自动提供适当的喷漆、挥发、烤烘、冷却等工序所需的时间及温度。

当作为喷漆室时，外部空气被吸入，经过滤后纯度可达99%，加热后送入室内，使室内温度控制在20～22℃，同时从天花板送下的暖空气（空气流速为16～40m/min），顺重力方向至地面，并被抽出，经水旋器分离出漆雾和空气，其中空气被净化后排出室外，可消除对大气的污染，如图6-14a所示。

喷涂完毕后，工件需静置10min左右，随即打开加热器对吸入的空气加热，空气的流速为3m/min左右，此时的空气流动为室内封闭式循环，干燥车体液层；室内的温度可在常温至100℃内任一温度保持恒温，按干燥工艺进行控制。该自动程序系统操作方便，在烘漆时，空气的流入量可降低至10%～20%，当温度加热到需要的标准时，指示灯发出短暂的闪烁。在烘漆的最后阶段，加热器关闭，然后逐渐冷却到室温。开门前，应将室内废气排出，把车移出室外，进行喷漆循环，如图6-14b所示。

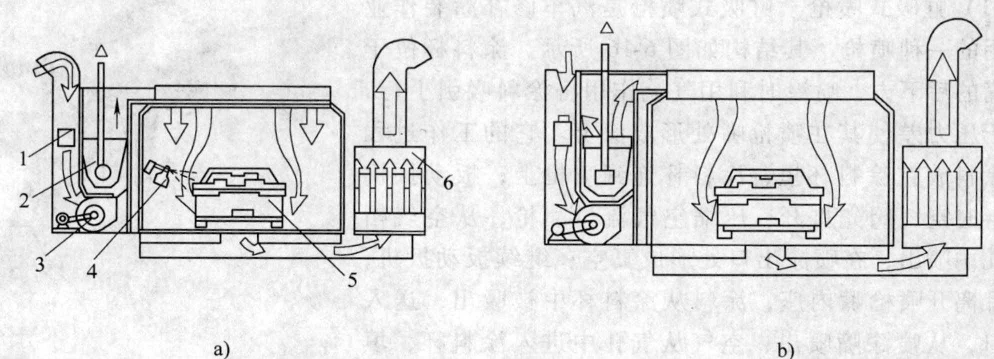

图6-14　喷烤两用房的工作示意图

a）喷漆时　b）烤漆时

1—合成过滤器　2—加热器　3—风机　4—喷漆系统　5—轿车　6—漆雾过滤器及排气装置

在喷烤两用房中有的还配备活动旋转台、轨道式台车系统，便于操作人员喷涂施工、烘烤，以及加快车辆的进出。

（四）喷枪的配置

1. 喷枪的构造

喷枪由枪体与喷枪嘴组成。枪体又分为空气阀、漆流控制阀、雾形控制（即漆雾扇形角度调节）阀、控漆阀、压缩空气进气阀、扳机、手柄等。喷枪嘴由空气帽、喷漆嘴和顶针组成（图 6-15）。

2. 喷枪的雾化过程

空气喷枪是利用压力空气的气流将涂料雾化，使涂料成为可喷涂的细小且均匀的液滴。当这些小液滴以正确的方式喷上汽车表面后就会结合，形成一层厚度极薄的像镜子一样的平整的膜。

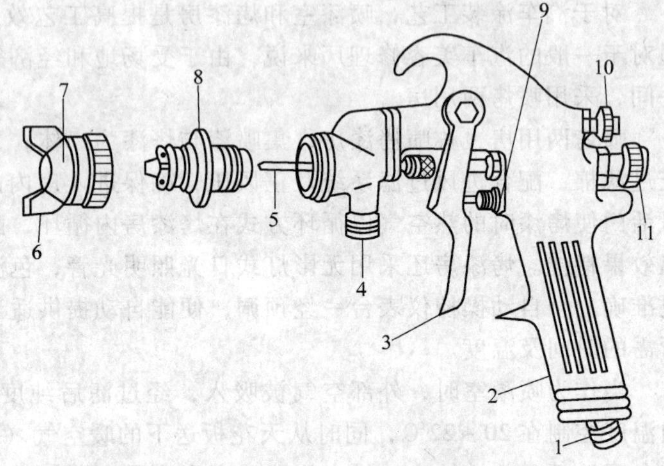

图 6-15 喷枪的构造

1—进气口 2—枪身（手柄） 3—扳机 4—流体（涂料）入口 5—针阀（顶针） 6—空气帽角 7—空气帽 8—喷漆嘴 9—空气阀 10—雾形控制阀 11—漆流控制钮

雾化的第一阶段：涂料一经虹吸作用从喷漆嘴喷出就被从环形口喷出的气流包围，气流产生的气旋开始使涂料分散。

雾化的第二阶段：涂料的液流与从限流孔喷出的气流相遇时，气流控制住液流的运动，并进一步使其分散。

雾化的第三阶段：涂料受从空气帽喇叭口处的气流作用，气流从相反的方向冲击涂料，使其成为扇状的液雾。

3. 喷枪的类型

空气喷枪按供漆的方式分类，可分为虹吸式喷枪、重力式喷枪和压送式喷枪。

（1）虹吸式喷枪 虹吸式喷枪是汽车修补涂装作业中常用的一种喷枪，其结构如图 6-16 所示。涂料杯位于喷枪嘴的后下方，喷涂时利用气流作用将涂料吸引上行，并由于压力差使其在喷枪嘴处形成漆雾。它的工作过程是，涂料放在涂料杯里，涂料杯连到喷枪上；扳动扳机到一半时空气阀先打开，压缩空气流过喷枪，从空气帽上的孔中喷出，在喷漆出口处形成真空；继续扳动扳机，使顶针离开喷枪嘴内座，涂料从涂料杯中被吸出，送入进漆口，从喷漆嘴喷出；空气从气孔中进入涂料杯，填充在被吸出去的涂料的位置上。

虹吸式喷枪的特点是：喷涂时稳定性好，便于调换涂料，但涂料粘度变化时，对涂料的喷出量影响较大。

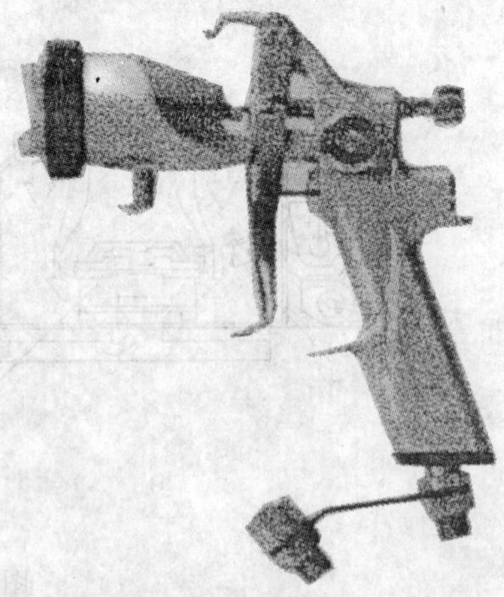
图 6-16 虹吸式喷枪

（2）重力式喷枪 重力式喷枪（图 6-17）的涂料杯在喷枪嘴上面，利用涂料的重力及喷枪嘴尖端部气流产生的压力差，把涂料喷涂于物体表面。重力式喷枪的操作方法与虹吸式相同。

重力式喷枪的特点是：涂料粘度变化对喷出量影响不大，涂料杯的位置可自由操作，作业容易，但喷涂的稳定性较差。

(3) 压送式喷枪　压送式喷枪（图6-18）的喷枪嘴与空气帽正面平齐，不形成真空，涂料被压向空气帽，压力由一个独立的压力罐提供。系统的连接方法是，输气软管从压力罐上的气压调节装置出口接到喷枪进气口上，主输气软管从调压阀连至压力罐的调压阀入口，输漆管从压力罐的出漆口连至喷枪进漆口。

压送式喷枪的特点是：使用涂料容量大，可适用于连续涂装，涂料喷出量的范围可进行调节，操作简易，但不适用于喷涂小表面，并且更换涂料和清洗喷枪需要耗费一定的时间。

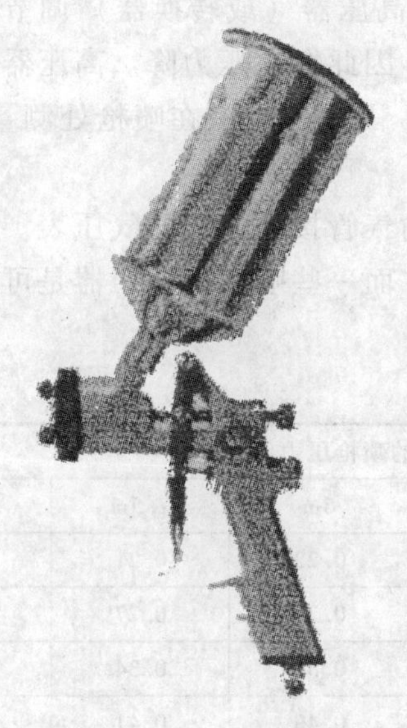

图6-17　重力式喷枪

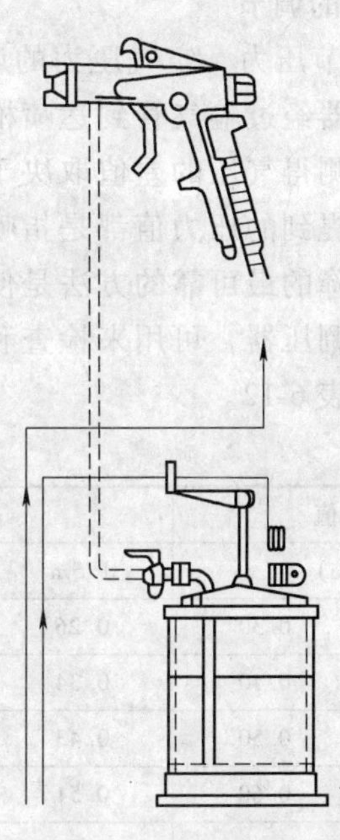

图6-18　压送式喷枪

4. 喷枪的选择

(1) 根据被喷涂物面积的大小　被喷涂物面积大，需选择喷枪口径大的，这样的喷枪单位时间内出漆量大，速度高，喷涂效率高。

(2) 根据涂料品种　根据被喷涂物所需的涂料特性，选择相匹配的喷枪。例如双组分涂料喷涂时，就应选用双组分涂料喷枪，能更好地配合涂料的特性而进行喷涂，以保证喷涂施工的质量。

(3) 根据喷涂质量要求　喷涂质量要求高的产品，应选用雾化性能好，操作、调整方便，可靠性强，能够保证喷涂质量的喷枪。

(4) 选择喷枪的因素　喷枪自身的大小、重量、影响喷枪性能的空气用量、供漆量和方式，以及操作性能等，均是应该考虑的因素。

无论从性能上还是涂装效率上来看，中型喷枪比大型喷枪要好；从对工作操作而言，中型喷枪操作轻松、省力，容易获得较好的涂装效果，特别是在维修涂装中，更显示出它的优越性。

(5) 喷枪嘴的选择因素　小型喷枪的喷枪嘴口径一般为0.5~1.8mm；大型喷枪的喷枪

嘴口径一般为1.0~3.0mm；在小型和大型之间的为中型喷枪的喷枪嘴口径。它们之间有一小范围的重叠。

喷枪口径越大，喷漆量、扇幅、空气消耗量也就越大。喷枪嘴的选择也和涂料的粘度有关。图6-18压送式喷枪涂料的粘度越高，液体流动的阻力越大。若这时选择了口径较小的喷枪，则涂料的喷涂量将会急剧下降。这就要求，在选择喷枪时，一定要考虑所采用的涂料品种。

一般情况下，喷涂底漆时，多采用大口径的喷枪；喷涂中间涂层时，选用中口径的喷枪；喷涂面漆时，采用小口径的喷枪。

5. 喷枪的调节

（1）调节压力　空气压力的调节，一般可通过分离/高压器（或转换器）调节。但由于空气从高压器经过输气管到达喷枪还受到摩擦力的作用，因此存在压力降。高压器处测得气压与喷枪处测得气压的差值取决于输气管的长度和直径。因此，应该在喷枪处测量气压值，而且这里所提到的压力值都是指喷枪处的气压。

测量压降的最可靠的方法是使用一块插接在喷枪和输气管接头之间的气压表。有些喷枪本身就带有调压器，可用来检查和调节喷枪处的压力值，而一些喷枪的调压器是可选件。其他方式可见表6-12。

表6-12　喷枪气压估计值

压力值		供气长度不同时的喷枪压力值/MPa					
(MPa)		1.5m	3m	4.5m	6m	7.5m	15m
1/4″(6.35mm)软管	0.30	0.26	0.24	0.23	0.22	0.21	0.09
	0.40	0.34	0.32	0.31	0.29	0.27	0.17
	0.50	0.43	0.40	0.38	0.36	0.34	0.22
	0.60	0.51	0.48	0.46	0.43	0.41	0.29
	0.70	0.59	0.56	0.53	0.51	0.48	0.36
	0.80	0.67	0.64	0.61	0.58	0.55	0.43
	0.90	0.76	0.71	0.68	0.65	0.61	0.51
压力值		供气长度不同时的喷枪压力值/MPa					
(MPa)		1.5m	3m	4.5m	6m	7.5m	15m
5/8″(15.88mm)软管	0.30	0.29	0.28	0.28	0.27	0.27	0.23
	0.40	0.38	0.37	0.37	0.37	0.36	0.32
	0.50	0.48	0.47	0.46	0.46	0.45	0.40
	0.60	0.57	0.56	0.55	0.55	0.54	0.49
	0.70	0.66	0.65	0.64	0.63	0.63	0.57
	0.80	0.76	0.74	0.73	0.72	0.71	0.66
	0.90	0.84	0.83	0.82	0.81	0.80	0.74

（2）调节喷雾形状　喷雾形状又称为喷雾扇面或喷雾锥形，是指在标准喷涂条件下，瞬间扣动喷枪扳机而喷涂形成的漆面形状。通过调节喷雾控制旋钮可以调节喷雾扇面的大小。调节喷雾形状时，将喷雾控制旋钮旋紧到最小，可使喷雾的直径变小，形状变圆；将喷

雾控制旋钮完全打开，可使喷雾形状变成宽的椭圆形。较窄的喷雾可用于局部修补，而较宽的喷雾则用于全车喷涂。图 6-19 所示是喷雾控制旋钮从最小到完全打开时，喷雾形状的变化。

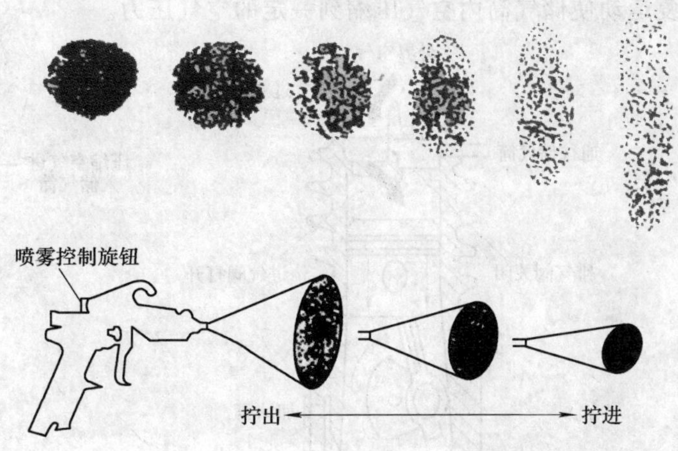

图 6-19　喷雾形状的调节

(3) 调节涂料量　调节涂料控制旋钮（图 6-20）可调节适应不同喷雾形状所需的涂料量。顺时针转动涂料控制旋钮可增大漆流，而逆时针转动将减小漆流。

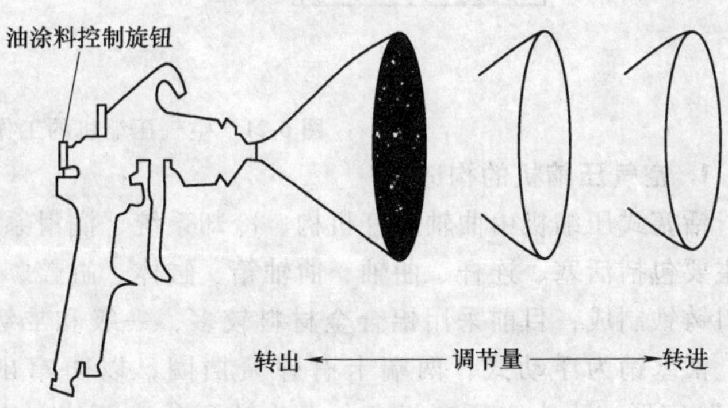

图 6-20　涂料量的调节

最佳的喷涂压力是指获得适当雾化、挥发率和喷雾锥形宽度所需的最低压力。压力过高会产生过多弥漫的喷雾，从而导致用料量损耗增加，而且涂层流动性降低，因为在涂料到达喷涂表面之前已有大量的溶剂被蒸发掉了。如果压力过低，会使涂层的干燥困难，因为大多数溶剂都保留下来了，容易产生起泡。不同涂料喷涂时所需的空气压力都有最佳值，通常为 0.3～0.45MPa，小面积修补时使用风压为 0.2MPa 左右。

二、空气压缩机的选用及使用

（一）空气压缩机的构造及原理

压缩空气供应系统用于提供充足的达到预定压力值的压缩空气，以确保美容作业车间所有的气动设备都能有效地工作。系统的规格从小型的便携式装置到大型的安装在车间内的设备应有尽有。

空气压缩机是所有空气系统的心脏，它将空气的压力从大气压力升高到某一更高的压力值。正常的大气压力约是 0.1MPa，而典型的压缩机能够将空气压力提高到 1.4MPa。空气压缩机有三种基本类型，即膜片式、活塞式和旋转式。常用的是活塞式空气压缩机。

2. 空气压缩机的工作原理

空气压缩机的工作原理如图 6-21 所示。

当活塞下降时，缸内压力降低，借大气压力推压弹簧阀打开进气阀，空气进入气缸；当活塞运行到下止点时，缸内充满空气，与大气压相同时，借弹簧的弹力关闭进气阀，如图 6-21a 所示。随着活塞上升，空气逐渐被压缩，缸内压力增加到超过气缸外气体压力时，排气阀开启，压缩空气进入储气筒；当活塞上升到上止点时，排气阀在弹簧力作用下关闭。如此反复运动使储气筒内空气压缩到一定的空气压力。

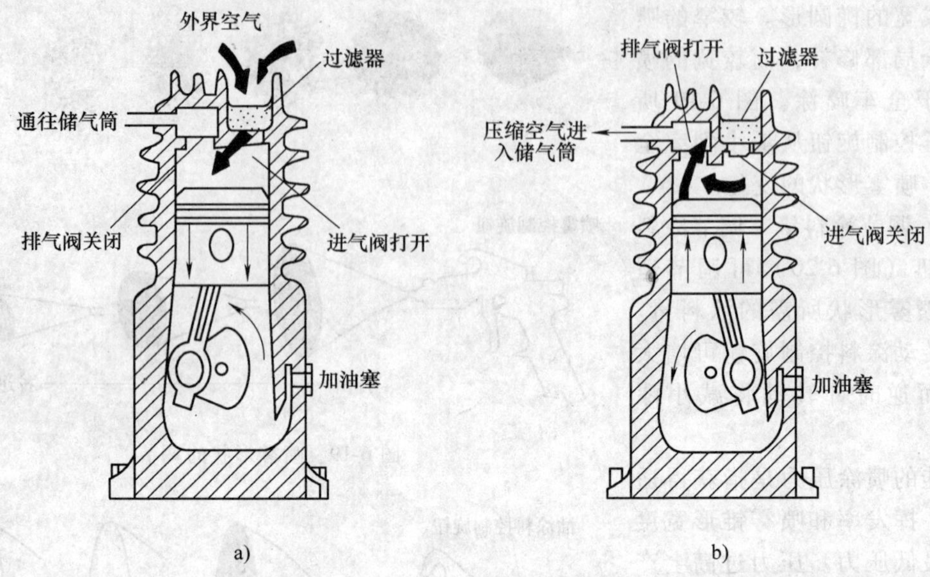

图 6-21 空气压缩机的工作原理

1. 空气压缩机的构造

活塞式压缩机由曲轴连杆机构、冷却系统、润滑系统和自动调节系统组成。曲轴连杆机构主要包括活塞、连杆、曲轴、曲轴箱、缸体、缸盖、进排气阀等零部件。活塞用铝合金或灰口铸铁制成，目前采用铝合金材料较多，一级和二级活塞上均装有两道气环和两道刮油环，活塞销为浮动式，两端卡有弹簧挡圈，以防窜出。连杆采用 40 号钢模锻，截面呈“工”字形，小头内压有衬套，大头轴瓦分成两体，内表面浇有轴承合金，瓦盖上装有油勺，用瓦口垫来调整瓦衬与轴颈的径向间隙，连杆为开口式结构，用连杆螺栓联成一体。曲轴主要材料是球墨铸铁，可分为单曲拐和双曲拐两种，两端装有滚动轴承，曲轴上装有飞轮，并与弹性联轴器相连。曲轴箱用灰口铸铁制成，两侧有供拆装和检查用的窗口，两端面装有轴承盖，下部设有放油孔，上部铸有互成 90°的气缸支承平面以及固定呼吸管和仪表板用的支承面。缸体和缸盖由灰口铸铁制成，缸体内装有缸套，缸套为高磷耐磨合金铸铁，缸体与缸套采用 O 形圈密封，水冷式空气压缩机的缸体及缸盖上均铸有冷却水套，风冷式的缸体及缸盖上铸有散热片。进、排气阀采用环状结构，阀座、阀盖均为可锻铸铁，一级气阀为三环片，二级气阀为二环片。

3. 空气压缩机的分类

空气压缩机按冷却方式分有风冷式和水冷式；按安装方式分有移动式（图 6-22）和固定式（图 6-23）。风冷式压缩机主要靠缸体和缸盖上的散热片散热。水冷式压缩机的冷却器与一、二级气缸体串联供水，每级缸体与缸盖亦串联供水；中间冷却器接于一级进气口和二级排气口法兰上，为片状结构，冷却器芯体装有冷却水管，管上穿有散热片；在壳体上有进出气孔与法兰连接，一级安全阀安装在冷却器壳体上。

空气压缩机一般采用飞溅式润滑，在每个连杆的大头盖上装有油勺。当曲轴连杆运动时，油勺随之划开油面，将润滑油溅至各摩擦部位。润滑油使用牌号：冬季为 13 号压缩机油，夏季为 19 号压缩机油。

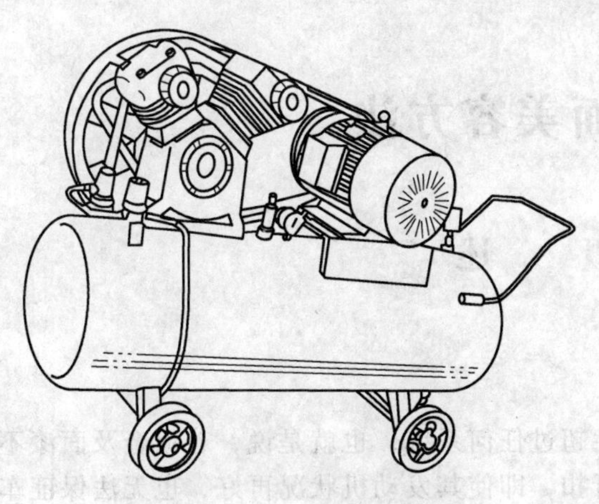

图 6-22　移动式压缩机

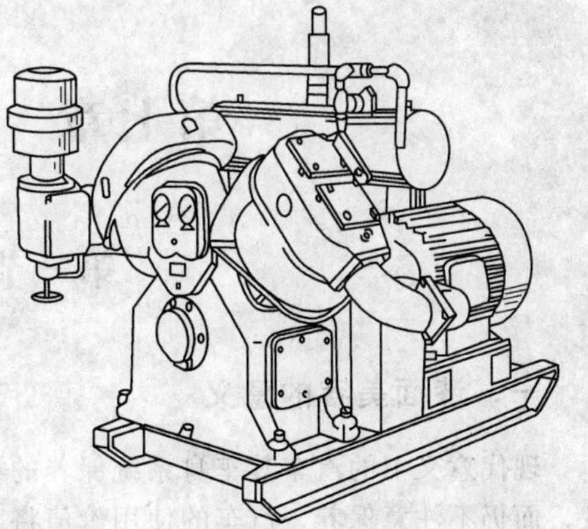

图 6-23　固定式压缩机

（二）空气压缩机的使用和维护

1. 水冷式空气压缩机的使用

1）起动前要先接通冷却水，并注意冷却水流通是否正常。

2）关闭排气阀，使空气压缩机处于空负荷下起动。

3）起动时要注意运转方向，发现倒转立即纠正，如发现有抱轴现象应立即停机。

4）起动后打开减荷阀，让空气压缩机负荷运转，并注意观察运转情况。

2. 空气压缩机的维护

空气压缩机的维护作业包括：

1）每天工作前要检查油面的高度，如油面过低要及时加油。

2）空气压缩机工作过程中要检查压力表的压力是否正常，各连接处有无漏气、漏油、漏水现象，发现故障及时排除。

3）每天应放出储气筒内的油水沉淀物 1 ~ 2 次，每两个月更换一次润滑油，每三个月清洗一次空气滤清器的滤网。

思　考　题

6-1　汽车美容工具主要有哪些？

6-2　汽车美容需要哪些设备和设施？

6-3　请简述打蜡机的使用方法。

6-4　简述汽车漆面美容底漆的种类及性能。

6-5　简述汽车漆面美容面漆的种类及性能。

6-6　简述汽车漆面美容腻子的种类及性能。

第七章　漆面美容方法

第一节　概　　述

一、漆面美容的意义

现代意义上的汽车其车身系统保养的重要性超过任何系统，也就是说，若钣金及面漆不良，而仍不注意保养，汽车的使用价值将大打折扣，即使其发动机状况再好，也无法保证车辆的使用寿命。

汽车日常运行及停放绝大多数时间处于露天环境中，毫无遮掩地遭受风吹雨淋、日晒及酸雨等具有氧化性物质的侵蚀，使漆面逐渐粗糙失光。另外，由于许多人为因素，如行车当中不注意，与其他物体或车辆刮擦，甚至有些人时常恶作剧地划伤停放在路边或生活区的车辆，造成漆面很大伤害。有了漆面美容，就可以使伤痕累累的漆面焕然一新。

归纳起来漆面美容的意义有以下三方面：

1. 车辆美学的需要

现代汽车，尤其是轿车，不仅追求线条流畅的外形，而且对其外观的装饰要求也越来越高。随着科学技术的发展，色彩鲜明且保色性优良的轿车随处可见。但当爱车在使用中出现失光，不同程度的划伤及破损时，会使汽车原有的美观大打折扣。此时，漆面处理会给车以全新的面貌。

2. 汽车保养的需要

当汽车漆面出现失光、划痕及破损时，由于这些缺陷有的已经超出了涂层范围，伤及金属基材，如果不及时进行漆面处理，会使基材金属产生腐蚀，漆面破损恶化，影响汽车钣金的使用寿命。

3. 环境美学的需要

人们已越来越多地关注自己的生存环境，例如污染、噪声等。随着社会进步，在国内许多城市已着手环境美化工程，汽车作为城市形象移动广告，无疑是环境的重要支撑，保持良好的车表形象，创造美好生存环境，已成为都市爱车族的新思维。

二、漆面美容的主要内容

漆面处理作为现代汽车美容的重要组成部分，概括起来包括以下主要内容：

1. 漆面失光处理

汽车在使用过程中，免不了风吹、日晒、雨淋及受到空气中有害物质的侵蚀，致使漆面逐渐失去原有光泽。当强氧化性物质与车漆相互作用时，在漆表面形成氧化层，就造成漆面失光。在汽车美容作业中采用特殊处理工艺与方法，配合专门的护理品，可以有效地去除失光，再现漆面亮丽风采。

2. 漆面浅划痕处理

由于使用中摩擦及日常护理不当，久而久之，会在漆面上出现轻微划痕，这种划痕在阳光下尤其明显。在汽车美容作业中一般采用抛光研磨的方法，对漆面上出现的浅划痕予以去除。

3. 漆面深划痕处理

汽车漆面深划痕多为硬性划伤所致，当用手拭痕表面时，会有明显的刮手感觉。目前汽车美容行业中，仍采用喷涂施工来处理。

4. 喷漆

喷漆是汽车美容作业中要求最为严格，技术含量最高的施工项目。当汽车漆面出现划伤、破损及严重腐蚀失光等现象时，即可采用喷漆工艺来恢复汽车的昔日风采。

三、漆面失光的原因与处理

造成漆面损伤、老化和失光的因素主要有自然因素与人为因素两种。

1. 自然因素

车辆在运行及存放中，由于风沙尘土的吹打，雨雪季泥水的冲击，沥青路面飞溅起的沥青、树胶、虫屎、尿粪和油污，大气中的各种工业排放物，酸和碱以及阳光中的紫外线等的影响，即使对车辆各方面保护工作都做得很细致，但是漆面暴露在风吹、日晒及雨雾环境中，久而久之，也会出现自然氧化、老化现象。

2. 人为因素

新车开蜡用品选择不当或操作方式不当；洗车不当：洗车时选用碱性较强的清洗剂，久而久之，漆面易出现失光；擦车不当：车表附有尘埃，不宜用抹布或毛巾擦拭，因尘埃中有一些硬质颗粒状物质，在擦拭时，易使车表漆面出现细小划痕；不注意日常打蜡保护，日常保护中不打蜡或不及时打蜡，使漆面受到紫外线、酸雨等不应有的侵蚀；暴露环境恶劣，如汽车行驶环境中存在酸雨和盐雾及其他化学微粒，会对漆面造成一定腐蚀，汽车停放环境不容忽视，汽车有80%左右的时间处于停车状态，在无库房情况下，沿海区域易受盐雾侵蚀，化学工业区易受到化学气体及酸雨侵蚀，北方冬季易受寒冷风雪的侵蚀等；汽车运行中形成交通膜，造成漆面失光。

3. 透镜效应

所谓透镜效应是指当车表漆面上存有小水滴时，由于水滴呈扁平凸透镜状，在阳光的照射下，对日光有聚焦作用，焦点处的温度高达800～1000℃，从而导致漆面被灼蚀，出现用肉眼看不见的小孔洞，有些深达金属基材，这一现象在汽车美容行业中常被称为透镜效应。由于透镜效应致使漆面被酌伤，若酌伤范围较大，分布密度较高，漆面就会出现严重程度的失光。因此，在汽车使用中应注意：一是炎热天气用冷水给车表降温时，要擦净漆面残存水滴；二是在雨过天晴、阳光灿烂时要将车表雨滴擦净。

对汽车漆面失光的处理，首先要确定漆面失光的原因，不同的失光原因，处理方法不同，概括如下：

（1）自然氧化导致的失光　漆面无明显划痕，用放大镜观察漆面斑点较小，这类失光原因大多是氧化还原反应所致。

（2）浅划痕导致的失光　漆面分布较多的浅划痕，特别是在光线较好的环境中，如在阳光的照射下十分明显，导致漆面光泽受到严重影响。

(3) 透镜效应引起的失光 用放大镜仔细观察漆面，若发现漆面有较多的斑点，则说明漆面受透镜效应侵蚀严重，光泽受到不同程度的影响。

漆面失光处理工艺程序及方法：

(1) 自然氧化不严重或浅划痕导致的失光处理方法 由于上述原因导致的漆面失光，通常可采用抛光研磨的方法进行处理（具体操作程序详见“漆面浅划痕处理”的工艺程序及方法）

(2) 自然氧化严重或透镜效应严重引起的失光处理方法 由于上述原因导致的漆面失光，要求进行重新的涂装翻新施工。

四、漆面美容对面漆性能的要求

面漆是形成汽车表面最后涂层的涂料，因此应具有较高的装饰性、耐磨性及良好的耐候性、保护性等。

(一) 面漆的选用原则

面漆选用是否得当将直接影响车身的外观质量。选用面漆时，主要应考虑以下因素：

1) 面漆应符合不同档次汽车的外表装饰要求。

2) 面漆与底漆应有良好的配套性，以保证良好的附着性和无咬底现象。

3) 面漆漆膜的性能应与车辆的使用环境要求相适应。

4) 根据施工条件合理选用面漆。

(二) 汽车喷涂常用面漆

1. 高级轿车装饰性涂层面漆

生产中常用的高级轿车装饰性涂层面漆主要有 Q04—31、Q04—34 各色硝基漆，A04—15 各色氨基烘漆，B04—4 各色丙烯酸烘漆及各种进口面漆等。德国桑塔纳及奥迪轿车所用面漆见表 7-1。

表 7-1 德国桑塔纳及奥迪轿车所用面漆

颜色及编号	包装/kg	颜色及编号	包装/kg	颜色及编号	包装/kg
LA3B 冈比亚红	1	LA8A 棕色	1	L041 奥迪黑	1
L90E 纯白	1	LB6D 深绿	1	929—73 固化剂	0.5
LA5B 海军蓝	1	LAIN 杏色	1	352—91 稀释剂	1
LA6E 冰绿	1	L97A 银灰	1	923—85 清漆	1

2. 中级轿车装饰性涂层面漆

生产中常用的中级轿车装饰性涂层面漆主要有 B04—9、B04—11 各色丙烯酸磁漆，A04—9 各色氨基烘漆，Q04—2 各色硝基磁漆等。

3. 一般装饰性涂层面漆

一般装饰性涂层面漆主要用于要求不高的中、低档车辆的喷涂（如公共汽车车身等），常用的有 C04—2、C04—18、C04—42、C04—48 各色醇酸磁漆等。

4. 具有一定装饰及保护性的面漆

常用的具有一定装饰及保护性的面漆（如湿热地区使用的面漆）主要是 G04—9 各色过氯乙烯外用磁漆等。

5. 具有特殊性能要求的面漆

要求面漆具有特殊性能时，可按表 7-2 进行选择。

表 7-2　特殊性能要求面漆的选择

涂层要求	面漆种类
耐酸	聚氨酯漆、氯丁橡胶漆、氯化橡胶漆、环氧漆、过氯乙烯漆、沥青漆、乙烯漆、酚醛漆
耐碱	聚氨酯漆、氯丁橡胶漆、氯化橡胶漆、环氧漆、过氯乙烯漆、沥青漆、乙烯漆
耐油	醇酸漆、氨基漆、硝基漆、乙烯缩丁醛漆、醇溶性酚醛漆、环氧漆、过氯乙烯漆
耐热	有机硅漆、热固性丙烯酸漆、沥青醇酸漆、沥青烘漆、氨基漆
耐磨	聚氨酯漆、氯丁橡胶漆、乙烯漆、环氧漆、酚醛漆
耐水耐潮	氯化橡胶漆、氯丁橡胶漆、聚氨酯漆、过氯乙烯漆、乙烯漆、沥青漆、酚醛漆、氨基漆、环氧漆、有机硅漆
保色	丙烯酸漆、氨基漆、有机硅漆、醇酸漆、乙烯漆、硝基漆
保光	丙烯酸漆、氨基漆、有机硅漆、醇酸漆、聚酯漆、醋酸丁酸纤维清漆、乙烯漆、硝基漆
耐大气	过氯乙烯漆、丙烯酸漆、氨基漆、有机硅漆、乙烯漆、氯丁橡胶漆、硝基漆、醇酸漆、油性漆
耐溶剂	聚氨酯漆、环氧漆
色缘	有机硅漆、氨基漆、沥青漆、醇酸漆、环氧漆、聚氨酯漆、聚酯漆、酚醛漆、油性漆

第二节　漆面浅划痕处理

一、处理的一般程序

（一）浅划痕处理的一般程序

洗车→开蜡→漆面研磨抛光→漆面还原增艳→漆面保护。

（二）浅划痕处理的具体工艺过程

1. 洗车

汽车的目的是清除汽车车身表面的污染物、泥土等，避免造成意外的伤害。操作规程与前述相同。

2. 开蜡

开蜡的目的是为了保证抛光效果。开蜡作业要求使用专用开蜡水，去除漆面原有的蜡质层，在对蜡质层进行彻底分解的同时，又不损伤漆面及塑料。操作方法与新车开蜡基本相同。

3. 漆面研磨抛光

在进行研磨抛光作业前，要根据漆面的状况及质量，如厚度、硬度、耐磨性等，选择合适的抛光剂。对于色漆遭受部分划伤的浅划痕，其研磨抛光过程可分四个步骤进行：

（1）粗切研磨　粗切的目的是去除漆面较深的划痕，提高作业效率，保证抛光质量。

粗切用研磨剂粒度选择以能保证抛去漆面 5% 左右的划痕为宜，其粒度一般应在 320～400 目。

研磨时，首先用小块毛巾将研磨剂均匀涂抹在待抛漆面上，涂抹面积以操作人员不需移动脚步且能自如抛光为宜；然后，将海绵抛光盘安装在抛光机上，沾满水，保持抛光盘平面与待抛漆面基本平行（局部抛光除外）；起动抛光机，使其转速设置在 1500～1800r/min。抛光时为保持海绵抛光盘湿润，应不断向抛光盘上洒洁净清水，以降低摩擦表面温度，避免由于摩擦升温过高使抛光盘焦化和损坏面漆。研磨抛光作业在清除 95% 左右划痕时即可停止，然后用洁净清水冲洗抛光表面，擦去残余物，检查抛光效果。

（2）中切研磨 中切的主要目的是清除粗切留下的砂痕。中切研磨剂的粒度应在 400～600 目为宜。具体操作方法与粗切相同，要注意的是一定要更换为中切抛光盘。

（3）微切研磨 微切的主要目的是清除中切留下的细微砂痕，进行表面磨光处理，以进一步提高漆面光泽度。微切用研磨剂的粒度一般在 600 目以上。具体操作方法与前述相同，但需更换成微切抛光盘。

（4）抛光 抛光的作用是清除研磨留下的细微划痕。具体操作方法与研磨施工基本相同。

4. 漆面还原增艳

抛光作业结束后，漆面浅划痕已基本消除，对于抛光作业中残留的一些发丝划痕、旋印等，可通过漆面还原进行处理。漆面还原时用小块无纺布将还原剂均匀涂抹于漆表，然后用无纺布毛巾抛光即可。经还原处理后的漆面可亮丽如新。

5. 漆面保护

漆面保护通过对漆面上保护剂来实现，漆面保护剂有蜡质和油质两大类，具体操作详见车表打蜡部分。

上述介绍了浅划痕处理的基本程序及方法，应该注意的是不同美容产品在使用上存在一定差异，千万不可千篇一律、生搬硬套，应根据具体情况灵活掌握。

二、浅划痕处理注意事项

1）在漆面浅划痕处理施工前，待处理表面必须进行清洁和开蜡。

2）抛光剂不可涂在抛光盘上，应用小块毛巾均匀涂抹于漆面待处理部位。

3）抛光剂涂抹面积要适当，既要便于抛光操作，又要避免未及时抛光出现干燥现象。

4）抛光时要掌握好轻重缓急，漆面瑕疵多的地方要缓慢，用力要去时重、回时轻，棱角边处抛光要轻，来回抛光速度要快。

5）抛光时要及时洒水，洒水最好雾状喷洒，防止因水流过大，冲去抛光剂。

6）欧美汽车的面漆涂层一般较厚，而日本、韩国及国产车辆面漆涂层一般较薄。在抛光时要注意把握好分寸，千万别抛露面漆。

7）抛光作业可以手工完成，在手工抛光时应注意抛光运动路线不可胡乱刮擦、环形运动，应该以车身纵向平行线为准往复运动。

总之，抛光作业是面漆划痕处理的核心技术。抛光剂的选择、抛光剂的用量、抛光机的正确使用以及抛光程度的鉴定等事宜，要在操作实践中不断探索，不断总结经验，以提高自身的技术水平。

三、漆面抛光

如果说洗车是车体护理的基础，研磨是漆面翻新的关键，抛光则应是漆面护理的艺术创作。一辆汽车能保养到新、光、滑、亮及持久程度都源于抛光施工艺术。

（一）抛光的作用

消除漆面细微划痕（发丝划痕），治理汽车漆面轻微损伤及各种斑迹，进而达到光亮无瑕的漆面效果。

（二）抛光的三种途径

抛光之所以能产生光亮无瑕的漆面艺术效果，是与其艺术实质密不可分，要达到上述目的，一般说来有三种途径：

1）依靠研磨，即靠摩擦材料把细微划痕去除。

2）依靠车蜡，抛光剂中大多含有车蜡成分，抛光到一定程度后，可依靠蜡质的光泽来弥补漆面残存的缺陷。

3）依靠化学反应，靠抛光机转速的调整而使抛光剂产生化学反应。

前两种途径在日常美容中应用最为广泛，主要原因是初学者对抛光机的转速、抛光头的材料（全毛材料、混纺材料、海绵材料、全棉材料等）、漆面结构性质及抛光剂的功效之间的关系了解不够，经验不足，因此，对抛光的要求也不高，即使不十分光亮也没关系，可以通过打蜡来弥补，把通过这种途径得到的漆面光泽称为“虚光”。虚光的特点是无法最终达到镜面效果，且光泽缺乏深度，保持时间短（光泽来自车蜡，而不是来自漆面本身）。

真正意义上的抛光是利用抛光机旋转时产生的热能，使车漆与抛光剂之间产生能量转化，发生化学反应，进而消除细微划痕，让漆面显示出自身的光泽，然后实施上蜡，让汽车锦上添花。

（三）抛光的方法

将抛光机调整好转速，海绵轮用水充分润湿后，甩去多余水分。先取少量抛光剂涂于漆面（每一小块作一次处理，不可大范围涂抹），从车顶棚开始抛光。抛光机的海绵轮保持与漆面相切，力度适中，速度保持一定。抛光时按一定的顺序，不可随意进行。用过抛光剂后再换用增艳剂按以上步骤再操作一次。

（四）镜面釉处理

当整车漆面处理完毕后，漆面会很平滑、光亮，但有时也还会有一些极其细小的划痕和花痕或光环，为了保持漆面的光滑和光亮，则需上镜面釉。这种镜面釉以高分子釉剂等聚合物为主要原材料。可使用专用工具使釉经过加热，挤压进车漆的毛孔内，形成牢固的网状保护层，附着在车漆表面，同时在汽车漆面上形成具有光滑、明亮、密封的釉质镜面保护膜，令车身时刻保持光亮如镜，同时具有防酸雨、抗氧化、防紫外线、防褪色等多项显著功能，还可抵御硬物轻度刮伤，不怕火也不怕油污等，并具有一年以上的保持功效。

使用时先用干净软布将抛光残留物清除干净，摇匀镜面釉，用软布或海绵将其涂在漆面上，停留60s后用手工或机器抛光。机器抛光保持转速1000r/min以下，最后用干净软布擦去残留物。手工处理时，直线抛光、抛亮即可。但应注意以下事项：

1）控制抛光机的转速，不可超过选定速度的范围。

2）保持抛光方向的一致性，应有一定的次序。

3）更换抛光剂的同时换掉海绵轮，不可混用海绵轮。

4）严禁使用羊毛轮进行镜面釉处理。

四、漆面划痕处理举例

某轿车由于碰撞擦伤严重而出现划痕，底材金属也受到划伤，但未划穿金属且金属又没有变形。其处理措施如下：

1）用深切研磨剂，将划伤处整块面积研磨。

2）用80～150号水砂纸，将划痕及周围的金属表面进行打磨。

3）用脱蜡水或溶剂，将划痕处进行清洗并擦干，或用压缩空气吹干。

4）用速干原子灰，刮涂在划痕打磨部位，待干燥后进行打磨，用100号干砂纸打磨平整。

5）再次用脱蜡洗车液，将打磨处清洗干净并擦干，或用压缩空气吹干。

6）用遮盖纸和胶带，将不应喷涂处进行遮盖。

7）用喷枪喷涂两层底漆，然后再喷涂两层厚底漆；待干燥后用600号砂纸磨平底漆。

8）用1500号砂纸，将周围部分打磨平整，并用溶剂擦干净。

9）将调好的与原中间涂层漆一样的中间涂层漆，薄薄地喷涂在打磨好的底漆上，稍干后再喷涂中间涂层漆2～3层，每层间隔时间为5～15min，每喷涂一次，喷涂范围适当向外延伸25 mm左右。干燥后对中间涂层漆进行打磨平整，并清洗干燥。

10）喷涂面漆，按面漆的施工要求，喷涂面漆，并进行干燥、打磨、清洗、干燥。

11）喷涂清漆，按清漆的施工要求，喷涂清漆，并进行干燥、打磨及抛光，然后清洗、干燥。

12）涂护理美容车蜡并抛光，使划痕得到彻底护理，可使漆面亮丽如新。

13）拆除遮盖纸，并擦拭漆面，消除胶带纸印。

第三节　漆面深划痕处理

所谓漆面深划痕是指深至底漆层的划痕。这种划痕若不及时进行处理，不但对汽车美观影响很大，更重要的是极易对漆面产生腐蚀，缩短钣金使用寿命。为此，要予以及时修补处理。

一、漆面深划痕处理的一般程序及操作方法

漆面深划痕处理包括表面处理、底漆和腻子施工、面漆涂装三大程序。

（一）表面处理

深划痕表面处理工艺包括以下内容：

1）清洗、除油。

2）除锈。

3）清除旧漆，即深划痕两侧旧车漆松动易脱落，在表面处理时应予以清除。

4）砂光砂薄，即对深划痕两侧进行“薄边”处理。

（二）底漆和腻子施工

1）如果划痕经表面处理后未露金属基材，仍有底漆层附着良好，则可以在原有底漆层基础上直接喷涂封闭底漆或中涂漆。

2）如果金属基材外露，则须进行腻子的刮涂施工，然后进行比腻子更细的填眼灰施工，注意每次腻子和填眼灰施工之后都要进行烘干处理，最后喷涂封闭底漆或中涂漆。

（三）面漆涂装

出现以下现象时，就需采取面漆涂装：

1）漆面严重老化，无法采用抛光还原工艺解决。

2）漆面受透镜效应侵蚀严重失光。

3）漆面氧化层较厚，出现局部腐蚀，无法抛光还原。

4）漆面出现深度划伤，无法用抛光清除。

5）漆面出现局部或大部分破损时，必须进行喷漆处理。

（四）深划痕处理的具体操作方法

1）用脱蜡洗车液，除去划痕中的残蜡及周围的污垢。

2）用600号砂纸，将划痕棱角打圆。

3）将含有原子灰的底漆涂于划痕处，应涂2~3层。

4）待底漆干燥后进行打磨，然后按浅划痕处理的措施继续处理，直到护理抛光为止。

二、涂装施工材料的选择及配套

（一）涂装施工材料

1. 常用用品

常用涂装施工材料主要有磨料、砂皮、砂纸等。

（1）磨料　用于金属打磨施工和汽车面漆的打磨抛光作业。

（2）砂皮　主要用于金属基层打磨除锈、腻子层及底漆的磨光。

（3）砂纸　分木砂纸和水砂纸两种。木砂纸主要用于木制品的干磨；水砂纸适于水磨各种腻子或漆膜。

在汽车涂装作业中，还经常用到棉纱、破布、脱脂棉、胶带、凡士林、汽油、消雾剂、废报纸等用品。

2. 修补底漆

汽车修补底漆的作用主要是填平金属或基材表面缺陷，防止腐蚀，增加附着能力。常用的修补底漆有醇酸类底漆、硝基类底漆、环氧类底漆、丙烯酸类底漆四大类。其中醇酸类底漆在逐步淘汰；硝基类底漆主要适于快喷漆的底层打底；环氧类底漆主要用于轿车基层表面打底防锈；丙烯酸类底漆耐热、防锈、防霉、防腐，常用于轿车、豪华客车的金属制品打底防锈。

3. 常用腻子

常用腻子有酯胶、酚醛腻子、醇酸腻子、硝基腻子、环氧腻子、聚酯腻子和原子灰等。其中原子灰是20世纪90年代以来汽车涂装施工中使用较多的一种新型腻子，具有刮涂性好、常温干燥快、干后涂层附着力强、耐腐蚀性好、易打磨、刮涂效率高等特点。

4. 中间涂层

二道底漆和中涂漆统称为中间涂层。现代汽车的涂装已不满足底漆、中间涂层、面漆三道涂层，已发展到四、五道甚至更多涂层，少数高档车的涂装系统已发展为底漆、腻子、中间涂料、金属闪光底色漆、底色漆、罩光清漆等。二道底漆介于腻子层与中涂漆之间，主要用于腻子表面填平。

5. 常用面漆

常用面漆主要有醇酸树脂面漆、硝基纤维素面漆、丙烯酸树脂面漆、聚氨酯面漆等。

6. 常用辅料

常用辅料主要有稀释剂、助剂、防潮剂、催干剂、脱漆剂、上光剂等。

1）稀释剂的作用是调稀喷漆粘度，使之有利于喷涂施工。

2）助剂主要有增塑剂、增稠剂、防沉淀剂及防结皮剂等。

3）防潮剂的作用是防止漆膜在潮湿环境中吸潮泛白。

4）催干剂是醇酸漆、酚醛漆、酯胶漆及调制油性腻子等不可缺少的一种辅助材料。

5）脱漆剂主要用于对旧漆的消除。

7. 减振消声涂料

其作用是抗振及隔热。

8. 防锈蜡

汽车车身的有些部位是不能单依靠涂层就可以达到防锈作用的。如点焊形成的缝隙，因磁屏蔽作用使阴极电泳底漆到达不了的一些空腔、夹层等处。这些部位达不到有关腐蚀规定的年限标准，因此需进行喷蜡或灌蜡防护处理。喷蜡应在涂装施工完成后进行。

（二）喷漆施工材料的选择

在对汽车修补涂料有了上述了解之后，汽车涂装技术人员就可以根据具体修补作业的要求，对施工材料进行正确选择，合理配套。

1. 根据原车面漆档次来选择

前面介绍的各种施工材料，由于其成分、性能及制造工艺、成本不同，所以适合于不同档次的汽车，达到既能满足车辆要求，又能降低施工费用的目的。

2. 根据汽车涂装系统选择

做好汽车修补涂装，最重要的一步就是要搞清楚待修车辆的涂装系统，再根据每道涂层来选择不同的的材料。

国外汽车的涂装系统由当初最原始的“2C2B”发展到今天“7C5B”，即两涂两烘和七涂五烘，涂层的总厚度也由原来的30～40μm增加到130～150μm，逐渐实现了由低级向高级的过渡，已经能够初步满足汽车工业对不同档次汽车涂装的要求。汽车涂装系统可归纳为以下几类：

1）底漆—腻子—本色漆。

2）底漆—腻子—中间涂料—本色面漆。

3）底漆—腻子—中间涂料—单层金属闪光漆。

4）底漆—腻子—中间涂料—金属闪光底色漆—罩光清漆。

5）底漆—腻子—中间涂料—本色底色漆—罩光清漆。

6）底漆—腻子—防石击中间涂料—金属闪光底色漆—罩光清漆。

7）底漆—腻子—中间涂料—金属闪光底色漆—底色漆—罩光清漆。

8）底漆—腻子—防石击中间涂料—中间涂料—金属闪光底色漆—底色漆—罩光清漆。

上面所提到的8种涂装系统中，第1）类是汽车工业发展初级阶段所采用的，目前国外不再采用，但我国在一些低档车辆如载货汽车、公共汽车、农用车中仍采用。第2）、3）类涂装系统在国内用于面包车、微型车型上。第4）、5）类涂装系统主要用于轿车涂装。第6）、7）、8）类涂装系统，在国外主要用于少数豪华高档车的涂装。

3. 根据车辆对时间的要求选择

如时间紧，宜选快干型涂料。

4. 根据车辆特别要求来选择

由于车辆修补作业中修补的部位不同，可确定是否应该选用减振消声涂料及做防锈处理等。

（三）喷漆施工材料的配套

1. 保证喷涂施工材料合理配套的原则

1）施工前最好准确了解待修补汽车的涂装系统及配套涂料的品种。如果有困难的话也应该设法弄清车辆的涂装系统。

2）要想获得理想匹配，应遵循选择各类漆种的一般性原则。底漆的选择应考虑它的防腐能力，附着能力以及耐上层涂料所含溶剂侵蚀能力等。面漆的选择应考虑涂装性、耐候性、耐介质性及机械强度、柔韧性等。注意各种涂料之间机械特性的搭配，比如拉伸强度、伸长率以及杨氏模量参数之间的平衡。否则，涂层经受环境温度变化时，各层漆膜之间因机械性能方面的差异极有可能发生应力开裂，从而导致整个涂层系统的破坏。注意各层涂料之间溶剂系统的配伍，以免产生咬底、渗色等漆膜弊病。

2. 几种常用涂料之间的匹配关系

几种常用涂料之间的匹配关系见表7-3。

表7-3　汽车修补涂料之间的匹配关系

旧涂层＼修补涂料	1	2	3	4	5	6
热塑性丙烯酸涂料A	○	○	×	×	○	×
热塑性丙烯酸涂料B	○	○	×	×	○	×
热固性丙烯酸涂料	○	○	○	○	○	○
氨基醇酸树脂涂料	○	○	○	○	○	○
硝基纤维素涂料	○	○	×	×	○	×
高固体分子干涂料	×	×	×	×		

注：○——匹配；×——不匹配。

3. 常用涂料配套

常用涂料配套见表7-4。

表7-4　常用国产涂料配套一览表

	面漆	配套底漆	配套腻子	配套中间涂料	配套稀释剂
醇酸树脂面漆	C04—49醇酸磁漆	铁红醇酸底漆	醇酸腻子、环氧腻子	醇酸二道底漆	二甲苯或醇酸稀料
	C04—63醇酸半光磁漆	铁红醇酸底漆	醇酸腻子、环氧腻子	C06—10醇酸二道底漆	二甲苯或醇酸稀料
	A04—11氨基醇酸磁漆	铁红环氧树脂底漆	醇酸腻子、环氧腻子	氨基中涂漆、环氧中涂漆	氨基稀料
	A04—24氨基醇酸闪光磁漆		醇酸腻子、环氧腻子	氨基中涂漆、环氧中涂漆	X—4氨基稀释剂
	T—17—5醇酸皱纹漆		醇酸腻子、环氧腻子	醇酸二道底漆	醇酸稀料
硝基纤维素面漆	Q04—34硝基磁漆	铁红醇酸或硝基底漆	硝基、醇酸、环氧腻子	硝基、醇酸、丙烯酸中涂漆	硝基稀料
	Q04—62硝基磁漆	Q06—4硝基底漆	硝基、醇酸、环氧腻子	硝基、醇酸、丙烯酸中涂漆	硝基稀料
	Q01—1硝基外用清漆	Q06—4硝基底漆	硝基、醇酸、环氧腻子	硝基、醇酸、二道底漆	硝基稀料

（续）

面漆		配套底漆	配套腻子	配套中间涂料	配套稀释剂
硝基纤维素面漆	Q16—31 硝基与垂纹漆	Q06—4 硝基底漆	硝基、醇酸、环氧腻子	硝基、醇酸、二道底漆	硝基稀料
	硝基闪光漆	Q06—4 硝基底漆	硝基、醇酸、环氧腻子	硝基二道底漆	硝基稀料
丙烯酸树脂	B04—68 丙烯酸磁漆	醇酸、环氧、丙烯酸、聚氨酯	硝基腻子	丙烯酸中涂漆	X—5 丙烯酸稀释剂
	B04—11 丙烯酸磁漆	醇酸、环氧、丙烯酸、聚氨酯	硝基腻子	丙烯酸中涂漆	X—5 丙烯酸稀释剂
	B01—8 丙烯酸清漆	醇酸、环氧、丙烯酸、聚氨酯	硝基腻子	丙烯酸中涂漆	X—5 丙烯酸稀释剂
聚氨酯面漆	丙烯酸聚氨酯面漆	铁红环氧酯底漆	聚酯腻子、原子灰	聚氨酯中涂漆	X—10 聚氨酪稀释剂
	聚酯—聚氨酯面漆	聚氨酯底漆	聚酯腻子、原子灰	聚氨酯中涂漆	X—10 聚氨酪稀释剂

三、喷漆的作用

随着科学的发展，各种有机合成树脂原料广泛地被应用，油漆产品发生了根本变化，不论其中是否含有颜料，准确的名称应为有机涂料，简称涂料。将涂料涂布到清洁的被涂物表面上，经干燥成膜的工艺叫涂装，俗称喷漆。涂装工艺由漆前表面处理、涂布和干燥三个基本工序组成。有时也将涂料在被涂物表面扩散的操作称为涂装。概括起来涂装有以下几种作用：

（一）美化环境

随着我国国民经济的不断发展和科学技术的不断进步，以及人们生活水平的不断提高，道路上行驶的各种汽车越来越多。五颜六色的汽车装扮着城市的各条道路，形成一条条美丽的风景线，对城市和道路环境起着美化作用，给人们以美的享受。这些成果的得来与我国的汽车美容业的兴起是分不开的，如果没有汽车美容，道路上行驶的汽车车身灰尘污垢堆积，漆面色彩单调、色泽暗淡，甚至锈迹斑斑，这样将会形成与美丽的城市建筑极不协调的景象。因此，美化城市环境离不开汽车美容，离不开涂装。

（二）保护功能

涂装是最方便、最可靠的防腐蚀方法之一，通过各种不同的工艺，将涂料牢固地附着在物体表面，形成具有一定耐潮湿性、耐水性、耐候性、耐油性或耐化学品性等性能的漆膜，把物体表面与空气、水分、日光及其他腐蚀物质（如酸、碱、盐、二氧化硫等）隔离，起到保护物面、防止腐蚀、减轻物体所受摩擦等冲击，从而达到保护物体延长使用寿命的效果。汽车在使用过程中，由于风吹、日晒、雨淋等自然侵蚀，以及环境污染的影响，涂膜会出现失光、变色、粉化、起泡、龟裂、脱落等老化现象，另外交通事故、机械撞击等也会造成涂膜损伤。一旦涂膜损坏，金属等物体便失去了保护的“外衣”。为此，加强汽车美容作业，养护好汽车表面涂膜是保护汽车金属等物体的前提。涂料的保护功能，可使汽车使用寿命大大延长。

例如，汽车车身采用优质的涂料和良好的涂装工艺，进行涂装后能在各种气候条件下使用10年以上完好无损，反之涂装处理不好的车身在温热条件下，仅使用1~2年就锈蚀穿孔。

（三）装饰功能

涂装可使物体具有色彩、光泽、平滑性和立体感等。很多色彩鲜艳美观的汽车产品都是用涂料装饰的结果。随着人们消费水平的提高，对于一些中、高档轿车来说，已不仅仅是一种交通工具，它已成为一种身份的象征。车主不仅要求汽车具有优良的性能，而且要求汽车具有漂亮的外观，并想方设法把汽车装点得靓丽美观，这就对汽车的装饰性能提出了更高的要求。汽车的装饰性不仅取决于车型外观设计，而且取决于汽车表面色彩、光泽等因素。通过汽车美容作业，使汽车涂层平整、色彩鲜艳、色泽光亮，始终保持美丽的容颜。

（四）涂装可以改变物体表面的颜色

不同的颜色对人们的视觉、精神、心理将产生种种不同的反应。因此，可以利用涂料不同的颜色作为标记加以区别和刺激，例如一些工程车、救护车、消防车等可喷涂不同颜色涂料作标记，以引起人们注意等。

（五）特种功能

涂装的特殊作用是指涂料经涂装后，在特定的环境条件下发挥的特殊作用。如汽车上一些特殊部位喷涂防振、消声、隔热等涂料能使性能更好。

汽车作为一种交通工具，需要利用涂料色彩进行装饰。根据汽车的种类、用途、档次，选用不同性能和不同色彩的涂料，使它有光亮美丽的外观、舒适协调或对比强烈的色调，同时也起到防腐和延长使用寿命的作用。

第四节　汽车美容用面漆的色彩及识别

一、影响汽车面漆色彩的因素

由于光源的千差万别，使人眼对颜色的感觉千变万化，不同个体视力的差异也会导致对色彩的感觉不同。为了客观准确地对颜色加以把握，通常用亮度、色调、色度这三个要素对颜色进行定义。

（1）亮度　指颜色的明暗程度，也称黑白度。

（2）色调　指人眼所看到的颜色。例如红、黄、蓝以及它们之间的配比颜色。

（3）色度　指颜色的强弱和浓淡，即对比度。它包括颜色的强度、浓度、饱和度和灰度等。

不同光源对面漆会产生不同的效果，使其颜色发生变化，这种现象叫做条件等色现象。这是因为光源中各种彩色光线的含量不同。比如，某种油漆中含有蓝色成分，在阳光下可能看不出来，但在水银灯下却十分明显，这是由于日光和水银灯光中蓝色含量不同出现的差异。在施工中可能出现在车间灯光下修补漆与汽车面漆颜色匹配很好，但在日光下就不够好。在车间灯光下所调配的颜色和所用灯光的类型关系密切。比如白炽灯会使油漆颜色发红；荧光灯中荧光粉的不同会使油漆的颜色偏黄或偏蓝；冷白光和软白光也会导致油漆变色。值得注意的是：有的修补漆与原厂配方中颜料不完全一样，这时即使修补漆在日光或模拟日光下与原漆匹配很好，但换一种光源，可能情况会有所不同。

因此，影响面漆色彩的因素主要有光源和视觉能力，当然还有面漆本身内在因素。当面漆调色时，应充分考虑上述各因素，才能达到理想的调色效果。

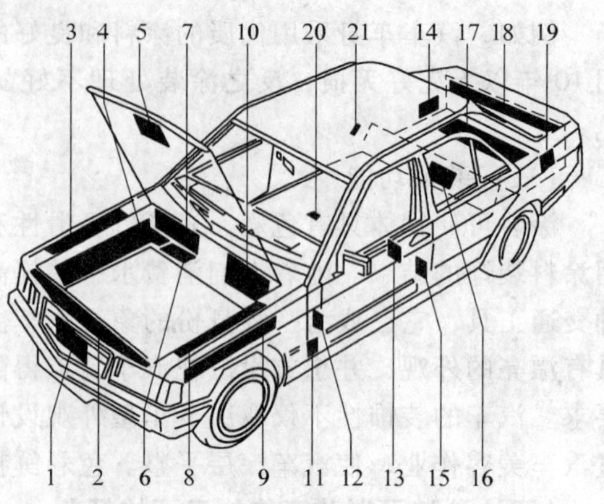

图 7-1 进口汽车车辆漆码位置图

二、面漆的识别方法

（一）面漆原色的识别

配色的第一步就是根据汽车生产厂家的漆码获得原色，以减少修补配方与原厂配方的差异。几乎所有品牌汽车的漆码在车身特定位置上都可以找到，如图 7-1 所示，不同车型的身份证位置见表 7-5。首先找到汽车生产厂家的漆码，色卡就在漆码旁边，为稳妥起见，最好把色卡与汽车面漆颜色对比一下，因为有的汽车也许已经喷涂过其他颜色的面漆。

表 7-5 进口汽车车辆身份证对照表

车厂名称	身份证位置	车厂名称	身份证位置
Acura（阿库拉）	15 22	Lexus（凌志）	3 7 10 15
Alfa Romeo（阿尔法 罗密欧）	5 8 14 17 18	Lotus（莲花）	3 8
Audi（奥迪）	14 17 18	Maserati（马萨拉蒂）	5
BMW（宝马）	2 3 4 7 8	Mazda（马自达）	7 10 15
Chrysler USA（克莱斯勒）	2 4 5 8 9 10	Mercede Benz（奔驰）	2 3 8 10 12 15 24
Citroen（雪铁龙）	2 3 4 7 8 10	Mitsubishi（三菱）	2 3 4 5 7 8 10 15
Daewoo（大宇）	2	Moskvitch（Scsifia）（莫斯科人）	14
Daf（达夫）	12	Nissan（日产）	2 4 7 10
Volvo（沃尔沃）	2 3 7 8 10 11 12 15	Opel（欧宝）	2 3 4 7 8 10
De Tomaso（托马斯）	15 18	Peugeot（标致）	2 3 8
Ferrari（法拉利）	5 18	Porsche（波尔舍）	2 7 8 10 12 15
Fiat（菲亚特）	4 5 14 18	Proton（伯罗顿）	2 7 10
Ford Europe（欧洲福特）	2 3 4 7 8 15 17 18	Land Rover（兰德 罗孚）	2 3 7 10 15 17
Ford USA（福特）	15	Reliant（雷诺）	3 7 8 10 15
Lancia-Autobianchi（兰西亚）	4 5 18	Rolls Royce（劳斯莱斯）	3 5
GAZ（Colga）（伏尔加）	18	Rover（罗孚）	2 3 5 7 10
General Motor（color codes）（通用）	2 7 10 12	Saab（萨伯）	3 8 10 15 17
General Motors（wa numbers）（通用）	16 18 19 20 21	Ssangyong（双龙）	12 15
Honda（本田）	15 22	Saturn corporation（土星）	19
Hyundai（现代）	2 7 10 15	Seat（西特）	3 8 17 18
Infiniti（无限）	7 10	Skoda（斯柯达）	8 10 17
Innocenti（迷你）	22	Subaru/Fuji（斯巴鲁/富士）	2 7 8 10 11 15
Isuzu（五十铃）	2 7 10 13 15	Suauki（铃木）	7 10 11 17 20
Iveco（依维柯）	5	Yugo/Zastava（南斯拉夫红旗）	2 3 5 18
Jaguar（美洲豹）	2 4 5 15	Toyota（丰田）	3 4 7 8 10 11 12 15 17 23
Kia（起亚）	15	Vauxhall（伏克斯豪尔）	2 8 9 10
Lamborghini（勃朗基尼）	18	VW（大众）	1 2 3 7 8 14 17 18 19

（二）面漆类型的识别

在进行涂装施工前，应确定原车面漆属于哪种类型，以便正确地选择和配套。确定原车面漆类型的方法有以下几种：

1. 目测法

如果车身外形线附近的表皮组织粗糙或漆面摩擦后出现抛光组织，则说明原车用的是抛光型油漆。

2. 溶剂法

用蘸有硝基漆稀释剂的白布擦拭漆膜，观察漆膜溶解的程度。如果漆膜溶解，并在白布上留下印痕，则是自干漆；如果没有溶解，则可能是烘干漆或双组分漆。丙烯醇聚氨酯面漆没有自干漆易溶解，但有时溶剂渗透面漆，会削弱其表面光泽。

3. 加热法

首先用细水砂纸打磨，使漆膜失光，然后用红外线加热灯加热，如钝化表面重现光泽，则说明原车是丙烯酸面漆。

4. 硬度测定法

各种面漆干燥后漆膜的硬度不同，大体上双组分漆和烘干漆硬度高，而自干漆硬度较低。

5. 厚度测试法

各种面漆由于性质不同，其涂层厚度是不一样的，所以可通过厚度计测定漆膜厚度来判定面漆大致类型。

6. 电脑检测仪法

利用电脑调色系统可直接获得原车面漆的有关资料。这是目前涂装行业中普遍使用的检测方法。因为此方法方便快捷，只需将原车车身加油口塞拿来，利用仪器很快能准确无误地判别面漆的类型。

第五节　面 漆 调 色

一、面漆调色的基本规律和方法

在进行汽车面漆调色时，应遵循一定的规律和方法，否则调出的颜色就会不准确。

1. 准确辨别涂料颜色

颜色辨别，应具备有关色彩理论知识和色彩辨别能力及方法。辨别涂料的本色，首先应在标准色卡上找到涂料颜色的名称，将标准色卡或标准色板置于光线充足的地方或标准光源下，辨认出涂料颜色的主色，以及主色成色的配制关系，即主色是由哪几种颜色调制而成的，基本配比如何，确定主次顺序、色相、亮度、纯度等。

2. 把握配色依据

大多数配色的依据是标准色卡或标准色板。因此，色卡和色板必须准确，并且比色面积要大些。配色前要准确判断和辨别出所要调配颜色的主色，需要什么样的涂料和颜料，分清主次相配顺序。然后可进行色料的选择和制备，再依次准备配色用具以及符合标准的光源和制作小样的白铁皮或玻璃板等。

3. 正确选择色料

涂料配色大多数是配制复色，需要几种原色涂料或颜料。选择时只有在品种、类型、用途、性能等方面配套，互溶性才好。稀释剂和辅助添加剂也应同所选色料相适应。

4. 调配小样

配色时，必须调出试验性小样，从中找出所需颜色的主次关系和加入量，做好配比记录，为大量调制提供条件。

5. 明确配色顺序

配色时，无论配制小样还是大量调制，都要遵循以主色和调整色相混调成基本色调，再由浅入深地调整色相、亮度等。无论原色还是复色涂料，加入时都必须充分搅拌均匀。

6. 及时的颜色对比

配色时，当调整至与标准色相近时，应边调制边作出涂料小样样板，待样板涂层溶剂挥发浮色现象稳定后，与原样板标准色卡对比，直至与标准色相同。应注意，在调制亮度较高的颜色时，应遵循选用颜料或原色涂料品种越少越好。

7. 辅助添加剂的互溶与配套

辅助添加剂的加入，应注重互溶与配套，同时严格按比例添加适当。如果添加过量，会影响涂层亮度和光泽。

二、面漆的人工调色

面漆的人工调色，就是指汽车修理厂购得色浆后，参照颜色生产厂的色卡与待修补车辆的有关部位进行比色，以确定正确色卡号，再根据色卡号提供的配方用手工配漆。人工调色在遵循面漆调色基本规律和方法的基础上，需完成以下四个方面的工作。

1. 亮度的调整

面漆的亮度与车间环境、喷涂方法和溶剂种类有关，其他影响因素还有油漆用量、喷枪压力、颜料、催化剂的用量等。因此需要调漆技术人员及施喷人员根据具体工作环境及设备条件具体分析。

2. 色调的调整

色调的调整应在亮度调整之后进行，每种颜色的色调只可能沿四个方面变化。

1）色调会发黄的颜色有绿色、黑色、红褐色、灰色和白色。

2）色调会发红的颜色有紫色、黄色、米黄色和棕色。

3）色调会发绿的颜色有青铜色、红色和橘红色。

4）色调会发蓝的颜色有蓝色和青绿色。

在具体操作过程中，可根据油漆厂提供的资料选定能调出正确色调的调色剂后，按最低限量计算调色剂（即色料）用量，经充分搅拌均匀后，喷涂一小块样板，待干燥后与原油漆作颜色对比，直至完全相同。

3. 色度的调整

调整好亮度和色调后开始调色度，如果要把颜色调得明亮些，须重新调整前两个项目，如要使面漆灰一些，可喷一些湿涂层，再以较远的距离和较低的气压喷一层用少量白色和微量黑色混合起来的涂层。

4. 颜色检查与校正

1）视线垂直于涂装表面。

2）视线刚好高于光源反射角度。

3）从小于45°的角度观察，来检查喷涂后面漆颜色是否与汽车其他部位一致，如不一致应校正。

三、面漆调色失配的原因

在遵循一般调色原则的基础上调配的修补面漆与原面漆颜色不同，在决定是否重新调色之前，一定要检查一下是否有下列原因造成颜色失配。

1）原来面漆是否已经褪色。通常检查不外露表面，如门侧杠等处，确定原车面漆是否褪色，如已经褪色，可以适当扩大修复部位。

2）对照检查原车生产厂漆码和油漆厂的色漆原料号码，确定是否用错。

3）色漆中的颜料或金属光片是否充分均匀混合。如果修补色漆搅拌不匀，罐底会残留颜料、金属光片或珠光粉等，进而导致颜色失调。

4）稀释剂的用量是否准确。稀释过度会使面漆颜色变浅或降低饱和度。

5）在作颜色对比之前一定要清洗、抛光、清除原车旧面漆上的粉尘和氧化层。

6）使用试板一定要留出充裕的干燥时间，试板一般要喷涂几次，每次喷涂后一定要干透，因为油漆干燥后颜色可能会变深，也可能会变浅。

7）在喷涂金属漆或珠光漆时最好使用搅拌杯，因为金属屑片或珠光片容易沉入漆膜深处，影响色光。

8）要等油漆干燥后再调整颜色，可用加热灯、加热枪或其他干燥方法缩短干燥时间。

9）调整颜色时，每次只许加少量调色剂。

10）喷涂方法的不同可能导致面漆颜色差异。

四、面漆调色应注意的事项

在面漆调色过程中，必须注意以下一些事项：

1）为保证喷涂的面漆与其他部位颜色一致，每次配制完成后都要在三种光线——黄光、蓝光和日光下对照比较，检查是否完全匹配。如果在一种光线下漆色匹配得很好，而在另一种光线下不好，则说明修补漆和原车面漆所用的颜料不同。

2）为了弄清调色剂的着色力，可先在包装盖上滴几滴调色剂，加几滴白色颜料，混合后在盖上涂手指尖大小的一块，看看着色力如何。

3）所有调色操作要规范化，要记录所有调色剂的种类及用量。

4）要借助于色卡中的颜料配方进行调色。

5）喷涂前所有的着色颜料要搅拌均匀。

6）着色颜料要分多批少量地加入，避免用量过多。

7）每次先取少量油漆来配制，等配出的色漆完全匹配后，再根据需要量按比例扩大，以免造成浪费。

8）首先要纠正最明显的颜色差异。

9）在金属粉或珠光粉中掺入白色颜料一定要十分小心，而且只能用遮盖力低的白色颜料。

10）必须采用颜料配方中规定的金属粉或珠光粉。

11）必须待试板完全干燥后方可与面漆进行对比。

12）在取得最终匹配之前要始终让色调稍浅。

13）待颜色调得十分接近时，就应结束调漆程序。

14）一般根据上述程序和规定调出的面漆，可以达到满意效果，但调好的漆都有一定使用时限，必须在使用时限内用完，才能确保漆色与原车漆色一致或接近。若超时限，面漆内部就会发生物理或化学变化，使新面漆与原车面漆不匹配，如金属漆中游离酸会对金属粉末产生酸蚀作用，使金属漆中金粉、银粉发生变黑绿色或绿色现象。因此，应严格遵守各种面漆的使用时限说明。

五、面漆的电脑调色

世界上汽车制造行业的发展日新月异，几乎每天都在推出新油漆颜色的汽车。目前已有数万个汽车油漆颜色。因此，用人工的方法有时很难解决漆的调色问题，电脑调色系统就是在这一背景下产生的。利用电脑调色系统可以根据实际用量，准确调出全世界各大汽车厂原厂漆颜色，同时也可以根据颜色样板调出所需颜色，操作较手工调漆准确快捷，可节省宝贵时间。

电脑调色系统一般由电脑、汽车颜色资料库、电子天平、阅读器和混漆机五大部分组成。电脑调色系统储存调漆程序，只要将所需修补车身油漆的漆码（颜色编号）输入电脑，就可以得到所需配方。

同时，由于电脑软件不断更新，用户可以及时得到世界上各汽车制造厂、油漆厂的最新原料配方。阅读器是用于找出油漆配方的一部仪器，它可以利用探头在待修补车身上读取数据，数据经电脑调色系统处理后就可获得按色浆配漆的精确配方。

电脑调色的基本程序是：

1）在被修补车身上查出印有颜色编号的汽车资料身份证，查出该车的颜色编码。

2）根据不同品牌油漆的颜色索引查出油漆编码及色卡。

3）根据修补面积计算油漆用量。

4）利用阅读器或电脑调色系统找出所用配方及各材料用量。

5）开动混漆机及电子天平调节所需质量的油漆。

第六节 漆面美容的表面处理

一、车身钣金简易整形方法

汽车涂装作业前，有时需对钣金予以整形，对于恶性事故造成钣金损坏的车辆，在钣金整形前要进行车架校正。钣金整形的处理方法可采用锤子、托模进行初校，遇到凹陷处，如上述方法不能顺利实施，可利用惯性锤鹤嘴杆和焊拉将凹陷拉起。锤子和托模在钣金整形中的应用见图 C-1 ~图 C-5。

二、喷涂前的表面处理方法

汽车修补就像很多其他高品质的油漆施工一样，在涂装之前必须对其表面做认真、细致的处理。汽车修补中的表面处理应该根据具体情况区别对待，一般来说应包括清洗、除油污、除润滑脂、彻底清除遭破坏的漆膜、打磨除锈以及最后清理等工艺。不管修补施工前汽车待修补部位表面状态究竟如何，为保证修补质量，经处理后，待修补区域表面状态必须清洁、无油污、无锈斑、平整光洁。若汽车受创部位变形相当严重，须采用专用工具进行钣金整形。

1. 清洗、除油

表面处理清洗作业中包含前述的一般性清洗和特种清洗两工序，前者主要清除灰尘、泥土等污物，后者主要去除油污、脂、硅酮类化合物等。

2. 除锈

（1）表面锈蚀清除　可选用砂布，因为锈蚀还没有深入金属内部，在砂布的选择上不宜过粗，砂到显露出金属光泽为止，也可以用金属表面调整剂进行除锈，然后用水清洗，压缩空气吹干。

（2）深度锈蚀　对于深度锈蚀的清除工作量较大，如果锈蚀面积较大，最好选用喷砂枪、气动圆盘钢丝刷等机械除锈工具，质量好，效率高。

3. 清除旧漆

清除旧漆的目的是为保证施工表面的修补质量，有利于涂层附着。旧漆的清除通常有两种方法，一种是手工工具除旧漆，另一种是利用专用工具对旧漆加以清除。在使用手工工具清除旧漆时，可顺漆面从左向右或从前向后顺序铲除，对于有较厚腻子层的旧漆部位，可先用铁锤等工具轻轻敲击，使腻子层开裂，然后用铲刀铲除干净，直至没有不良附着旧漆，然后打掉底漆。

4. 砂光

砂光的目的有两个：一是使表面产生微观的不平以提高涂层的附着能力，二是砂薄漆边缘至平滑状态，为无痕迹修补创造条件。

（1）表面砂光

1）选择合适的砂纸，将砂纸裁剪成所需的大小或包在打磨块上。

2）按传统的干打磨的工艺走直线的方式进行打磨，以打掉光泽。

3）经常检查砂纸状态，如砂纸很快弄脏，说明选择砂纸不合适，需重新挑选。

（2）边缘砂薄　所谓的砂薄漆膜边缘是指在已破坏的漆膜周围，将完整漆膜的边缘打磨成逐渐变薄的平滑状态，如图 7-2 所示。当待修补漆膜破坏程度还没有深到金属基材时，砂薄要求更为精细、平滑，具体操作方法推荐如下：

1）选择合适的砂纸，采用手工打磨时，宜选择较细的砂纸，无论采用什么打磨方法，都要求速度快。

2）如修补面积小，直径只有 15 ~ 20mm，建议采用橡胶打磨块或其他体积较大的打磨块垫砂纸进行打磨。

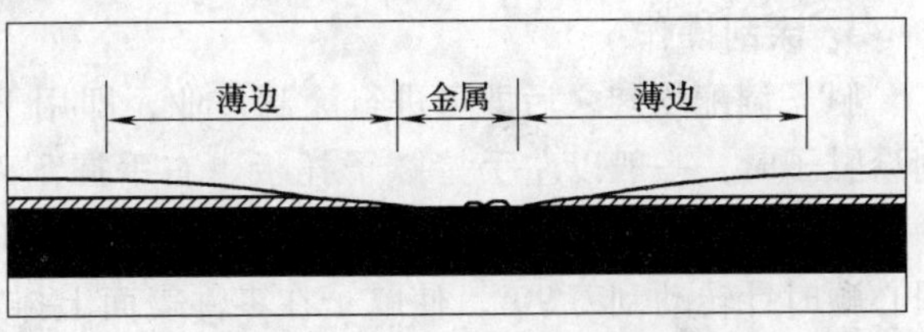

图 7-2　砂薄漆膜边缘示意图

3）采用水砂纸由内向外，或由外向内砂，对于小面积宜划圆圈砂，大面积则走直线砂，打磨过程中要经常用海绵蘸水，使表面保持湿润。

4）完成砂磨边缘工作后，在中心裸露出的金属部位还要向外延伸 2.5 ~ 5cm，经常改变打磨方向，加水打磨。

5）换成细砂纸继续打磨，以除去粗砂纸打磨时留下的痕迹，直至合乎要求。机械砂光适合大面积作业。值得注意的是砂光作业面的重叠度以在30%左右为宜，砂光后的表面再进行清洁，压缩空气吹干，即可进行喷涂施工。

三、腻子刮涂施工方法

刮涂腻子是指将腻子（填料）刮涂到车身的凹陷处，以填补车身表面的不平，为形成光亮整洁的表面漆膜打下良好的基础。

1. 刮涂工具

见附录图C-6和附录图C-7。

2. 腻子调配

填补修复前，应按厂家说明将一定量的腻子与适量的固化剂调配在一起，调配方法如下：

（1）从腻子罐中取出腻子　将腻子（生产中常用的是原子灰）在罐中调匀，然后用干净的工具从罐中取出适量腻子，并放于混合板上。混合板可以用光滑无细孔的金属板、玻璃板或硬塑料板制作，但不能用硬纸板制作。因为硬纸板上有细孔和防水蜡，这些蜡会融于腻子中影响其附着性；硬纸板吸收腻子和固化剂中的某些化学成分会影响其固化质量；硬纸板纤维混入腻子也会影响修理效果。

（2）从固化剂管中取出固化剂　用手反复捏压，使固化剂在管中混合均匀，然后打开管帽，将固化剂从管中挤压到混合板上。固化剂的挤出量必须适当，一般腻子与固化剂的比例为10:1（可按腻子罐上标明的比例填加固化剂）。固化剂过少会导致腻子太软、发粘，与金属间的附着力降低，打磨时难以形成理想边缘等；固化剂过多会使腻子固化速度过快，填补层打磨性变差且易产生气孔。

（3）在混合板上调配腻子　在混合板上用干净的腻子刀反复刮动，使腻子与固化剂混合均匀（调至颜色均匀一致为止）。调配过程中，腻子刀应按向中间画圈的方法或将腻子从刮胶器的两端刮下来然后再混进去的方法进行调配，严禁对腻子进行搅拌，以防空气搅入腻子中，使填补层形成气泡及细孔。

在混合填料过程中应注意：取出腻子后应立即盖好腻子罐的盖子，以防灰尘进入罐中；不允许将不干净的腻子刀或刮胶器插入腻子罐中，更不允许将未用完的混合好的填料重新装入腻子罐中；每次混合的腻子应适量，以免造成浪费。

3. 涂刮操作

腻子调配均匀之后即可进行涂刮作业，即用干净的刮刀将腻子按压刮抹到需填补的部位。刮涂腻子时，一般以左手持腻子托板、右手握刮刀进行操作。刮涂方法可分为横刮和直刮两种。横刮时，先从托板上刮取少许腻子于刮刀刃口处，将刮刀竖直放于工件上，以刮刀下角为圆心顺时针转动刮刀90°，使腻子在零件表面上摊开，然后将腻子平稳向下刮成条状，刮涂过程中刮刀应逐渐倾斜以便压实，最后使刮刀与零件表面成50°～60°拖开。直刮时，先用刮刀将腻子轻轻刮抹到开始刮涂的部位，然后用刮刀从开始处将腻子刮涂成长条，刮涂过程中刮刀也应由直立状态逐渐变倾斜，刮至末端时，将刮刀迅速立起并拉离工件表面。

为确保刮涂质量，刮涂过程中应注意以下问题：

1）刮板每次所盛腻子的数量应适当，以防腻子变稠影响刮涂质量。

2）作用于刮刀上的按压力应足够，以保证腻子可靠填实。

3）腻子一定要刮涂到涂有底漆的表面上，以确保其结合强度，打磨时如果底漆被磨掉，应及时补涂底漆。

4）腻子的刮涂方向应正确（图7-3）。

5）每一刀的往返刮涂次数不宜过多，尽量一下刮成或经一个往返刮成，以防越刮越涩，影响刮涂质量，如硝基等快干腻子越刮越起刺，油性腻子越刮越出油会造成表面易干而内部不干等。

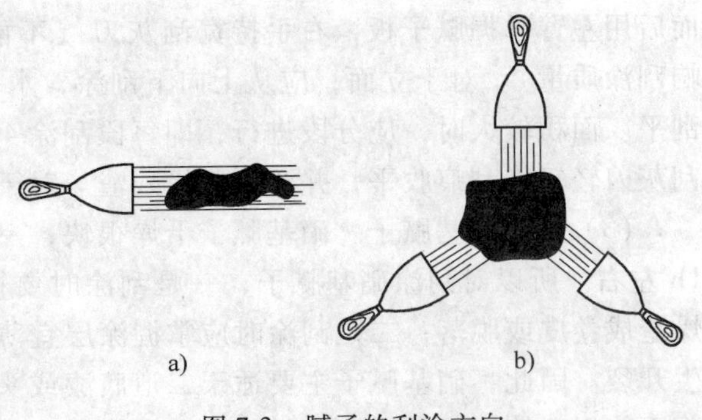

图7-3 腻子的刮涂方向

6）需要的刮涂层较厚时，刮涂应分层进行，每层刮涂厚度应不超过3mm，以免出现气泡或针孔。

7）上一层腻子半干（室温下通常需干燥15～20min，此时用手指尖刮腻子，如果腻子表面留下一条白色的划痕，说明干燥已达到要求）之后，再进行下一层的刮涂。

8）刮涂最后一、二层时应使用较稀的腻子，以便保证其表面的光滑性。

9）刮涂腻子应以高点为基准，在保证刮平的前提下，刮涂的腻子层越薄越好。

10）刮涂后填补区应略高于周边未修补表面，以便打磨平整。

11）刮涂腻子应在不低于18℃的条件下进行，温度过低将影响其正常固化，使修补层的打磨性降低，并易产生较大的气孔。在寒冷的环境下刮涂腻子时，应用加热灯等对车身表面及腻子进行适当加热。

12）避免在铆接缝隙或接头处填补腻子，因为使用过程中该部位的腻子会因运动而破碎开裂。

13）刮刀用完后应清理干净并擦干，刮刀生锈时应用砂纸打磨干净。

4. 典型腻子的刮涂施工

（1）刮涂酯胶、酚醛腻子

1）酯胶腻子的刮涂性较好，干燥时间较长，主要适于普通国产车辆的局部刮平。一般每处可连续刮涂2～3个来回至平整。每面刮好后，将各边缘上的残渣清理干净。酯胶腻子虽然刮涂性较好，但每次刮涂厚度以1～1.5mm为宜，不能过厚，否则易造成表干里不干，凹陷较深的部位，应分多次进行刮涂。对于带有弧形的车门叶子板等处，应选用橡胶刮板，以保证施工质量。

2）酚醛腻子分粗腻子和细腻子两种，粗腻子干燥较细腻子快，但刮涂性差。细腻子刮涂性较好，适于大面积刮涂，尤其是头道腻子磨光后产生麻眼等缺陷，最适合用酚醛细腻子刮平，每个部位刮平后，随手收拾周围残液，以免干后打磨增加麻烦。酚醛腻子刮涂干燥后附着力强，但打磨性能不如酯胶腻子，而且有时易粘砂纸，经常用汽车水质性腻子替代酚醛腻子进行施工，取得异曲同工之效果。

（2）刮涂醇酸、环氧腻子 醇酸及环氧腻子的干燥性能较酯胶腻子好，但刮涂性次于后者，所以这两种腻子主要适于局部缺陷的刮平，同时要求操作人员应具备较熟练的刮涂技术，反之，刮涂时易产生卷皮，达不到预期的刮平目的。如果面积较大，而腻子刮涂性又差，在刮涂时易产生卷皮现象，将会影响刮涂质量。

这两种腻子的刮涂方法是，先将该腻子置于腻子板上，并加少量的稀料充分调制均匀，而后用左臂掌握腻子板，右手持宽刮灰刀（不能用窄刮灰刀，否则易留下较多的刮痕，影响刮涂质量）。对于立面，应从上向下刮涂，水平面从前向后刮涂，这样，才易将腻子刮实刮平。面积较大时，应分段进行，即每段刮涂400~500mm宽，同时每段刮平后，应立即用刮灰刀轻轻将刮痕收平，并清除边缘残渣。对于形状复杂涂面，宜选用橡胶刮板。

（3）刮涂硝基腻子　硝基腻子干燥很快，一般在30min左右即可干燥，如在冬季，最多1h左右。所以对刮涂硝基腻子，一是刮涂时要快捷，边刮边收净残渣，以防刮涂时腻子干燥造成卷皮或脱落；二是刮涂时应掌握涂层宜薄不宜厚，如刮涂过厚，腻子附着力差，易产生开裂。因此，硝基腻子主要适于二道底漆或头道面漆等表面砂孔、针眼等小毛病的填平，而不能用于填坑，以防出现腻子开裂甚至脱落等质量事故。

在刮涂硝基腻子过程中，如腻子表层出现干结时，应立即加适量的香蕉水充分搅拌均匀，使香蕉水将已干的表层腻子重新溶解后，可迅速刮涂。反之，干皮腻子在刮涂中易产生疙瘩，造成刮涂后的腻子出现拉沟。在刮涂中刮刀表面上沾有干渣时，应及时将刮刀用溶剂清洗干净，再继续刮涂。对于轿车底漆表面的针孔、砂眼等缺陷的填平，为提高效率及质量，可用X—2硝基稀料将腻子调稀至粘度为18~22$m^2 \cdot s^{-1}$，过滤清洁，然后用扁嘴喷枪进行喷涂填平。如漆膜表面缺陷较多，可连续喷涂数道稀腻子，直至填平为止。

（4）刮涂聚酯腻子　聚酯腻子属于高档腻子，多为双组分，常用于轿车漆面的涂装施工，具有干燥快的特点，因此在施工中应注意以下几点：①不能与其他品质腻子混合使用，以防影响干燥或其他性能；②施工时现用现配，配后腻子应在15min内用完；③每次调配量不宜过多，以防固化报废；④根据季节不同确定甲、乙组分比例，夏季施工时甲组分100g、乙组分2g；冬季施工时甲组分100g、乙组分5g；春秋季施工时甲组分100g、乙组分3~4g。

（5）刮涂原子灰　原子灰在汽车维修喷涂施工中，干燥快，附着力强且可直接涂于无油无锈的金属表面，有较强的抗返锈能力，所以，目前使用较为广泛。各种轿车、客车及载货汽车在喷涂前的基层填平，多使用原子灰施工。

1）原子灰刮涂方法：在刮涂前，对直接涂于金属基层表面的，必须将油污及锈蚀彻底清除干净，以防影响涂层的附着力和抗返锈性。局部刮平时，应用原子灰与配套的固化剂按比例充分调和均匀，用钢质刮灰刀迅速将局部凹坑等缺陷刮平。一般情况下，原子灰的刮涂性能较好，每处可连续刮涂1~2个来回或3~4个来回直至平整，不会产生卷皮或脱层。每个部位刮平后，要随即将四周残余腻子收拾干净，以免干后影响磨光。

对于涂层的刮涂厚度，根据凹坑的深浅可一次性刮涂2~5mm。由于原子灰属固化干燥型腻子，一般不会因涂层过厚而影响干燥，故对凹坑缺陷较深的部位，可连续刮深至平整。

如果全面刮涂原子灰，应在调配时加适量香蕉水等强性溶剂，这样调和的腻子既软又好刮涂，同时可延长腻子层的干燥时间，利于大面积满刮，不易产生卷皮或麻眼。

2）原子灰刮涂注意事项：局部刮涂时，腻子应调得稠些，以防刮涂后产生流淌或干燥过慢，影响施工质量和进度。原桶原子灰多为浅灰色或中灰色，固化剂多为桔黄色或蛋黄色，而调配后的腻子颜色应是均匀的槐黄或青绿黄色。如果调配后的腻子不呈均匀的上述颜色时，证明未充分调和均匀，不能刮涂。否则，局部腻子易产生慢干或长期不干等缺陷，故应特别注意。原子灰刮涂后，最好在常温条件下干燥，如进行烘烤时，其烘烤温度不得高于80℃，否则，涂层受热后急剧固化，易造成剥落。每次调配后的原子灰，应在10min内迅速用完，以防变硬影响使用而造成浪费。调配后发现腻子有变硬趋势时，应立即加适量香蕉水等强性溶剂调软，再迅速用完。在0℃以下条件施工时，固化剂与原子灰的固化速度很慢，涂层需数小时或更长时间才能干燥，故应改善施工条件，提高施工效率。原子灰不能同其他腻子相互混合使用，否则易使腻子变质造成浪费，或影响涂层干燥及打磨等性能。刮涂原子灰时，基层表面不能有水、油污等杂质，也不能在湿涂层上刮涂原子灰，否则易造成涂层不沾或卷皮。为降低施工成本和提高施工质量，对中高档轿车或进口轿车的基层填平，可使用进口原子灰，而对一般轿车、中高档客车、面包车，最好采用国产原子灰。

四、涂装作业中的打磨施工方法

刮涂好腻子以后，室温下（20℃）通常需干燥15～20min，气温较低或环境湿度较大时，干燥时间还应适当延长，如果用干燥设备进行烘干，其干燥时间则可缩短，但必须合理控制烘干温度：刮涂层表面温度以50～60℃为宜，温度过高或升温过于急剧会导致卷皮或开裂。腻子刮涂层固化至半干后，即可对其进行打磨，以清除腻子涂层表面的不平，形成衬漆及面漆喷涂所需要的表面。腻子打磨贯穿于汽车喷涂的整个过程中，是车身修补喷涂不可缺少的一个重要组成部分，它包括对基层、中间层及表面腻子涂层的磨平。

（一）打磨材料

为了减少砂纸的消耗，提高生产效率，保证打磨质量，在腻子打磨过程中应合理地选用打磨材料。生产中常用的打磨材料有粗磨石（浮石）、车身锉、圆头木锉、砂布及水砂纸等。打磨腻子涂层时，可先用粗磨石、车身锉或圆头木锉快速除去表面多余的腻子，其锉修操作方法如图7-4所示。至腻子刮涂层比周边未修补表面略高时，再用砂纸或砂布进行表面打磨。砂纸（砂布）标号取决于所用磨料的粒度。砂布的标号越大其磨料颗粒越粗。水砂纸则相反，标号越大磨料越细。常用砂布及砂纸的规格见表7-6、表7-7及表7-8。

用车身锉快速除去填料的高点，它打磨快而且不产生灰尘

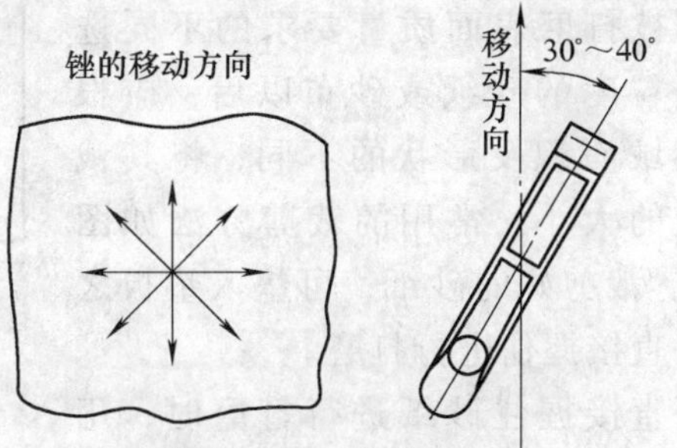

握住车身锉在各个方向磨平表面，锉削时锉与移动方向应呈30°～40°夹角

图7-4 腻子刮涂层的锉修

表7-6 砂布的规格

规格代号	4/0	3/0	2/0	0	1/2	1	11/2	2	21/2	3	4	5	6
粒度/目	200	180	160	140	120	100	80	60	46	36	30	24	18

表7-7 普通砂纸的规格

规格代号	3/0	2/0	0	1/2	1	11/2	2	21/2	3	4
粒度/目	180	160	140	120	100	80	60	56	46	36

表 7-8　水砂纸的规格

规格代号	60	80	100	120	150	180	200
粒度/目	—	—	—	—	100	120	140
规格代号	220	240	260	280	300	320	360
粒度/目	150	160	170	180	200	220	240
规格代号	400	500	600	700	800	900	1000
粒度/目	260	320	400	500	600	700	800

用粗磨石、车身锉或圆头木锉对腻子刮涂层快速磨锉后，可先用 2～3 号砂布（干磨）或 80～120 号水砂纸（湿磨）打磨去表层可见痕迹，获得符合要求的表面外观几何形状，然后再用 180 号或更细的砂纸进行磨光。400～1000 号水砂纸主要用于喷涂衬漆或面漆前后的湿磨。

（二）打磨方法

按所使用用具不同，腻子打磨可分为手工打磨和机械打磨两种方法。按打磨时表面湿润状态的不同，腻子打磨又可分为干磨和湿磨。

1. 手工打磨

手工打磨是指用手直接拿砂布或砂纸进行打磨，其特点是操作较为灵活，主要适用于汽车修补喷涂时的小面积局部打磨，特别是对形状比较复杂的部位及曲面进行打磨时，手工打磨更是显示出了机械打磨无法比拟的优越性。为了提高打磨的平整度，手工打磨时，可将砂纸套于软木垫板（主要用于打磨平面）或硬橡胶垫板（主要用于打磨曲面及刮净湿磨后涂层表面的积水）上进行打磨。垫板的尺寸可根据打磨部位面积的大小来确定，打磨较大平面时可用较长的垫板，打磨较小平面及弧面时，则用长度小一些的垫板，生产中常用的垫板为 100mm×60mm×40mm 的长方体。

按照被打磨表面质量要求的不同选择好合适粒度的砂纸或砂布以后，应根据打磨区域面积及形状的不同，将其裁剪成合适的大小。常用的裁剪方法如图 7-5 所示。裁剪好的砂纸，可垫入垫板之下或用手直接握住进行打磨。

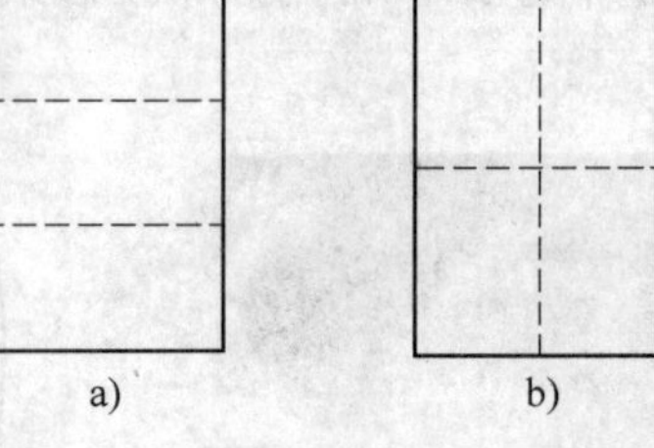
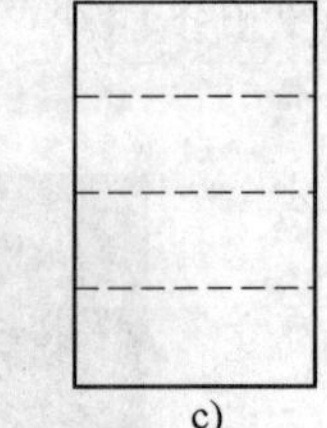

图 7-5　砂纸裁剪方法

用手直接握住砂纸进行打磨时，用力应均匀适度，动作应协调，尽量保持用手掌进行打磨。当打磨面积较小时，可将手掌稍微抬起，将重量加到手指上，进行所谓的手指打磨。对于较为狭窄的部位，还可将手掌进一步抬高，将重量加于指尖上，用指尖进行打磨。打磨姿态以舒适、顺手为原则。砂纸的常用握持方法有以下三种：

1）用拇指与食指夹在砂纸一边，再将手掌平放入打磨表面进行打磨。

2）用小指与无名指夹在砂纸一边，再将手掌平放入打磨表面进行打磨。

3）用拇指及小指夹住砂纸两边进行打磨。

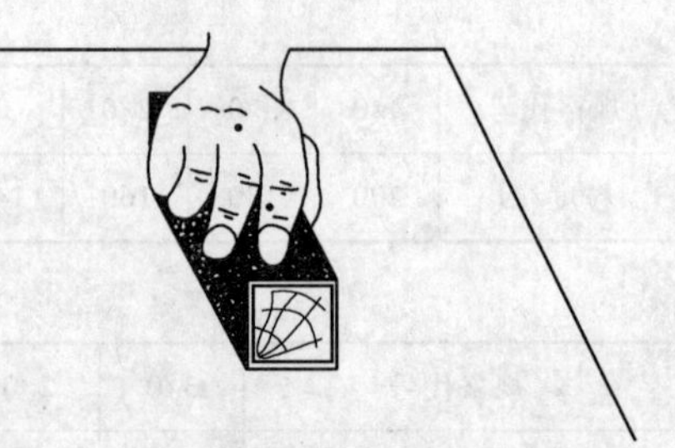

图 7-6　垫板的使用

将砂纸垫入垫板之下进行打磨时，垫板的使用如图 7-6 所示。手腕及手臂的力量通过手心施压于垫板上，推动垫板进行直线打磨。打磨过程中用力大小应均匀适度，动作要协调，垫板表面一定要平整，手必须拿稳垫板，否则难以保证打磨面的平面度。

2. 机械打磨

机械打磨是指利用电动磨光机、风动磨光机等专用工具对腻子涂层进行打磨，如图 7-7 所示。其特点是打磨速度快，生产效率高，与手工打磨相比，其劳动强度大大减小，特别是打磨面积较大的平面时其优越性较为突出，但在对复杂部位的处理上不如手工打磨灵活方便。在生产过程中，机械打磨与手工打磨合理配合可取得良好的效果。

使用磨光机进行打磨时，先在磨光机衬垫表面上涂几滴磨片胶，并将其涂抹均匀，为了确保粘牢，先将裁好的砂纸在衬垫上反复按下、揭起几次，然后对准衬垫中心粘好砂纸；也可选用自粘砂纸将其直接粘贴到衬垫表面上，其使用较为方便，但价格较高。

粘好砂纸后即可手持磨光机进行打磨，直至腻子填补区的表面与周边形状完全吻合为止。打磨完毕后，应立即从磨光机上揭下砂纸，以防自粘胶进一步固化（如果砂纸已完全固化到衬垫上，需用溶解剂将其化开）。打磨后的表面需用压缩空气吹干净并用粘性布擦拭，以彻底去除打磨形成的表面尘埃。

3. 干磨和湿磨

干磨一般是用较粗的没有防水能力的砂纸或浮石进行打磨，打磨过程中不加水，其效率较高，主要用于腻子涂层表面的粗磨。干磨时产生的灰尘较多，磨屑嵌入砂纸上的砂粒缝隙中会阻塞砂纸，影响打磨效率。因此，在干磨过程中需经常用毛刷或压缩空气清除砂纸表面的磨屑。

湿磨（又称水磨）是指在表面湿润状态下对腻子涂层进行打磨，即打磨过程中不断用水冲洗打磨表面，以冲掉砂纸表面的磨屑，减少打磨时产生的粉尘，并提高打磨的表面质量。湿磨可手工打磨也可机械打磨，手工打磨的操作方法如图 7-8 所示。打磨过程中应注意随时检查打磨效果，以防打磨过量。

图 7-7　机械打磨

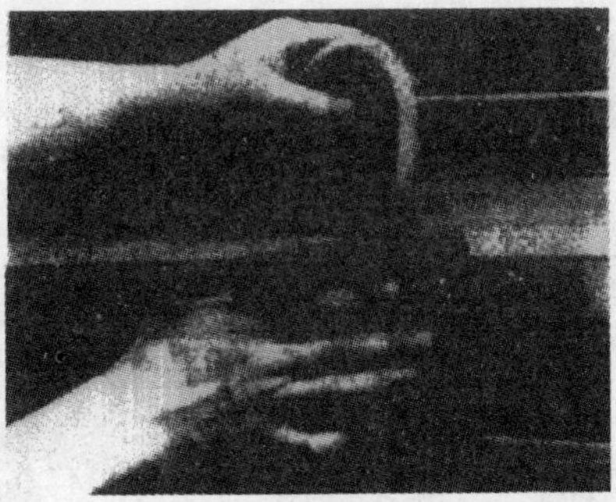

图 7-8　湿磨

打磨过程中底漆被磨穿时，需重新刷涂底漆。

第七节　喷枪的正确使用及问题处理

一、喷枪的正确使用方法

（一）喷枪的调整

喷涂雾化质量的好与坏，直接影响涂装质量。喷枪的涂料喷出量恒定时，空气帽上气孔喷出的空气流速和空气量越大，涂料的雾化程度就越好。雾化程度与涂料的品种和涂料的粘度也有关系，粘度越大，密度越大，漆雾就越粗。因此，一般喷枪上都有空气量和涂料喷出量调节装置，用以调节涂料的雾化效果，具体调整方法介绍如下：

1. 空气帽的调整

在喷枪调整中，空气帽调整较简单，只有垂直、水平两种状态，调整它可使喷枪喷出两种方向不同的雾束。垂直雾束是将空气帽的犄角调整成与地面平行，则喷出的雾束呈平面，且垂直于地面，这是用得最多的一种形式。水平雾束是将空气帽的犄角调整成与地面垂直，则喷出的雾束呈平面，且平行于地面。这种状态多用来在喷完一道以后，需要喷第二道而进行垂直扫喷，进行交叉喷涂时所取的形式。这种方法只有在大面积施工时才可能用到。

2. 气压调整

由于摩擦，空气从干燥的气管流到喷枪时，压力有所损失，通常在软管接头和喷枪之间连接一个调节阀，用来检查和控制喷枪压力。喷枪压力太高会因飞溅而浪费大量油漆，抵达构件表面前溶剂挥发快，导致流平性差，甚至会出现所谓“干喷”现象；压力太低则可能由于溶剂保留得多而造成干燥性能差，漆膜易起泡和流挂。因此，要按不同涂料选调合适气压。

选择正确的喷涂气压与多种因素有关，例如涂料种类、稀释剂挥发快慢、稀释后涂料粘度等。在喷涂操作时，应尽量使液体物料雾化，同时又要求液体物料中所含溶剂尽可能少蒸发。一般调节气压范围在 0.35～0.5MPa 或进行试喷而定。要养成按说明所提供的施工参数进行作业的良好习惯，只有这样，才能获得理想的涂装效果。

3. 雾形的调整

图 7-9 为扁嘴式喷枪的漆雾图样，喷枪状态不良将会出现图 7-10 所示的不止常雾形现象。具体调整方法是利用雾形控制阀控制雾形大小，把控制阀拧进去，可得到最小图形喷束，若全拧出来，可得到最大的椭圆形雾样。若出现不正常雾样，应及时调整或清洗喷枪。

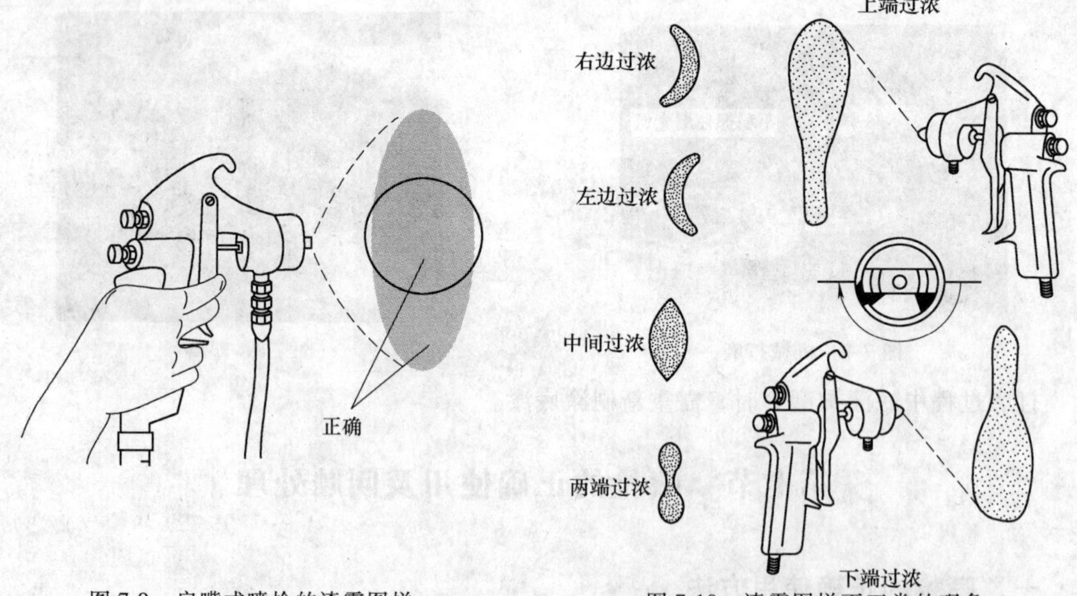

图 7-9　扁嘴式喷枪的漆雾图样　　　图 7-10　漆雾图样不正常的现象

一般情况下，喷涂前必须在遮盖纸上测试雾形，这是对喷枪的距离和气压的综合测定，试验时喷嘴与物面相距 15～20mm，把扳机扳到底再立刻放开，喷出的漆会在试纸上留下细长形状的印痕，然后测试雾形内油漆分布均匀性。放松空气帽卡环，拧动空气帽，使空气帽处在垂直上下位置，这时空气帽产生的雾形是水平方向，再次试喷，这次要始终扳住扳机，直到漆液开始从遮盖纸上往下流，检查各段流挂的长度，调试控漆阀及气压大小，直到使各段流挂长度近似相等。

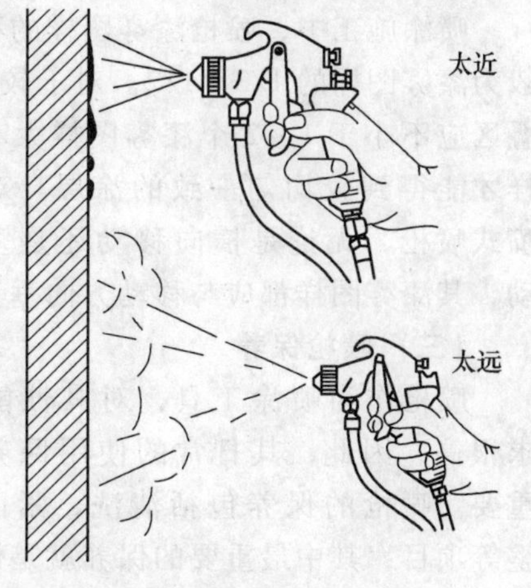

图 7-11　喷涂距离对涂装效果的影响

4. 漆流量调整

喷涂时要根据各种不同涂料在单位时间内对喷涂量的具体要求，通过漆流控制阀选定的雾形调整漆流量，控制阀拧出时，漆流量增大，拧入时，漆流量减少。

（二）喷枪的使用

1. 喷枪嘴距物面的距离对喷涂质量影响很大

距离太近，则喷涂面积过小，造成涂层过厚，易产生桔皮，甚至流挂等。距离太远，涂料飞散增加，易导致涂层变薄，甚至失光等，如图 7-11 所示。在一般情况下，喷涂距离应根据涂料的种类、气体压力等因素来确定。小喷枪通常使喷涂距离保持在 15～25cm，普通喷枪喷涂距离为 20～25cm，喷涂距离与涂装效率和涂层厚度之间的关系如图 7-12 所示。

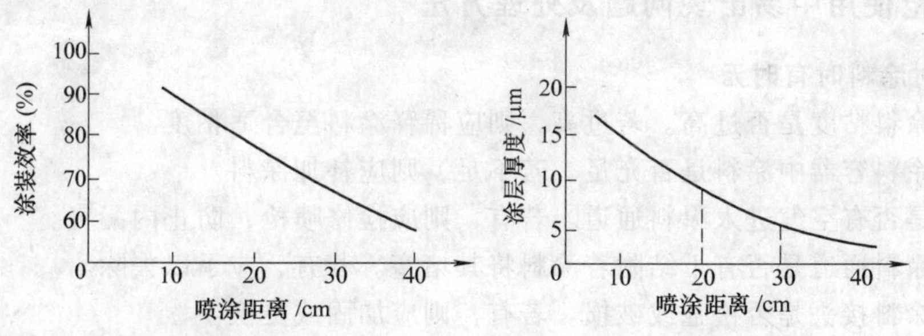

图 7-12　喷涂距离与涂装效率和涂层厚度之间的关系

2. 喷枪移动

喷枪的移动方式和速度与喷涂质量有很大关系，一般涂装施工中，喷枪移动速度应保持在 20～35m/min。移动速度过慢，易产生流挂；移动速度过快，易造成漆雾图样重叠不匀，涂层不均。喷枪移动时，既要保持稳定的移动速度，又要保持喷涂距离不变，喷涂角度垂直于物面，如图 7-13 所示。

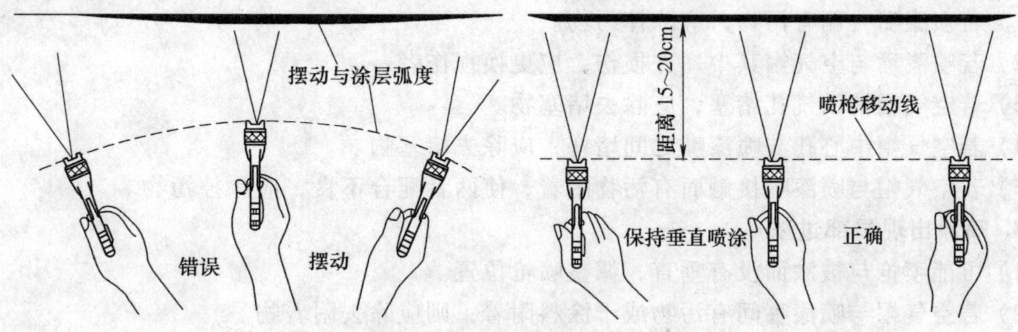

图 7-13　喷枪移动方式

3. 漆雾图样重叠

喷涂施工中，喷枪漆雾图样的移动速度不仅要稳定，而且每次往返图样重叠应一致，一般为漆雾图样的1/3～1/2。对于较大板面的喷涂，应分几个幅块分次进行，每个幅块的重叠区应不小于1～2个漆雾图样大小，这样才能得到较均匀一致的涂层。对于扁嘴式喷枪，无论是横向移动还是垂直移动，其漆雾图样都应与移动方向垂直。

（三）喷枪保养

喷枪作为喷涂工具，对其性能的要求很高，因此，其日常的使用保养尤为重要。喷枪的保养包括清洗、紧固、调整等项目，其中最重要的保养就是用完后的清洗。喷枪用完后要及时彻底清洗，不允许有残留涂料，以免干结后堵塞喷漆嘴。

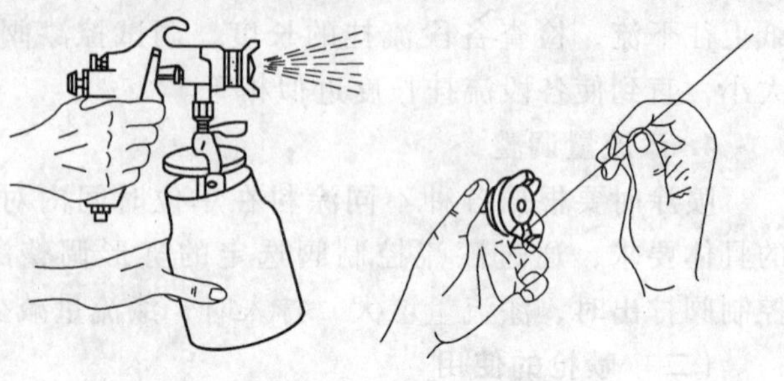

图 7-14　喷枪清洗

清洗时，应首先清洗干净涂料罐，然后在涂料罐中加入溶剂或稀释剂，以喷涂的方法清洗喷枪内部。必要时可拆下空气帽、喷漆嘴，用溶剂浸泡清洗，用细针通透各喷孔。清洗后用洁净软布或压缩空气干燥，然后正确组装保存。喷枪清洗如图 7-14 所示。

二、喷枪使用中易出现问题及处理方法

1. 喷涂时涂料时有时无

1）检查涂料粘度是否过高。若过高，则应稀释涂料至合适粘度。

2）检查涂料容器中涂料是否充足。若不足，则应补加涂料。

3）检查是否有空气进入涂料通道。若有，则应检修喷枪，防止内漏气。

4）检查涂料通道是否有干结附着涂料将其堵塞。若有，应予以去除。

5）检查涂料接头是否松弛或破损。若有，则应加固或更换。

6）检查针阀密封垫圈是否松弛或破损。若有，则应加固或更换。

7）检查喷漆嘴是否紧固或损伤。若有，则应加固或更换。

8）检查涂料容器上与大气相通的空气孔是否堵塞。若有，应将堵塞物予以去除。

2. 喷雾图样呈拱形

出现此种现象时应先喷一下，然后转动空气帽180°再喷，比较二者喷雾图样。若相同，则是喷漆嘴不良；若不同，则是空气帽不良。

1）若喷漆嘴一侧有污物，应除掉污物。

2）若喷漆嘴与空气帽其中一方损伤，应更换损伤者。

3）若空气帽辅助气孔堵塞，应除去堵塞物。

4）若空气帽中心孔与喷漆嘴之间堵塞，应除去堵塞物。

5）若空气帽与喷漆嘴接触面有污物附着，使两者配合不良，应除掉污物。

3. 喷涂出现局部过浓

1）可能喷枪与被涂面没有垂直，调整喷枪位置。

2）若空气帽与喷漆嘴间有污物或干涂料附着，则应除去附着物。

3）若空气帽松弛或损伤，应紧固或更换。

4）若喷漆嘴损伤，则应更换喷漆嘴。

4. 喷涂出现中部稀薄两边浓

1）检查涂料是否粘度过低。若过低，调整至合适粘度。

2）若喷出量小，应加大喷出量。

3）检查喷涂气压是否过高。若过高，则应降低气压。

4）检查在空气帽与喷漆嘴间隙是否有污物或干涂料附着。若有，应除去。

5）若是辅助孔空气量过多，应减少空气量。

5. 中部过浓两边过稀

1）若是涂料粘度过高，应稀释涂料至合适粘度。

2）若是喷涂气压过低，应提高气压。

3）若是空气调节螺母拧得太紧，应放松。

4）若是涂料喷漆嘴口径过大，应更换。

5）若是压送式涂料压力过大，应降低。

6. 喷雾图样小

1）若是喷涂压力过低，应提高其压力。

2）若是喷漆嘴磨损过大，应更换喷漆嘴。

3）若是空气帽与喷漆嘴间隙过大，应更换空气帽。

7. 雾化不良

1）若是涂料粘度过高，应稀释至合适粘度。

2）若是涂料喷出量过大或过小，应相应减少或增加涂料喷出量。

第八节　其　他

一、常用涂料的喷涂实施方法

汽车涂装常用涂料包括底漆、中间涂层和面漆。

（一）底漆层的喷涂施工方法

汽车车身表面处理完毕后，就可以进行底漆层的喷涂处理。

合适的底漆层是面漆耐久、美观的前提，如果底漆层不好，面漆的外观就会受影响，甚至出现裂纹或剥落。

汽车车身经过涂装前表面处理后，一般可以直接喷涂头道底漆，对经过酸洗除锈的金属表面，在粗糙处理后，可涂一层底漆，使金属表面与底漆之间增加附着力。头道底漆的目的是用于金属表面的防锈和防腐，增加腻子与车身金属表面的粘着作用。

当只用底漆不足以填平磨痕及其他伤痕时，采用底漆二道浆可以进一步完成打底和填充工作。涂封闭底漆，是为了阻止面漆中溶剂被疏松的底漆二道浆吸收。这三种底漆层可同时使用，也可分开单独使用，或者以不同的方式组合使用，具体用法应根据被涂物表面状况和工件大小而定。如果旧面漆是喷漆，而新面漆是磁漆，为了得到较好的附着力，就必须使用封闭剂。

涂装完第一道底漆之后，要按照底漆的使用要求，留出闪干时间，然后再喷涂 2 ~ 3 道涂层，以增加涂膜厚度，每道之间都应留出闪干时间。如果是局部维修喷涂，后底漆涂层应比前涂层稍宽几厘米。

当底漆干透之后，用磨块或打磨机打磨至平整光滑，最好用320号砂纸打磨。如果还留有很细小的磨痕，可再按上述方法喷涂1～2道底漆就可填平了。

底漆的施工要求：施工应以喷涂为主，要求涂刷均匀地漏涂，无流痕。

（二）中间涂层的喷涂施工方法

1. 中涂层漆的选用

根据配套性原则选用，中涂层漆可选用单组分快干中涂漆或双组分中涂漆。

2. 喷涂施工

使用中涂层涂料时，应添加特殊干硬化剂，按2:1的体积比调配混合后，再用稀释剂调整粘度，使之达到喷涂粘度约$20m^2 \cdot s^{-1}$，喷涂气压为392～490kPa，喷涂两道，涂膜厚度约50μm，在60℃环境温度下烘烤20～30min或在20℃环境中空气干燥12h左右。

3. 修磨

喷涂中涂层漆后，为了消除表面缺陷，可用填眼灰填补细小砂眼和微小缺陷，自然干燥30～60min后，用400～500号水砂纸打磨，磨光后再用水冲洗干净，使表面清洁、干燥后，可进行面漆喷涂。

（三）常用面漆的喷涂施工方法

1. 醇酸漆的喷涂施工

对醇酸面漆的喷涂，一般应喷涂两道。喷涂第一道漆时，采用纵行喷法，而且喷涂时漆膜应尽量薄些，使喷涂后的漆膜能及时干燥，这样，既便于及时将漆膜表面上针孔、砂眼等细小缺陷填平，又可缩短施工周期。喷涂第二道漆时，为获得丰满平整漆膜，应采用湿碰湿喷涂法，喷涂时先薄喷一次，再均匀喷涂，两次应交替喷涂。如第二次是横喷，第二次喷涂时，在漆膜不会产生流淌、流挂的情况下，应尽量喷足，使喷后的漆膜达到丰满平整。

2. 硝基漆的喷涂施工

硝基漆干燥快，可连续喷涂，其中不需间隔时间。如果喷涂硝基磁漆，通常需分2～3次或4～5次喷涂才能获得平滑光亮且有一定厚度的漆膜，而且每次喷涂时，可连续涂2～4道，每次可横竖交替各喷两次，喷涂时漆膜重叠面积，以后道漆压前道漆1/3～1/2面积为宜，而且喷涂时移动速度也应快些，这样在第一道漆喷后的漆膜未达到表干时，立即喷涂第二道，使第二道漆中溶剂重新溶解前道漆，可避免漆膜产生粗粒等缺陷，若进行数次喷涂硝基面漆时，第二次漆的粘度可适当高些，以后的喷涂粘度应逐次降低，使后次漆中大量溶剂将前次漆膜溶化为一体，借此可提高漆膜外观的流平性、光滑度和亮度。

3. 热塑性丙烯酸面漆的喷涂施工

根据施工环境温度选择合适的稀释剂，并按要求（一般4份涂料+5份稀释剂）将涂料调稀，然后调整喷枪空气压力至200～250kPa，如果有必要，可以适当提高压力，将调好色相的面漆装入喷枪即可施工。每道涂层之间要留有足够的闪干时间，闪干时间究竟多少合适，不同涂料生产厂、不同牌号、不同稀释剂都不一样，要根据产品说明书具体要求而定。按产品说明书的要求，待面漆干燥一定时间后，在其表面喷涂2～4道丙烯酸清漆或丙烯酸—聚氨酯清漆。在喷涂热塑性丙烯酸清漆之后，至少干燥1天，最好3～4天，才能进行打蜡、抛光等作业。

4. 标准改性丙烯酸面漆的喷涂施工

首先按产品说明书的要求将丙烯酸面漆兑稀，根据施工现场不同的环境温度，选择合适的稀释剂。将调好色相的面漆装入已调整完空气压力的喷枪，即可施工。对于不同颜色的面漆，要求喷涂的道数也不一样，且每道涂层之间要留有足够的闪干时间，闪干时间根据不同产品及稀释剂而定。待色漆干燥一定时间以后，在其表面上喷涂2~4道全湿的改性丙烯酸清漆，清漆干燥1~2h，方可移出涂装间，烘烤后除外。

5. 丙烯酸—聚氨酯面漆的喷涂施工

严格按照产品说明书的要求进行甲、乙组分的混合稀释，通过调整稀释比、空气压力、溶剂类型等参数，使样板色相与原车身面漆色相一致，如仍存在色差则应重新进行面漆调色，直至亮度、色相完全一致。然后进行喷涂，每道涂层间根据要求留出一定的闪干时间，且颜色不同的面漆喷涂次数也不同，2~4次不等。待色漆干燥一定时间后，在其表面上喷涂2道全湿的清漆，每道间留有一定的闪干时间。待表面达到不沾灰程度（一般1~2h），才能将车移出涂装间，烘烤除外。

6. 聚酯—聚氨酯面漆的喷涂施工

聚酯—聚氨酯面漆的喷涂施工与丙烯酸—聚氨酯面漆基本相同，所不同的是喷枪上的压力有差别，一般喷涂聚酯—聚氨酯面漆的压缩空气要高出30~50kPa，其他如每道涂层的闪干时间、稀释比、施工粘度等均大同小异。但品种不同，参数不同，需根据说明书具体要求进行确定。

7. “色漆+清漆”面漆系统的喷涂施工

“色漆+清漆”的喷涂施工与前述本色漆施工基本相同。但不同之处是色漆一般不允许打磨，如果表面确实有缺陷，如疵点、色相不正、严重桔皮等，需要打磨的话，一定要谨慎，打磨后进行表面清洁，再根据需要喷涂1~2道色漆，干燥后喷涂罩光清漆。

二、漆面局部修补的美容施工方法

汽车漆面的局部修补作业是汽车漆面处理中最常见的项目，它包含三个内容：一是整个板面的修补，二是局部斑点的修补，三是部分板面的修补。下面就对这三个方面的修补施工作业进行介绍。

（一）整个板面的修补施工

汽车整个板面的修补施工实际上可以代表汽车修补涂装的基本操作。如汽车车身的某一部分如前盖、车门、车顶或后盖之类的整块板，大面积深层遭到破坏需要修补时就要进行整板修补，一般可能会有两种情况：一是大约有50%以上的板面遭到破坏，但在板面上无大的变形或裂痕时，只需对整板进行面漆涂装，二是部分破坏较严重，则需考虑到底漆、腻子、中间涂层及它们之间的配套等。

整板修补与整车修补不同。整车修补时，面漆的颜色不作为重点考虑的问题，因为只要保持整车的颜色一致，而且和原来面漆的颜色差不多就可以。而整板修补，必须考虑这一块板的颜色与车身上其他部位原装面漆颜色的色差问题。板对板的比色比斑点比色要苛刻得多，看起来更加难以掩饰。所以在整板修补之前必须对相邻部位进行严格比色，待正确无误后方可进行正式修补施工，整板修补施工方法如下：

1）洗车。

2）用溶剂清洗待修补板面及其周围。

3）打磨（以清除污垢、锈斑）砂薄，所有待修表面要用360～400号砂纸打磨。

4）在全部打磨施工完成后，重新清洗修补表面及其周围。

5）根据需要将邻近区域采用不干胶带贴好保护起来。①如果已用热塑性丙烯酸面漆涂覆在热塑性丙烯酸面漆表面，而且采用慢性稀释剂，则要在待修补表面周围15cm的范围内采用两层胶带贴好；②如果采用交联型涂料涂覆在挥发型丙烯酸涂料或交联涂料上面，则一层胶带就可保护邻近区域；③汽车水平部位必须全部采用大块布或塑料薄膜保护起来。

6）如果必要，在裸露的金属表面刷涂双组分金属表面调整剂。

7）喷涂底漆。

8）刮涂腻子。

9）喷涂中间涂料，如有必要进行适度打磨。

10）喷封闭底漆。①如果面漆是交联型涂料，要采用交联型封闭底漆；②如果面漆是挥发型涂料，要采用适合于挥发型面漆的封闭底漆，切不可与交联型混用。

11）喷涂适合的面漆。

12）喷涂中喷枪移动的顺序详见整车喷漆施工。

（二）局部斑点的修补施工

斑点修补涂装比整板修补涂装更要注意光泽一致，表面的鲜映性大体相同，与四周几乎浑然一体，肉眼看起来几乎完全无法分辨，所以必须有良好的润色工艺使被修补斑点的四周呈平缓、逐步地过渡。

1. 斑点修补前的表面处理

1）用中性洗涤剂和水清洗车身。

2）用溶剂清洗车身。

3）磨斜口（俗称薄边）。如果新漆层直接盖在旧漆面的损坏部位，那么损坏的漆膜外形就能透过新漆层显露出来。因此必须把已遭损坏部位的边缘，打磨成逐渐变薄的平滑过渡状态，如图7-15所示。当修补漆膜的破坏程序还没有深到金属基材时，则这里的磨斜口要求更为精细、平滑，为无痕迹修补创造条件。

如果用磨块磨斜口，其步骤为：当修补面积直径在15～20cm时，建议用橡胶打磨块或其他体积较大的打磨块垫包砂纸进行打磨。打磨的方法采用画圆圈的打法，对于大面积打磨则是走直线。采用手工打磨时首先用80号粗砂纸磨掉破损部位的外缘，再用240号砂纸打磨，然后用360号或400号砂纸打磨。打磨过程中要经常用海绵蘸水，使表面始终湿润，除去经砂纸打磨后留下的痕迹。

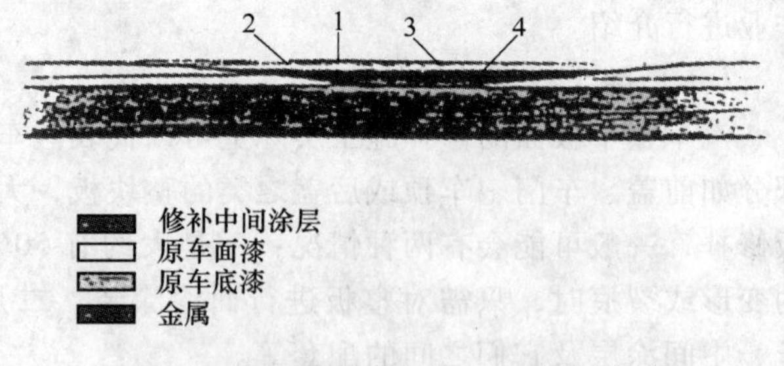

图7-15 斑点修补中间涂层、面漆剖面图
1—底漆 2—湿中间涂层 3—干中间涂层 4—打磨后的中间涂层

如果用打磨机磨斜口，建议采用装有柔性衬垫的轨迹式或双作用打磨机，用磨盘约2.5cm宽的外边打磨粗糙的漆面边缘。打磨机与被磨表面的夹角不能大于10°，否则会在漆面上磨出沟来。

在以上对粗糙的漆面磨平后，把磨盘放平，前后移动打磨机磨出斜口。按从里向外的方向打磨整个破损部位。在施工期间，应经常停下来用手摸一摸，看看还有没有粗糙边缘。整个外边缘都要磨出新口，所有原来损坏的边缘都要磨掉，以免重涂漆时起皮。表面磨光滑后，当出现了面漆和底漆的环带时，磨斜口的工作才算完成。

4）对斑点中心裸露出的金属进行除锈后，按照产品说明书的要求，用双组分金属表面调整剂进行处理。稍后用抹布蘸水，擦拭涂有金属表面调整剂的表面及其周围区域。要反复擦拭几次，直到擦拭干净为止。

5）在裸露出的金属表面上，应覆盖与原来底漆相同的底漆，要避免交联型的底漆夹在挥发型涂层之间，随即喷涂 3 ~4 层中间涂料，喷涂到比原面漆稍高些（中间涂层一般收缩 50%），干燥 30min 后，用 400 号砂纸进行打磨。

6）中间涂层和相邻原装面漆的加工，采用 400 号水砂纸蘸水打磨中间涂层的中心部位，打磨中间涂层需平滑地延伸到原来面漆的上面，采用手工抛光的方法，除去相邻原面漆上的过喷，并擦拭中间涂层的边缘，同时对本色漆上面整个润色区域进行抛光。用蘸有少量水和清洗溶剂的抹布把已抛光的表面擦拭干净。

对改性丙烯酸面漆进行斑点修补时，打磨中间涂层应特别注意先采用 400 号砂纸打磨斑点周围过喷的边缘。打磨时要注意采用适当的打磨模块，蘸水打磨，开始打磨时不要打磨斑点的中心部位。在打磨斑点的中心部位时要经常注意打磨的进度，千万不可打磨过头。一旦发现斑点中心部位的粗打磨痕迹被打磨平整，马上停止打磨。最后，再次用蘸有水和少许清洁溶剂的抹布将打磨好的表面擦拭干净。

2. 斑点修补时面漆的施工

（1）素色漆的喷涂　斑点修补和整板修补面漆的品种是一样的，但涂料的施工工艺却有所不同。在素色漆的喷涂中，主要以热塑性丙烯酸面漆的喷涂为例来介绍其施工工艺。

1）喷涂前的准备。首先全面检查涂料的品种、色号、稀释剂的型号及喷枪等设备的完好情况，在确定涂料已经搅拌均匀的情况下，准备好两把喷枪。第一把喷枪的喷杯上做好记号“色漆”，放入已配制好的面漆。把喷枪暂时设定在中间位置上，进行样板上喷涂，记录其喷涂层次、间隔时间、稀释比、喷射压力等，以便使所获得的面漆的颜色与原装面漆的颜色一致。为了与原厂车面漆的颜色相比较，以全遮盖的方式喷涂样板，直至调色结果满意为止。在第二把喷枪中加入以 1 份慢速稀释剂与 1 份中速稀释剂混合并加入体积分数约 5% 热塑性丙烯酸清漆混合后的漆料，在喷杯上做好“消雾圈涂料”的记号备用。

2）面漆的喷涂施工。先用第一把喷枪在中间涂层的表面上喷涂第一层面漆，每次走枪开始和结尾时采用收边施工法。然后用第二把喷枪喷涂消雾圈涂料于斑点的边缘，间隔数分钟之后，以同样的方法喷涂第二层、第三层，每一层都要比前一层范围大些，直到达到全遮盖。喷涂后，在常温下干燥 1h，随后喷涂 3 层热塑性丙烯酸清漆。这里用的清漆用慢速稀释剂稀释体积分数 200%，最后用消雾圈喷剂喷涂丙烯酸清漆的边缘。自干 1 天（最好 1 周）后，才能进行抛光操作。由于热塑性丙烯酸漆喷涂后大约要收缩 50%，所以必须在施工时，预留一定的富裕量。

（2）二工序漆的喷涂　二工序面漆涂装时，要将已遭损坏部位磨斜口，清除旧漆，并进行除锈、喷涂中间涂料，经打磨后喷涂面漆。

1）二工序热塑性丙烯酸面漆的喷涂，主要包括底色漆的喷涂和清漆的喷涂。

底色漆的喷涂：首先采用清洗溶剂清洗整个打磨后的表面，严格按照产品说明书的标准，喷涂增粘剂到整个打磨过的表面，干燥30～60min。根据说明书的要求准备好喷枪，喷杯中装上热塑性丙烯酸底色漆，按照素色漆同样的要求先喷涂好底色漆。在施工中应注意底色漆切不可打磨，如果出现非打磨不可的情况，则底色漆必须干透后，才能再用超细砂纸进行打磨，而且操作时务必小心谨慎。

清漆的喷涂：在对热塑性丙烯酸清漆喷涂时，先按照说明书的要求稀释，检查粘度合格后将其装入喷杯中，做好记号“清漆”。配制消雾圈涂料，装入另一个喷杯中，做好记号为“消雾圈涂料”。将喷枪压力调整为0.25～0.28MPa，喷涂清漆2～3层中等温度的涂层，每层间隔时间15～20min（作润色时一直扩展到邻近物板面上，但不要超过喷涂过增粘剂的区域，喷涂消雾圈涂料到清漆的色区域，在0.14MPa压力下，喷涂消雾圈涂料至整个涂过清漆的表面上）。抛光前要干燥24h以上，直至清漆完全干透，采用抛光机进行抛光。

丙烯酸聚氨酯清漆是对底色漆罩光最好的清漆，喷涂后不需要抛光就能得到良好的光泽和鲜映性。在喷涂清漆前，要让热塑性丙烯酸面漆干燥2h以上（如有必要，在喷涂清漆前可对丙烯酸面漆作轻微的抛光）后，可以用丙烯酸聚氨酯清漆罩光。丙烯酸聚氨酯清漆是双组分漆，与固化剂的配比必须十分准确，喷涂压力一般为0.35MPa，在待修补区域喷涂2～3层中等温度的涂层，每层间隔15～20min。如在夏天，可在配好的聚氨酯混合料中按50g/L左右的比例添加延缓剂以改善其流动性。此时干燥时间必须适当延长，最好24h以上（如有必要进行润色加工或发现表面存在疵点或灰尘，可在清漆干燥48h后再进行打磨抛光）。

2）丙烯酸聚氨酯清漆的修补。首先用清洗溶剂清洗表面，对修补表面进行加工，做好磨砂工作后涂底漆，喷涂热塑性丙烯酸底色漆至全遮盖。干燥2h以上，按照说明书要求喷涂丙烯酸聚氨酯清漆，干燥12h，或在推汽车出喷漆间之前干燥数小时。

（三）部分板面的修补施工

当汽车待修补板面的面积介于整板与斑点之间时，称为部分板面，其修补施工工艺特点如下：

1）最好利用车身的自然分界线将车身待修补部分割开，从而对部分板面进行修补。例如，不少车型的车身侧面就存在三个区域，由折叠线、塑料嵌条及边缘将它们分开，如图7-16所示。

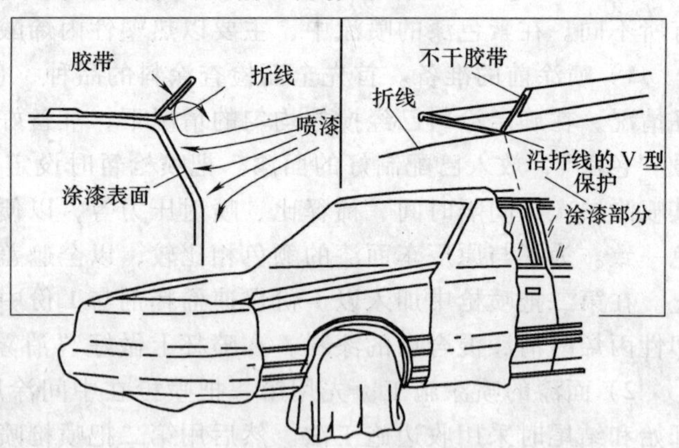

图7-16 折叠部分的胶带粘贴保护

2）每次喷漆后都要稍稍向外移动一下胶带，以利于调色区收边。

3）其他施工工艺可以照整板及斑点施工进行。

三、整车漆面美容的方法

车身漆膜完全老化或大部分板块有损伤时应进行整车漆面修补喷涂。下面以中档轿车为例介绍大部分板块损伤时的整车漆面修补喷涂工艺，车身漆膜全面老化的车辆可参照该工艺进行修补（省略2～7道工序）。

1. 刷洗整车

进入喷涂车间前用刷车泵对车身进行全面清洗。

2. 拆除非喷涂部件

拆下车身外表所有易拆的非喷涂件，包括刮水臂片、门框密封条、门把手、倒车镜、各种灯总成和各种外装饰件等。

3. 处理损伤和缺陷

用电动修磨机及1~2号砂布认真处理车身所有损伤和缺陷之处，磨出涂层或底层，并保证周边的坡度。

4. 涂底漆

在所有处理面上刷涂醇酸防锈底漆，涂层厚度为30μm。

5. 干燥后刮腻子

自干24h或100℃烘干1h后，用梯形钢片灰刀在全车各处理之处连续循环刮涂原子灰，填刮至损伤处略高于周边为止。

6. 干燥后打磨

自干1h（25~30℃）后，用往复式电动打磨机及2号砂布按车辆的前后方向进行干磨。打磨时注意戴好防尘面具。

7. 刮二道腻子

用压缩空气吹净全车粉尘后再刮二道腻子（原子灰），要求压实刮平。

8. 干燥后水磨

自干1h（25~30℃）后，用500号水砂纸垫硬橡胶垫块进行全车水磨，打磨过程中不时地用另一只手触摸检查打磨处的平整光滑度。

9. 遮护

水磨后用刷车泵将全车刷洗干净并用压缩空气吹干，然后用纸胶带遮护纸对全车非喷涂部位认真进行遮护粘贴。

10. 喷涂二道底漆

将车置于喷漆房内，先用汽油棉纱将全车表面擦一遍，用湿碰湿方法喷涂两遍硝基底漆。涂料粘度为18~22$m^2 \cdot s^{-1}$，漆膜厚度为40μm，喷涂气压为0.3~0.4MPa，重叠幅度为1/2。覆盖均匀且无流淌等缺陷。

11. 干燥后找毛病刮细腻子

25~30℃自干1h或80℃烘干0.5h，然后对全车找缺陷刮细腻子，并用梯形钢片灰刀在有缺陷之处刮涂硝基细腻子进行填平（刮涂时一定要压实刮平）。

12. 干燥后水磨

在25~30℃下自干1h，再用600号水砂纸垫木垫块对全车进行仔细水磨。

13. 遮护

将全车擦净吹干后，用纸胶带和遮护纸进行全车非喷涂部位的遮护。

14. 喷封底漆（衬漆）

将专用封底漆的粘度调至18~22$m^2 \cdot s^{-1}$并用120目滤网过滤后，用湿碰湿方法在全车上喷涂两遍封底漆。涂料粘度为18~22$m^2 \cdot s^{-1}$；漆膜厚度为40μm；喷涂气压为0.3~0.4MP；重叠幅度为1/2。喷涂后不得有垂流等缺陷。

15. 干燥后找毛病刮细腻

100℃烘干1h后，对全车认真找缺陷。若有缺陷应使用梯形灰刀再刮一遍硝基细腻子。

16. 水磨后遮护

进行全车水磨（注意不要磨透封底漆）。水磨后用刷车泵将全车刷净，并用压缩空气吹干，再用纸胶带遮护纸对全车非喷涂部位进行遮护。

17. 喷涂面漆

先将喷漆房内撒水防尘，再用粘尘布对车身进行全面粘尘处理，用湿碰湿方法喷涂两遍丙烯酸面漆。涂料使用前要用180目滤网过滤，其粘度为20～25$m^2 \cdot s^{-1}$，漆膜厚度为60μm，喷涂气压为0.3～0.4MPa，重叠幅度为1/2～1/3，喷距为15～20cm，走枪速度为15～20cm/s。喷完不得有任何缺陷。

18. 干燥后揭除遮护

100℃烘干2h。干燥后揭下所有遮护纸，检查并清除污染。

19. 装复拆下的部件

将喷前拆下的所有部件清洁后认真装复。

20. 交验

不得有垂流等任何缺陷，否则应进行处理或返工。

四、汽车塑料件的喷涂方法

随着塑料工业的发展，采用工程塑料代替各种金属材料是一种技术进步的趋势。塑料耐腐蚀性好，密度低，有些工程塑料的机械性能不亚于金属材料。汽车要省油，就要轻量化，因此塑料在汽车上的应用在世界范围内呈增长趋势。塑料不仅应用于当初的内饰件，如仪表板、车门、储藏箱等，现还广泛用于汽车外饰件及车身外表件，如保险杠、挡泥板、车轮罩等处。

（一）汽车常用塑料种类

汽车部件常用塑料有四种，即聚丙烯（PP）、聚氯乙烯（PVC）、玻璃纤维增强塑料（FRP）和丙烯腈—丁二烯—苯乙烯三元共聚物（ABS）。

（二）汽车用塑料种类的鉴别

在汽车上应用的各种塑料，其种类不同，涂料体系也不一样，因此在涂装前必须判定塑料种类。鉴别塑料品种最简单的方法是火焰燃烧法。

1. PP和ABS塑料的鉴别

在待鉴定材料背面不显眼部位取下一小块。用一个干净的镊子夹住它，放到火柴的火焰上烧。仔细观察塑料燃烧情况：如果无明显的烟雾发生，而呈现出明亮的火焰，则表示这是PP塑料。如果塑料燃烧时，随即产生黑色烟雾，这种塑料很可能是ABS。

2. PVC塑料的鉴别

用乙炔火焰将一根铜丝烧热，将烧热的铜丝与待测零件的背面或不显眼的部位接触，铜丝上就会粘上一点熔融塑料。将这根铜丝再拿回火焰上，如果此时火焰呈绿色或青绿色，则说明该塑料为PVC。

（三）塑料部件涂装常用涂料

1. 汽车外部塑料件涂料

外部塑料件涂料主要有丙烯醇—聚氨酯、聚酯—聚氨酯和热塑性丙烯酸涂料。由于热塑性丙烯酸涂料耐划伤性能一般不够理想，建议最好不用在承受摩擦部位及受冲击部位。目前，国外汽车外部塑料件涂料品种多，系列化程度较高，常见国外汽车外部塑料件涂料见表7-9。

表7-9　国外汽车外部塑料件涂料

品名	PPC	BASF	Martin-Senour	Sherwin-Williams	DuPont
柔韧性添加剂	DX—369	891	3084	V2V299	365—B+792S 或 350S
挥发型底色漆	DCA—468	727	2072	T1C275	380S
交联型底色漆	DAU—60	MC—1000/894	8853	V2V398	780S
PP 塑料用底漆	DPX—800	864	6242	3298	
中间涂料	DPX—844	HP—100	3061	PIC48	222S

2. 汽车内部塑料件涂料

内部塑料件涂料主要有热塑性丙烯酸、改性环氧树脂、聚氨酯以及有机硅涂料等。有关国外汽车内部塑料件涂料及其配套材料见表7-10。

表7-10　国外汽车内部塑料件涂料及其配套材料

品名	PPC	DuPont	R-M	US 车产品
PVC 清洗剂	UK—403	3919—S	900	
清洗溶剂	DX—330	3939—S		
PVC 清漆				
非闪光	UCV—69			4000
半光	UCV—71			
丙烯酸涂料				
聚氨酯柔韧剂	DX—369		891	
非聚氨酯柔韧剂	DX—1798			
PP 底漆	DPX—800	329—S	864	PP—2250
平光剂				
非聚氨酯	DX—265	4528—S	850	
聚氨酯	DX—685			

（四）汽车内部塑料件的涂装

详见内饰美容部分塑料件的喷涂翻新。

（五）汽车外部柔性塑料件的涂装

为防止汽车在运行中受冲击、碰撞或产生严重擦伤，现代汽车特别是轿车在其车身外面某些部位如保险杠、反光镜、车门把手及车身侧面装饰条等处应用柔性塑料件，这些部件的涂装常用烘烤型弹性磁漆或柔性聚氨酯涂料。在进行涂装施工前，要根据待修补汽车的具体要求，选好涂料系统。值得注意的是，对于柔性塑料的修补施工，最好采用全修补法，这是因为整板进行打磨、清洗后，对提高涂料的附着力有利。在修补柔性塑料时，不赞成采用类似斑点施工的修补、涂装方法。现以德国巴斯夫公司的产品为例，对柔性外用塑料涂装施工工艺进行介绍。

1）调制涂料

调制配比为 Alpha-Cryl 或 Miracryl—2 色漆 1 份，NO 891 聚氨酯柔性剂 1 份，PNT—90 或 M—2 稀释剂适量，称量混合均匀。

2）采用 NO 900 Pre-Kleano 清洗剂将待修补表面清洗干净，除去油污、润滑脂等，也可采用功能相当的清洗剂，清洗待修表面。

3）采用360～400号砂纸打磨表面，以打磨掉光泽为度。注意：应将整个板面进行打磨。

4）再次用稀释剂清洗待涂表面，干燥后，贴好胶带。

5）进行喷涂施工，应达到全遮盖，喷枪压力为175～250kPa，每道涂层间应留有足够的闪干时间。

6）1h后除去胶带等遮盖物，如果时间允许的话，应干燥一整夜。施工结束后，及时清理喷枪及喷杯。

注意：

1）对于不同柔软程度的塑料，柔韧剂的添加比例要做适当调整。例如，中等柔软度的塑料，柔韧剂应占涂料总份额的30%左右。

2）对于已破损的保险杠，应首先进行修理如粘接、焊修等，然后进行表面处理，有必要时用橡胶刮板刮涂腻子，其他工序同上所述。

五、漆面美容常见的涂层缺陷及防治

漆面美容车辆喷涂层质量的优劣，主要取决于喷涂工艺水平和涂料的质量，它包括：喷涂对象的状态，喷涂前处理质量，喷涂操作方法，喷涂环境及干燥条件，底漆、腻子、衬漆及面漆的质量与配套选用等方面的问题。

涂层常见的缺陷一般表现为喷涂前涂料自身的缺陷、喷涂过程中的缺陷和涂层干燥后的缺陷三个方面。现对其缺陷状态、原因及防治方法分析如下：

（一）喷涂前涂料自身的缺陷

喷涂前涂料自身的缺陷主要发生在涂料制成后的运输和储存过程中，一般表现为沉淀、变稠、混浊、结皮、粗粒、遮盖力差、失光、胶化、返粘、颜色不符等。

1. 沉淀

（1）状态表现　颜料和填充料下沉，经摇动后仍不见效。

（2）产生原因　颜料或体质颜料颗粒研磨不细，分散度不良；填充料（粘结剂）过多，或储存时静放时间较长。

（3）防治方法　储存时间不能过长，最好在保质期内用完；在存放期内应经常移动涂料或调换放置方法，如：横置或倒置；发现沉淀时应用木棒充分搅匀，沉淀严重时可先倒出上部漆液，将沉淀部分揉碎搅匀，再将倒出的漆液加入并充分搅拌。

2. 混浊

（1）状态表现　清漆、清油等出现不透明的乳油状，透明度较差。

（2）产生原因　在运输或存放过程中从桶口渗入水分，或储存温度过低，涂料中含有的蜡质析出。

（3）防治方法　存放的环境温度应保持在20℃左右，发现混浊时应加入溶解性强的溶剂，或采用65℃水浴加热等方法解决。

3. 变稠

（1）状态表现　涂料在存放过程中失去了出厂时的粘度，变稠变厚，甚至不能使用。

（2）产生原因　色漆变稠主要是因为颜料与粘结剂发生反应，锌白、铅白等盐基性颜料中的有机酸反应生成金属皂；硝基漆变稠主要是涂料中含有水分与铁反应，或因封闭不严使稀释剂蒸发；过氯乙烯漆变稠则是由于过氯乙烯树脂含有水分或含氮量过低。

（3）防治方法　涂料存放时间不易过长，最好在保质期内用完。存放温度不宜过高，更不能曝晒。打开桶后的涂料应及时用完，未用完时，用后应封好桶盖或适量添加稀释剂。

4. 结皮

（1）状态表现　氧化干燥型涂料表面结一层皮膜。

（2）产生原因　桶内涂料没有装满或盖不严，使涂料与空气接触；涂料中含有过多的催干剂或储存温度过高；涂料中桐油含量过多等。

（3）防治方法　涂料桶尽量装满并封好，以减少桶内涂料与空气的接触；用后在桶内涂料表面加入适量相同类型的稀释剂并封存好桶盖。

5. 粗粒

（1）状态表现　喷涂后漆面有许多小颗粒。

（2）产生原因　着色颜料或体质颜料研磨不充分，分散度没有达到质量要求；杂质或细小漆皮、漆渣混入涂料等。

（3）防治方法　调换符合质量要求的涂料；对于有杂质、漆皮、漆渣的涂料在使用前进行仔细过滤。

6. 遮盖力差

（1）状态表现　涂料喷涂于物面上后，盖不住原底色。

（2）产生原因　涂料中颜料含量不足或颜料本身遮盖力差。

（3）防治方法　应更换质量好的涂料或与遮盖力强的同类型涂料混合使用，以提高其遮盖力。

7. 失光

（1）状态表现　喷涂干燥后光泽不足（无光漆除外）。

（2）产生原因　涂料中填充料过多或颜料质量不佳；涂料中溶剂配合不当，导致涂料干燥过快。

（3）防治方法　可在涂料中加入相同类型的清漆，以提高漆膜光泽，或加入挥发性较慢的稀释剂，以减缓漆膜干燥速度。

8. 胶化

（1）状态表现　涂料存放时由液体变成固体。

（2）产生原因　桶口密封不严进入空气导致双组分涂料固化剂胶化；双组分涂料加入固化剂后没有用完，存放后产生胶化。

（3）防治方法　固化剂使用后将桶盖彻底封严；双组分涂料要现用现配，用多少调配多少，防止配料过多而造成剩余。

9. 返粘

（1）状态表现　涂膜干燥后，表面呈回粘状。

（2）产生原因　涂料制造过程中配料不当或混入其他化学用品。

（3）防治方法　涂料质量有问题应进行调换。

10. 颜色不符

（1）状态表现　涂料颜色与标准色卡颜色有差异。

（2）产生原因　涂料颜色调配或选择不当。

（3）防治方法　用其他相同类型的涂料进行调整，无法调整时应调换涂料。

（二）喷涂过程中的缺陷与补救

喷涂过程中常见的涂膜缺陷有垂流、针孔、咬底、起皱、色差、桔皮及鱼眼等。

1. 垂流

（1）状态表现　涂膜表面出现流淌，使涂膜厚度不均。垂流特别容易出现在垂直或倾斜面、棱角、转角及凹凸边缘等处。

（2）产生原因

1）喷涂气压过低或喷涂技巧欠佳致使涂层不均。

2）喷枪漆雾形状调整不当（扇面过小或接近锥形雾状），致使单层涂膜太厚或不均匀。

3）喷涂距离过小或喷枪移动速度过慢。

4）涂层间隔时间不合适或涂料粘度调整不当。

5）涂料表面附着力差或环境温度过低。

6）被涂表面几何形状复杂（凹凸不平）及表面处理不彻底（含有油、水等），也易造成垂流。

（3）防治方法

1）认真做好喷涂前的准备工作，保证涂面清洁干净，不得存有油、水和灰尘。

2）根据涂料的粘度、自干速度特性、环境温度及湿度等条件，调整好喷涂气压，在操作中把握好运枪路线和重叠幅度。

3）喷涂前根据涂面需求调好喷枪漆雾形状和喷漆量，然后进行试样喷涂，试样合格后再对涂面进行喷涂操作。

4）根据涂料的油性、粘度和挥发性掌握好喷涂距离和喷枪移动速度。一般情况下，挥发性较强的涂料（如硝基漆）喷距为15～20cm，油性涂料喷距为20～30cm。

5）根据涂料的性质调好其粘度：挥发型涂料粘度在18～20$m^2 \cdot s^{-1}$，油性涂料为20～30$m^2 \cdot s^{-1}$（用涂—4粘度计在25℃下测定）。在湿碰湿工艺中要设定好涂层间隔时间。

6）选用符合质量要求的涂料，特别注意其附着力和粘度方面的问题。

7）对几何形状复杂的涂面应认真操作，尽量减少各涂面的重叠喷涂，以保证各涂面漆层均匀。

（4）补救措施　涂膜表面出现垂流时，干燥后应对其进行研磨抛光或研磨后重新进行喷涂。

2. 针孔

（1）状态表现　漆膜上出现针刺状的小孔，较大的像芝麻点。

（2）产生原因

1）腻层中有砂眼、气孔或腻层中有水分。

2）涂层结膜初期溶剂挥发过快。

3）溶剂使用不当或温度过高。

4）喷涂现场湿度过高。

（3）防治方法

1）认真填补腻层表面的砂眼、气孔并进行彻底干燥，然后进行喷涂。

2）保证喷涂现场湿度低于80%。

3）正确选择涂料稀释剂。

4）喷涂面漆前要涂好与其相适应的衬漆或二道底漆，并认真检查和填补微小的气孔。

5）烘干漆的粘度要适当，涂后应在室温下静置15min以上再进行烘烤，烘烤时先低温预热，然后按规定对其烘干温度和时间进行调整。

（4）补救措施　研磨有气孔的区域，用细腻子填平气孔并进行水磨，然后重新进行喷涂。

3. 咬底

（1）状态表现　面漆中的溶剂将底部漆层软化膨胀而咬起，使表层与基层之间出现明显的软化或未干现象。

（2）产生原因

1）在油性漆上面涂挥发性漆。

2）选用了隔离性差的衬漆。

3）底漆未干透就与含有强溶剂的涂料相遇。

（3）防治方法

1）用所选稀释剂测试旧漆层，旧漆层若被溶解，该稀释剂不能使用，应另选稀释剂。

2）选用隔离性好的衬漆，并待其彻底干燥后再喷面漆。

3）切勿在油性漆上喷涂挥发性漆料。

（4）补救措施　缺陷漆层完全干燥后喷涂隔离漆或进行水磨处理，然后重新进行喷涂。

4. 起皱

（1）状态表现　涂膜在干燥过程中产生皱纹现象。

（2）产生原因

1）温度过高或涂层一次喷涂过厚。

2）稀释剂使用不合理，涂料中溶剂挥发过快。

3）钴锰催干剂使用过多，表层干燥过快。

4）烘烤升温过快，造成表层干燥过快。

（3）防治方法

1）合理选择催干剂，多用铝锌催干剂，少用镧锰催干剂。对于烘烤型涂料加人锌催干剂可有效防止起皱。

2）控制好施工温度和喷涂厚度。

3）选用配套的稀释剂或在涂料中适量添加防皱剂。

（4）补救措施　清除起皱涂层重新喷涂。

5. 色差

（1）状态表现　所喷涂层颜色与原车颜色有一定差别。

（2）产生原因

1）错认车色或调色不准。

2）喷枪使用不当，喷嘴或喷涂气压不适合。

3）喷涂技巧问题——太湿、太干或遮盖不良。

4）喷涂方式不当。

（3）防治方法

1）原漆表面清洗打蜡后再准确确定车色。

2）调漆后先喷试样，并与原车色进行认真对比，以保证调色的准确性。

3）以低压喷修技巧施工，不得过湿或过干。

（4）补救措施　干燥后水磨按要求进行调色，并重新喷涂有色差的区域。

6. 桔皮

（1）状态表现　涂膜表面出现明显的桔皮状凹凸不平。

（2）产生原因

1）环境温度过高或溶剂挥发过快，使漆膜来不及流平便干凝所致。

2）喷枪喷漆嘴不合格或涂料粘度过大，喷涂后难以流平。

3）涂料溶剂比例不当、使用挥发过快的稀释剂或走枪速度过快，使漆膜不易流平。

（3）防治方法

1）使用配套的稀释剂，按技术要求调整好涂料粘度。

2）选用雾化好的喷枪并正确控制气压、喷距和运枪速度。

3）双组分烘漆必须按规定比例配，并根据环境温度选择合适的稀释剂。

（4）补救措施　桔皮不严重时，待漆膜干燥后抛光打蜡；桔皮严重时，应待其彻底干燥后进行水磨并重新喷漆。

7. 鱼眼

（1）状态表现　局部涂层表面出现许多像鱼眼状的小凹坑。

（2）产生原因

1）喷涂表面的油脂或油污未处理干净。

2）喷涂表面的上光蜡或高分子增光美容层处理不彻底。

3）压缩空气中有油污并进入喷枪。

4）喷涂环境中的空气有油性或蜡质污染源。

（3）防治方法

1）喷涂前清除附近的油污及蜡质污染源。

2）喷涂前对涂面进行打磨并脱脂、脱蜡，处理干净后再进行喷涂。

3）经常检查和排放油水分离器内的污水，以确保压缩空气的洁净。

（4）补救措施　面漆喷涂时，应先雾喷一道，再渐进湿喷到完成（这是面漆喷涂的一般技巧）；在涂料中添加慢干溶剂或抗鱼眼剂；干燥后水磨有鱼眼缺陷的部位并重新喷涂。

8. 起泡

（1）状态表现　喷涂后片刻，漆膜表面出现不规则的气泡或水泡。

（2）产生原因

1）压缩空气中含水分较多。

2）施工环境湿度较高或温差过大。

3）涂面存有水分（特别是沟槽、凹凸及边缘等处）。

4）涂面基底粗糙或有砂孔，造成漆膜封气起泡，严重时会出现针孔。

5）涂膜过厚或底漆及腻层干燥不彻底。

6）喷涂气压、涂料粘度、间隔时间及干燥时间不合适。

（3）防治方法

1）每天对储气筒和油水分离器中的油水进行排放；将空气压缩机放置在干燥的位置并

保证其进气过滤器工作正常。

2）喷涂前尽量拆除装饰条等附件，并用压缩空气吹干所有水分。

3）保证喷涂环境湿度在80%以下且温差符合要求。

4）准确把握喷涂粘度、空气压力、间隔时间和涂膜厚度。

5）准确选择固化剂和稀释剂，严格遵守产品使用说明的要求。

（4）补救措施　水磨后重新喷涂。

9. 渗色

（1）状态表现　在面漆喷涂后，下层漆的颜色渗透到表面，使面漆的颜色被污染。

（2）产生原因

1）面漆是强稀释剂的涂料。

2）喷枪贮漆罐内残存着可溶解的其他颜色的涂料造成污染。

3）腻子中固化剂使用过量或搅拌不均匀，造成固化剂与漆层的化学反应与渗透。

（3）防治方法

1）先在底层漆上喷涂1~2道与面漆的颜色、溶性相适合的底漆，干燥后打磨时不要露底，然后再喷涂面漆。

2）每次喷涂施工后，要将喷枪和贮漆罐彻底清洗干净。

3）调腻子时要按比例要求添加固化剂并调匀。

（4）补救措施　在施工中发现渗色应立即停喷，待漆膜干燥后喷涂与面漆颜色、溶性相适合的底漆或隔离底漆，干燥打磨后再重新喷涂面漆；若腻子有未调匀或固化剂过多的现象，应将其彻底铲除重新刮涂。

10. 发白

（1）状态表现　高挥发型涂料漆膜干燥后光泽减退，呈现混浊或乳白色；若是清漆，则表面发白，透明度低。

（2）产生原因

1）环境湿度过大或漆膜干燥过程中溶剂挥发太快。

2）被涂物温度过低，致使水汽冷凝在涂膜上，引起树脂或高分子聚合物析出。

3）喷涂工具中带有水分。

（3）防治方法

1）控制喷涂环境温度不小于30℃（可用红外线灯进行升温）、相对湿度小于80%。

2）经常排油水分离器中的水分和油污，确保压缩空气的洁净度。

3）使用挥发慢的高沸点稀释剂或适当添加防潮剂与防白剂。

（4）补救措施　若漆膜出现发白现象，可用红外线灯升温烘烤，也可在漆膜上喷一层薄薄的防白溶剂（溶纤剂）进行补救。

11. 痱子

（1）状态表现　漆面呈现许多像“痱子”状的小凸点。

（2）产生原因

1）涂料中含有粗粒。

2）喷涂环境不清洁，有灰尘砂粒等。

3）喷涂环境湿度大或压缩空气中有水分。

4）喷涂压力过高；喷距过远或过近；涂料粘度过大。

（3）防治方法

1）喷涂前应对涂料进行充分搅拌并用细筛过滤，喷涂试样确认后才能施喷。

2）喷涂前应检查和排除压缩空气中的油污和水分，以确保压缩空气的洁净。

3）确保喷涂环境的相对湿度小于80%和卫生清洁。为了防尘，喷涂前可在地面上喷洒适量清水。

4）控制好喷涂气压（0.3～0.4MPa）、喷距（20～25cm）和涂料粘度（18～25$m^2 \cdot s^{-1}$）。

（4）补救措施　涂面局部出现“痱子”或“痱子”较轻时，可烘干后进行水磨抛光处理；“痱子”严重或其范围较大时，应在烘干、水磨后重新喷漆。

12. 收缩（又称发笑）

（1）状态表现　漆膜表面局部收缩，形成露底的麻点、花脸（厚度不均）及笑口，漆膜失去平滑性。

（2）产生原因

1）喷涂表面过分光滑、粘有油脂蜡质或涂料粘度过低。

2）喷涂空气中含有油、水。

3）溶剂挥发速度与烘烤温度不相适应，影响了漆膜的流平性。

4）双组分涂料调配后马上进行喷涂，没有经过热化阶段。

（3）防治方法

1）喷涂表面应清洁干燥并具有一定的粗糙度，以增加漆膜的附着力。

2）喷涂前应检查和排除压缩空气中的油污和水分。

3）合理选择稀释剂，采取先低温后高温的烘烤方法。

4）双组分涂料调配后不要马上喷涂，待其热化后再进行喷涂。

（4）补救措施　用稀释剂擦除漆膜或待漆膜干燥后进行水磨处理，然后重新喷涂。

13. 斑影条纹

（1）状态表现　在金属漆的喷涂中，涂层出现纹点或有条纹的表面。

（2）产生原因

1）喷枪调整不当、有故障（喷漆嘴有异常）或喷涂气压不稳。

2）喷涂操作不当：喷距过近、过湿喷涂或压漆不均匀等。

3）涂料粘度过大、过小、调和不均或稀释剂选择不当。

4）喷涂温度不合适或静置时间不足等。

（3）防治方法

1）喷涂前检查、调整好喷枪和喷涂气压。

2）根据气温和漆质选择适合的稀释剂，调整好其粘度并搅拌均匀。

3）合理控制喷距、喷雾形状和重叠幅度，保持均匀的走枪速度。

4）合理控制喷涂时的温度，温度过高或过低均会影响喷涂质量。

（4）补救措施　待漆膜干燥后研磨并重新喷涂。

14. 边痕缩纹

（1）状态表现　在局部修理喷涂时，喷涂后处理基层呈现出周边图样的收缩条纹。

(2) 产生原因

1) 旧漆层或旧腻层材质太差。

2) 新刮填的腻层干燥不均匀。

3) 涂层过厚，干燥速度过快。

4) 砂纸粒度过大或稀释剂选择不当。

(3) 防治方法

1) 选择与旧漆、腻层相适应的腻子。

2) 使用隔离性优良的中涂漆。

3) 腻层彻底干燥后再进行喷涂。

4) 选择适当的砂纸进行研磨。

(4) 补救措施　待缺陷涂层干燥硬化后进行研磨处理，再喷涂隔离封底漆并重新喷涂面漆。

15. 面漆钝化

(1) 状态表现

1) 干燥后涂膜无光泽，呈雾面或灰暗状态（也称失光）。

2) 涂膜干燥后有光泽，但短期内（数小时至数周）光泽逐渐减退（也称倒光）。

(2) 产生原因

1) 喷前处理不充分，表面存在大量微小的凹凸点，致使漆膜粗糙失光。

2) 稀释剂选用不当或用量过多，使涂料粘度过低，挥发过快，影响了漆膜的流平效果。

3) 喷涂环境气温过低、湿度过高、空气不干净（含有烟雾或其他化学气体）。

4) 喷枪操作不当、喷漆嘴尺寸不适、喷涂压力过低或过高。

5) 喷涂后静置时间不足便进行罩光或烘烤。

6) 中涂漆未干透或面漆咬起。

7) 抛光处理过早或抛光质量不符合要求。

(3) 防治方法

1) 仔细进行喷前处理；喷完每道底漆后要充分彻底地查找和处理存在的表面缺陷。

2) 正确选择稀释剂品种和用量，保证涂料的粘度。

3) 控制好喷涂环境的温度和湿度。

4) 正确使用喷枪，选择好喷漆嘴，控制好气压和走枪速度，保证合适的涂膜厚度。

5) 保证喷涂后静置时间，一般在室温下（25℃）喷涂后静置 5 ~ 15min 后才能进行加温烘烤。

6) 注意底漆与面漆的配套性，保证底漆干燥后再喷面漆。

7) 面漆彻底干燥后再进行抛光处理。

(4) 补救措施　一般情况下可用抛光工艺进行处理，面漆钝化严重时应重新喷涂。

16. 色彩光泽不均匀

(1) 状态表现　面漆金属粉粒分布不均匀，色彩深浅和反光程度不一致，呈现斑影条纹等现象。

(2) 产生原因

1) 面漆喷涂前未搅拌均匀。

2）喷涂操作不当：一次喷涂漆层过厚，涂膜干燥慢；喷距太近或气压过低，使喷幅过窄，涂层过分集中；喷涂重叠幅度太小，喷距及走枪速度保持不均匀；涂层干燥时间不足等。

3）喷枪出漆量不均匀。

（3）防治方法

1）喷涂前将涂料彻底搅拌均匀。

2）确保喷具设备工作正常，喷涂试样时应注意发现问题并及时解决。

3）按正确的喷涂规范进行操作，准确把握和控制喷涂厚度、喷距、喷涂气压、喷涂重叠幅度、走枪速度及涂层间干燥时间等。

（4）补救措施　彻底干燥后再进行重新喷涂。

17. 研磨砂痕

（1）状态表现　喷涂后漆膜表面存在砂布或砂纸研磨的痕迹。

（2）产生原因

1）打磨时所用砂布、砂纸的粒度过大。

2）底层太软或填平不良。

3）底漆喷涂太薄，填平性不好。

4）打磨进底层没有完全干燥。

（3）防治方法

1）用稀释剂测试旧涂层的材质，过软时应先喷涂隔离涂层或彻底清除旧涂层。

2）选择适当粒度的砂布或砂纸进行研磨。

3）研磨必须在涂层（腻层、底漆层、中途漆层或面漆层）彻底干燥后进行。

4）合理防治底漆喷涂厚度。

（4）补救措施

1）漆膜彻底干燥后进行研磨并重新喷涂。

2）隔离或彻底清除不良涂层后重新进行处理与喷涂。

18. 涂层爆裂

（1）状态表现　面漆或底漆有裂纹或爆皮现象。

（2）产生原因

1）喷前处理的清洁和干燥状况不佳。

2）未使用或错误使用底漆及中途漆。

3）稀释剂使用不当：所用稀释剂挥发过快或用量过多，特别是当喷涂气压过高时，可能造成漆膜中封闭空气而引起爆裂。

4）喷涂漆膜过厚，各涂层之间干燥时间不足，使底层溶剂被封闭而造成爆裂。

（3）防治方法

1）喷前处理时应认真进行清洁和干燥。

2）选择合适的稀释剂、粘度和正确的喷涂气压。

3）选择适合的底漆和中涂漆。

4）保证每道涂层的厚度和干燥时间。

（4）补救措施　根据爆裂面积和层级进行必要的研磨和清洗，干燥后重新进行喷涂。

19. 水斑

（1）状态表现　在面漆表层出现擦不掉的泥、水斑点。

（2）产生原因　喷涂过程中受到泥水、油污的污染。

（3）防治方法

1）涂膜干燥过程中要防止各种污染。

2）车辆必须在漆膜彻底干燥后才能投入使用。

（4）补救措施　污染面积较小或渗透较浅时，可进行抛光处理；污染面积较大或渗透较深时，应进行水磨处理，然后重新喷涂。

20. 抛光痕迹

（1）状态表现　面漆漆膜抛光后，表层出现抛光痕迹。

（2）产生原因

1）抛光时面漆没有完全干燥。

2）抛光磨料粒度过大或抛光操作不正确。

3）抛光后面漆厚度不均。

（3）防治方法

1）保证涂层的均匀度和彻底干燥。

2）选用粒度适当的磨料并正确进行抛光操作。

（4）补救措施　彻底干燥后再进行抛光或重新喷涂。

21. 腻层翘起或脱落

（1）状态表现　喷涂之后，腻层与底漆间因附着不良而产生自动分离，形成腻层翘起或脱落。

（2）产生原因

1）喷前处理不当，如表面的铁锈、油脂及水分等处理不彻底或底层过于平滑等。

2）固化剂与原子灰有质量问题或比例不合适。

3）底漆干燥时间过短、面漆强制干燥加温过快或腻层过厚。

4）所用腻子不适合镀锌钢板的材质。

（3）防治方法

1）喷前做好对铁锈、油脂、水分等的彻底清除和粗糙打磨工作。

2）选择与底材相适合的、质量有保障的腻子，并注意固化剂的调配比例。

3）每次刮涂的腻层不宜过厚，并注意合理控制干燥时间和加温速度。

（4）补救措施　将不良之处彻底清除重新喷涂。

22. 细纹开裂

（1）状态表现　漆膜表面呈现碎小的像龟甲或树叶脉状的裂纹。

（2）产生原因

1）喷涂场所气温太低。

2）喷涂面漆时底漆干燥不足。

3）漆膜过厚或所用稀释剂不当。

（3）防治方法

1）合理安排喷涂计划，使喷涂操作避开一天中的低温时间。

2）选择适合喷涂现场条件的稀释剂并合理控制漆膜厚度。

3）喷涂之前利用红外线灯等将车身表面加热到室温。

4）喷涂面漆前保证底漆可靠干燥。

（4）补救措施

1）持续喷涂湿润的面漆层，以溶合已产生的开裂细纹。

2）使用快速挥发性稀释剂，使后续的表面涂层跨越细纹开裂区域。

（三）涂层干燥后的缺陷与补救

涂层干燥后常见的缺陷有：粉化、生锈起泡、裂纹、线状及显微浅裂纹等。这些现象会发生在喷涂施工后的几小时、几天或几十天内。

1. 粉化

（1）状态表现　喷涂后不久，经风吹和日晒雨淋，涂膜表面产生分解变化，呈粉面状，擦拭时有脱落掉色现象。

（2）产生原因

1）涂料耐候性差或颜料成分过多。

2）涂料粘度较低或涂层过薄。

（3）防治方法

1）选择耐候性好的涂料，并注意其使用范围（车辆喷涂必须选用户外用漆）。

2）喷涂时将涂料搅拌均匀，若发现涂料中颜料过多，喷涂到最后一层时可加入30%～40%同种类型的清漆。

3）按比例添加稀释剂，以保证喷涂的粘度并合理防治漆膜厚度。

（4）补救措施　粉化程度轻微时，可用打上光蜡的方法延长其使用寿命；粉化程度较强时，可先进行水磨处理，然后在其表面喷涂1～2道同色面漆或混合清漆；粉化程度严重时，应彻底打磨并重新喷涂。

2. 生锈起泡

（1）状态表现　涂层使用一段时间后，表面出现不规则的锈迹及凸泡。

（2）产生原因

1）底材质地较差、表面有未除净的锈迹或涂层过薄。

2）喷前处理时磷化处理不当或底漆选择不当。

3）所选涂料与环境要求（如湿热带气候等）不相适应。

（3）防治方法

1）按工艺要求认真进行除锈、除油和磷化处理。

2）选择耐水、耐候、耐盐碱性好的底漆和面漆。

3）合理控制漆层厚度，确保涂层的完整性。

（4）补救措施　对生锈起泡区域进行清除并重新喷涂。

3. 裂纹

（1）状态表现　漆膜表面形成类似于干枯池塘中泥土龟裂的裂纹，深度可达到面漆全层甚至达到中涂底漆层。

（2）产生原因

1）涂料调和不均匀或粘度过大。

2）稀释剂选用不当。

3）涂层过厚、烘干速度过快或干燥时间不足。

（3）防治方法

1）使用涂料时应将其充分搅拌均匀并过滤。

2）正确选择稀释剂并调配好涂料粘度。

3）合理控制表面涂层的厚度，每道涂层间应保持适当的干燥时间，喷涂过程中不要用喷枪进行干燥。

（4）补救措施　根据裂纹的深度和面积对涂层进行清除并重新喷涂。

4. 线状及显微浅裂纹

（1）状态表现　线状浅裂纹是一种线条和纹路较为平行的面漆裂纹，其长度一般在40cm以下；显微浅裂纹看上去与钝化相似，但在放大镜下可观察到互不联系的许多小裂纹。

（2）产生原因

1）喷前处理不彻底，在有裂纹并没有被完全清除的旧漆膜上喷涂新面漆。

2）涂膜厚度较大或底漆干燥不充足。

（3）防治方法

1）喷前处理时应仔细检查并彻底清除各种缺陷。

2）喷涂任何底涂层或表涂层之前要保证表面的干燥程度（不得用喷枪吹风干燥）。

3）不要过于加厚表面涂膜。

（4）补救措施　彻底清除裂纹涂层，然后喷涂新的面漆。

思　考　题

7-1　为什么要对汽车进行漆面处理？

7-2　漆面处理包括哪些主要内容？

7-3　漆面失光的原因有哪些？如何处理？

7-4　漆面浅划痕如何处理？漆面深划痕如何处理？

7-5　影响汽车面漆色彩的因素有哪些？

7-6　怎样识别面漆的原色和类型？

7-7　面漆调色时应注意哪些问题？

7-8　如何进行面漆电脑调色？

7-9　喷涂前对汽车表面如何处理？

7-10　腻子打磨有哪几种方法？如何施工？

7-11　叙述喷枪正确的调整和使用方法。

7-12　怎样进行汽车漆面局部修补喷漆施工？

7-13　怎样进行汽车整车喷漆施工？

7-14　喷漆施工常见的涂层缺陷有哪些？如何防治？

第八章 汽车防护及汽车精品

第一节 汽车防护的意义及内容

一、汽车防护的意义

汽车防护作为汽车美容的边缘项目，在众多汽车美容企业中已广泛开展。汽车防护，就是在汽车上安装必要的防护及报警装置，通过这些装置的工作，最大限度地为汽车和乘员提供预防性保护。其防护意义如下：

1. 汽车防护可以为乘员提供保护

汽车防护贴膜可以有效地阻隔紫外线及来自太阳的强热，使驾驶员和其他乘员免受紫外线的辐射及强热的困扰，在改善汽车乘坐舒适性的同时，为乘员提供了良好的预防性保护。另外，在汽车运行中，意外的交通事故时有发生，车辆相撞易造成汽车玻璃的破碎，即使现今汽车玻璃是由特种材料及工艺制成，也难免对乘员造成伤害。汽车防爆膜可以有效改善汽车玻璃的抗冲击强度，提高乘车的安全性。

汽车防护语音报警系统可以及时地向乘员提供汽车运行信息，有效地保障了汽车行驶的顺畅和乘员的安全，减少意外的交通事故和麻烦，为出行带来极大方便。

汽车防护静电放电器可以随时将车辆运行使用中产生的静电释放掉，以免静电电压过高击伤乘员或给乘车带来不便。

2. 汽车防护可以为车辆安全管理提供保障

汽车被盗现象在国内国外常有发生，这不但给人们的财产带来损失，也给人们的工作和生活带来诸多不便。汽车防盗器就可以为车辆的安全管理提供保障。

3. 汽车防护可以为乘车或驾车提供便捷服务

车用防盗器除具有防盗报警的主功能外，同时还具有行车时控、寻车以及求救等服务功能，可以使汽车自动做到点火后自动落锁、熄火后自动开锁、停车场内寻车及发生意外报警求救等。

二、汽车防护的内容

汽车防护的内容包括贴防爆太阳膜和安装防盗器、静电放电器、汽车语音报警装置等。

第二节 汽车太阳膜

一、太阳膜的功能

自汽车防爆太阳膜进入我国汽车美容市场以来，由于其卓越的功能，受到了爱车一族及业内人士的青睐，其主要功能如下：

1. 创造最佳美感

防爆太阳膜能使汽车的风窗玻璃显现艳丽悦目的颜色。

2. 提高防爆性能

汽车防爆太阳膜可以提高发生意外时汽车的安全性能，使汽车玻璃破碎的可能性降到最低，最大限度地避免意外事故对乘员的伤害。

3. 提高空调效能

汽车防爆太阳膜的隔热率可达 50% ~95%，能有效阻断阳光热量进入车内，有效地降低汽车空调的使用，节省燃油，提高空调效率。

4. 抵御有害紫外线

紫外线辐射具有杀菌作用，但对人的肌肤也具有侵害力。对于乘员来说，长时间乘车时，人体基本上处于静止状态，此时更易受到紫外线伤害，造成皮肤疾病。防晒太阳膜可有效阻挡紫外线，保护肌肤。

5. 保证乘车隐秘性

防爆太阳膜具有单向透视性，可保证乘车的隐秘性。

二、太阳膜的种类

车膜按颜色不同有自然色、茶色、黑色、天蓝色、金墨色、浅绿色和变色等品种；按产地不同可分为进口和国产车膜；按等级不同可分为普通膜、防晒太阳膜和防爆太阳膜等。

普通膜是一种染色膜，不含金属成分，只能减低透光度，保持车内空间的隐蔽性，时间一久就会慢慢褪色，这种膜隔热效果差，对视线影响也大。防晒太阳膜是一种“半反光纸”，其隔热率为 40% ~50%，使用一两年后表面便会起氧化反应而产生变质。防爆太阳膜具有耐磨、半反光和防爆的功能，隔热率可以达到 85% 以上。部分进口车膜的品种及特性见表 8-1。

表 8-1　部分进口车模的品种及特性

产品系列	产品代号	透光率	隔强光率	防紫外线率	防爆效果
美国 3M 系列	6330	35%	60%	98%	
	7710	21%	76%	99%	性能优良
	8383	35%	58%	98%	
	9010	30%	70%	99%	性能优良
	AL-21	21%	85%	99%	性能优良
	AL-25	25%	85%	99%	
	AL-28	30%	75%	99%	
	AL-35	35%	85%	99%	性能优良
美国 MADICO 系列	AL-320	35%	85%	99%	性能优良
	AL-321	35%	85%	99%	性能优良
	AL-300	30%	70%	99%	
	自然色-336	30%	75%	99%	
	500S	35%	82%	99%	性能优良
	600S	25%	85%	99%	性能优良
日本 FSK 系列	035S	35%	80%	99%	性能优良
	035BL	35%	75%	99%	性能优良
	835BR	35%	78%	99%	性能优良

三、汽车太阳膜的质量鉴别

1. 太阳膜的性能

（1）遮眩光率和透光率 良好的遮眩光率和透光率能降低阳光的眩目程度，既保证了驾驶员在各种气候环境下都能拥有清晰的视野，同时在其开车时也不会产生刺目的感觉。优质车膜的遮眩光率应在59%～83%，透光率应在70%～85%，无论颜色深浅、白天夜间，视野清晰度都应在60m以上，无视线盲区。

（2）隔热性 隔热效果是衡量车膜质量的重要指标，优质车膜的隔热率可达85%以上。

（3）隔紫外线性能 优质车膜应能有效地阻挡紫外线，防止人体肌肤被紫外线照射受到伤害，同时降低车内真皮、塑料等内饰件在阳光直射下造成的耗损，延长其使用寿命。

（4）防爆性 优质的防爆车膜的结构中必须设有防爆基层，当风窗及门窗玻璃爆裂时应能有效地防止碎片飞散，防止司乘人员受到伤害。

（5）耐磨性 优质车膜应具有高质量的耐磨层，膜面应有防划伤保护层，这对延长车膜使用寿命，确保施工时不留下任何划痕，保持车膜美观都有重要作用。

（6）单向透视性 无论白天还是黑夜，从车内往外看应非常清晰，从外往里看应比较模糊。

2. 太阳膜质量鉴别方法

市面上出售的车膜品种繁多，质量差异很大。一般普通膜的使用期在两年左右，优质的防爆太阳膜使用期在5年以上。车膜质量的鉴别方法是：

（1）看 一要看透光率。防爆太阳膜无论颜色深浅，透视性能均良好。在夜间、雨天也能保持良好视线，保证行车安全。而普通膜采用的是普通染色工艺，靠颜色隔热，所以颜色深，从车里向外看总有雾蒙蒙的感觉。

二要看颜色。防爆太阳膜是一种高科技产品，它采用金属溅射工艺，将镍、银、钛等金属溅射于高张力的天然胶膜上，无论在贴膜过程中还是日后的使用过程中都不会出现掉色、褪色现象。防爆太阳膜的颜色多种多样，再加上自然柔和的金属光泽，令防爆太阳膜可以搭配各种颜色、款式的汽车。普通膜和防晒太阳膜是将颜色直接融在胶膜中，撕掉上层塑料纸后，用力刮粘贴面，会有颜色脱落现象，这种膜使用一两年就会褪色。

三要看是否起气泡。撕开车膜的塑料内衬后再重新合上，劣质车膜会起泡，而优质车膜合上后完好如初。

（2）摸 防爆太阳膜手感厚实平滑，好的防爆太阳膜表面经过硬化处理，长期使用不会划伤表面。普通膜手感薄而脆，摇动玻璃后，会在膜上留下道道划痕。

（3）试 剪下一小块车膜，在地下摩擦或用化油器清洗剂试验，容易掉色的就是劣质膜，而擦不掉颜色的就是优质膜。另外，对车膜的隔热性只凭肉眼看和手摸是很难鉴别的，可以通过一个简单测试方法来作比较：在一个碘钨灯上放一块贴着车膜的玻璃，用手感觉不到一丝热的是优质太阳膜，而立即有烫手感觉的，则是隔热性较差的劣质太阳膜。

3. 前风窗膜的选择

前风窗玻璃是驾驶员获取交通信息的主要通道，为不影响安全行车，前风窗膜的透光率必须大于70%。因此，前风窗玻璃必须选择反光度较低、色系较浅的车膜。如果汽车前风窗玻璃斜度较大，在粘贴时必须注意尽量避免产生反射及波纹。现在市面上有一种完全无色的高档透明膜，尤其适合前风窗玻璃使用。这种膜也称白膜，其最大特点就是可以阻隔波长较短的红外线和紫外线，而对大部分可见光则不加阻拦，所以，它既不会对视野产生影响，又能起到隔热作用。

另外，选购车膜时，还要看其是否有质量保证卡，好的膜，保质期通常为5年，长的可达8年。在保质期内正常使用，隔热膜不褪色、金属层不脱落、膜层不脱胶。

四、汽车太阳膜的选择

汽车防爆太阳膜是取代老式太阳膜的一种新型车窗隔热材料。它具有良好的透光性、无视线盲区、高隔热节能、防紫外线、防爆等优异性能。这些性能都是老式太阳膜和窗帘所不具备的，正是由于防爆太阳膜的这些优异性能，目前广泛应用于汽车装饰中。在选用时，应从下面几个性能指标考虑。

1. 透光度和清晰性

这是车用太阳膜中影响行车安全最重要的性能。色膜大多颜色很深，透光而且不论颜色深浅，清晰度都非常高，不会有雾朦朦的现象。

选用太阳膜时，前风窗太阳膜比较特殊。按有关部门规定，透光率≥70%时，才不会影响行驶安全性。前排两侧窗的太阳膜，也应选择透光度在35%以上较为适宜，此时侧窗太阳膜无需挖孔也不影响视线。夜间行车时能把后面来车的前照灯照射在后视镜的强烈眩光反射减弱，使眼睛非常舒服。特别在雨夜行车、倒车、调头时照样视线良好，一目了然，提高了行车的安全性和舒适性。

2. 隔热率

隔热率是体现隔热性能的重要指标。高透光、高隔热，可提高舒适性，大幅降低空调负荷，节省燃油。选购时应了解其规范的隔热率指标。此外，还可以用直观的方法来判断，就是用贴了太阳膜的玻璃在太阳下或在碘钨灯下照射，用脸或手去感觉一下其隔热效果。

3. 防爆性能

这是涉及安全的又一重要性能。普通太阳膜材料选用混合铝，防爆能力相对较弱，当遇意外碰撞或外物打击时，太阳膜极易断裂，不能把玻璃粘牢在一起。优质防爆太阳膜采用镍、钛、铬等金属经特殊工艺贴合处理而成，防爆性、夜视性和耐磨性均较优良。当玻璃遇到意外碰撞时，玻璃破裂后仍被膜牢牢粘住，不会飞溅伤人。

4. 紫外线阻隔率

高质量太阳膜的这个指标一般不低于98%，高的可达99%。高紫外线阻隔率能有效防止乘员被过量的紫外线照射，灼伤皮肤，还能保护车内音响等装饰不会被晒坏和加速褪色老化。

5. 颜色

由于太阳膜上无反射层，因而要加深颜色来防眩光，但太阳的热辐射照样大量穿透太阳膜而进入车内，令温度升高。因此，颜色浅又能很隔热便是优质防爆太阳膜的一个特点。通常用较浅的绿色、天蓝色、灰色、棕色、自然色等颜色对眼睛较舒服，如用太深、太艳的颜色，使整个环境的颜色变化太大，反而令人不舒服。另外可根据车身颜色和个人的喜好来配色，令车窗与车身颜色更协调。

6. 膜面防划伤层

优质高档的太阳膜表面都有一层防划伤层，在正常使用下能保护膜面不易划伤，而低档太阳膜就无此保护层，在贴太阳膜时就会被工具刮出一道道划痕，令膜面不清晰。

五、汽车防爆太阳膜的粘贴方法

1. 粘贴工艺

防爆太阳膜的表面涂有一层水溶性胶粘剂，其上有一层透明保护膜。施工时必须将这层透明保护膜撕去，在需贴膜的玻璃和胶粘剂上喷上清水，将防爆太阳膜粘贴于玻璃表面上，用塑料刮刀将其刮平，去除内部的气泡和多余的水分，晾干后，防爆太阳膜便能牢固地粘附于玻璃上。将防爆太阳膜贴于平面玻璃上并不难，但汽车玻璃多为曲面结构，这就决定了防爆太阳膜的装贴是一项操作技术性高、工艺难度大的工作，必须按照特定的工序进行。其基本步骤如下：

（1）准备　车膜粘贴前需做好以下准备工作：一是环境准备，为确保车膜粘贴质量和效果，整个安装车间要做到封闭无尘；二是工具准备，应准备喷雾器、不起毛的擦洗布、棉毛巾、擦洗垫、刮刀和可替换刀片、清洁剂板和超级刮板、重型切刀（可断开刀片）、白塑料硬卡片、放工具的围裙等；三是调制粘贴溶液，粘贴溶液由 1.14L 清水与 6 滴中性溶液配制而成。

（2）玻璃外侧的清洁　在玻璃外侧喷洒清水，用手触摸一遍，因为人手的敏感度最强，能感触出稍大的尘粒，然后用专用刮刀清除粘附的污垢，同时要注意玻璃橡胶压条缝隙的清洁，最后喷洒一遍清水。

（3）下料

1）粗裁剪。根据玻璃尺寸裁剪合适的太阳膜，裁剪的尺寸要稍微放大一点，给定型裁剪留出余地，裁剪时要注意防皱。

2）定型裁剪。将待贴玻璃外表面喷湿，把裁下的防爆太阳膜贴合在玻璃上（应将防爆太阳膜有保护膜的一面向外），用裁纸刀沿玻璃轮廓修整，使其与轮廓相吻合。由于车窗玻璃有一定的弧度，对于不能吻合的部位，用电热吹风机进行适当收缩，一边加热一边用塑料刮刀挤压玻璃上的气泡和水分，使防爆太阳膜变形，直至与玻璃的曲面完全吻合。特别注意，温度不可过高，以免损坏太阳膜。

（4）粘贴

1）玻璃内侧的清洁。玻璃内侧面为真正的贴膜面，清洁时一定要彻底。首先对驾驶室进行喷雾处理，包括空间、座椅和地板，使空气中的灰尘能沉降下来，减少座椅和地板扬尘对贴膜的影响。在玻璃上喷洒清水，用刮刀将粘附物刮除干净。

2）粘贴防爆太阳膜。粘贴前应进一步清洁待贴玻璃，保持玻璃的清洁，在玻璃表面喷洒一层清水，将裁剪好的防爆太阳膜的保护层去掉，在胶层上喷上一层清水，这样可以减少膜的粘性，并容易去掉静电引起的吸附物。将膜贴到玻璃上，左右滑动，正确定位后，再往膜上稍微喷点水，用刮刀由中间向两边刮压，将玻璃和膜之间的水分和气泡挤出。最后完成边角处的刮贴。

（5）检查　车膜粘贴完毕后应仔细检查粘贴质量：一是检查粘贴是否牢固，尤其是边角部位；二是检查有无气泡；三是检查车膜有无褶皱；四是检查有无刮痕。如发现问题应返工。

2. 粘贴注意事项

1）粘贴前，必须保证玻璃的绝对清洁，玻璃上残留有任何细微的粉尘时，均会影响防爆太阳膜的粘附力和透视率。

2）粗裁剪时，裁定的尺寸要稍微放大一点，以便贴膜时留有余地。

3）电热吹风机的温度不可过高，以免损伤防爆太阳膜。

4）前风窗玻璃粘膜尤其要慎重。一是对膜的质量要求严，透光度要高，隔热性要好，防爆性要强；二是前风窗玻璃的弧度大，面积大，必须整张贴，所以施工的难度高。

5）在太阳膜粘贴后的二三天内，不要升降车窗。

6）在太阳膜粘贴后5～7天内，不要用水清洗车窗及开启除雾开关。如果要清理车内玻璃请用湿毛巾或海绵小心擦拭。让膜在这些日子里保持干燥，由于水分未干，有些变形是正常的。

第三节　汽车防盗器

汽车防盗器就是一种安装在车上，用来增加盗车难度，延长盗车时间的装置。它是汽车的保护神，通过将防盗器与汽车电路配接在一起，可以达到防止车辆被盗、被侵犯，保护汽车并实现防盗器各种功能的目的。

一、汽车防盗器的功能

随着汽车防护要求的提高，车用防盗装置的功能也日趋完备。目前市场上汽车防盗器的主要功能如下：

(1) 防盗设定与解除　其主要作用是警戒车辆，以防被盗或受侵害。

(2) 全自动设防　若车主忘记设防，报警器将自动进入防盗警戒状态。

(3) 静音设防与静音解除　静音设防与解除，无噪声，适合于在夜间、医院和特殊环境下使用。

(4) 二次设防　设防解除后，若30s内车主未开车门或起动发动机，则主机自动进入防盗状态。

(5) 寻车功能　在停车场内帮助车主寻找车辆。

(6) 求救　在紧急事态发生时能设定紧急呼救。

(7) 振动感应器暂时关闭　遇到恶劣天气，但汽车处在安全环境下，使用此功能可减少误报和噪声。

(8) 进场维修模式　适用于汽车进场维修，遥控器无需交给维修厂，安全方便。

(9) 行车时控功能　点火后车门自动落锁，熄火后车门自动开锁，车辆使用安全、方便。

(10) 密码抗扫描　计算机自动判别密码正确与否，并过滤扫描器信号，杜绝扫描密码，因而可防止盗贼用扫描器扫描报警密码盗车。

(11) 跳码抗拷贝　每次进行设防和解除警戒时，主机及遥控器都同时更改密码，防止盗贼用无线电解码器解码盗车。

（12）遥控发动机起动　提高效率，节省暖车时间。

二、汽车防盗器的种类

汽车防盗器按其结构可分为机械式、电子式和网络式三大类。

机械式防盗器是采用金属材料制作的各种防盗锁具，包括转向柱锁、转向盘锁、变速杆锁、踏板锁（离合器踏板锁、制动踏板锁）、车轮锁等（图 8-1）。通过这些防盗锁具锁住汽车的操纵部件，使窃贼无法将汽车开走。该类防盗器简便易行、价格便宜，缺点是不能报警。

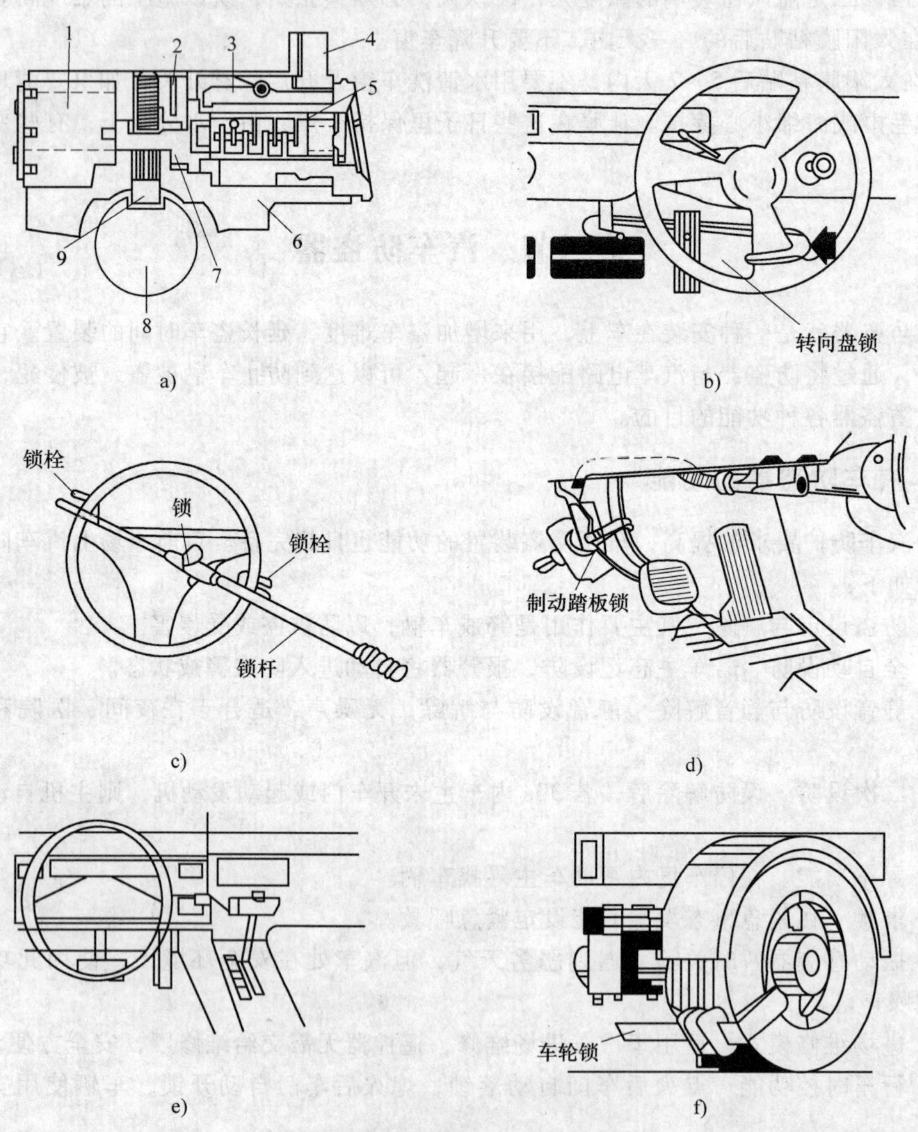

图 8-1　机械式防盗器

a）转向柱锁　b）转向盘锁　c）拐杖锁　d）制动踏板锁　e）变速杆锁　f）车轮锁

1—点火开关　2—锁止器挡块　3—开锁杠杆　4—开锁按钮　5—钥匙筒　6—转向柱管上托架　7—凸轮轴　8—转向柱　9—锁杆

电子式防盗器也称微电脑防盗器，主要有插片式、按键式和遥控式等。该类防盗器通过电子设备控制汽车的起动、点火等电路，当整个系统开启之后，如果有非法移动汽车或开启车门、发动机罩、行李箱盖或接点火线路时，防盗器立刻发出警报，顿时灯光闪烁，警笛响起，同时切断起动电路、点火电路、喷油电路、供油电路，甚至自动变速器电路，使汽车处于完全瘫痪状态。该防盗器安装隐蔽、功能齐全、无线遥控、操作简便，是目前中、高档轿车上广泛使用的防盗装置。典型的电子式防盗器如图 8-2 所示。

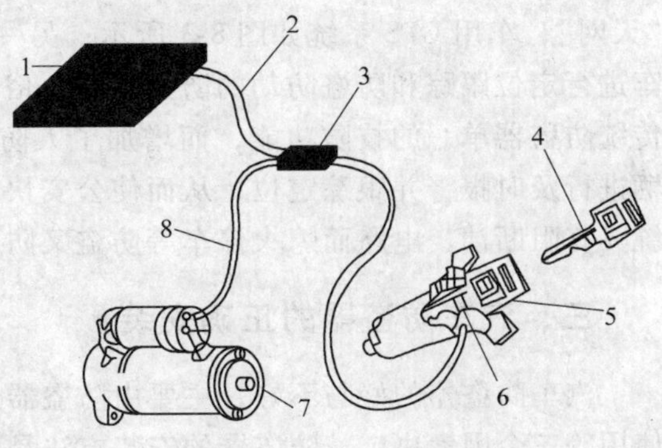

图 8-2　电子式防盗器

1—发动机控制组件（ECM）　2—至 ECM 的频率链路　3—电子钥匙模块　4—点火钥匙电阻晶片　5—点火锁　6—电阻检测触头　7—起动机　8—电磁开关馈电线

网络式汽车防盗是目前国际上比较流行而且比较先进实用的一种防盗方式。它是在充分总结了前几种防盗方式存在的人防与技防脱节、防盗方式单一、防盗不防劫的弊端之后而发展起来的一种新型的汽车防盗方式。其主要有两种：一种是全球卫星定位、通过数字通（GSM）进行无线传输的GPS防盗系统，俗称

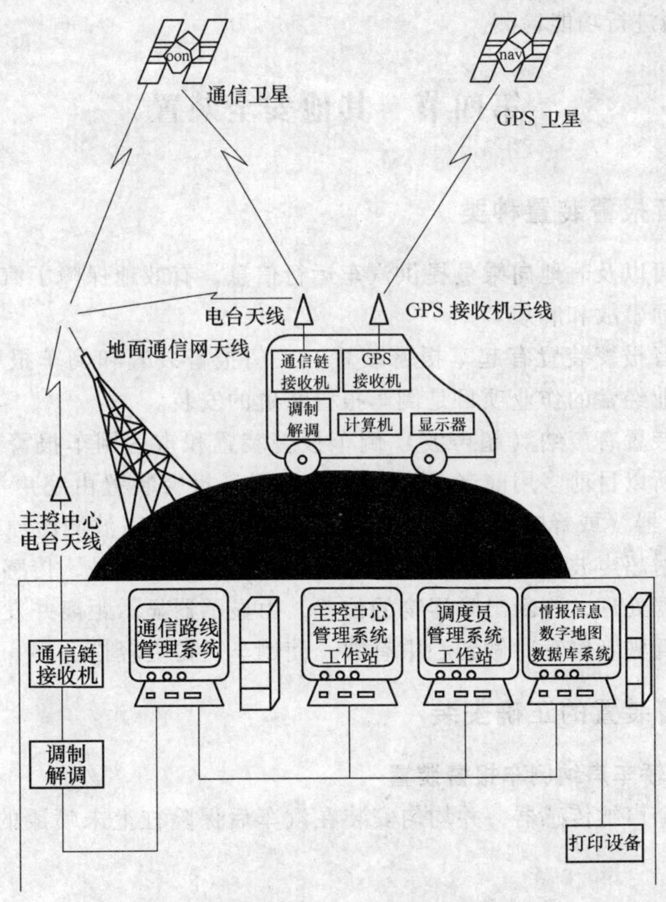

图 8-3　车用 GPS 系统

"天网"，车用 GPS 系统如图 8-3 所示；另一种是以面信标定位、通过有线和无线传输对汽车进行定位跟踪和防盗防劫的防盗系统，俗称"地网"。该类防盗系统最大的优点是改变了传统防盗器单一的技防功能，而增加了人防功能，它通过建立在天空和地面的"网"对车辆进行及时报警并跟踪定位，从而使公安快速出警追堵被盗车辆成为可能，而且这种防盗系统具有阻断油、电路而熄火停车等防盗又防劫功能。

三、汽车防盗器的正确安装

汽车防盗器的好与不好，主要由防盗器产品质量、防盗器的安装方法以及防盗器的正确使用等三个因素决定。防盗器的安装方法是与防盗器质量同样重要的因素之一，且由于防盗器安装不良而造成的损失更是惨重，比如造成汽车电脑死机、安全气囊炸出、烧毁汽车电器及其他部件损坏等。因此，正确安装防盗器是十分重要的。

汽车防盗器的安装原则是：

1）详细阅读产品说明书。

2）认真阅读产品配线图。

3）判断产品每个零件接口方式的位置。

4）保证连接牢靠、绝缘性能良好。

5）安装完毕须进行功能检测。

第四节　其他安全装置

一、汽车语音报警装置种类

语音报警装置可以及时地向乘员提供汽车运行信息，有效地保障了汽车行驶的顺畅和乘员的安全，减少交通事故和麻烦。

常见的汽车语音报警装置有起车报警装置、关门报警装置和倒车报警装置三大类。其中，在汽车美容企业经常的作业项目是倒车报警装置的安装。

汽车倒车报警装置有声纳（超声波）倒车报警装置和雷达倒车报警装置，因雷达倒车报警装置造价高，所以目前多用前者。通常，声纳倒车报警装置由超声波传感器（俗称探头）、控制器和显示器（或蜂鸣器）等部分组成。系统采用超声波测距原理，在控制器的控制下，由传感器发射超声波信号，当遇到障碍物时，产生回波信号，传感器接收到回波信号后经控制器进行数据处理，判断出障碍物的位置，由显示器显示距离并发出警示信号，得到及时警示，从而使驾驶者倒车时做到心中有数，使倒车变得更轻松。

二、倒车报警装置的正确安装

（一）奥迪 A6 轿车声纳倒车报警装置

该装置装有四个声纳传感器，并均匀安装在汽车后保险杠上未喷漆的部位上，如图 8-4 所示。

1. 装置结构

图 8-5 所示为奥迪 A6 轿车声纳倒车报警装置图。声纳传感器既是执行元件又是传感器，

既发射信号，也接收信号。控制器向四个声纳传感器中的一个发出命令，该传感器即发出超声波，四个传感器都接收超声波的回波。在声纳传感器内，回波信号被转换成声纳传感器安装位置数字信号，并将其传递到控制器，控制器根据回波的传播时间计算出与障碍物的距离。

声纳传感器由一个无线电收发机和一个整理器构成，整理器将回波信号转换成数字信号传递给控制器，其结构如图 8-6 所示。

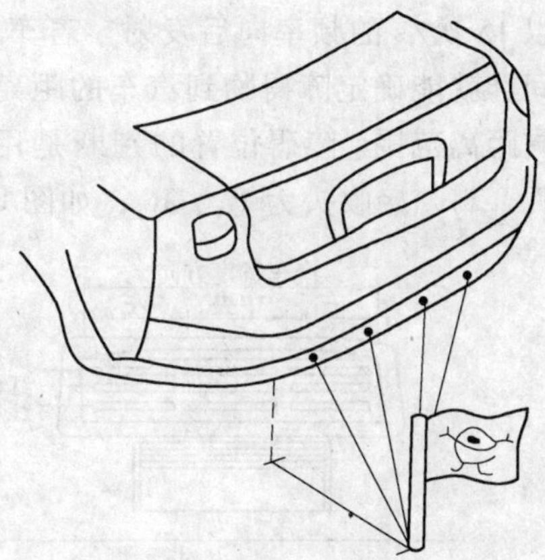

图 8-4　奥迪 A6 轿车倒车声纳传感器安装部位

2. 工作过程

1）当挂上倒挡时，声纳倒车报警装置即开始工作，发出“嘟嘟”的声音表明该装置状态良好。

2）当车与障碍物相距 1.6m 时，可听见间歇报警声。离障碍物越近，声音越急促。如距离小于 0.2m，则连续发出报警声。报警声间隔及音量用故障检测仪 V. A. G1551 设定。报警区域如图 8-7 所示。

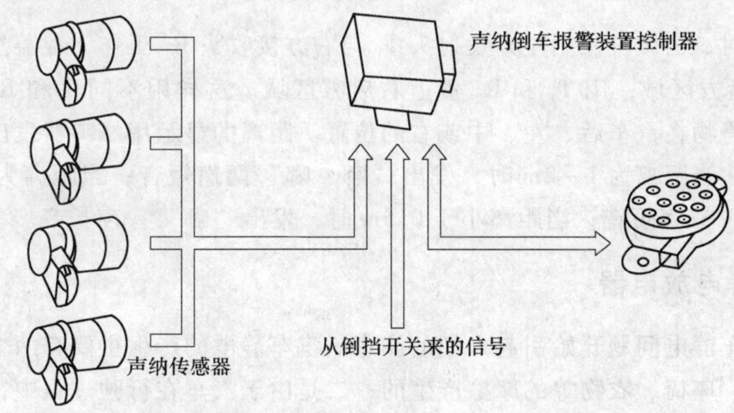

图 8-5　奥迪 A6 轿车声纳倒车报警装置图

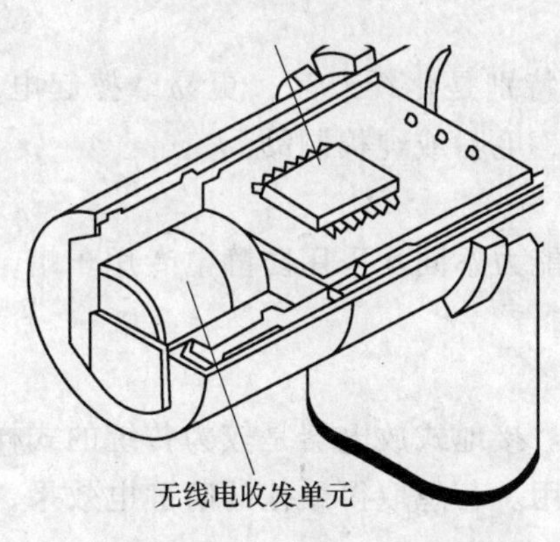

图 8-6　声纳传感器结构图

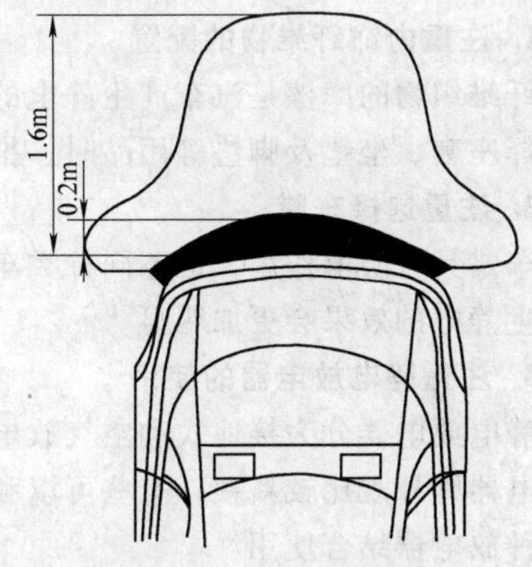

图 8-7　报警区域

（二）丰田轿车倒车报警装置

丰田轿车声纳传感器的安装位置和工作原理与奥迪 A6 轿车相似。40kHz 的超声波脉冲，以 15 次/s 的频率向后发射。若车后有障碍物，超声波在该处被反射，根据超声波的往返时间，就能确定障碍物到汽车的距离。不同的距离采用不同的报警方式，如用不同声响区别不同距离范围。障碍位置的判断是用不同传感器发射头与接收头的组合而获得的，发射头为 T_1、T_2，接收头为 R_1、R_2，如图 8-8 所示。

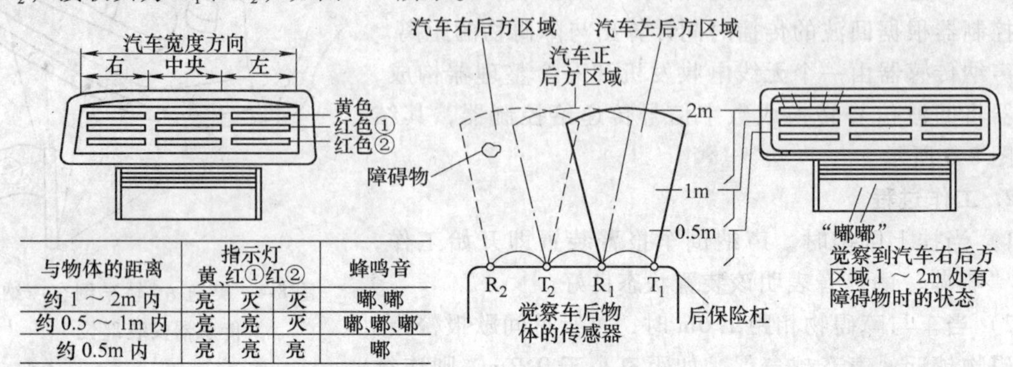

与物体的距离	指示灯 黄、红①红②			蜂鸣音
约 1 ～ 2m 内	亮	灭	灭	嘟、嘟
约 0.5 ～ 1m 内	亮	亮	灭	嘟、嘟、嘟
约 0.5m 内	亮	亮	亮	嘟

图 8-8　障碍物的位置和显示器的关系

汽车在倒车时，由微机控制左方发射头 T_1 与右方接收头 R_1 工作，覆盖左后方区域；用 T_2 和 R_1 覆盖正后方区域；用 T_2 和 R_2 覆盖右后方区域。这样用不同 T 和 R 的组合巡回检测，即可确定障碍物在汽车后、左、中或右的位置。距离的显示用蜂鸣器发出声音报警，显示器报警灯发亮。当距离为 1 ~ 2m 时，发出“嘟、嘟”两声短音；当距离为 0.5 ~ 1m 时发出“嘟、嘟、嘟”三声短音；当距离小于 0.5m 时，发出“嘟”一声长音。

三、汽车静电放电器

近年来，汽车静电问题开始引起人们的注意。汽车静电的产生主要有两个来源：一是纤维织物，如地毯、座椅、衣物等的摩擦产生的；二是由于汽车在行驶过程中，空气中的尘埃与车身金属表面相互摩擦产生的。无论是哪种原因产生的静电，都给乘员带来诸多不便，甚至造成伤害。为了消除车内的静电，可采用以下三种方法：

1. 注重内饰纤维物的配置

纤维织物的摩擦是汽车产生静电的重要来源，特别是化纤产品，更易摩擦起电。因此，在选择座套、坐垫及脚垫等用品时，推荐使用真皮、毛料或纯棉制品。

2. 注重选择车蜡

车蜡具有防电作用，但不同种类车蜡防静电的能力不同。采用防静电专用车蜡，防止汽车产生静电的效果会更加明显。

3. 注重静电放电器的使用

静电放电器分为接地式和空气放电式两种类型。接地式放电器是较为传统的式样，而空气放电器则外观比较新颖，有些可以和车载天线共用。若想取得最佳的防静电效果，最好让这两种放电器结合使用。

四、汽车安全带的种类、特点及其正确安装

随着轿车工业的发展，汽车安全问题日益为人们所重视。人们采取了各种措施以提高车

的安全性能。其中，安全带的使用是提高汽车安全性的重要措施之一。

汽车行驶时，乘员以与汽车相同的速度运动。当汽车发生碰撞紧急制动时，由于惯性作用乘员被抛向前方，这种突如其来的惯性力非常大，即使在20km/h的车速下发生很轻碰撞，靠人的腕力也不能支撑身体。而座椅安全带通过高强度的织带约束乘员的运动，减小或避免乘员与其他物体碰撞损伤。同时，当汽车失去平衡、倾覆或翻滚时，安全带将人体固紧在座椅上，使其避免在车内翻滚而造成二次或多次碰撞。

大量使用实践证明，安全带是最有效的安全防护装置，它可大幅度降低碰撞事故的受伤率和死亡率。

现代轿车必须装备安全带，前排座椅装用三点式，后排座椅装用两点式或三点式。

两点式安全带只固定乘员的腰部，不固定上半身，不可用于前方有转向盘和前挡板的前排座椅。

三点式安全带是在两点式安全带的基础上，加上一根斜跨到肩部的固定上半身的带子，固定带子的固定点有三处，故称为三点式。三点式可固定乘员上半身，大大提高了行车安全性。三点式安全带各组成部分如图8-9所示。

在座椅的外侧和内侧（紧急锁紧式伸缩装置）的三点式安全带地板上各有一个外侧地板固定点和内侧地板固定点，第三个外侧上部固定点位于座椅外侧车身支柱的上方。绕过上方固定点的环状导向板，带子伸入车身支柱内腔卷在支柱下端的收卷器内。带子由结实的合成纤维组成，包括斜跨前胸的肩带和绕过人体胯部的腰带。乘员胯部内侧附近有一个插扣，插扣由插板（松套在带子上）和锁扣（与内侧地板固定点相连）两部分组成，这两部分插合后即可将乘员约束在座椅上，按下插扣的彩色按钮就能解除约束。这种结构在正常情况下对人体上部并不起约束作用，当乘员向前弯腰时，带子可从收卷器经由上方固定点的导向板被拉出；而当乘员恢复正常坐姿时，收卷器又会自动将带子收起使带子随时与人体保持贴合。但在紧急情况下，亦即汽车减速度超过预定数值时或车身严重倾斜时，收卷器会将带子卡住，从而对乘员产生有效的约束。

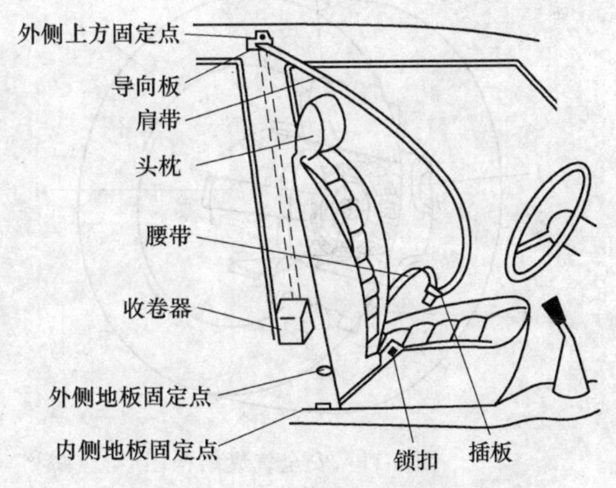

图8-9　三点式安全带的组成

五、安全气囊的结构和作用原理

现在，越来越多的汽车都装备有安全气囊，其目的是辅助保护乘员，基本前提是佩戴安全带。由于汽车撞车时产生的冲击力很大，即使佩戴了安全带，驾车者的脸部有时也会撞击在转向盘或前方其他物体上。安全气囊系统可弥补佩戴安全带后仍不能固定身体使之得以充分保护的不足。一般当汽车以大于20km/h的行驶速度，在正前方±30°的范围内发生撞击时，安全气囊就会迅速自动充气弹开，瞬间充起一个很大的气囊，犹如缓冲垫填在驾驶员和转向盘之间（图8-10），从而减轻驾驶员（或乘员）头部及胸部的伤害。

1. 安全气囊的结构

安装于转向盘中的安全气囊系统一般由气体发生器、防护盖、气囊、约束件、溢气孔等组成，其结构如图 8-11 所示。气囊一般用轻而张度大的尼龙布作材料。内壁涂上一层聚丁橡胶，通常折叠成一定形状置于转向盘上，也可视需要置于其他部位。约束件 4 位于气囊 3 内部的筋条上，其作用是使气囊充气时形成圆形气垫，气囊充足气时体积约为 80L，气压约为 103 ~ 106kPa，驾驶员压向气囊时最大压力可达 158 ~ 161kPa。在气囊的背面有四个溢气孔 5，当驾驶员头及胸部压向气囊时，使气体缓慢均匀地溢出，从而吸收冲击能量。气体发生器 1 装于叠紧的气囊底部，当发生撞击时，车辆减速度达到约 17.64m/s^2（1.8g）时，在电子装置的控制下，产生足量的气体充入气囊。气体发生器的结构如图 8-12 所示。

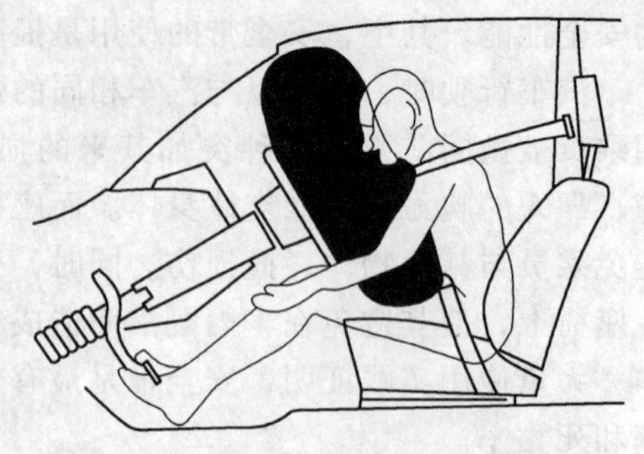

图 8-10 安全气囊的保护作用

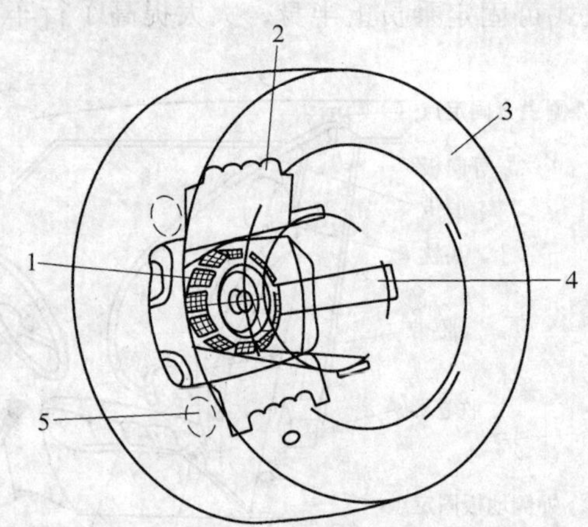

图 8-11 安全气囊结构图

1—气体发生器 2—防护盖 3—气囊

4—约束件 5—溢气孔

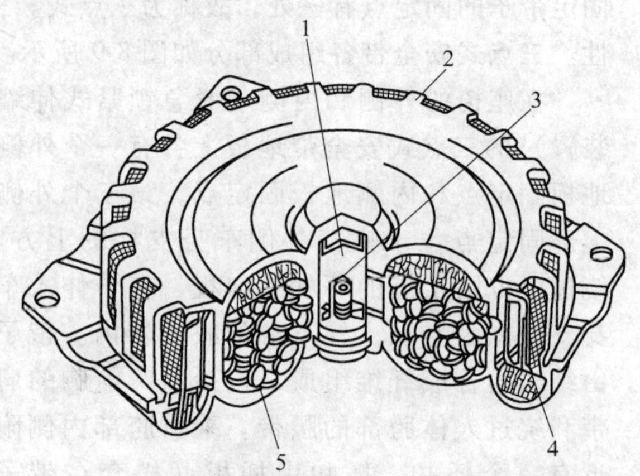

图 8-12 气体发生器的结构

1—炸药 2—气体发生器 3—引信

4—金属滤网 5—固体燃料

2. 安全气囊的工作原理

当电子控制装置产生信号时，引信 3 引爆炸药 1，从而点燃固体燃料 5，产生足量的氮气，经金属滤网 4 过滤后，约 30 ~ 50ms 内使气囊充满。气囊膨胀鼓起又即刻泄气变瘪，时间约为 0.1s。

目前，安全气囊系统使用的发生剂主要是叠氮化钠，其燃烧后产生氮气，欲使燃料叠氮化钠充分燃烧，必须添加助燃剂，结果使气体发生器体积、质量较大；另外叠氮化钠在燃烧前有毒性，因此非叠氮化钠的气体发生器应运而生。第二代气体发生器是由压缩气体充气，而不使用爆炸性固体物质。气囊系统中的气袋主要由聚酰胺纤维制成的，并用氯丁橡胶覆盖。近几年来已经开发出不带涂层织物的气袋，不但有利于再循环使用，又有利于减轻气袋质量。

几年前，安全气囊还是为前方碰撞保护而设计的，追尾撞车或侧面碰撞则无效。现在已经开发出了侧面碰撞防护系统（SIPS），并在轿车上使用。它能将车辆侧面撞击中所承受的力量有效地分散出去，使侵入车辆的外力大幅度降低，从而避免对乘员的直接伤害。

侧面气囊主要包括头部、胸部及头部与胸部结合的气囊。头部气囊一般安装在乘客室的上部，胸部气囊安装在门饰内或座椅靠背上。汽车发生碰撞时，无论座椅是向前滑，还是向后滑，气囊总是与乘员保持最佳位置。

第五节　汽 车 精 品

一、汽车香水种类及其选择

1. 车用香品的功能

（1）净化车内空气　车用香品能清除车内异味、杀灭细菌，从而使车内空气得到净化。

（2）营造温馨环境　车用香品怡人的芳香，营造了温馨、舒适的车内环境，增添了车内浪漫情趣。

（3）利于行车安全　车用香品使车内空气清新，具有清醒头脑、抗抑郁和使人镇定等功效，从而减少行车事故的发生率。

（4）可作车内饰品　车用香品的容器造型各异，绚丽多彩，可与车内饰品相媲美，让人赏心悦目，具有独特的装饰效果。

2. 车用香品的种类

车用香品按形态可分为气雾型、液体型和固体型 3 种。

（1）气雾型车用香品　也称空气清新剂，主要由香精、挥发性溶剂和气雾剂组成，可分为干雾型和湿雾型等多个品种。这种香品里还含有除菌消臭剂，可以覆盖车内某些特殊异味，如行李箱味、烟草味、鱼腥味和小动物体味等。

（2）液体型车用香品　也称车用香水，是车用香品中比较常见的品种，用户也比较多。它是由香精和挥发性溶剂混合而成，盛放在各种具有艺术造型的容器中。

（3）固体型车用香品　主要是将香精与一些材料如 UV 硬化树脂混合，然后加压成各种造型，也有将其制成香珠，存放在香珠盒内垂挂在轿车空调出风口，香气便会随风慢慢散发。最近，有家芬奈尔（FU. NE）公司推出一种除烟味香沙，香沙能分解吸烟时发出的臭气而不会影响香烟的原有味道，共有 5 种味道以供选择，为吸烟及非吸烟者带来和谐的环境。

此外，还有一些利用芳香材料制成的车内用品，如香味织物制成的香花、用香味陶瓷制成的艺术台笔等。

3. 车用香品的配制

气态车用香品主要由香精、溶剂和喷射剂等组成。液态车用香品由香精与挥发性溶剂混合而成，盛放在各种具有造型美观的容器中。固态车用香品主要是将香精与一些材料混合，然后加压成型。

香精是根据车用香品应具备使人愉悦、净化空气、杀菌等性能，利用化学合成和天然香料，经反复实验调配而成。化学合成的香精气味非常浓烈，常常有盖住车内异味的作用；天然香料是一种理想的香品原料，如薄荷、樟脑、檀木等，香气宜人，但价格一般较昂贵。不同的香精按一定比例加入到基料中，可使车用香品散发出各种奇妙的香气。在香品中往往还配有一种收酵素的化学原料，它能使香气缓慢释放，并具有氧化作用，可分解臭气和杀菌，使香品中释放出来的香气具有抗异味、清脑、镇定等功效。

车用香品的香型和颜色是相互关联的，如黄色为柠檬香、草绿色为青苹果香、粉红色为草霉香、嫩绿色为松木香、紫色为葡萄香、乳白为茉莉香、淡蓝或淡绿色为薄荷香、橘红为樱桃香。

4. 车用香品的选用

（1）根据季节气候选用　在寒冷的冬季或炎热的夏季，车内开空调，这时需选用挥发性强的香品，以便有效地去除空调引起的车内异味及其他异味，达到清新车内空气的目的；而在冷暖适宜的春、秋季，可选自己喜爱的香型。

（2）按驾驶员及乘客的需求选用　驾驶员行车时，需要保持一定的平衡心态，车内的环境需保持温馨、宁静。所以，可选择清甜的鲜花香气、清凉的药草香气、宁人的琥珀香气等香型的香品。

（3）按情趣的需求选用　有的驾驶人员或专用人习惯吸烟，不妨选用有浓郁的药草香、新鲜的绿茶香、甜润的苹果香等香味的香品，可以有效地去除烟草中的刺激气味。最好不要选用气雾型的香品，因为气雾型香品易着火。如果喜欢开快车，应最好选凝胶型固体香品。

（4）根据性别选用　如果驾车者是女性，专用乘车者也是女性，可选用各种清甜的水果香、淡雅的花香型香品。近来动物造型的车用香水，因造型活泼可爱、优雅风趣，很受成熟女性的喜爱。若驾车者和专用乘车者均是男性，则选用香品的外观造型比较单调，选择香品时，以古朴为准，并与车内饰物浑然一体，如淡雅的古龙香、琉璃香、龙涎香等车用香品，比较受欢迎。在外观上，木纹、皮革等式样也比较合适。那种过于夸张，过于艳丽包装的车用香水，往往使人感到不舒适，一般不受欢迎。

（5）根据车辆状况选用　因车辆状况差异很大，如大型货车与高级轿车，车内装饰差异甚大。所以，在选择车用香品时，还要考虑与车内装饰协调，讲究整体和谐。

总之，以上这些原则，均是为了达到使用车用香品的最终完美效果。

二、汽车氧吧

随着人们生活水平的提高，环境对人体健康已被普遍重视。人们知道，健康不仅需要“绿色食品”，同时更需要“绿色空气”，即含高浓度负离子、没有病毒、烟尘的空气。汽车氧吧正是为这样的要求而问世的，它能源源不断地产生活性氧和负离子，进而改善车室空气环境。

负氧离子被喻为“空气维生素”，能促进人体新陈代谢、提高免疫力、调节机体平衡、令人心旷神怡。由于“汽车氧吧”能产生大量负氧离子而被誉为“绿色汽车之宝”。汽车氧吧除烟、降尘的原理不是通过过滤空气，而是通过分解烟雾及灰尘，使尘粒沉淀，通过活性氧杀灭各种有害菌及病毒，消除异味，从而达到除烟、除尘、除异味的目的。另外，将香料装入氧吧中，还可以代替汽车香品以调节车室空气。

三、汽车坐垫的选用

1. 真皮座椅

真皮座椅能提高汽车配备档次，让汽车能够在视觉上、触觉上，甚至在味觉上都有一个好的心理感觉，使汽车增色不少，人进入车内后，有一种坐到高级沙发上的感觉。

真皮座椅美观耐用，容易清理，与人体表皮功能接近，触感舒适，其毛细孔具有良好的透气性，表面平滑，有良好的散热性能。另外真皮坐垫不易燃烧，不怕烟蒂烧破，还可增加制冷效果，节省空调燃料消耗等优点，是许多座椅装饰的首选。

真皮座椅的材料有两种，一种是真皮，另一种是合成皮。经过精细加工制作而成的汽车真皮座椅的透气性、坚韧性、保暖性、散热性及其耐久性和柔软性都绝非任何人造材料可以代替的。汽车座椅必须用牛皮，羊皮强度不够，猪皮也不行（除特殊的高质猪皮）。牛皮分不同等级，头层皮在强度、透气性、花纹和色泽上都首屈一指，是最适合的皮质。汽车专用真皮最上乘的要属意大利产的专用牛皮，它是意大利特殊牛种的皮，其厚薄程度和其他性能都与家居用牛皮、服饰用牛皮的皮质不同。汽车专用真皮须能耐得起各种不同气候的挑战。它的加工过程也是精制而独特的，要经过急速冷冻保鲜、两次干燥处理、计算机染色、紫外线杀菌等工序，因而其具有防皱、抗老化、抗撕裂、不褪色、无任何病菌的特点。用这样的皮经仔细加工制作出的汽车真皮座椅，无疑能充分体现汽车的身价。

真皮座椅有传统式皮椅和椅套式皮椅两种。所谓传统式，是指换装真皮椅前，需将原有的绒布座椅拆除，然后再重新缝制一层真皮。这样做的好处是店家完全可以按照原来的椅型及椅面上缝隙，重新缝制一张完全符合座椅造型的真皮。因此，既可以保持原设计的线条，更能确保在长久使用下，椅面不变形。所谓椅套式，是指一种已经制好的皮椅套，只需将它套在座椅上即可，具有拆装自如、相对便宜的优点，但长时间使用，容易变形。现在已有更好的方法，将椅套固定在绒布椅上，通过固定胶条，将椅套牢牢粘住，甚至连皱褶和沟纹都不可能再现。

安装真皮汽车座椅时，要注意的是：

1）要仔细鉴别座椅的皮质。汽车专用真皮皮面光滑，皮纹细致，色泽光亮柔和且无反光感，手感滑爽而富有弹性。其厚度应均匀，约为1.3～1.6mm，只有此种厚度才能保证弹性和耐久性。真正的牛皮冬暖夏凉、透气性良好且富有弹性，而人造皮革正好相反。制作家具的牛皮是较厚的，制作服装的皮革较薄，只有厚薄适中的牛皮才能用于汽车。

2）要鉴别安装的是座椅还是座套。汽车座椅是依据椅子的骨架，通过仔细的测量，精细的剪、贴、胶合、缝制而成的，并由有经验的技师安装，它牢固、严紧，与汽车骨架紧密地结合在一起。而座套只是在原有的座椅外表罩一个套子，它也是利用牛皮加工的，但座套与座椅之间有一定的距离，就如人的衣服，不可能完全紧贴在身上，因此座套要较松些，但也不能太松，否则很容易起褶，在汽车行驶中经常拉扯，很容易撕裂。

3）看工艺与缝制质量。牛皮座椅制作过程中，需用原车的座套制板，根据板形缝制座套。板形如何，很大程度上决定着真皮椅套缝出后是否得体、好看。缝制质量非常重要，从表面能看到的只有明线和“做缝”，明线必须横平竖直，“做缝”要在3mm以上。否则，皮椅在使用过程中可能由此开裂。另外，要注意内在质量，比如内部定位用的钉子用了多少，用少了，将影响座椅使用的耐久性。

4）安装时要注意售后服务，如产品维护期的长短，是否保修、保换，是否维护清洗等。

2. 布艺椅套

与真皮座椅相比，布艺座椅的透气性能、吸水性能、隔温性能更优。布艺椅套有相当大的选择空间，各种材质、各种花色琳琅满目。椅套按材料可分为化纤、棉混纺、纯棉、丝绒、裘毛等。其中棉混纺椅套是市面上最常见的，也是许多车主最爱的选择，这种椅套的最大好处在于易于清洗，而且还结实耐用，不易磨损。丝绒椅套摸上去手感柔软舒适，透气性良好，不粘身，利于汗液的挥发，但清洗时就麻烦一些，必须干洗；裘毛比较少用，特别是在南方潮湿的环境。目前市面上多了一种有趣又实用的“变脸”椅套，这种椅套中间“脸谱”部分可以取下，不同心情，不同的环境可随时选择不同的“脸谱”配搭，达到多套合一的使用效果。

目前，椅套的款式已趋向家居化、装饰化，可据车型的座椅结构和个人爱好来进行设计，量身定做。但选择椅套要注意颜色和汽车的颜色要搭配，尤其和仪表台、地板和门板的颜色要和谐，小车一般多采用色调鲜艳、花式较丰富的椅套，大车多选用色调较沉、花式统一的椅套。

3. 汽车坐垫

按材质不同，坐垫可分为纯毛坐垫、混纺坐垫和帘式坐垫三类。

（1）纯毛坐垫　纯毛坐垫具有乘坐舒适、柔软度好、透气性能优良等特点，同时还可以有效防止车室静电产生，但价格较高，适用于中高档汽车。

（2）混纺坐垫　混纺坐垫根据参与编织的原料不同，可细分为棉麻混纺坐垫、棉毛混纺坐垫等。其中棉麻混纺坐垫具有透气性能优良、韧性强、易于日常清洁护理等特点，但若护理不当会出现变黄，影响视觉效果。混纺坐垫含棉毛量越高，其柔软程度越好。还有一类化纤与棉麻混纺坐垫，价格低，透气性好，但易产生车室静电，适用于中低档汽车。

（3）帘式坐垫　帘式坐垫一般用硬塑制品或竹制品串连而成，其透气性极佳，适于高温季节或车室空调环境不良的情况下使用。

四、桃木内饰精品的选择

作为一种品味和身份的象征，桃木内饰现在已经成为越来越多高档车的必备品。装桃木内饰，不仅仅是一种含蓄品味的象征和表达，同时也是一种追求个性的需要。目前桃木内饰已经有100多种颜色和花纹可供选择，有亚光、光面等种类，较常用的是光面桃木，因为它漂亮而且不影响视线。车主可以根据自己的需要选择不同类型的内饰件，这也正是桃木内饰之所以风行的主要原因之一。

桃木内饰主要镶嵌在仪表板、中控板（副仪表板）、排挡、门扶手、转向盘等位置。桃木内饰有木质材料和仿木质材料之分。

木质材料一般是指胡桃木和花梨木。胡桃木的应用比较广泛，因为这些木材的优点是纹理优美、坚韧、不会变形。因此，一些高中档轿车用胡桃木做内饰材料，配上真皮或丝绒面料座椅，相辅相成，尽显一种优雅与华贵的气氛。

仿木质材料早在20世纪70年代就已经出现，这是一种塑料制品，一般用ABS、PVC（聚氯乙烯）、PC（聚苯乙烯）等材料制造。现代的贴膜技术可令仿制品做得惟妙惟肖，以假乱真，纹路、光泽与真的木质材料极为相似，以致于行家也只能靠油漆辨别真伪，因为只有木质品才需要多层油漆来防潮和防紫外线照射。当然，成批生产的塑料仿木质内饰的纹路图案可能是件件都一样，而天然的木质内饰的纹路图案却是独一无二的。现在有一些塑料制品需要喷涂专用清漆等涂层材料以抗老化，缩小了仿木质内饰件与木质内饰件的质量差距。另外，还有一种制造方法，就是在塑料基体上粘贴上一层极薄的木质镶饰，看上去与木质装饰件完全一样，因此可以自称为桃木装饰件。中低档轿车在桃木内饰上使用仿木质材料以提高档次。

五、轿车天窗的选用

汽车天窗的品种较多，但都是生产厂家按车型配套设计制造的。目前国内外都有天窗的生产厂家和产品供应，可供装饰选择。

1. 选装天窗的依据

目前市场上的天窗基本上都是按车型配套的，所以首先应按车型进行选择。在同类中应选需要的型号。一般在同类天窗中，有标准型、经济型及豪华型等。在条件允许时，一般都选用操作简便、功能齐全的豪华型天窗。当然，经济实用型的天窗也有一定的市场。

2. 天窗的安装

选购了好的天窗，还必须进行高质量的安装，如安装质量较差，使用一段时间后，便会出现天窗开启不灵、车顶渗水等现象。

天窗产品对安装技术、安装材料和装配工艺要求很高，在选择天窗服务商时，需谨慎，务必选择经验丰富，并有完善售后服务保障体系的安装服务商。为此安装前应对安装店仔细考察：一是要找一家有封闭车间的安装公司，安装汽车天窗是一项非常精细的工作，安装过程中绝对不能受到任何外界干扰；二是要观察一下店家对所经销天窗的性能、材质、规格及产地是否精通；三是要看一下店家是否有天窗厂家授权的安装证书，因为安装天窗需要非常强的专业技术；四是要选择有专业工具的店家，如果天窗切口处理得不好会直接影响到汽车今后的防水问题；五是要选择服务信誉好的店家，这样安装后的保修、维护及零配件更换能够得到保障。因为天窗不光要有精细的安装，还要有定期的维护，应定期对天窗的密封机构、滑动机构、泄水机构、驱动机构进行有效地维护，这一点都是由专业的天窗安装公司来完成的。

天窗的内外两层框架的合并是关键技术，要边合并边做密封处理，只要安装得科学合理，一般天窗是不可能发生漏水现象的，天窗安装完毕后必须做淋水试验。

内藏式天窗一般在边框上有 4 ~ 6 个固定支撑点，用螺钉固定在车门纵梁上，无须车顶承重。外倾式天窗，安装后要保证天窗的内外框架用 12 ~ 16 个螺钉夹紧在车顶上，使天窗与车顶基本连成一体。

3. 加装天窗注意事项

（1）认真选择天窗的类型、规格和品种　天窗的类型、规格繁多，必须按车型要求和天窗安装使用条件，综合考虑而选定。

（2）选择天窗必须与车型配套协调　在选择天窗的种类、规格时，应与具体车辆配套协调。高档车应选用豪华型天窗。若低档车选用豪华型天窗，则天窗会出现许多多余的功能，既不协调也不经济。

（3）天窗装饰应不影响车辆寿命　在设计制造天窗时，是按具体车型精心设计制造的，从结构、材料和制作工艺上都有科学依据，并经过一定的试验检测。只要选择合理，安装、使用正确，将不会影响车辆寿命。

（4）天窗装饰应不影响车辆的安全性　天窗的主体材料是玻璃和框架系统等，这些材质的性能与风窗和侧窗等相似。玻璃应采用强化安全玻璃，有防盗和安全系统，这些都说明，在安全性方面并不低于风窗和侧窗，而只会高于风窗和侧窗。

（5）天窗新产品在汽车装饰中推广应用　天窗的结构和材质不断推陈出新。例如具有特殊变色功能的玻璃材料，能有效地过滤紫外线和其他有害辐射物，并使车内保持一定的亮度；另外，乘客在车内还可以调节玻璃的透明度，既能清楚看到车外的景色，又能使车内有良好的光线氛围。这些新产品为提高天窗的功能创造了条件。

六、汽车视听装置的选配

1. 汽车音响配置原则

（1）系统协调原则　汽车音响系统的档次要与汽车档次相协调，即高档汽车应配置高档音响；中档汽车应配置中档音响；低档汽车应配置低档音响。高档汽车通常车内噪声较小，车体较厚，隔音效果不错，配置一套高档音响可获得满意的音响效果。如果将低档汽车配置高档音响，由于低档汽车的听音环境较差，难以获得好的音响效果，从而造成浪费。

（2）整体平衡原则　搭配汽车音响时一定要考虑一套音响各个组成部分的平衡，即主机、功放、扬声器和线材等都要进行恰当的选择，不可偏废。如果主机与扬声器的音质不匹配，主机功率或功放功率与扬声器功率不匹配，选择扬声器只看功率不看灵敏度，都属于不合理的搭配。此外，依照车主喜好的音乐风格也是很重要的。汽车音响可大致分为两大流派：音质型，以古典乐、交响乐为主；劲量型，以流行音乐、摇滚乐为主。主机、功放、扬声器都应按同一风格。

（3）大功率输出原则　所谓大功率输出原则是指在一套音响系统中，主机或功放的输出功率一定要大，因为它们的输出功率越大，表明它们能够控制的音频线性范围越大，这也就意味着其驱动扬声器的能力越强。而小功率的功放不仅容易引起声音上的失真，更会导致烧毁功放或扬声器线圈。

（4）音质自然重放原则　当专业音响人士评判一套音响系统的优劣时，都会不约而同地将其频响曲线的平滑性作为评价的主要客观参数。所谓频响，是表明系统再现音域范围的指标。从理论上讲，人耳能感受到的频率范围是20～20000Hz。但在实际中，分辨不出40Hz以下、18kHz以上的频率。但是高质量的CD机的频响却能达到这一范围。众多的技术参数不能完全说明音响系统的好坏，只能表明该音响系统的技术特性、指标。衡量一套音响系统好坏最直接有效的方法就是亲耳试听，即以个人听感为主，技术为辅。在听感方面：一是临场效果好；二是音乐整体平衡感强；三是对于移动的声像，有较好的表现，要有层次感。当然，欣赏一套器材的音响效果，与听者的欣赏水平、文化素质、现场情绪等因素是分不开的。

2. 配置方式

（1）主机+4个扬声器　如图8-13a所示。这种配置能满足一般音乐欣赏的需要。

（2）主机+1个4声道功放+4个扬声器　如图8-13b所示，这种配置适合于欣赏传统音乐、流行歌曲、交响乐等。

（3）主机+1个4声道功放+1个2声道功放+4个扬声器+超低音BASS　如图8-13c所示，这种配置适合于欣赏爵士乐、摇滚乐、重金属音乐。

3. 汽车音响的选配

（1）汽车音响选配原则　我国汽车音响市场基本上分为三部分：一是以日本为中心的

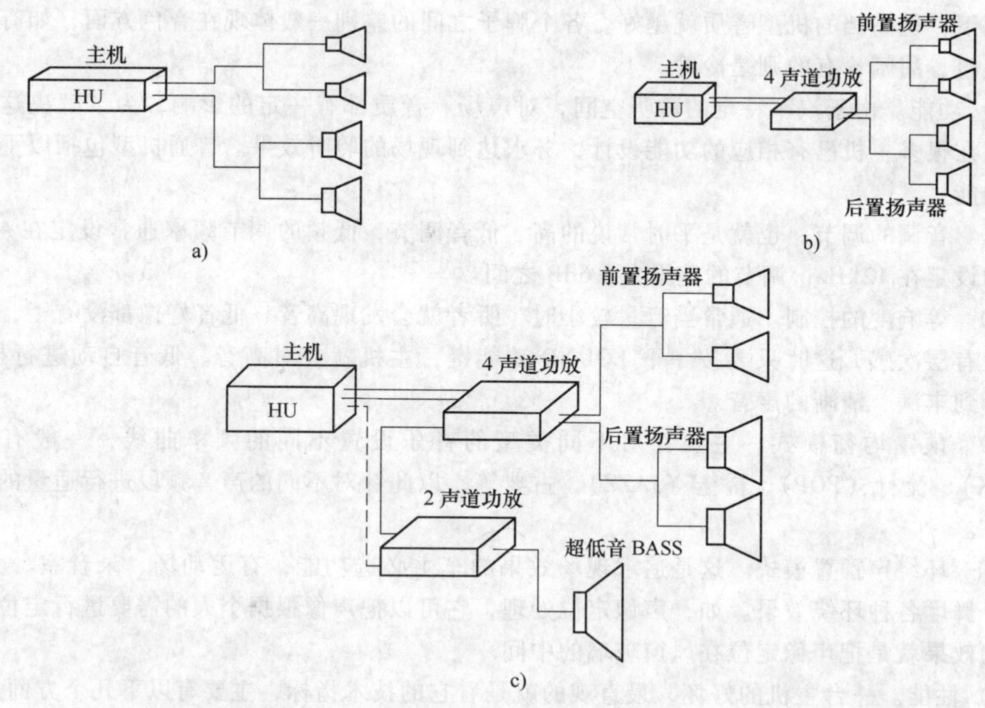

图 8-13　音响配置方式

国外品牌产品，如阿尔派、先锋、飞利浦、索尼、松下、中道等；二是以日系、韩系为特征的合资企业产品，如天津大宇、现代、丹东的阿尔派、大连的松下、上海的先锋、上海和惠州的建伍、东莞的歌乐等；三是国内品牌产品和一批杂牌产品，新兴的国产品牌如 Pkeway 等以品牌营销模式进入汽车音响业。

汽车音响与汽车一样，什么汽车音响为最好，哪辆汽车为最好，没有一个统一的而且是惟一的衡量标准。一般来说，只要能满足自己的感官对听觉的享受，能提供想听而又感到满足的音乐享受服务的音响，就是好的汽车音响，也是汽车音响选装或改装的原则。

（2）主机的选配　选配主机应重点考虑规格、音质、功能、性能等指标。

1）规格。主机外型尺寸分 1 DIN 和 2 DIN 两种规格。欧洲车的尺寸为 ISO 标准尺寸（1 DINSIZE：长 × 高 × 宽 = 185mm × 50mm × 160mm），又称为 DIN 尺寸（DIN：德国工业标准的缩写），这是目前市场上销售的汽车音响的标准尺寸，通用性极强。而日本车的尺寸一般为 2 DINSIZE，高度是欧洲车的一倍，基本上可以与欧洲车通用，但有一些 2 DINSIZE 的特定产品则只能用于日本车。美国车的尺寸较为特别，与 ISO 标准相比，长度及宽度都略为放大，一般不能通用。国产汽车上虽然安装了简单的汽车收音机，但安装孔的尺寸大多也符合标准。而一些内饰造型比较独特的轿车，音响安装孔为非标准尺寸，在这种情况下，就只能选用原厂的音响设备，用户自己改造的余地很小。适合安装 1 DIN 机型的车有：富康、捷达、桑塔纳 2000、三菱、奥迪、奔驰等。适合安装 2 DIN 机型的车有：丰田、本田、别克、帕萨特、日产、斯柯达（欧雅）等。富康和奥迪 A6 两种车的中控台空位不是标准的 DIN 位设计，在安装主机时需要特制的主机架才能装上。

2）音质。音质是选择音响最重要的一个因素。它包含有音区、音高、音色三方面。一般情况下，越高档的机型音质就越好。各个牌子之间的差别一般体现在音色方面，如有的清晰、温暖、甜阔，有的则是冷静。

3）功能。由于汽车特定的聆听空间，对声场、音质都有一定的影响，为了解决这些问题，现在很多主机已有相应的功能设计，务求达到现场的聆听效果。普通机型包括以下一些基本功能：

① 音调的调节。也就是平时常说的高、低音调节，低频的调节频率通常设定在45Hz，高频的设定在12kHz，调节的范围在±6dB之间。

② 等响度的控制。通常当音量较小时，听者就会发现高音、低音好像都没有了，整个声音没有层次感，这时只要按一下LOUND功能键，主机就会对高音、低音自动进行提升，重新听到丰满、清晰的声音。

③ 预置均衡模式。主要针对不同类型的音乐设置不同的频率曲线，一般有摇滚（ROCK）、流行（POP）、爵士（JAZZ）、古典等，以此针对不同的声音频段进行适量的增强与调整。

④ 环绕声预置模式。这是追求现场效果的车主必选功能，有运动场、录音室、大厅、教堂、舞厅各种环绕效果。如，声像定位处理，它可以把声像根据个人的需要进行定位，最理想的效果就是把声像定位在风窗玻璃的中间。

4）性能。一台主机的好坏，最直观的就是看它的技术指标，主要有以下几个方面：

① 输出功率。现在的主机所标的功率绝大多数为音乐功率，在40～60W之间，功率越大越好。

② 频率响应。人耳所能听到的频率范围在20～20000Hz，因此该指标最少要达到这个数值，而且越宽越好（下限频率越小，上限频率越大越好）。

③ 信噪比。指的是音乐信号与噪声的比例，单位为分贝（dB），该数值越大越好。一般高档的产品都在100 dB以上，声音干净、清晰度高。

④ 谐波失真 。该指标体现声音再现的还原度，数值越小表示还原度越高。

4. 功放的选配

功率放大器（简称功放）是音响系统的心脏，功放的功率大小，素质好坏，对音乐的重播起着很重要的作用。

普通汽车音响的功放部分都设计在收放机主机内，功率一般为10～45W。但要聆听多层次、大功率的数码音乐，则无法达到，这样必须在系统内增加独立功率放大器，俗称“后级”。在进口豪华轿车如林肯、奔驰、宝马、凌志及部分其他日本车中的顶级车型中，有部分已安装了专用放大器。车用功率放大器往往是最容易被客户及部分安装商所忽略的。其实在民用音响系统中，功放的重要已被用户广泛接受，作为音响系统之一的汽车音响，对功率放大器也有同样的要求及标准。因为它是整个系统中的动力部分，只有足够的动力源泉，才能使CD及扬声器得以充分发挥。

为什么使用外置独立功放比用内置功放音质好呢？因为主机供电电压多为12V，在低电压状态下工作，信号动态范围小，输出功率受到限制。独立功放可将电源的12V电压逆变为35～40V ，这样信号动态范围加大，从而增强输出功率。另外，采用独立功放，可以将由于共用电源而引起的干扰降到最低，从而保证再现完美的音质。

选用功放时必须注意，所选用的功放功率和阻抗应与扬声器的功率和阻抗相匹配，两者的灵敏度也应相对应，否则效果不理想。

以上功放的使用还需要经过许多技术处理和调试后，才能达到完美的效果。

功率加大之后，如想提高音质，可在主机与功放之间加入均衡器，发烧级汽车音响可使用电脑控制器完成想要的频率响应。如果装配 VCD 时可加入 DSP（数码信号处理器）。它有不同的声场变化及均衡器设置，可自行调整。

5. 扬声器的选购

扬声器是音响系统的重要组成部分，它相当于人的嗓子，质量的好坏直接影响发出的音质，所以切不可图便宜。因为音质差、质量低、易损坏、寿命短的低档假冒扬声器与主机配套整体价格就低，但效果很差，所以在购买扬声器时同样要看品牌、看技术参数，而且要试听。因为同样功率、同样尺寸的扬声器，由于灵敏度不同，制作的材料不同，所以发出的声音也就不同。选择扬声器时，应当首先考虑使用什么样的系统，如选择音乐品质型系统（播放古典乐、交响乐、轻音乐等），应选择音质清晰柔和的扬声器；如选择劲量型系统（播放迪斯科、摇滚乐等），应选择比较牢固和动态范围大的扬声器。从扬声器再现的声音选择进行粗略分析，美国品牌的特色多为节奏相对强劲有动感；欧洲品牌的风格相对细腻、纤巧；日本品牌基本上是兼而有之。

在选择扬声器时应考虑与主机功率相匹配，汽车前面扬声器最好选用套装（即高音、中低音分开），这样方便声场定位，因为高音有指向性，所以高音安装最佳位置应与人耳平行，后面扬声器尽量选择直径大、低音特性好的，这样整体声音才会显得丰满。

目前中、低档轿车内安装的均为单元扬声器 4″~6″（101~152mm），由于这类大小的扬声器一般只能表现中频范围，这样给人的感觉较混，高音不亮，低音不厚。改进方式是使用一些 2~3 分频的组合扬声器，即在一个 4″~6″（101~152mm）的扬声器上增加一个 0.5″~1″（12.5~25mm）的高音单元。这是目前汽车音响改装市场上使用较为普遍的方式，基本上可以改善扬声器的表现力，特别是高音部分，使音响系统较为明亮。为了再现丰富的低音，拥有充分容量的低音箱是不可缺少的，但由于受安装位置的影响，音场定位不佳，更为良好的改进方式是使用高、中、低单元组合扬声器，将不同单元根据音场定位要求，安装在不同位置，形成良好的音场定位。

6. 汽车音响的安装

音响器材选好后，安装成为最核心的环节，在整体的汽车音响系统设计与制作过程中，器材只是半成品，安装是它的下一个工艺流程。因为线材的选择、走向，器材的安装手法，扬声器的安装位置、安装细节，还有技师对于车型、空间、内饰、材质的掌握程度与经验以及对音乐本身的素养与调试水准等都会影响整套系统的效果，所以车主除关注器材外，更应慎重选择专业的安装店面设计安装。

（1）汽车音响线材布置与安装　汽车音响线材布置与安装俗称“布线”。由于汽车音响系统的听音环境对听音效果具有重大影响，因此对汽车音响系统的布线提出了更高的要求。

1）汽车音响线材的选用。线材的好坏直接影响音质和安全。线材分为信号线、电源线和扬声器线，最好选用高抗氧化、高电导率、外皮包有 PVC、PE 等材料的线材。

选用信号线要考虑屏蔽性：应选用双层屏蔽线材，以增强抗干扰性，防止杂音进入。选用电源线要考虑传导性。汽车音响专用多芯铜线，不仅阻抗小，电导率高，而且线材的外皮都是耐高温、高阻燃、抗老化的，线径过细的线材会发热造成热损耗，甚至会引发火灾。选用扬声器线要考虑耐高低温、抗老化：线材宜选用钛金、镀银、无氧铜等材质，使用不同的线材，音质将略有差异；选用线材要考虑电阻大小：线材的电阻越小，在线材上消耗的功率越少，则系统的效率越高，即使线材很粗，由于扬声器本身的原因也会损失一定的功率，而不会使整个系统的效率达到100%。另外，线材的电阻越小，阻尼系数越大，扬声器的赘余振动越大；选用线材要看横截面积：线材的横截面积越大（越粗），电阻越小，该线的容限电流值越大，则容许输出的功率越大。电源熔丝盒的选用：主电源线的熔丝盒越靠近汽车蓄电池越好，保险值大小可按以下公式加以确定：

保险值＝系统各功放的总额定功率之和×2/汽车电源电压平均值

2）布线原则。走线不能影响原车线路，制作低音音箱不能破坏车体，器材要与原车整体布局和颜色协调美观；布线要躲开电脑和控制系统，避免因布线位置不合理，使车用电器与音响系统互相干扰。音响的电源一定要选择主干线或蓄电池，避免大电流造成火灾。

3）音频信号线的布置与安装。用绝缘胶带将音频信号线接头处缠紧以保证绝缘，当接头处和车体相接触时，可产生噪声。保持音频信号线尽可能短，音频信号线越长，越容易受到噪声信号的干扰。注意：如果不能缩短音频信号线的长度，超长的部分要折叠起来，而不是卷起；音频信号线的布线要离开行车电脑单元和功放的电源线至少20cm。如果布线太近，音频信号线会拾取到感应噪声。最好将音频信号线和电源线分开布置在驾驶座和副驾驶座两侧。注意：当靠近电源线、微型计算机单元布线时，音频信号线必须离开它们20cm以上，如果音频信号线和电源线需要互相交叉时最好以90°相交。

4）电源线的布置与安装。所选用电源线的电流容量值应等于或大于和功放相接的熔丝管的值，如果采用低于标准的线材作电源线，会产生交流噪声并且严重破坏音质。当用一根电源线分开给多个功放供电时，从分开点到各个功放布线的长度和结构应该相同。当电源线桥接时，各个功放之间将出现电位差，这个电位差将导致交流噪声，从而严重破坏音质。当主机直接从电源供电时，会减少噪声，提高音质。将电源（蓄电池）插头的脏物彻底清除，并将插头拧紧，如果电源插头很脏或没有拧紧，插头处就会有接触电阻，而接触电阻的存在，会导致交流噪声，从而严重破坏音质。因此，应用砂纸和细锉清除插头处的污物。当在汽车动力系统内布线时，应避免在发电机和点火装置附近走线，发电机噪声和点火噪声能够辐射电源线。当将原厂安装的火花塞和火花塞线缆更换成高性能的类型时，点火火花更强，这时将更易产生点火噪声。在车体内布电源线与布音频线所遵循的原则一致。

5）搭铁的方法。用砂纸将车体搭铁点处的油漆去除干净，将搭铁线固定紧，如果车体和搭铁端之间残留车漆就会使搭铁点产生接触电阻，导致交流噪声的产生，从而严重破坏音质。将音响系统中各个模块的搭铁集中于一处，否则，音响各组件之间存在的电位差会导致噪声的产生。另外，要注意主机和功放应分别搭铁，当系统消耗电流很大时，蓄电池搭铁端一定要牢固。提高电源搭铁性能的方法是在电源和搭铁间用粗直径的线材布线，如绞股线，这样做能够加强连接，有效地抑制噪声，并提高声音质量。不要靠近行车电脑布线，主机搭铁点靠近行车电脑的搭铁点或固定点时，会产生行车电脑噪声。

（2）收放机的安装　大多数收放机的体积属标准型，能保证被装进大部分车中的装收放机的孔内。如果车上没有用来安装收放机的孔，可将其装到仪表板内或仪表板下的一个合适位置处；也可购买一特殊的托架，将它放在仪表板与地板之间。

若车上未装收放机的孔，在选择安装位置时，应注意以下几点：

1）收放机应装在驾驶员系上安全带后仍能够着的地方。

2）不要将收放机装在靠近电子转速表、点火开关及其导线或闪光灯部件及其相关的导线的地方，以防相互干扰。

3）收放机要安装在天线导线能够接触到的地方，而且使天线导线也不靠近第2）条中所述的部件。

4）收放机不应装在发生事故时易损坏的部位，如驾驶员或乘客腿上方的仪表板下。有的收放机带有安装支架，没有安装支架的收放机需用钻孔的或开槽的金属带来安装，把金属带弯成安装支架即可。收放机必须正确搭铁，即在收放机外壳与车架间接一单独的搭铁线。在把收放机的导线连入车的电子系统时，要参照收放机说明书。如果没有说明书，就参照相关的电路图，找到车的电路中收放机的电源插头位置。在收放机的供电线路中装一个串联电阻，必要时，装一扼流圈。

（3）CD机的安装 单盘机在安装时应注意一定要水平安装，而且要固定牢固，否则减振效果差。振动时激光头需经常自动调整，长期会使激光头老化。

多盘机在安装时首先应注意主机与CD机之间的连接线，为了防止干扰要与车上电源线分开走线，而且要走原线道，连接线的绝缘外皮不能破坏，搭铁后会产生噪声。在用螺栓固定门边条时，不要碰到连接线上，如果碰到连接线上造成短路，会使CD机或主机损坏。有搭铁线的CD机，搭铁线一定要接实，否则搭铁线悬空会烧毁CD机。

CD机在安装前要先调整好减振方向旋钮，否则没有减振功能，甚至损坏CD机。可调整的减振方向一般有0°、45°、90°，可根据需要调整。在固定CD机时一定要找实在的部位，不能安装在薄塑料板和纤维板上，那样容易产生晃动影响使用。CD机的支架只能触到固定部位，其他部位都不能触到，否则容易产生噪声和影响减振效果。

（4）扬声器的安装 扬声器的位置选择与安装和其型号有关。通常，扬声器可直接装到车内装扬声器的孔中，安装时，只需拆除保护网栅，用螺钉或螺栓将扬声器固定即可。但安装过程中，要小心不要损坏扬声器的振动膜片，为此可在扬声器架与安装面板上装一垫圈来减小振动。如果收放机所带的扬声器属带有狭槽型的，可用自攻螺纹的螺钉将扬声器固定在面板上。当把装在后部的扬声器与收放机相连时，连接导线需从地毯或地板底下穿过，最好沿着盘形地板的边，这样导线就不被乘客踩到。车内导线可用PVC胶带将它们固定以免损坏，不要让电线垂悬，保证所有的电器连接正确。

（5）天线的安装 使用的天线型号及天线的安装位置依个人所好而定。通常天线位置越高，接收效果就越好，汽车最好装可伸缩的天线或电子天线。电子天线可随收放机开关的开合自动升降，因此很方便，但是电子天线比手动天线易发生故障。

选择天线位置时，应注意以下几点：

1）天线导线越短越好，也就是说天线最好装在车的前部。

2）天线尽量远离分电器及HT导线。

3）安装点下凸出的部分不应干涉车轮或其他任何部件。

4）可能的话，天线应被定位，这样可使同轴导线不穿过发动机室的电路。

5）安装天线的板平面不应太陡，使天线不能垂直安装。大部分天线可以进行小量的调节。决定好安装位置后，必须在面板上穿一孔。孔的尺寸按要装的天线尺寸来定，一般情况下孔的直经应为19mm。在金属壳体的车上，最好选用“箱体刀具”来钻孔。该工具需要一穿通面板的小直径辅助孔来固定自身。在玻璃钢（GRP）壳体的车上，最适用“孔锯”来打孔。“孔锯”同样也需一小直径的辅助孔来固定。钻完孔后，应用锉刀加工锯边，除去毛刺，然后给其上漆以防腐蚀。安装天线时，要仔细阅读厂家说明书。如果天线很高，或在安装面板下伸出的距离较长，就应在天线与车架间装一拉条。拉条可用先前提到过的钻孔的或开槽的金属带做成。拉条应用螺钉或螺栓紧固在其位置上。要想获得最佳接收效果，可在天线与车架间接一地线，这对 GRP 壳体的车来讲是必不可少的。如果为了将天线接入车内，需在车身板上钻 1、2 个孔就一定要把橡皮圈装在孔中，以保护导线，同时还可起密封作用，防止水流入车内。

思 考 题

8-1 简述汽车防护的意义。

8-2 简述太阳膜选用原则。

8-3 简述汽车防盗器的组成及工作原理。

8-4 简述轿车声纳倒车报警装置的组成及工作原理。

8-5 简述汽车香水的选择方法。

8-6 桃木内饰一般用于汽车哪些部位的装饰？

8-7 汽车视听装置如何选配？

附　　录

附录A　国内石油添加剂分类

一、石油添加剂的分类

石油添加剂的分类标准是 SH/T 0389—1992《石油添加剂的分类》，该标准将石油添加剂按应用场合分为润滑剂添加剂、燃料添加剂、复合添加剂和其他添加剂四个部分。

二、添加剂代号的说明

石油添加剂按相同作用分为一个组，同一个组内根据其组成或特性的不同又分为若干品种。石油添加剂代号由汉语拼音字母“T”打头，后跟3个或4个阿拉伯数字所组成的符号来表示。“T”表示石油添加剂类，为“添”的第一个汉语拼音字母。第1个阿拉伯数字（当品种由3个阿拉伯数字所组成时），或前2个阿拉伯数字（当品种由4个阿拉伯数字所组成时）表示该品种所属的级别，最后2个阿拉伯数字表示品种的牌号。

例如：

T101，“T”表示石油添加剂类，第1个阿拉伯数字“1”表示润滑剂添加剂部分中的清净剂和分散剂级别，最后2个阿拉伯数字“01”表示牌号，即低碱值石油磺酸钙。

表A-1　石油添加剂的分类

组别	组号	代号	组别	组号	代号
润滑剂添加剂			消烟剂	20	T20××
清净剂和分散剂	1	T1××	助燃剂	21	T21××
抗氧抗腐剂	2	T2××	十六烷值改进剂	22	T22××
极压抗磨剂	3	T3××	清净分散剂	23	T23××
油性剂和摩擦改进剂	4	T4××	热安定剂	24	T24××
抗氧剂和金属减活剂	5	T5××	染色剂	25	T25××
粘度指数改进剂	6	T6××	复合添加剂		
防锈剂	7	T7××	汽油机油复合剂	30	
降凝剂	8	T8××	柴油机油复合剂	31	
抗泡沫剂	9	T9××	通用汽车发动机油复合剂	32	
燃料添加剂			二冲程汽油机油复合剂	33	
抗爆剂	11	T11××	铁路机车油复合剂	34	
金属钝化剂	12	T12××	船用发动机油复合剂	35	
防冰剂	13	T13××	工业齿轮油复合剂	40	
抗氧防腐剂	14	T14××	车辆齿轮油复合剂	41	
抗静电剂	15	T15××	通用齿轮油复合剂	42	
抗磨剂	16	T16××	液压油复合剂	50	
抗烧蚀剂	17	T17××	工业润滑油复合剂	60	
流动改进剂	18	T18××	防锈复合剂	70	
防腐蚀剂	19	T19××	其他添加剂	80	

T2201，“T”表示石油添加剂类，前 2 个阿拉伯数字“22”表示燃料添加剂部分中的十六烷值改进剂级别，最后 2 个阿拉伯数字“01”表示牌号，即硝酸脂。

石油添加剂的分类见表 A-1。

附录 B　汽车内部装饰常用的工具

一、扳手

扳手是用以扭转螺栓或螺母的工具，以爪口的宽度来确定扳手的尺寸。

扳手的种类较多，常用的种类如图 B-1 所示。

1. 最常用的活扳手

扳手的开口靠旋转调整螺旋进行调整。

2. 呆扳手

呆扳手的形状及使用如图 B-2 所示。

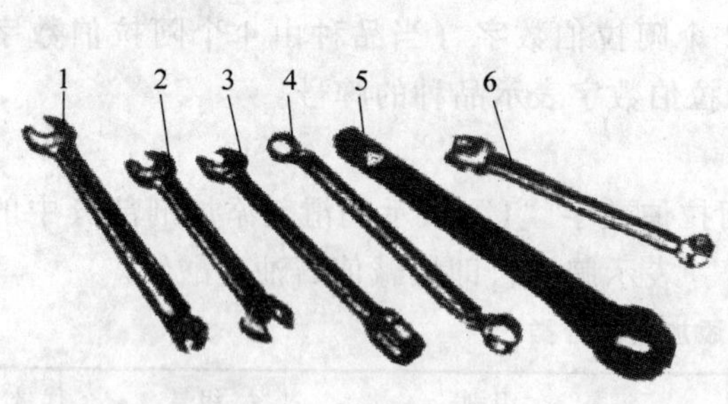

图 B-1　常用的各种扳手

1—组合式　2—呆式　3—弯头式　4—套头式　5—重荷套头式　6—扩张螺母式

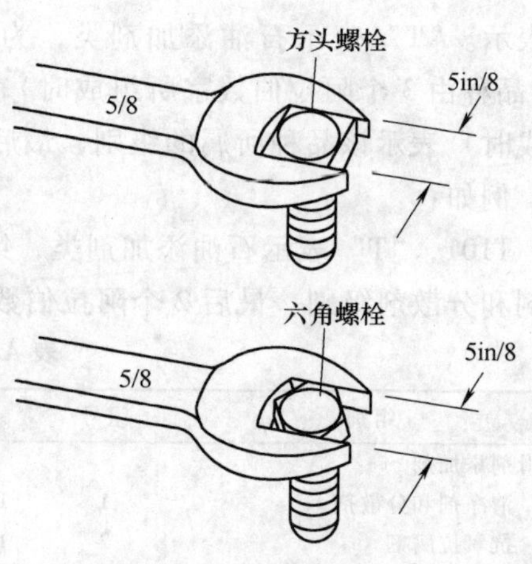

图 B-2　呆扳手的形状及使用

3. 组合扳手

组合扳手的一端为开口爪，另一端为套头，两头的尺寸相同。一般操作者都应准备两套组合扳手，一套用于紧固，一套用于转动，这是最优的选择使用法。组合扳手如图 B-3 所示。

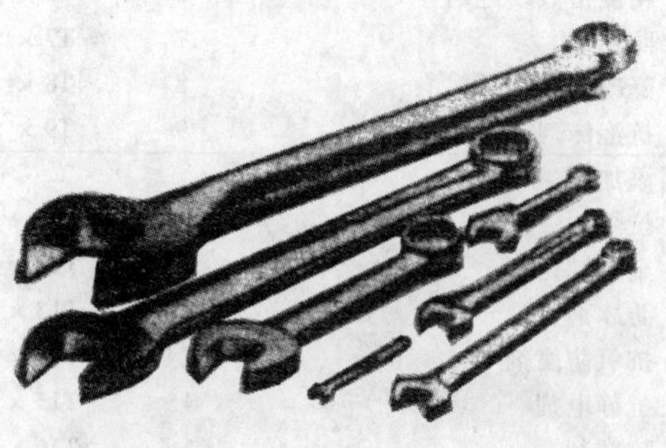

图 B-3　一套组合扳手

4. 套头扳手

它必须有使爪能环绕并套配上螺母或螺栓头的足够空隙。

二、旋具

旋具用于旋紧或松开顶端带槽的螺钉的工具。按顶端槽的形状不同，将旋具分为一字形、十字形及其他特种专用旋具。

特种专用旋具如离合器型刀头旋具，它有两种型式：即老式的 G 型和新式的 A 型。这类旋具在使用时有较大的正啮合和较小的滑动，工作较为平稳，不易损坏旋具和同型的螺钉，如图 B-4 所示。

三、钳子

在汽车内饰的拆装中，常用以下几种钳子：组合钳、尖嘴钳、可调钳等。

1. 组合钳

组合钳也叫滑动支点钳，有两个张开的爪，一个爪可在另一爪上的销钉上移动，以此来调整钳口尺寸的变化，使被夹持物的大小尺寸适用范围加大，如图 B-5 所示。

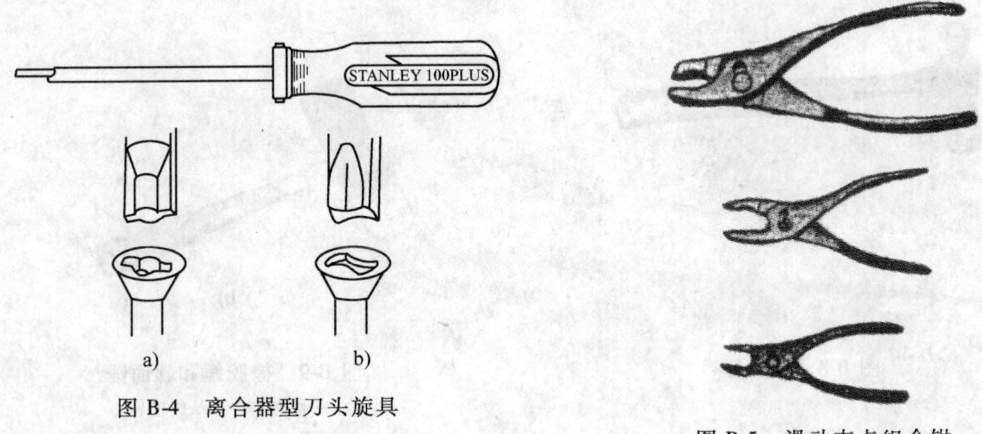

图 B-4　离合器型刀头旋具

a）C 型　b）A 型

图 B-5　滑动支点组合钳

2. 尖嘴钳

尖嘴钳如图 B-6 所示。

3. 可调钳

可调钳也叫管钳，具有多个滑动支点，即允许有多种钳口张开尺寸。如一个 25.4mm 的可调钳有最大 114.5mm 的爪钳口张开量。可调钳口有平面的，也有曲面的，如图 B-7 所示。

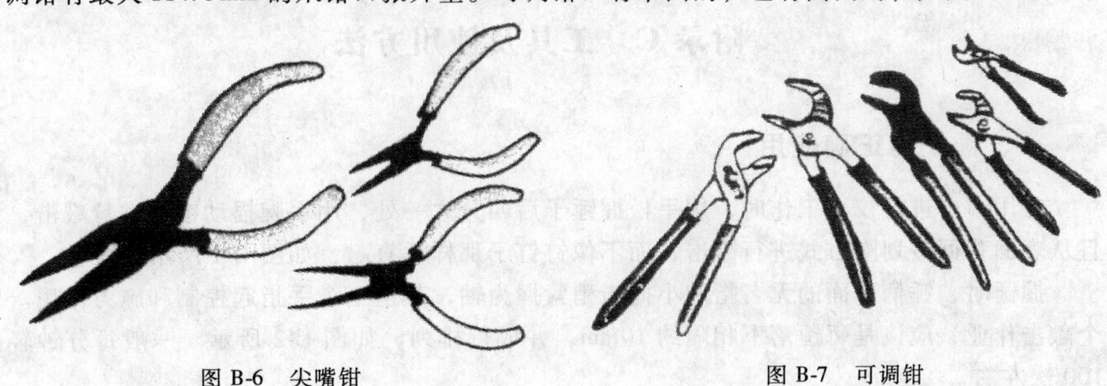

图 B-6　尖嘴钳

图 B-7　可调钳

四、锤子

在进行装饰的拆装中，锤子是不可缺少的工具。最常用的有球头锤和橡胶锤两种。

1. 球头锤

这是一种多用途工具，钳工、钣金工、维修工、装饰工等都使用。球头锤外形如图 B-8 所示。

2. 橡胶锤和软面锤

橡胶锤和软面锤主要用于铬钢修理或其他精密部件的作业而不伤其表面光泽。橡胶锤和软面锤如图 B-9 所示。

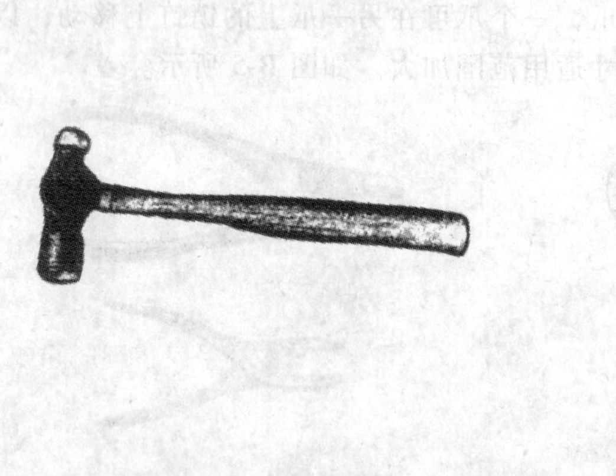

图 B-8 球头锤

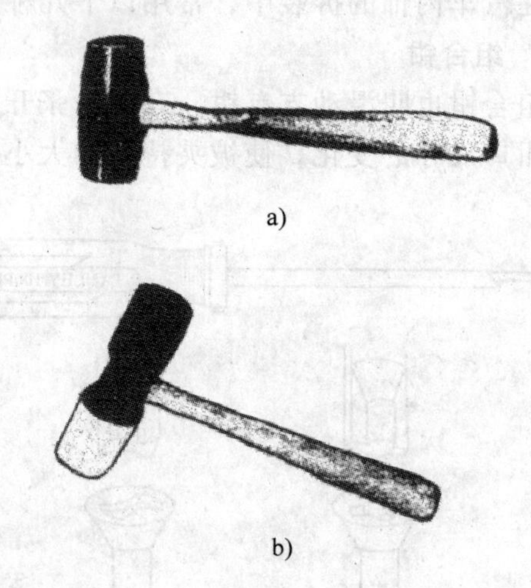

图 B-9 橡胶锤和软面锤
a）橡胶锤 b）软面锤

软面锤是在钢锤的一端加上橡胶头软面。这种锤子兼有硬面端和可更换的橡胶头软面端，起到软锤和硬锤的两种使用功能，使用特别方便。

五、其他手工工具和量具

钢卷尺、钢直尺、不锈钢板尺、通用刀、组合电工刀、组合多功能旋具、刮刀等。

附录 C 工具及使用方法

一、锤子的正确使用

在用锤子进行校直工作时，用手松握锤子后四分之一处，用手腕摇动锤子进行敲击，而且从表面弹回按划圈方式进行敲击，而不像钉钉子那样垂直敲，如图 C-1 所示。

握锤时，锤柄下面的无名指和小拇指稍紧握为轴，其余三个手指起控制和施力作用。整个敲击作业，应该是每锤落下相隔约 10mm，并成行排列，如图 C-2 所示。一般每分钟轻敲 100 次左右。

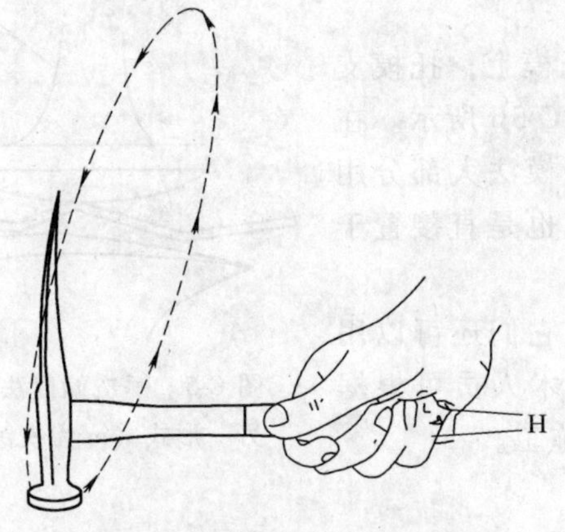

图 C-1　用锤方法（H 为握紧处）

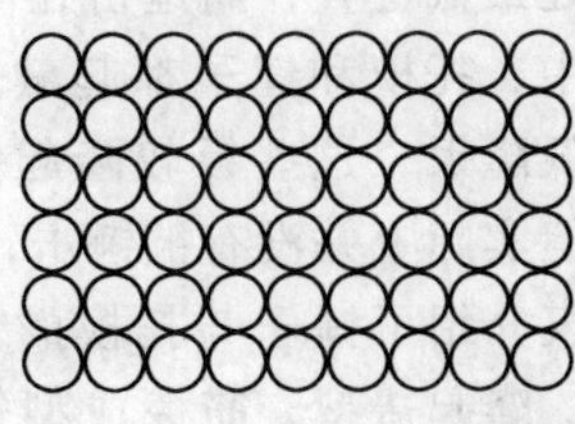

图 C-2　锤击排列模型

二、锤子与托模的配合使用

锤子与托模的配合主要有两种方式，即锤击对准托模和锤击偏离托模，如图 C-3 所示。前者主要用于展开金属，后者主要用于校直。

1. 锤击对模法

锤击对准托模用来平滑小的和浅的凸凹以及伸展金属，使钣金恢复到原来形状，通常用于隆钣施工，偶尔也用于平钣作业。其作用包括两个部分：一是锤敲击钣金上面，二是托模反弹敲击钣金下面。

（1）平钣作业　如图 C-3a 所示，即为平钣作业。作业中将托模直接置于钣背面，用锤子在上面敲击，由于锤击托模会产生一些回弹，托模会敲金属背面，随托模压力的增加，平整作用会增加。

（2）隆钣作业　只要钣金下可以接近，即可采用锤击对模进行隆钣作业，特别是对恢复隆钣上的皱缩处理效果极佳。图 C-4 划出一个典型采用锤击对模法的隆钣作业。由于弯曲附近无明显压迫区，图中“A”表示皱缩处，唯一方法延伸“A”处升到原来水平“B”，延伸必须沿着卷弯线，不宜用吸起法校正，最有效方法是采用锤击对模法作用在“A”线。

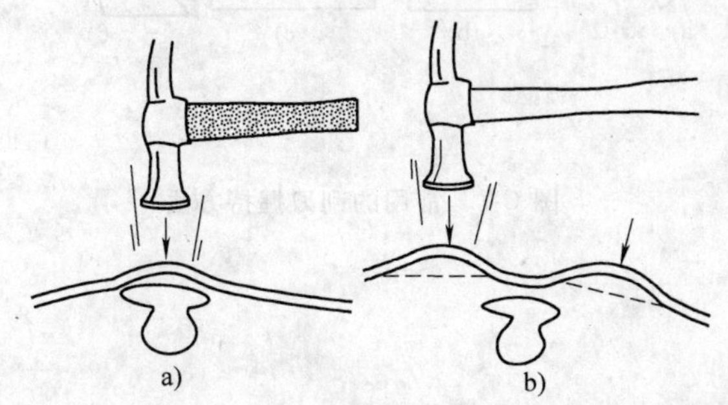

图 C-3　锤子与托模的配合使用

a）锤击对模法　b）锤击偏模法

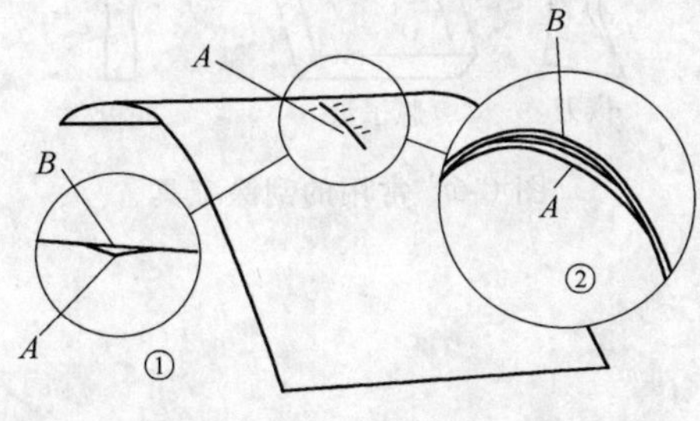

图 C-4　锤击对模隆阪作业

A—低凹处　*B*—原形　①—侧视　②—端视

2. 锤击偏模法

此种方式常用于校直工作，锤子不敲击在托模上，托模支撑在损坏处最低位置，而锤击在高区位置，如图 C-3b 所示。在此项作业中，托模和锤子都起敲击作用。锤击偏模法大部分用于平钣或低隆钣，这些钣较隆起钣软。有时托模也是直接置于锤子上，但实际上并没有被锤击，如图 C-5 所示。

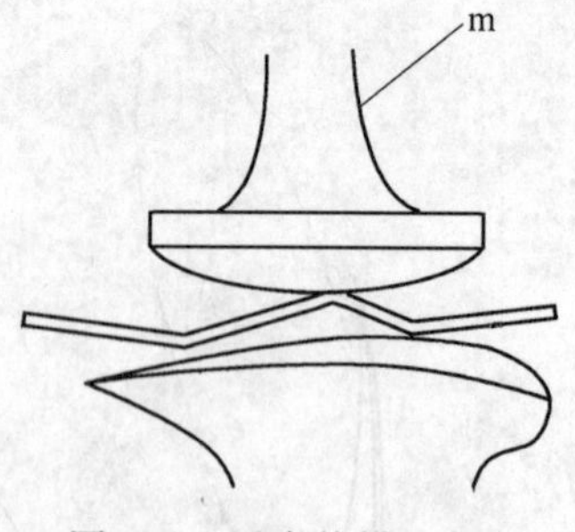

图 C-5 锤击偏模法的另一形式（m 为铁锤）

上述仅介绍了锤子与托模的基本使用方法，它们还可以用来卷凸缘、隆起造型、筋棱成型等钣金作业，技术人员可根据具体作业需要，选择合适的托模进行各种不同的施工。

三、刮涂工具

刮涂腻子常用的工具有刮刀（腻子刀、油灰刀）、嵌刀、腻子盘及托板等，其结构形状如图 C-6 所示。刮刀按其刚度不同可分为硬刮刀和软刮刀两类，硬刮刀由木柄和钢刮板制成（也可用木材、聚氯乙烯板、胶木板等制作），其生产效率高，易于刮平，主要用于较大平面的刮涂；由耐油橡胶制成的软刮刀具有很好的弹性，适用于曲面及形状复杂表面上的腻子刮涂，尤其是在圆角、沟槽等处使用特别方便。为了便于操作，有的橡胶刮刀上制有木制或聚乙烯板刀柄。嵌刀由普通钢制成，其两端刃口一端为平刃，另一端为斜刃，主要用于将腻子嵌入孔眼、缝隙及剔除转角、夹缝中的异物。

刮涂腻子时，刮刀的握持方法可根据零件的形状及部位而定，力求方便、省力和便于刮平与填实。常用的刮刀握持方法如图 C-7 所示。

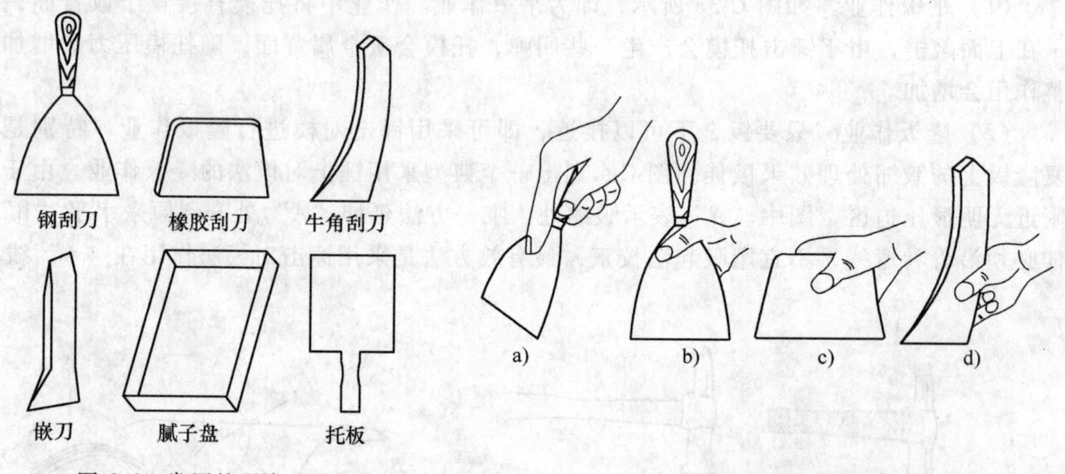

图 C-6 常用的刮涂工具

图 C-7 常用的刮刀握持方法

参考文献

[1] 夏怀成．汽车养护［M］．北京：中国林业出版社，2000.

[2] 杨江河．汽车养护与检测技术［M］．北京：机械工业出版社，2004.

[3] 魏金营．汽车养护技巧一点通［M］．北京：国防工业出版社，2006.

[4] 高延龄．汽车运用工程［M］．北京：人民交通出版社，2006.

[5] 刘锐．汽车使用与技术管理［M］．北京：人民交通出版社，2003.

[6] 公安部道路交通管理标准化技术委员会．GB 7258—2004/×G3—2008—2008《机动车运行安全技术条件》国家标准第3号修改单［S］．北京：中国标准出版社，2004.

[7] 陈焕江．汽车检测与诊断（上、下册）［M］．北京：机械工业出版社，2001.

[8] 张滨友．汽车燃料和润滑剂［M］．北京：北京理工大学出版社，2003.

[9] 李明惠．汽车材料［M］．北京：机械工业出版社，2002.

[10] 张桂华．汽车材料与金属加工［M］．济南：山东科学技术出版社，2007.

[11] 王克华．合成发动机油的性能［J］．合成润滑材料，2006（2）.

[12] 杨福源，许忠厚，孙大立．东风EQ6100汽油机使用天然气的试验［J］．世界汽车，1996（2）.

[13] 陆刚，肖艳．汽车的美容养护与装饰实例解读［M］．北京：人民邮电出版社，2006.

[14] 鲁植雄．汽车美容［M］．北京：人民交通出版社，2006.

[15] 王玉东．汽车的美容与装饰技术培训教程［M］．北京：国防工业出版社，2006.

[16] 张德金．汽车装饰美容实用手册［M］．北京：机械工业出版社，2004.

[17] 孙庆峰．汽车美容［M］．北京：中国林业出版社，2000.

[18] 关文达．汽车构造［M］．北京：机械工业出版社，2006.

[19] 杨江河．汽车美容［M］．北京：机械工业出版社，2004.

[20] 周燕，罗小青．汽车美容与装饰［M］．北京：机械工业出版社，2005.